曲黎敏精讲汉字文化

曲黎敏 著

河南文艺出版社
·郑州·

图书在版编目(CIP)数据

曲黎敏精讲汉字文化 / 曲黎敏著. --郑州:河南文艺出版社,2025.6(2025.9 重印). -- ISBN 978-7-5559-1817-2

Ⅰ. H12

中国国家版本馆 CIP 数据核字第 2025YR5155 号

策　　划　刘晨芳　丁晓花
责任编辑　丁晓花　孙清文
责任校对　殷现堂
书籍设计　张　萌

出版发行　河南文艺出版社
社　　址　郑州市郑东新区祥盛街 27 号 C 座 5 楼
承印单位　河南瑞之光印刷股份有限公司
经销单位　新华书店
开　　本　700 毫米 × 1000 毫米　1/16
总 印 张　35
总 字 数　532 000
版　　次　2025 年 6 月第 1 版
印　　次　2025 年 9 月第 3 次印刷
定　　价　88.00 元(全二册)

印厂地址　河南省武陟县产业集聚区东区(詹店镇)泰安路
邮政编码　454950　　电话　0371-63956290

前　言

传统文化里，最不能丢失的就是汉字文化和中医文化，一个养我们的精神，一个养我们的骨髓。丢了它们，就丢了我们文化的营养之源，就丢了我们生命的弹性和温度，所以我们必须捍卫它们、保护它们、热爱它们。只要有这个根基，我们文化昌明的大树就永远繁盛。如果说中医文化护佑着千百年来我们的民命、民生，那汉字文化就是我们的民族基因，烙印在每个中国人的骨子里。

从文化人类学的意义上看，语言文字并不是一个完全客观的符号系统，其实，它也是我们生命的意识之流和情感之流。人，是在语言文字中接受并选择传统的，而传统又通过语言文字进入我们的血脉肺腑化为现实的人生。它如同一条最生动、最丰富、最牢固的纽带，把世世代代的人民连接成一个伟大的、历史的、活生生的整体。我们也许不知道我们的曾曾曾祖父长什么模样，但一想到他们和我们一样写着相同的文字，读着相同的诗歌，我们就会觉得一切并不遥远。

一个西方汉学家曾言：中国不废除自己的特殊文字而采用我们的拼音文字，并非出于任何愚蠢的或顽固的保守性……中国人抛弃汉字之日，就是他们放弃自己的文化基础之时。

是什么使我们的民族认同感如此强烈？是语言文字。如果语言文字不通，哪怕种族相同，我们依然会觉得隔膜、陌生，比如我们和那些不会说中国话、不会写汉字的华裔就有隔膜。而西方人也读《唐诗三百首》，也读《诗经》，也读《道德经》，但一经翻译，意境全无。文字可以翻译，但意境和情感以及里面丰富的人性和历史感，很少有人能精准地翻译。哪怕同为中国人，彼此都难以感同身受，翻译就差更多了。也就是说，语言文字的不同造成了我们彼此难以沟通，不能交流思想，难以加深情感，甚至可以说，语言文字决定了我们的思维模式，也造成了我们的局限性。但无论如何，我们对自己的语言文字饱含深厚的感情，不仅仅因为它是工具，更因为它是我们心灵的慰藉。当它源源不断地从我们的口中涌出、从我们的笔下倾泻的时候，我们会感受到一种源自先古的力量和一种深刻的情感。

所以，文化认同的基础就是语言文字。汉字是中国人心灵上绽放出的花朵，是中国人人心的造化。要想了解人，不仅可以从身体入手，去倾听五脏六腑生克制化的交流，还可以从它借以表达思想的诸多方式入手。比如，当人痛苦时，可以哭，可以诉说，可以书写……当这些面容、声音、文字呈现时，我们一定会被打动，因为我们熟悉那些情感，那些方正而又如画的汉字就像手纹一样清晰、神秘，熨帖着我们每一个中国人的心灵……

有中国人的地方，就有中国字；有中国字的地方，就有中国心。我们说着、唱着、书写着，每一个汉字都珠润饱满，音声嘹亮。我们都爱着、恨着、感动着，从造字的仓颉开始，我们古老的文化便以汉字这样一种方式存在，在世界历史中写意地绽放。

现如今，网络语言横行，比如“喜大普奔”——喜闻乐见、大快人心、普天同庆、奔走相告这四个成语的缩略用法，“人艰不拆”——人生已经如此艰难，就不要拆穿了吧，等等。但幸好它还采取中文书写，比如“走召弓虽”不过是“超强”两个字的拆分。但“稀饭”是“喜欢”、“酱紫”是“这样子”，虽然从文字上没有关联，但还是从读音上有迹可循。语言文字越是乱象丛生，人们的内心就越渴望回归传统，所以，作为传统最基础的文字学会大昌于世，因此，我们需要及时地把这一课补上。我带大家讲《说文解字》[①]，学汉字文化，但我并不想让大家局限于我的讲解。我希望大家打下很好的语言文字功底后，有后人能够超越我的解读，

---

①《说文解字》，简称《说文》。文字学书。东汉许慎撰。今存宋初徐铉校定本（即“大徐本”）。本书中所引《说文》均参照中华书局2013年版《说文解字（附音序、笔画检字）》，原文依据《通用规范汉字表》进行了简化处理，保留了部分说解需要的繁体字及异体字。——编者注

能够自己从原文入手，发现传统文化的新天地。

过去把认字当作扫盲，《说文解字》说：盲，目无牟子。韩非子说：目不能决黑白之色则谓之盲。可见，不识字就同眼睛不能判断黑白一般，就无法享受大千世界了。现在有人会说：“字儿”谁不认识啊，还用补课？还别说，若要深究，可能好多字大伙还真不清楚，比如阿拉伯数字12345在中国为什么是“一二三四五”的写法？一，为什么是一横，到四为什么不是四横？五为什么是这么写？它们分别代表什么意思？这些恐怕还真得从源头说起，《说文解字》开篇解释的第一个字就是“一”，叫作：惟初太始，道立于一，造分天地，化成万物。如此宏大叙事的描述，大家可能听不太懂，而以后我恐怕得花两堂课时间讲这个“一”字。

学习汉字文化，建议大家参考《说文解字注》①，而不是《说文解字》。汉代有本《说文解字》，到了清代，出了个文字训诂大家叫段玉裁，专门为《说文解字》做了注释，这样《说文解字》就变得更易读。

比如古代形容饥饿时会用一个词，叫“枵然思食”，“枵”就是木字边，旁边是个号召的“号”。《说文解字》说：枵，木根也。你就蒙了，一种木头，跟“饿”有什么关系？但有段玉裁注释就不同了，段注：枵，木大貌。大木头跟“饿”又有什么关系呢？段注：木大则多空穴。大的树木里头都是空的，于是恍然大悟，“枵然思食”就是形容肚子像大树空穴一样空荡荡的，当然想吃东西。所以，有段注和没有段注有很大不同。

这可是一本大部头书。有些书，家里一定要有。

让我们开始文字之旅吧！

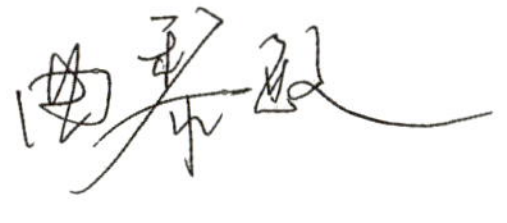

2023年冬

① 《说文解字注》，简称《说文注》、“段注”。文字学书。清段玉裁撰。本书所引《说文解字注》原文及页码均参照上海古籍出版社1981年版《说文解字注》。原文依据《通用规范汉字表》进行了简化处理，保留了部分说解需要的繁体字及异体字。句读参考许惟贤整理的《说文解字注》，凤凰出版社2015年版。———编者注

目　录

第一章 文字初现 点亮历史

一、汉字起源

讲文字是对人类生活的一种溯源。每个人一出生，就先听到人类说话，然后是看图，长大一点后，又开始识字。英语是字母文字，汉字是意音文字。进入小学后，使用英文的小孩学26个字母，我们学偏旁部首和笔画，才真正开始学习读写，至此，语言和文字才真正地挂钩。我们的眼和耳、阅和读，因为这奇妙的协调，而使我们的人生境界一下子开阔起来。其实，语言文字才是人类第一个虚拟时空呢，也就是哪怕不接触人，光靠阅读我们也可以上知天文、下知地理、中悉人事。

试想一下，如果只有语言没有文字，人类的生活会是怎样的呢？现在，我们把只有语言没有文字的群体叫“原始部落”，由此，也可以知道，有文字这事儿是文明的开端，是人类为自己做的最伟大的发明，难怪传说中仓颉造字会“天雨粟，鬼夜哭”，惊了天动了地。因为没有文字，历史就模糊一团，就万古如长夜。正是有了文字，我们有了阅读的快感，我们有了书写的乐趣，我们可以借由文字，来穿越古今，来慰藉平生。

所以，这一节，我们要说一下文字是怎么来的。

世界上最有趣的一个现象是，几乎所有的文字都源于象形文字，汉字如是，字母文字也如是，因为这符合人类的思维逻辑。比如英文字母源于拉丁字母，拉丁字母源于希腊字母，希腊字母源自古埃及象形文字。最后，希腊字母是所有欧洲文字的起源。最终形成字母文字与中国汉字的不同，是否意味着思维方式的巨大差异，这事真值得好好探究。但我外语不好，这件事就无法深究了。

最初的象形文字，应该属于一种儿童思维，其实就是绘画。当绘画线条化以后，便出现了文字的雏形。从这一点上来看，原始文字的破译应该并不难，关键看你有没有一颗简单而童真的心。也就是说，“象形思维”有点像儿童思维，还没有被理性思维所固化，它丰富、绚丽而又纯粹。仿佛艺术产生之前的源艺术，充满了生命力和原始意象。

关于汉字起源，大致有几种传说，比如结绳说、八卦说等，但人们现在认为这些都不是文字，说真正的中国文字的起源是甲骨文，怎么说呢？甲骨文确实是我们现今发现的最古老的文字，而且它本身也残留着大量绘画的特性，但我们也不能全然否认，在上古陶器上的绘画未必不是文字最初的雏形。

1. 结绳说

《周易·系辞下》说“上古结绳而治”，远古时代，人们遇到大事就会用绳子系一个大疙瘩加以记录，小事则系一个小疙瘩。后来才逐渐将这种系绳疙瘩的方式移植于文字，即结绳记事。所以《周易·系辞下》说：上古结绳而治，后世圣人易之以书契。这，就是在肯定“结绳说”是汉字的起源之一。比如我们现在常说的一个词，叫“纲纪”。首先，大家要知道什么叫“纲”，什么叫“纪”，纲和纪这两个字都在《说文解字》的“糸部”（也就是现在的绞丝旁），所以它代表绳子。什么叫纲纪？纲，就是垂下来的绳子。纪，就是绳子上打的结。两者的关系，就是线与点的关系，纲是线，纪是点。在没有文字的远古，人类就是靠点与线来记事的。那时虽然没有文字，但人们也要记录历史，靠什么呢？靠上古巫师超强的记忆力来说唱历史，一根“纲”可能代表出生，一根“纲”可能代表死亡，一根“纲”可能代表战争……然后在上面打结，就是

纲 篆文

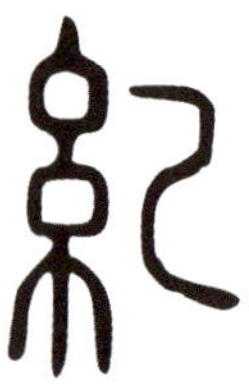

纪 篆文

“纪”。大事结个大疙瘩，小事结个小疙瘩。我们现在写文章要有“提纲”，也是说“纲”是文章的脉络和主旨。《说文解字注・十三篇上・糸部》：纲，网纮（hóng）也。从糸（sī），冈声。段注：纮者，冠维也。引申之为凡维系之称。孔颖达云：纮者，网之大绳。《商书》曰：若罔（网）在纲，有条而不紊。《说文解字注・十三篇上・糸部》：纪，别丝也。从糸，己声。段注：丝缕之数有纪也。……张之为纲，理之为纪。——即，纲是渔网的大绳子，纪就是网上的结。

人类文明史上应该都有结绳的过往。年轻时读过一本令人震撼的美国历史小说，叫作《根》，写一个非洲原始部落16岁的少年肯特在森林中学习生存技能时被白人奴隶贩子抓走并带去了美洲大陆，所以，他对原始部族的记忆就停留在16岁的那一刻，然后就是美洲大陆上的百年家族繁衍，当他百年后的曾孙重返非洲大陆之时，非洲部族的说唱人开始说唱肯特的家族故事，这个故事戛然而止在肯特在森林里失踪的那一天……这个场景之所以令人震撼，是因为人类的历史，只要我们肯于追寻，就不会止于文字创造之初，在那之前，它也以一种恢宏的形式存在着，以一种结绳的方式、以一种说唱的方式、以一种神秘而执着的方式存在着！

也就是说，原始人类使用了结绳、刻契、图画的方法辅助记事，后来用特征图形来简化、取代图画。当不同的符号组合被用来表示不同的事物并形成系统时，原始文字就形成了。

2. 八卦说

关于汉字起源的第二种说法是“八卦说”，也就是汉字起源于伏羲画卦。大家现在觉得在天地之间画一根线没什么了不起，可是在远古，一个蓑衣老汉能用一根线分出天和地这事儿可是惊天动地的事儿啊！所以人们恭敬伏羲为圣人。他用一根线代表“阳”（⚊），用一根断线代表“阴”（⚋），这是多么伟大而睿智的发明啊！

“卦”为何物？筮而画之谓之卦，将取象的思维画出来，迅速地让人看清楚、看明白。如坎卦（水卦）“☵”，实际上它就是一个汉字，中间一根阳爻代表阳气，上下两根阴爻代表流动的水，把这个坎卦竖过来其实就是

“水”字，所以坎对应的也是水。可是，要点在于：我们现在看“水”字，并不能领悟流水也是阳气推动的，能够藏在水里的阳称为真阳，而遇水即灭的火就是假阳。所以，坎卦比“水”这个字更接近实相。怎么能说八卦不是汉字的起源呢?!

从此，就这么一根阳爻、一根阴爻，反复组合，而成“乾、兑、离、震、巽、坎、艮、坤”八卦，这难道不是人类对大千世界最简洁、最透彻的解读吗？这不比繁复的文字更加明澈吗？

关于汉字起源于八卦的问题，段玉裁在“坤”字注释里说了一段非常重要的话：或问伏羲画八卦，即有乾坤震巽等名与不？曰，有之。伏羲三奇谓之乾，三耦（ǒu）谓之坤，而未有乾字、坤字，传至于仓颉，乃后有其字。……故文字之始作也，有义而后有音，有音而后有形。音必先乎形，名之曰乾坤者，伏羲也；字之者，仓颉也；画卦者，造字之先声也。（《说文解字注·十三篇下·土部》）

这段解释非常重要，段玉裁说：有人问伏羲画八卦之时，就有乾坤震巽等名称吗？回答：有的。伏羲画三奇横谓之“乾”，三根断线谓之“坤”，这时虽然还没有乾字和坤字，但其中深意已经传于仓颉，然后就有了其字。……因此，文字之始作也，有义而后有音，有音而后有形。音必先乎形，画卦时，伏羲就已经称呼“三连”为“乾”、“三断”为“坤”了，把这些落实成文字的，是仓颉；而画卦，就是造字的先声。

由此，也引出了汉字起源的第三个说法——“仓颉造字说”。

3. 仓颉造字说

传说仓颉是黄帝的史官，其人相貌奇特，有四只眼睛，所以看到的东西比一般人更多、更直透事物本质。

《淮南子》里有“昔者仓颉作书，而天雨粟，鬼夜哭”的记载，说的是汉字的产生惊天地、泣鬼神（天上下起了粟米，鬼神在黑夜里哭号），可谓世间一件惊天动地的大事。

创造文字这事肯定不是一个人能完成的，所以《荀子·解蔽》说：故好书者众矣，而仓颉独传者，壹也。《韩非子·五蠹》解释仓颉造字的思路说：古者仓颉之作书也，自环者谓之私，背私谓之公。私（厶）就是自环，就是把什么都搂在怀里；而“公”字上面是个“八”，表示违背，下面是个“厶”，所以，违背了私心就是“公”，不自私就是“公”。公平正义等这些词，首先是不能自私，只要一自私，就没有公平。这两个字真是简单明了又深刻。

古书，一般有一个奇妙的读法，要么从头开始读，要么从结尾开始读，比如，要想了解许慎编著《说文解字》的思路，我们就要先读第十五卷《叙》。既要看许慎原叙，也要看段玉裁的注释。

古者庖牺氏之王天下也，仰则观象于天，俯则观法于地，视鸟兽之文，与地之宜，近取诸身，远取诸物，于是始作《易》八卦，以垂宪象。这句是说，上古，伏羲氏治理天下，（他）仰观天象，俯察地理，观察鸟兽的足迹与大地的脉理。近，则取法自身；远，则取于他物。由是，创作了《易》中的八卦，用卦象垂示人之吉凶。其中，暗含着造字原则：近取诸身，远取诸物。

及神农氏结绳为治，而统其事，庶业其繁，饰伪萌生。翻译过来就是：到了神农氏时代，使用结绳记事的办法治理社会，由此，社会上的行业和杂事日益繁多，掩饰及作伪的事儿也开始多起来了。（事情一多，就不利于结绳而治了。）

黄帝之史仓颉，见鸟兽蹏迒之迹，知分理之可相别异也，初造书契。——至黄帝时，黄帝的史官仓颉看到鸟兽的足迹，悟出纹理有别而鸟兽可辨，因而开始创造文字。

百工以乂（段注：乂，治也），万品以察，盖取诸夬。夬，扬于王庭。言文者宣教明化于王者朝廷。君子所以施禄及下，居德则忌也（段注：谓律己则贵德不贵文也）。

文字出现后，百业有定义，万物可明察，仓颉造字的本意，大概取意于《夬卦》，《夬卦》说，臣子应当辅佐君王，使王政畅行。即，文字是为了宣扬教令、倡导风范，有助于君王的施政。君子运用文字工具，也可以施恩泽于百姓，并用文字约束自己，立德为本，不可自恃识文断字而博取爵禄。

仓颉之初作书，盖依类象形，故谓之文。其后形声相益，即谓之字。文者，物象之本。字者，言孳乳而浸多也。仓颉初造文字，是按照物类画出形体，所以叫作“文”，随后又造出合体的会意字、形声字，以扩充文字的数量，这些文字就叫作“字”。“文”，表示事物的本然现象；“字”，是说它来自“文”的孳生。这句其实是在解释书名为什么叫《说文解字》，后人总结仓颉造字的第一原则就是“依类象形”，也就是先有象形字，象形字叫作“文”；后来又按照“形声相益”，就是加上部首或声旁，创造了“字”。所以说，“文”是事物的本象，“字”是从本象孳乳生出来的。

著于竹帛谓之书。书者如也。以迄五帝三王之世，改易殊体。封于泰山者七十有二代，靡有同焉。

把文字写在竹简、丝帛上，叫作“书”。《说文解字注·三篇下·聿部》：书（書），著也。从聿者声。段注：著于竹帛谓之书。文字经历了五帝、三王的漫长岁月，有的改动了笔画，有的造了异体。所以在泰山封禅祭天的七十二代君主留下的石刻上，字体各不相同。

仓颉具体是怎么造字的呢?

二、六书

讲到仓颉造字，就得讲讲后人归纳整理的“六书”了。造字，不是人类先预想了方案，而是先取象造字，造的字多了，就渐渐有规律和思路了，这个规律又被后人总结出来，就是“六书”。

《说文解字·叙》说：《周礼》，八岁入小学，保氏（官名，就是教官）教国子（公卿大夫之子弟），先以六书。

就是说古人八岁入小学，先学识字。识字从“六书”开始，六书，就是指指事、象形、形声、会意、转注、假借这六种造字、用字的方法。

1. 指事：物象加抽象

上　甲骨文

《说文解字注》关于指事字的定义是：指事者，视而可识，察而见意，二（上）二（下）是也。翻译过来就是：指事字，看上去似乎认识，但仔细观察后才知道它真实的意思，比如“上”和“下”这两个字。“上”这个字，原本是一横代表中，上面再加一小横作为指事符号，表示位置在上的意思。《说文解字注·一篇上·丄部》说：二（上），高也。此古文丄（上）。指事也。凡二之属皆从二。“下”字是上面是一长横，下面是一短横。《说文解字注·一篇上·丄部》说：二（下），底也。从反二为二。段注：有好学深思者，当能心知其意也。……有物在一之下也，此古文“下”本如此。

下　甲骨文

指事是什么意思呢？是不拘泥其物象而说明一个抽象的概念。象形字是表达具象概念，而指事字是表达抽象概念，比如“高”，就是个抽象概念，那怎么表现呢？《说文解字注·五篇下·高部》：高，崇也。象台观高之形。从冂口。与仓、舍同意。凡高之属皆从高。这个字最下面是个有窗户的房子的象形，上面加梯子再加阁楼，像台观建筑高耸的样子，就指事为“高”。

高　篆文

再比如“本”“末”这两个抽象概念。“本”字里面有个“木”字，指树木，下面的“一”表示树下的根，也是个指事符号，这就叫作“本”。“末”是“木”上加了一横，表示末梢的意思，上面那一横也是指事符号。

本　篆文

《说文解字注·六篇上·木部》：本，木下曰本。从木从丅（下）。段注：本末皆于形得义。其形一从

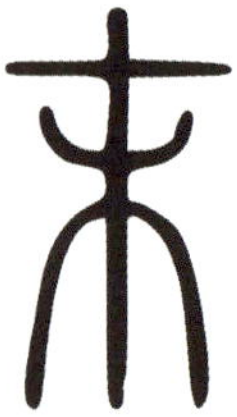
末 篆文

木丄（上）、一从木丅（下）。而意即在是。全书如此者多矣。一记其处之说。

末，木上曰末。从木从丄（上）。

2. 象形：图像也有灵魂

许慎关于象形字的定义是：象形者，画成其物，随体诘诎（jiéqū，弯曲），日月是也。也就是，象形字都是按事物本来的样子画出来的，随着事物本来的样子弯曲，比如“日”和“月”。太阳的本象是常圆，所以就画了个圆，里面那一点有人说是指太阳黑子，哪有那么玄妙，古代神话说太阳的精魂是三足乌，所以那一点就是指太阳的精魂。月亮的本象是常缺，所以就画了个半圆，里面那一撇代表月亮的精魂：三足蟾。为什么都是三足，我在《黄帝内经》精讲里讲过了，人，亦是任脉、督脉、冲脉三足而生。如此，便是天人相应。象形，不是光画个圆圈或半圆就完了，里面还要有文化内涵和灵魂，看到了一般人看不到的，才叫作造字。

日 金文

月 金文

幼儿一定都是先看图画。过早教儿童认字，可能毁了孩子的想象力。小孩子画一个圆圈，在他的心里，这个圆圈可以是太阳，也可以是轮子，也可以是水珠，也可以是甜甜圈或小饼干，随他怎么想，如果让一个小孩儿画太阳，他画成了方块或五角星，也不是孩子傻，而是他有他关于太阳的想法，我们大人不可强行约束孩子的想象力。记得我儿子小时候对文字开窍是一个“串”字，那时候楼下路边摊都有烤串，而那个红色的、亮晶晶的招牌引起了儿子的兴趣，于是就跟他解释把一块块肉穿起来，就是“串”，于是小宝两手一掐腰，小腿一罗圈，大笑着说：妈妈，看我！这就是“串”！从那天起，他仿佛发现了汉字的秘密似的，开始了用形体造型来演示汉字——比如把小手竖在张开的嘴巴上，说这是“中”啊，又把小手在嘴巴下边一比，说这是“虫”啊，把书本放在头顶上，说这是“天”啊……而这一切，让我们看到了古人造字时的无穷乐趣！

3.形声：汉字有读音

但象形、指事以及后面要讲的会意字，都有一个问题，就是无法解决汉字的读音问题。汉字的读音最初应该是约定俗成，好比部落头领指着月亮说“yue”，人们就都叫月亮为yue。他若指着月亮说“que”，大家也就跟着叫que，这就是约定俗成。也就是最初的发音和字没有什么固定的联系。但如果文字不能标示读音，就极不便于使用，也无法持久存活，所以在世界范围内，表意向标音的过渡是一切文字发展演变必须走的一步。于是，出现了形声字。

《说文解字·叙》：三曰形声。形声者，以事为名，取譬相成，江、河是也。形声字就是一半形符表意，一半声符表音，比如江、河，水字边表示河水，另一边表示声音。江、河以水为名，工、可为其声。

《说文解字注·十一篇上一·水部》：河，河水。出敦煌塞外昆仑山，发原注海。从水，可声。段注：乎哥切。所谓“乎哥切”，是古代标明注音的一种方式，叫“反切”，就是用两个字来表示此字的发音，具体是：取前一个字的声母，比如“乎”的声母是h；取后一个字的韵母，就是“哥”的韵母为e，拼出来就是he（河）。《说文解字注·十一篇上一·水部》：江，江水。出蜀湔氐徼外崏山，入海。从水，工声。段注：古双切。这个“古双切”，拼出来就比较怪，取前一个字“古”的声母，是g；取后一个字“双”的韵母是uang，所以“江”古音读作guang（光），与“工”音相近。后来有本喜欢用声音解释汉字的书，叫《释名》，《释名》：江，公也，小水流入其中，公共也。也就是说，因为古代音韵与现代已发生了很大变化，所以所有形声字在《说文解字》中的反切，我们现在并不是都能准确读出来和对应上。

无论如何，中国汉字到了形声阶段，有了一次质的飞跃，不仅可以造很多字，而且可以猜读音或“秀才读半边”，反正不影响理解，大大方便了对汉字的学习。

形声应该是最高产的造字法，在现代汉语中，形声字占了90%以上。因为它可以快速解决汉字的读音问题。会意字也是几个字的组合，但组合完了，我们能猜出它的意思，但未必能读出来。比如：二木为林、三木成森，我们大概能看懂，但读不出来。再比如“信”是会意字，如果没人教，我们读成“言”就不对了。而形声字有表示意义的意符，比如人部与人相关、言部与语言相关，同时它还有表示声音类别的声符，就可以直接读出来了。比如：蜘蛛的“蛛”字，“虫”表示虫类，“朱”表示字音。珍珠的“珠”，“𤣩（玉）”表示玉石，“朱”表示字音。

仑 篆文

仑 甲骨文

而且最为奇妙的是，一些字的声符因为自身就有意义，在与部首结合后，不仅表示读音，也表示意义。比如“仑（侖）”，《说文解字注·五篇下·亼（jí）部》：仑，思也。从亼册。许慎是从小篆的字形把这个字看成竹简书册了。其实这个字在甲骨文中像古代的乐器，也就是后来的橐龠的“龠”字。段玉裁的注释就明确了：“侖”下曰：仑，理也。《大雅》毛传曰：论，思也。按：论者，仑之假借。思与理，义同也。思犹鰓也，凡人之思必依其理。伦、论字皆以“仑”会意……聚集简册必依其次第。大家一定要知道，中国古代最高级、最精密的就是音律了，《尚书·舜典》：八音克谐，无相夺伦。所以“仑”这个字就代表严格的次序、次第。凡从

“仑”得声的，大都含有条理、伦次的意思。比如：沦，水纹的次第；轮，从车仑声，轮也表示车辐的次序排列。段注：三十辐两两相当而不迤，故曰轮。伦，人伦即是辈分；论，从言仑声，《伤寒论》之所以称“论”，就是六经次第严格有序，不能乱。

4. 会意：汉字可以猜

第四种造字方法叫“会意”。会意字，名字也取得好，就是要靠自己心领神会来理解一个字。会意字可以补救象形和指事的局限，更丰富地表示抽象概念，比如“粗”是个抽象概念，古人就用三只鹿来表现“粗（麤）”，用三只鹿的大角表示粗壮，形象而生动。用三个人来表示“众”，用三头牛表示“奔（犇）”，用三棵树表示“森”，这种表现方法比用指事符号形象多了，指示符号需要人动脑子，而会意字更需要人的想象力。

舒　金文

舒　篆文

而且用这种方法造字功能强大，比如要表示“舒服”这个概念，在金文里，“舒”是上下结构，上面是个“余”，就是“我”；下面是个“吕”，而“吕”是个象形字，表示我们的脊椎骨。到小篆里，这个字变成左右结构，由“舍”和“予”字组成。舍，表示释放、放松、松开，当然也代表房屋。予，《说文》：推予也。向外推送之意。这个字从金文到小篆的变化，可以看出古人在会意此字时的意识流，其实就是想表达“放松脊柱”的意味，所以，《说文解字注·四篇下·予部》：舒，伸也。从予，舍声。一曰舒，缓也。《淮南子·原道训》：柔弱以静，舒安以定。所以“舒服”就是在房间里躺着、舒展脊柱身躯以安定自我的意思。也是，人紧张时身体是收紧的，定然不舒服。

许慎对会意字的定义：会意者，比类合谊，以见指撝，武、信是也。简单地说，就是把几个字组合在一起，指向了新的含义就叫作会意字。比如“武”字和“信”字。所谓“比类合谊”，就是合在一起的字，要让人有适宜的联想，不能瞎组合，也不能瞎理解，比如人言为信，不是指人说话，而是说人的语言要真实可信，这就是“以见指撝”。

《左传》中提到三个会意字：“人言为信，止戈为武，皿虫为蛊。”这分别是什么意思呢？“人言为信”指的是人说话要真实可信，所以由“人”字和“言”字就组成“信”字。《说文解字注·三篇上·言部》：信，诚也。从人言。段注：人言则无不信者，故从人言。也就是言必由衷之意。又符契曰信，使者曰信。

“止戈为武”是说武字是由“戈”和“止”构成。戈为兵器；下面是一只脚（止），那到底是手拿兵器去打仗征伐为“武”呢，还是“不战而屈人之兵”，让敌人自动把武器放到脚下为“武”呢？《说文解字》在解释这个“武”字时居然讲了一个故事，这在《说文解字》里是罕见的，许慎说：楚庄王曰：“夫武，定功戢（读作jí，收敛、停止）兵。故止戈为武。”即，打仗的目的不是耀武扬威，而是为了停止兵戈。段玉裁也认同了许慎的说法：于文，止戈为武。是仓颉所造古文也。只取定功戢兵者，以合于止戈之义也。也就是不战而屈人之兵的人才是真正的威武。

古代凡好战、好杀伐的皇帝死后都会起谥号为“武”，比如汉武帝、梁武帝，但从“武”字上讲，好战不是“武”的本意，发动战争不是“武”的本意，而能够制止战争、叫停战争、制止兵戈相见，让你把武器放下，才是真正的“武”。

“皿虫为蛊”是指把许多毒虫放到一个器皿当中，最后存活下来的那个毒虫就是最厉害的，其气就可以蛊惑人命以致死，所以“蛊”字的小篆写作“蠱”，下面是器皿的“皿”，上面是三只虫子，也代表多。《说文解字注·十三篇下·虫部》：蛊，腹中虫也。《春秋传》曰：皿虫为蛊。晦淫之所生也。……从虫从皿。许慎解释成“腹中虫”也对啊，人体何尝不是一个大器皿，其中，人的贪嗔痴就是三条大毒虫，而且“晦淫之所生”，就是借阴邪、寒邪而发酵，先是生出病气，继而生出毒瘤。

所以，“蛊惑”就是用毒气来迷惑你、伤害你，可见“气儿”比刀剑厉害啊！有毒的气息可以在不知不觉中害人。这个“不知不觉”在日常生活中才是最可怕的。总有妇人道：我也没打他、没骂他，他怎么就病了、就抑郁了呢？就你那怨气、戾气比打他骂他还厉害呢！所以一见到那些面黄肌瘦、神情抑郁的小孩儿，我就嘱咐他们的母亲，吃饭时别总申斥孩子，人的语气就是冷暴力啊，就是毒啊，孩子一边吃饭一边吃毒，没个好。

会意字因为可以拆解出很多字，以至于后代民俗有利用拆解汉字以占卜的做法，比如你写了个“干”字给算命先生，这个“干”本来是个象形字，在甲骨文中就像个盾牌，属于“文”，是不可以拆解的，可愣是让拆字先生分拆成了“十一”，用来问寿命就说还有十一年的阳寿，用来问行人归期就说还有十一天可归家，用来问疾病就可以说还有十一天就会好转，等等。

5. 转注：“同胞”总有些像

前面说的象形、指事、形声、会意，都是造字法。六书的最后两个——转注和假借，则是不造字的用字方法。

《说文解字·叙》：五曰转注。转注者，建类一首，同意相受，考、老是也。

老　甲骨文

转注的意思，就是在用汉字时，用这个字可以，用那个字也可以，但这两个字必须是同源字，或同义词。一般来说，转注字就指的是同源字，就是它

老　金文

考　甲骨文

考　金文

们都有一个源头。《说文解字注·八篇上·老部》说：老，考也，七十曰老。从人、毛、匕。言须发变白也。凡老之属皆从老。段注：序曰：五曰转注。建类一首，同意相受，考、老是也。学者多不解。戴先生曰："老下云：考也；考下云：老也。此许氏之恉。为异字同义举例也。一其义类。皆谓建类一首也。互其训诂，所谓同意相受也。"即，老就是考，考就是老，这两个字是同源字，它们不仅字形相似，读音也同韵，甚至在甲骨文中字形都一样，都是人老了拄拐杖的样子。到了金文里才略有差异，其差异就在下面的字形不同：一个是"匕"，一个是"丂（kǎo）"。这两个字的不同，必然引发我们的联想：古代，有"如丧考妣"一词，母死为"妣"，父死称"考"，所以"老"应该指老女人，"考"应该指老男人。也就是二者都是老人这一点是一样的，唯独不同的就是生殖系统的不同，"匕"代表的是女阴，"丂"代表的是男根。

虽然转注字字形不同，但毕竟是一个妈生的，总是有些相像的（字音或字形），而且字的意思也大致相同。比如：受与授、天与地等，都属于同源字。

6. 假借：有借无还

令　甲骨文

《说文解字·叙》：六曰假借。假借者，本无其字，依声托事，令、长是也。

假借字非常有意思，就是"有借无还"。就是本来没有这个字，从别处拿来这个字后，就再不归还了，你另外造字去。这里段玉裁解释时举了两个例子：令和长。

段玉裁说：汉人谓县令曰令长，县万户以上者为“令”，减万户为“长”。令之本义发号也，长之本义久远也。县令、县长本无字，而由发号久远之义，引申展转而为之，是谓假借。什么意思呢？甲骨文的“令”字上部是个三角形，下部是个规规矩矩跪坐着的人。有人认为上部的三角形模拟发出号令的木铎，下部模拟受命的人。也有人认为，这三角形，是古代集合的“集”字，表示将众人集合到一起，一个个跪着，由首领发布命令。无论怎么说，令的本义都是“发号令”，把发号令这个意思借过来叫“县令”的“令”，成为一个官称。

来　甲骨文

怕我们不懂，段玉裁另外又举了个例子：“来”，此字始见于商代甲骨文，其古字形原本像一株小麦的形象，本义指小麦。《说文解字注·五篇下·来部》：来，周所受瑞麦来麰也。二麦一夆（段注：各本作一来二缝）。象其芒朿之形。天所来也，故为行来之来。也就是，本来没有“来往”的“来”字，因为麦子是上天赐予、从天而来的，所以把这个原本表示“麦子”的“来”借用为“来往”的“来”，而“麦子”就只好再造一个新字“麦”了。

西　甲骨文

西　小篆

再比如东西南北的“西”字。“西”字，本来是个象形字，像鸟巢，《说文解字》据小篆字形说解，认为像鸟在巢上之形。《说文解字注·十二篇上·西部》：西，鸟在巢上也，象形。日在西方而鸟西（栖），故因以为东西之西。段注：此说六书假借之例。假借者，本无其字，依声托事。古本无东西之西，寄托于鸟在巢上之西字为之。夕阳落下的时候，鸟纷纷归巢，所以古代把“西”借来表示日落的方向，就成了东西这个概念，而且借来就不还了，于是，就只好另造一个“栖”字或“棲”字，来表示鸟儿栖息在巢上的意思。

而 甲骨文

再比如“而”字，甲骨文就像人的下巴、面颊上的胡须。《说文解字注·九篇上·而部》：而，须也。象形。“须”就是胡须。段注：盖“而”为口上口下之总名。分之则口上为髭，口下为须。后来把“而”字假借成连词，如“然而”“而且”，这又是什么意思呢？因为男人长胡须是生理上必经的一个转折过程，表示从少年而青年、从青年而壮年、从壮年而老年，所以后来就把这个“而”假借成连词。而胡须的意思就另外造了个“须”字。“须”字是头的两边长毛的意思。《说文解字注·九篇上·须部》：须，颐下毛也。从页彡。凡须之属皆从须。

与“而”字相关的还有“耐”字。“耐”字又是什么意思呢？“耐”为什么有忍耐的意思？

《说文解字注·九篇下·而部》：耏，罪不至髡也。从而彡。耐，或从寸。诸法度字从寸。这是个会意字，“而”指胡须，“寸”，从手，指法度，刑法。即指犯罪受罚，只剃刮胡须、颊毛，不至于剃光头的地步。古代一岁刑为罚作，二岁刑以上为耐。所以，“耐”的本义是古时一种剃掉胡须两年的刑罚。古人认为：“身体发肤，受之父母，不可毁伤。”就是头发、胡子这些东西，都是父母给的，不可以毁伤。所以，“耐”字左边为“而”，指胡须；右边是一个“寸”字。“耐”字的意思就是拿工具把颊毛一根一根地拔掉，用剃掉颊毛的方法来作为惩戒。虽说是古代一种最轻的刑罚，但也挺疼的，所以“忍耐”就是你必须忍受这种拔胡须的疼痛的意思。“吃苦耐劳”也是从这个字义中来的。

“自”字本义是鼻子，甲骨文画的就是鼻子，

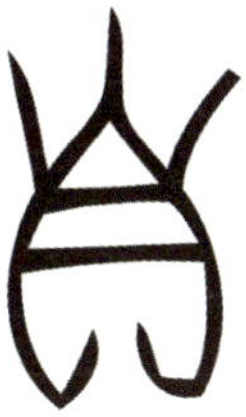

自　甲骨文

《说文解字注·四篇上·自部》：自，鼻也，象鼻形。大概因为我们说自己时总是指向鼻子，后来这个“自”就借来表示“自己”了，而鼻子就另外写成“鼻”字了。这就是六书中的假借。

以上就是六书中“假借字”的含义，就是本来没有这个字，借来后不还了，只好依据其本来意思再造一个新字。

可在我们学古文时，还出现了一个概念“通假字”，这又是什么意思呢？通假字不属于造字、用字的方法，通假字就是古代的错别字，就是用音同或音相近的字来代替本字。它与假借字的最大区别就是，它是“本有其字”，比如本来就有个早晨的“早”字，一时手快，人们写成了跳蚤的“蚤”字，这本来是写错了，但古人的原则是古书即使写错字了，也不能乱改，顶多在旁边注释“蚤”通“早”，这就是通假字。也就是说我们现在要把“舅舅”写成“旧旧”就是错别字，而古人这么写了，就是“通假字”。可是读古书要是不明白通假字，恐怕要闹大笑话的。比如《内经·阴阳应象大论》有一句“此阴阳更胜之变，病之形能也”，此处“能”通“态”。后面有一篇《形能篇》，也是“能”通“态”，即《形态篇》。实际上这是个错字，因为古代都是竖排版，原文是《形態（态）篇》，后来把繁体“態”下面的“心”给刻漏了，就成了《形能篇》。所以，古人说：不明通假字，就读不了古书。

以上所讲的就是《说文解字》里面的“六书”，“六书”是六种造字和用字的方法。

字，造出来了，后人还总结了造字的六书原则。

有了汉字这个工具，人类的文明一下子就开始冲顶了。

三、汉字字形的一统

从中国历史上看，语言文字最纯粹、最凝练、最雍容华贵的，是《诗经》时代。语言文字首先是“心”的意识流，没有“心”的纯粹，就没有“蒹葭苍苍，白露为霜”的意境，就没有“知我者，谓我心忧；不知我者，谓我何求”的心境。然后，中国人好像突然进入了一个语言文字的绚烂以及癫狂时节——春秋战国，诸子百家蜂拥而至，有孔子的娓娓道来，有老子的明澈与犀利，有孟子的浩然之气，有庄子的宏阔与狂狷，有左丘明的肆意……那时候人们不研究语言文字学，那时候人们只是用语言文字创造一个又一个崭新的世界，令我们目不暇接，令我们头晕目眩，只可惜现在很少有人去完整地阅读它们，去领教它们带给我们的头脑风暴了。

由此，我们也可以发现时代的一些小秘密，比如春秋战国时代就是创造的时代，就是头脑风暴的时代，人们四处游走，眼界开阔，不预设自己的行为，不固执自己的思想，肆意地展露自己，疯狂而又充满激情。所谓一阴一阳之谓道，人若总那么激情四射，就命不久矣。然后人就从创造走向了沉寂与回归，这个时候，就会出现许慎、段玉裁这些人，将精气神投注在不关世事的文字音韵上，在另一个时空找寻人类的辉煌。也就是时代都有阶段性，在每一个时代找到自己的使命，才是最重要的。

结束了春秋战国的语言狂暴，到了秦汉时期，一统国家，不仅要有政治、思想、法律、制度的一统，还有重要的一件事，就是一统天下之文字。因为作为政治、思想、法律、制度等的工具，语言文字必须大修整，也就是要“书同文”，言不类则心生疑，文不同则意相左，如此则民心涣散，民意分离。

对战国末年这一时期，《说文解字·叙》说：分为七国，田畴异亩，车涂异轨，律令异法，衣冠异制，言语异声，文字异形。即，这时田亩的丈量方法相异，车子的规格不同，法令制度各有一套，衣服、帽子各有规定，说起话来方言分歧，一个字常有不同写法……那秦代是靠什么方法解决这个重大问题的呢？秦始皇统一天下后，采纳丞相李斯的意见，“罢其不与秦文合者”（《说文解字·叙》），昭示天下臣民都以秦国文字为标准，统一了文字。具体怎么操作呢？由当时三个非常重要的人物写了三篇文章，即秦相李斯作《仓颉篇》、中车府令赵高作《爰历篇》，太史令胡毋敬作《博学篇》，三篇文章都是把大篆改了改，用小篆写成。小篆又称秦篆，字体刚柔并济，圆浑挺健，颇为美观。这三篇文章公示天下后，让所有老百姓都知道，要写什么字就从这三篇文章里找，于是汉字的形式就如此被逐步固定下来了。这三篇文章一共收字3300个，对中华民族汉字的规范化起到了巨大的作用，堪称奠定了现代汉字的根基。治国安邦的重器已备，剩下的就是勇往直前了。

“是时，秦烧灭经书，涤除旧典，大发吏卒，兴戍役，官狱职务繁，初有隶书，以趣约易，而古文由此绝矣”（《说文解字·叙》）。也就是在秦国焚书坑儒后，小篆之后又有隶书，隶书强调文字的记号功能，削弱了其象形功能，成为古今文字的分水岭，隶书之前为古文字，之后为今文字，书写更加简易，至魏晋南北朝，有了楷书，中国就以方块字而面向世界了。

总之，“声不能传于异地，留于异时，于是乎文字生。文字者，所以为意与声之迹”，就是语言难以存留，而文字却可以永传。中国之文字，源于象形，有艺术之价值，推衍为六书后，既有文字之用，又不失其意象，由古文大篆到小篆，由篆而隶、楷、行、草，各种形体与书写风格逐渐形成，使得汉字成了中国艺术的基础。其简约高远，恐怕只有中国人能够体悟吧。

到汉代，扬雄又写了篇《训纂篇》，有2040个字，接下来，还缺一部汉字字典。

东汉，出现了一位经学家、文字学家叫许慎，于汉和帝永元十二年（100年），到汉安帝建光元年（121年）花了20多年的时间，写就了一部《说文解字》，共收录9353个汉字。此书是中国历史上的第一部字典，也是本书所讲的内容来源。这9353个汉字，我们也不可能全讲，只能讲一些常用字。毕竟我们日常所用也就两三千字。

这里有个小插曲，就是许慎在编纂《说文解字》时，还没有发现甲骨文，这就使得他在解释一些字的时候会出现与甲骨文不相合的问题。段玉裁死于1815年，而1899年人们才知道甲骨文的存在，所以他的注释也会有些问题。

宿 甲骨文

比如“宿”这个字，《说文解字注·七篇下·宀部》说：宿，止也。从宀㐁声。㐁，古文夙。是个形声字。解释为留宿没问题，但说它是形声字就有问题。因为清代发现甲骨文后，“宿”这个字其实是个会意字，其古字形像人在屋子里（宀指房子），躺在席子上睡觉。小篆把像席子形的部分变为“㐁（tiàn）”，然后又变为“百”。段玉裁引《毛传》说：一宿曰宿。再宿曰信。即《左传》之凡师一宿曰舍，再宿曰信，过信曰次也。也就是住一宿为“宿”，住两宿为“信”，从第三宿开始就是“次”，也就是驻扎的意思了，所以“次”在甲骨文中就是军队驻扎的样子。《说文解字注·八篇下·欠部》：次，不前、不精也。从欠，二声。𠩂，古文次。“不前”就是停止，“不精”就是凑合，后来就引申为“次品”“二等货”等。总之，“宿”原本是人躺在席子上休息，后来引申有居住、住宿的地方等，后来又有“星宿”意，因为只有夜里可以见到星空，所以星宿就是星星睡觉的地方。

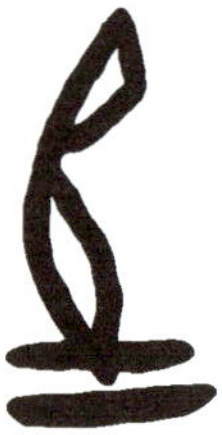
次 甲骨文

再比如，我们现在最常见的之乎者也的“之”字，中学学古汉语时，都知道它有“到……地方去”的意思。甲骨文的“之”上面是脚趾的“止”，下面一横表示出发的地方，就是“到……地方去”。但这个字，因为许慎没见过甲骨文，就解释错了，《说文解字注·六篇下·之部》：之，出也。象草过屮（chè，草木初生也），枝茎渐益大，有所之也（树枝

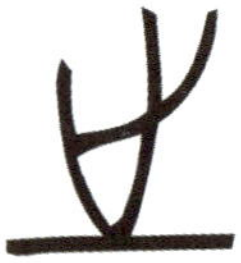
之 甲骨文

长高后，就有了方向）。段玉裁也没见过甲骨文，所以他就按许慎的解释继续说：之有训为上出者。……茎渐大，枝亦渐大。势有日新不已者然。也就是他们都把这个“之”解释成了草长出土，而且越长越大，就有了方向。看来有些字还必须得看甲骨文。

四、震惊世界的甲骨文

甲骨文的发现可是中国历史上的大事。甲骨文作为中国目前最古老的文字，却是最晚发现，这也决定了之前的字典、词典会有一些解释上的错误。甲骨文的发现，像一道光，照亮了我们漫漫的文字之途。

甲骨文是怎样被发现的呢？

清末光绪二十五年（1899年）的秋天，有个叫王懿荣的先生生病了，在医生开的药方里发现一味名叫“龙骨”的药，如果大家学过《伤寒论》，就知道经方里有“桂枝龙骨牡蛎汤”，王懿荣是什么人啊，清朝最高学府国子监祭酒，相当于现在北大、清华的校长，那是相当有学问的。出于好奇，他找来龙骨一看，发现上面有刻痕，于是把龙骨全部买了回来，最后总数达到了1500多片。他通过对甲骨刻痕的辨认，渐渐认出了“雨”“日”“山”“水”等字，后来还发现了几位商朝君王的名字。因此，他断定，这些刻痕是刻在龟甲和兽骨上的古代文字，即甲骨文。但这时古董商为了发财，就是不告诉他龙骨的产地。后来，另一位文字大家罗振玉获知甲骨的真正出土地是在河南安阳西北小屯村。1911年2月，罗振玉派他的堂弟和内弟来到小屯村，甲骨文的搜集从此迈过古董商而进入了甲骨学者直接面对小屯村民的阶段，而此处与古文献记载的商朝后期的殷都所在地相吻合，更证明了甲骨文是殷商文字。甲骨文的发现不仅使得殷商的历史伸手可及，而且一直处于传说中“夏”的时代，也变得可信。一片小小甲骨文的发现，翻动了中国的历史，也使得中国的小学研究，也就是文字训诂研究在清朝达到了顶峰。反正当时是文字狱，知识分子正不知做什么好呢，老天送了份大礼给中国，一时间，出了好多顶级文字训诂专家，真是老天不灭斯文啊！只可惜注释《说文解字》的段玉裁生早了，他要是看到了甲骨文，恐怕这本《说文解字注》会更加熠熠生辉。

现在，在河南安阳建立了殷墟博物馆和中国文字博物馆，我去过多次，博物馆中重要标志之一就是殷商人的姓氏“子”，是一个大头娃娃两手上扬的形象。殷商人为什么姓“子”呢？有种说法是，传说他们的高祖是一位叫简狄的女子，因为吞吃了黑燕的卵而怀了孕，生下了儿子，卵就是“籽”，所以以“子”为姓。原始的母系时代大都是感生神话，那时女人不知精卵结合才能生子，所以便以胎动时感应到什么就把什么当作孩子的来源及姓氏，所以殷商以“子”为姓。而伟大的孔子就是殷人的后裔，“孔”是子姓的分支，所以你看那个“孔”字，一边为“子”，一边为“乚（乙）”，《说文解字注·十二篇上·乙部》：乙（乚），燕燕，乙鸟也。齐鲁谓之乙。取其鸣自謼（呼）。象形也。所以，“乚”特指黑燕，由此，“孔”字，真正的意思就是黑燕的后裔。“丘也，殷人也”，孔子多次强调自己是殷人，也是我们中国人认祖归宗的一种执念。就为了这，今人还在争执：河南人认为孔子祖籍是商丘人（宋国在商丘），山东人认为孔子生在山东尼山，就是鲁国人。其实，这争的不是人，是文化啊！

子 甲骨文

好，回到许慎和段玉裁都未见到甲骨文这件事上，目前，汉字的源头就是甲骨文，而许慎和段玉裁都是从小篆上解释汉字的，所以我们现今在讲解《说文解字》时，也要参考甲骨文，以辨正误。

至 甲骨文

比如“至”字，《说文解字注·十二篇上·至部》：至，鸟飞从高下至地也。从一，一犹地也。象

矢　甲骨文

形。不，上去；而至，下来也。许慎解释“至”为鸟坠地为至，认为是个象形字，同时还举例说：“不”这个字，像鸟儿向上而去的样子；至，是鸟儿落地的样子。段玉裁也附和着许慎的理解，说：不，象上升之鸟，首乡（向）上。至，象下集之鸟，首乡（向）下。但如果看甲骨文，“至”这个字，上面是个倒过来写的“矢”字，就是箭，箭头朝下或向前，下面的一横在此只表示地平面或某个目标，是一个指事符号而已。所以“至”这个字当是指事字，本义就是到达。

不　甲骨文

而“不”字的理解就更丰富了，《说文解字注·十二篇上·不部》：不，鸟飞上翔不下来也。从一，一犹天也。象形。段玉裁注：象鸟飞去而见其翅尾形。许慎和段玉裁都是经学大家，他们太严肃了，把这个“不”字解释成鸟儿飞走的样子，我觉得他们已经非常浪漫和有想象力了。但这个最常用的字是怎么变成拒绝或否定的意思的呢？所以我们还得溯源到甲骨文，《甲骨文字典》说：（不）象花萼之柎形，乃柎之本字。柎，指花托花萼的底部，其实，花萼就是女子阴部之象形，而且，“不”字在甲骨文中上面其实是个倒三角，下面滴滴答答如水流状指来月经。其实在最远古的符号体系中，正三角代表男性，倒三角代表女性，代表万物之源和宇宙之母，所以这个“不”字的原始意味有可能指“女子来月经”。另外，《说文通训定声》说：不，假借为丕。也就是，“不”字指月经淋漓，“丕”是下面堵住了，不来月经了，所以《说文解字注·一篇上·一部》：丕，大也。从一不声。不来月经了，肚子就大了。另外，《说文解字注·五篇上·血部》：衃（pēi），凝血也。从血不声。也从另外的角度帮我们理解“不”字。此外还有“胚胎”之“胚”字，《说文解字注・四篇下・肉部》：肧（胚），妇孕一月也。从肉，不声。而“胎”，也在“肉部”。胎，妇孕三月也。从肉，台声。胚，只是生命的萌芽，可活可不活；但“胎”，是生命已经坐住了，开始成长了。

也就是说，甲骨文蕴藏着丰富的原始思维，极大地丰富了我们的想象，也为我们理解《说文解字》插上了翅膀。这可不只是文字的丰富，更是我们生命的丰富啊！

第二章 识文断字 美好人生

一、为什么叫《说文解字》?

在我们翻开《说文解字》之前，先解释一下书名，为什么叫《说文解字》?《说文解字》就是把文字分成两部分：一部分是文，另一部分是字。那么，文和字又有什么区别呢?

记住：独体为文，合体为字。具体怎么解释呢?

1.文，只能说

所谓“说文”，是说有一种文字只可以“说”不可以“解”。古代给书籍起名字，不求吸引眼球，关键要书名与内文相符，还要文质彬彬，清晰明白。所谓“说文解字”，就是告诉我们，许慎要讲两个东西，一个“文”，一个“字”。文，拆不开，只能“说”；字，却可以拆解。《说文解字·叙》中说：仓颉之初作书，盖依类象形，故谓之“文”。其后形声相益，即谓之“字”。文者，物象之本；字者，言孳乳而浸多也。

文 甲骨文

比如“文”这个字，原本就是花纹、纹路，就是一幅完整的画，无法拆解。《说文解字注·九篇上·文部》：文，错画也，象交文。段注：像两纹交互也。“纹”，是“文”的俗字。在甲骨文中，文，画了一个人，胸脯上刺有花纹图案，当指“文身”。有人纳闷：人类怎么那么早就喜欢文身?在没有衣服前，原始部族最初可能只是用泥巴颜色来装饰自己，后来就上真刀了。这其中可能有几点原因：一是美化自己，可见爱美之心自古有之。二是吓唬敌人，比如“文身以避蛟龙之害”，是想用文身来辟邪。三是炫耀自己的勇敢，认为这种美丽的疼痛神秘而性感；也有人说文身是为了缓解疼痛而针刺某处的隐秘医术。四是昭示自己的成熟或彰显权力，古埃及是地位高的人才能文身。汉人嘛，怕痛，所以代表进入成人世界的方式就是行冠礼，戴个帽子也挺醒目的，不必把自己弄得吱哇乱叫，所以对汉人而言，冠冕文化比较丰富多样。

那“字”呢？都可以拆解，比如这个“字”，上面是“宀（mián）”部，俗称“宝盖”，代表房子，下面是“子”，是个大头娃娃的形象，因为是象形字，所以这个“子”也属于“文”。凡是能拆开的汉字，都可以解析，所以“字”这个字就是在房子里哺乳孩子的意思。

文字里不可拆解的“文”多不多呢？因为“文”大多从最简单的图画和花纹产生出来，所以不多。

比如“吕”字，实际上是我们脊椎骨的象形。《说文解字注・七篇下・吕部》：吕，脊骨也，象形。段注：项大椎之下二十一椎，通曰脊椎。所以姓吕的，叫吕直就好，叫吕弯就不好。

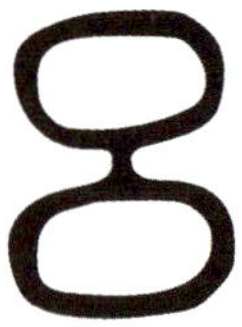
吕 篆文

气，《说文解字注・一篇上・气部》：气，云气也，象形。段注：象云起之貌。三之者，列多不过三之意也。气，在甲骨文中是平直的三条横线，篆文就是弯弯曲曲的三撇，都是云气的模拟，是“文”。而另一个“氣”就可以拆解为“气”和“米”，所以属于“字”。《说文解字注・七篇上・米

气 甲骨文

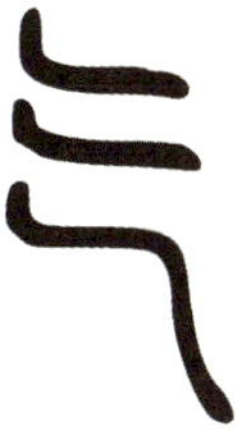
气　篆文

又　甲骨文

父　甲骨文

爪　甲骨文

牙　金文

部》：氣，馈客之刍米也。从米，气声。属于形声字。

又，《说文解字注・三篇下・又部》：又，手也，象形，三指者，手之列多，略不过三也。段注说，其实就是右手。所谓三指，以手计数，或全用，或用三。父亲的“父”也在“又”部，父亲跟手爪有何关联呢？《说文解字注・三篇下・又部》：父，巨也。家长率教者。从又举杖。就是手举棍棒教育孩子的样子。敢情自古父亲手里就有棍棒啊。

爪（zhǎo、zhuǎ），《说文解字注・三篇下・爪部》：爪，丮（jǐ）也。覆手曰爪。象形。就是手垂下来的样子。段玉裁注：丮，持也。仰手曰掌，覆手曰爪。段注不仅解释了丮的意思，还解释了掌与爪的不同。在这里许慎把“爪”解释成了动词“持”，就是后来的“抓”；而段玉裁的“覆手曰爪”是名词，是手指的一种形态。以“爪”为词根，后来繁衍出很多“字”，比如“采”（《说文解字注・六篇上・木部》：采，捋取也。从木，从爪。就是用手采摘叶芽的样子）、争（爭）（上面是个爪，下面有只手，所以“争”字是两只手在争夺东西的样子。段注：凡言争者，皆谓引之使归于己。）等，都与爪有关。

再比如“牙”。《说文解字注・二篇下・牙部》：牙，壮齿也。象上下相错之形。段注：壮，大也。壮齿者，齿之大者也。统言之皆称齿、称牙。析言之则前当唇者称齿，后在辅车者称牙，牙较大于齿。统言之，就是笼统地说，牙齿不分；析言之，就是分辨地说，牙就是后槽牙的象形，齿是门齿。所以，只能说“唇齿相依”，不能说唇牙相依。齿，下面是齿的象形，上面“止”是声音，所以是个形声字。

鱼 甲骨文

所谓“文”，大多是名词。比如“鱼”，《说文解字注·十一篇下·鱼部》：鱼（魚），水虫也。象形，鱼尾与燕尾相似。凡鱼之属皆从鱼。鱼字在甲骨文中是画了全身，鱼鳍、鱼尾都有，但有趣的是，为什么没画最常见的横向游动的鱼，而是画了个竖起的“鱼”呢？因为只有捕到的挂起的鱼才能为我所有啊！

牛 甲骨文

而像牛和羊这些动物，造字时就不必画全身，突出它们犄角的不同就可以了。《说文解字注·二篇上·牛部》：牛，事也，理也。像角头三、封尾之形也。段注：谓上三岐者，象两角与头为三也。羊，甲骨文也是画了两只弯曲的羊角，中间一竖是羊脸的线条化，下部向上斜的两短画像羊的胡须，突出事物的形象。《说文解字注·四篇上·羊部》：羊，祥也。从𠁥，象四足尾之形。段注说：羊，善也。按善、義、羑、美字皆从羊。

再比如“日”“月”这些字都属于“文”，不可以拆解。一般说来，象形、指事为“文”，形声、会意为“字”。

羊 甲骨文

2. 字，可以解

汉字里，文不多，字多。独体为文，合体为字，因为“字”是合体，所以都可以拆解。

比如前面讲的“又”是象形字，属于“文”，代表手，手可以干很多事，所以“又”作为部首与别的字合在一起，可以滋生出很多字，比如“取”，《说文解字注·三篇下·又部》：取，捕取也。从又耳。《周礼》：获者取左耳。这讲的是古代战场上一

取 甲骨文

个残酷的景象：俘获或杀死敌人后，用手割下敌人的左耳以记功。

有些字我们现在就看不出和右手的关系了，比如：叔叔的“叔”，《说文解字注·三篇下·又部》：叔，拾也。从又，尗声。其实左部的“尗”，是小豆子的形象，所以“叔”的本意是捡拾小豆子，应该是个会意兼形声字。而且因为豆粒小，所以“叔”也有“小”义，后来“叔”就引申用于兄弟排行伯、仲、叔、季中，排行老三。

叔 金文

有个字也用了这个“叔”，就是“宋”，《说文解字注·七篇下·宀部》：宋，无人声也。从宀，尗声。无人声可不见得没有人啊，而有可能是有人在身边也无话可说。你可以把这个字想象成在房子里用捡拾玩弄小豆子来排遣心情。再加上“寞”，就是日暮渐渐昏暗的房间，也可以表现自己暗淡的心情，于是“寂寞”一词，无声胜有声，有细微的动作，有光线的明暗变化，于是清冷孤单感便跃然纸上，所以中国字好有画面感。而“寂寞”一词的英语表达就是loneliness，但loneliness只是孤单而已，没有日暮、没有无人陪伴的恐慌、没有靠捡拾豆粒来排遣内心孤独的茫然……所以，翻译“寂寞”一词，只能用诗句。

有人说，一个人身边没有人，就会寂寞；一个人心里没有人，就会空虚。我说，一个人身边虽有人，但不懂你，会更寂寞。一个人心里没有人但有精神，就不会空虚。

还有一个字我们现在也看不太清楚与右手的关系了，彗星的“彗”，小篆字形下面其实也是“又”。彗星为什么称“扫帚星”呢？因为“彗”本来就指

彗 篆文

扫帚。《说文解字注·三篇下·又部》：彗，埽竹也。后面段玉裁解释说，古代扫帚有两种，一种柔软的用细竹编制的扫帚叫“彗”，用于打扫干净的地方，比如炕上；另一种就是用硬硬的竹枝做成的，用于打扫污秽的院子。扫帚，可以说是古代妇女经常拿着的东西了，比如妇女的妇，就是女人拿扫帚的样子，《说文解字注·十二篇下·女部》：妇（婦），服也。从女，持帚洒扫也。所谓“服”，段玉裁解释：妇主服事人者也。结合上次我们讲的“父”，从文字上看，男人拿棍棒，女人拿扫帚，活儿都让女人干了，威风都让父亲耍了。真是形象啊！

妇 甲骨文

再比如“解”这个字，就可以拆解成三部分：角、刀、牛，一看就是用刀解牛的意思，所以“解”字在《说文解字注·四篇下·角部》里就是：解，判也。从刀判牛角。一曰解廌，兽也。“判”又是什么意思呢？可以继续拆解，一边是“刀”，一边是“半”，就是把一个东西分成两半。再引申下去，就有了“分解”“分析”这些意思。

解 甲骨文

再比如“寇”字，《说文解字注·三篇下·攴部》：寇，暴也。从攴完。这里，许慎的解释是有问题的。其实这个字拆解后有几个含义：宝盖头表示房子，“元”表示头，下面“又”是只手，上面“卜”则表示手里拿根棍子。这几个字组合在一起就表示：强盗冲进人家里并拿棍子打主人的头。所以《左传》说：兵作于内为乱，于外为寇。自己人打自己不是寇，寇指外寇。又：群行攻劫曰寇，杀人曰贼。这是贼与寇的区别。

寇 篆文

再比如“东（東）”字，可以拆解为“木”和“日”，《说文解字注·六篇上·东（東）部》：东

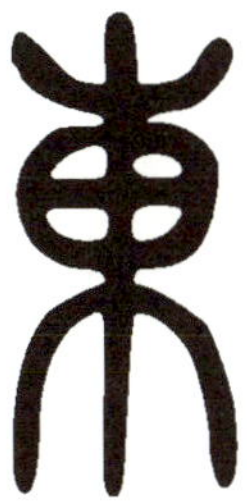

东　篆文

（東），动也。从木。官溥说：从日在木中。象征太阳在树丛中冉冉升起。段注：日在木中曰东（東）。在木上曰杲，在木下曰杳。即，“杲”字，日在木上，有明亮的意思。比如古代有个医家叫李杲，字明之。杳无音信的“杳”字，是日在木下，表示昏暗不明之意。

再回来说汉字这个“字”。《说文解字注·十四篇下·子部》说：字，乳也。从子在宀下，子亦声。段注：人及鸟生子曰乳，兽曰产。所以“字”就是在房子里给孩子喂奶。山东有句俗话叫：活得字儿。啥意思呢？“活得字儿”就是活得滋润，就是要什么有什么，有吃有喝有人喂，活得像小神仙，小神仙就是小婴儿啊！我们大人呢，成天得自己谋食，就称不上神仙。

因为“字”都是可以拆解的，我们可以不断地利用“字”的这种功能来组合而成新的字。这种不断地繁衍新字的内涵也是借助了“字”有生育、繁衍的这个特性。所以许慎说：字者，言孳乳而浸多也。

拉丁字母也好，阿拉伯字母也好，基本的元素都只有二十多个，这与中国汉字的基本元素在数量上有着巨大的差异。但是我们会发现，拼音或英语等字母文字是开始好学，后难学；而汉字是开始难学，你得认识那么多部首，但越往后越好学。你不仅可以猜字，还可以造字，比如武则天就用“明”和“空”为自己造了个“曌”字，取日月当空普照天下的意思。

因为我们的汉字在掌握了基本元素后，这些元素将以偏旁部首的形式进行有含义的组合，从而演化出不同的含义，其千变万化总不离其宗，因此古代又有“秀才认字读半边”的说法。这样组合出新的文字就非常方便记忆，也极其方便扩展。这其实是一种至简的原则，也是中国文化的特色之一。

二、怎么取个好名字？

我们认字先从自己的名字认起吧。我们现代人都有名字，但古人分得清楚，有“名”，还得有“字”，那名和字有什么区别呢？

先说“名”。甲骨文的“名”由“口”和一个月牙形组成，月牙形一般释为“夕”，是个会意字。《说文解字注·二篇上·口部》：名，自命也（就是自己称呼自己）。从口夕。夕者，冥也。冥不相见，故以口自名。这句是说：天黑了，看不清对方的脸面，相遇之时，便只好以口自报名字，以免发生误会。本来呢，名字就是个称呼或代号，可后来又说“名者命也”，更有种说法：赐子千金，不如教子一艺；教子一艺，不如赐子好名。这下问题就严重了，现如今，很多人想通过改名字来改运，到底可不可以呢？

名 甲骨文

现在甚至专门有了起名字、改名字的生意，一旦觉得名与命相关，起名字这事就难了。原先呢，按意思的美好起个名就成了，比如叫“丹”、叫“秀”就成了，可要关涉到命运，就要看八字，缺什么得补什么，五行缺“木”得加木、缺“水”得加水等等。再者，名字有笔画、有数理，这就更难了，还得笔画、数理好，还得意思好，更复杂的还要看父母的八字，因为孩子不能和父母相克，如此算来算去，我倒觉得把这孩子的命都算薄了，因为人算不如天算。如此这般，现在取个名字太难了。

其实，人在世间最爱做的一件事，就是给万事万物命名了。人名、器物名、病名、药名，世间万物按照名称来归类，而且只会越来越多。其中，唯有名字跟我们一生，也确实该珍惜和爱护。很多人做父母后，最频繁翻字典的时候就是给新生儿取名字这会儿了！古人说：名正言顺，名不正则言不顺，言不顺则事不兴，事不兴则业不旺。但当我们学了《道德经》的“名可名，非常名”后，就知道名字既是自己又不是自己，叫李丹的人多了，李丹就是你吗？其实，凡是能叫出来的名，都不是真正的你，名字只是个代号，你今天可以叫王丹，明天你可以叫王红，后天你可以叫赵丹，就是一个代号，改了名字，你变了吗？没变，还是你。所以，人之一生最重要的就是找到那个真正的自己。

现在大家要是会用《说文解字》了，最起码可以知道自己名字的原本意思是什么了，也不会闹什么笑话了。比如有人叫宋也，《说文解字》说“也，女阴也”，就是“也”字是女性生殖器，那这个名字就不太雅。

1.三个月时起名

在古代，人们什么时候给孩子取名呢？《仪礼·丧服》中说：“子生三月，则父名之。”就是孩子三个月的时候抱出来给父亲看，然后由父亲给孩子取个名。为什么三个月才取名呢？因为古代孩子存活率低，活过三个月就基本没问题了，就有命了，也可以取名了。

具体怎么取名呢？基本是父亲看孩子第一眼，按孩子的长相特点取名，比如孔子生下后被发现头顶很特别，是凹下去的，即所谓“圩顶”，故取名“丘”。老子，姓李，名耳，字聃，从名字上看，老子的耳朵一定很特别。比如晋成公名黑臀，因为他的臀部有块黑色胎记；孔子的哥哥叫孟皮，孟是老大的意思，要么他可能有点皮肤病，要么可能有点跛脚，所以叫作孟皮。屈原的爹是比较有文化的，所以按照屈原的生日起了名字，屈原生于寅年（属虎）、寅月、庚寅日，这日子太大了，所以他爹给他起名“平”。相比之下，现在人取名都愿意往大了取，叫“天一”、叫“天凤”，叫“天宸”“震宇”……殊不知，名号太大了，娃扛不住啊！

每个人的名字里都有时代的信息、家族血统的气息，以及父母的深情和期望。而且，一个时代有一个时代的喜好，不同时代就有了取名的特色，比如殷商人崇尚天干，主要以天干命名，所以殷商的君主就叫天乙、太丁、盘庚等名；到了魏晋南北朝时期，起名讲究高雅，盛行以“之”命名，如书法家王羲之、王献之父子，画家顾恺之，科学家祖冲之等。

而近现代取名，时代感就更加强烈了，比如：新中国成立时，人们给孩子起名，叫“解放”“胜利”。抗美援朝时出生的小孩儿，叫“援朝”或“卫国”。20世纪五六十年代，叫“跃进”“红旗”“革新”“卫东”等名字，一般一看名字，就知道他是什么年代出生的了。

未来取名字，可能会诗意任性一些，比如有人叫“何叶青青”“于翁陶陶”等。

再者，起名字还有地区风俗之喜好。比如春秋战国时期，秦国的女孩子长得好的叫“娥”，宋、魏一带长得漂亮的女孩儿叫“嬿”，函谷关以东的叫“姣”，赵、魏、燕、代之间的女子则叫“姝”，函谷关以西的叫“妍”，江南的美女叫“娃”，等等。

鲁国大夫申繻曾提出取名选字的“五原则”：有信，有义，有象，有假，有类。就是起名要真实、有意义、有美好意象，有假借，有类比。比如古人喜欢用“玉”字给自己命名，《说文解字注 · 一篇上 · 玉部》：玉，石之美。有五德者。润泽以温，仁之方也；䚡理自外，可以知中，义之方也；其声舒扬，专以远闻，智之方也；不挠而折，勇之方也；锐廉而不忮，絜（通“洁”）之方也。象三玉之连。丨，其贯也。凡玉之属皆从玉。其五德为仁、义、智、勇、洁。君子爱玉，故用其五德来熏陶自身，激励自己。《礼记 · 聘义》：君子比德于玉焉：温润而泽，仁也。缜密以栗，知也。廉而不刿，义也。垂之如队，礼也。叩之其声清越以长，其终诎然，乐也。瑕不掩瑜，瑜不掩瑕，忠也。孚尹旁达，信也。气如白虹，天也。精神见于山川，地也。圭璋特达，德也。天下莫不贵者，道也。《康熙字典》引《白虎通》说：玉者，象君子之德，燥不轻，湿不重，是以君子宝之。所以古人喜欢用“玉石”来寄予孩子美好的品德。

名，是婴儿三个月时起的，古人认为还要有个“字”。而且在人的一生中，“字”可能比“名”还重要。《礼记·檀弓》中记载：幼名，冠字。意思是出生三月由父亲为其取名，成年加冠时要取字。所以，取名这事啊，最好还是父亲或祖辈取才好，因为“命”这个事，还得看祖德。

如果名字不好改，给自己取个“字”，倒不失是一个好办法，还可能弥补名里面的一些缺陷。

2. 古人有名还得有字

古者名以正体，字以表德。意思是说，名是用来区分彼此的，字则是表示德行的。最重要的是，古人认为直呼其名为不尊，所以要取个“字”用于人际交往。因此，如果户口不让改名，就取个好字在平时用吧，俗点说，就是名是命，字至少可以改运。

那“字”要什么时候取呢？古代男子到20岁，行“弱冠礼”时，要取“字”。所谓“弱冠礼”就是古代男孩子的成人礼。女孩子的成人礼叫“及笄”。女孩儿初潮时，把头发从少女的两个小髻髻盘起来，扎上个簪子，叫“及笄之年”。一看女孩儿发型变了，人们就知道这家“有女初长成”，可以谈婚论嫁了。有些尊贵人家也会给女儿取个“字”。但实际上女子的姓氏比名字更重要，因为古代有“同姓不婚”的说法，“姓，所以别婚姻”（《通志·氏族略》）。“男女同姓，其出不蕃。”（《左传》）所以古代女孩子有没有名字不太重要，没名字就按大小来称呼，男子的大小为伯、仲、叔、季，女孩子的大小为孟（伯）、仲、叔、季，比如，孟姜是姜家的大女儿；仲子，是子家的二女儿；叔姬，是姬家的三姑娘；季隗，是隗家四姑娘。嫁人后，就把夫家的姓氏放在自己姓氏前面。古代的女子不出去应酬，所以名号不像男子那么重要。

男子的成熟不像女孩儿那么明显，就索性统一在20岁时行“弱冠礼”。弱冠这一天要做几件事：一是戴帽子，成人的一个标志就是要懂约束、有礼貌；二是取个“字”，《仪礼·士冠礼》说：冠而字之，敬其名也。就是成年之后，朋友等人如果直呼其名，被认为是一种不礼貌的行为，而叫他的“字”，就是尊称。为什么20岁取字这么重要？因为你要承担社会职责了，要担起繁衍后代的职责了。有“名”，只是个自然人，甚至古代无名的人，俗语称为“没有大号”，直叫乳名王六、狗剩者，则代表没有社会地位。所以，有名，不只是个人的称号，更是家族的荣誉。而有了“字”，就是社会人了，就更尊贵了，就有社会属性了。小时候，人们叫你“乳名”，是因为你小，做错什么事都可以原谅。但有了“字”后，你就是大人了，再做错事，就不能原谅了。再者，名，命也，不可以随便让人叫。有“字”，才有尊严。所以，名是个人的符号，用来自称，称他人以字，则是尊称。由此，不仅艺术生活化落了地，人生道理也艺术化了。

由此，取“字”，代表成熟，代表身份，代表学识。而且“字”还是对“名”的补充或修改，名是父母给的，是不可以改的，但长大后，人们可以通过取“字”来修正自己的名字，所以，字，成了改运的一部分。人们可以通过给自己取“字”来表明人生志向。等到人到中年，有点成就了，更可以给自己取个“号”，来彰显自己的修为。比如，陶渊明自号“五柳先生”；诸葛亮号“卧龙”；庞统号“凤雏”；李白号“青莲居士”；杜甫号“少陵野老”；白居易号“香山居士”；李清照自号“易安居士”；苏轼字子瞻，别号“东坡居士”；词人辛弃疾晚年退居农村，自号“稼轩”；欧阳修晚年自号“六一居士”，是以一万卷书、一千卷金石文、一张琴、一局棋、一壶酒，再加上他本人一老翁来取号，表达了典型的文人情趣；明朝风流才子唐伯虎，自号“六如居士”，“六如”，按他自己的说法即人生如幻、如梦、如泡、如影、如露、如电；著名医家李杲，字明之，号“东垣老人”。古人凡有名、字、号者，大多是名流。古人是真的爱惜自己的羽毛啊！

这个“字”怎么取呢？根据自己的名来取。字的选取与名有一定的联系。说起名与字的关系，大约有以下几种：

（1）并列，就是名和字的意思相同或相通，是并列的关系。比如，屈平，字原。古语“广平曰原”，所以两者意思相同。再比如，孟轲，字子舆。轲、舆在汉语中都表示车。

（2）辅助，是说字的意思和名相近，但不完全一样，可以互为补充。比如李白，字太白。太白取太白金星之意。陆机，字士衡。机、衡二字都是北斗星宿的名，相辅相成。苏轼字子瞻，轼，本义是古代车厢前面用作扶手的横木，《左传·庄公十年》说：下视其辙，登轼而望之。所以，苏轼字子瞻，这个“字”取得好，就是远瞻的意思。再比如：毛泽东，字润之；胡适，字适之。

（3）矛盾式，即字和名两者意思相反。比如韩愈，字退之。愈就是快，太快了不好，那就“退”吧。朱熹，字元晦，熹是晨光的意思，表示天亮，而晦则是黑暗的意思，表示天黑。比如我有个朋友叫寒冰，这名字多冷啊，于是我给了他个“字”，叫暖之。还有个朋友叫李威，威字，由“女”和“戌”组成，其古字像女子拿着象征权威的斧钺，《说文解字注·十二篇下，女部》：威，姑也。从女，戌声。“戌”本意是斧钺类兵器。“姑”是婆婆，古代称婆婆为“姑”，公公为“舅”，所以唐诗“待晓堂前拜舅姑”就是拜公婆。婆婆是什么样的女人啊，就是手持兵器的女人。后来丈夫的姐妹又称大姑子、小姑子等名号，都是“厉害”角色，为什么厉害啊，因为手里有兵器，不好惹。所以我送了个字给李威，叫“柔之”。

（4）补充式，意思是字与名意思相顺承、互为因果或可以用来解释名，比如赵云，字子龙，因为“龙从云、虎从风”。后来又开始讲究家族出身，也就是所谓“地望”，因此士大夫们的固定搭配经常是出生地+姓+字，譬如孔融是北海孔文举，赵云是常山赵子龙。韩愈是昌黎人，所以又叫韩昌黎。柳宗元是河东人，所以又叫柳河东。所谓传统，就是不仅不能辱没了姓氏、门楣，甚至不能辱没籍贯，让自己的家乡也要随自己的忠义增光。

字，无论怎么取，里面一定要有意义。看完这一节，大家可以查下自己“名”的意思，然后给自己取个“字”。这样玩着学才有意思。现在改名不好改，不如给自己取个自己满意的字，心生欢喜了，叫的人多了，气场也会有所改变。

因为名字会跟着我们一生，所以人人都在意取个好名字。好名字要具备哪几个特点呢？字形要好，声音要美，意思要好。恰恰是汉字的三个最重要的要点：形，音，义。

三、汉字三美

关于汉字之美，有三，就是形音义俱美。鲁迅在《汉文学史纲要》中指出：“（汉字）遂具三美，意美以感心，一也；音美以感耳，二也；形美以感目，三也。”

先说意美。“意美以感心”，意思是依赖于汉字的表象就能从内心感受其内涵。

我们先来看看这个“美”字。这个字可以说占了三美，即：意美、音美、形美。

1. 意美以感心

美 甲骨文

“美”字的甲骨文为人头上插着羽毛追求美的象。原始部落的人都愿意用各种羽毛装饰自己，其中的深意有三：第一，我勇敢，我曾经猎取了各种桀骜不驯的动物。所以他们头上有羽毛，座下有虎皮。第二，我要占有这些动物的品性，让它们勇猛的精神和我融为一体。第三，我知道什么是“美”，我喜欢炫耀这种美。

《说文解字注·四篇下·羊部》：美，甘也。从羊大。羊在六畜主给膳也。美与善同意。段注：甘者，五味之一。而五味之美皆曰甘。这句话很重要，五味之美都源于“甘”，甘和甜不同，它是淡淡的对甜蜜的回味，没有甜的腻歪劲儿，而保持着高雅的疏离。其实，舌面的不同部位对味觉刺激的感受性是不同的，舌尖对甜、舌边前部对咸、舌边后部对酸、舌根对苦最敏感。但中医有句话，“心和，则舌能知五味矣”，也就是对大千世界的饕餮和美感，根本源于我们内心的安乐和平和。心不和，则万般皆苦，食不下。

段注：引伸[①]之凡好皆谓之美。羊大则肥美。羊者，祥也。故美从羊。

也就是除了视觉美感，中国文化还讲究实用性：羊大为“美”，羊肉可食，羊皮可衣，还可用来交换，换取别的生活必需品……因此，一个“美”字可以满足我们人生从精神到物质的多重追求。

2. 音美以感耳

“音美以感耳”，意思是汉字的读音能给人带来美感。汉字有“平上去入”四声，这也是中国字难学的地方，发音字正腔圆，落地有声，所以有音乐之美。

仔细观察一下，我们在发“美”字读音时，脸是笑着的，声入心通，声音可以表达心境。读“乐”时，脸也笑意盈盈。还有发“怡”音时，脸上也有笑意，颐、宜、饴，这些词都代表因为甜蜜而美好。

掌握汉字正确的发音非常重要。就像“丧家狗”一词，读丧（sāng）家狗还是丧（sàng）家狗，意思是不同的。丧（sāng）家狗是主人死后的狗，它内心孤独忧虑。丧（sàng）家狗是被主人家踢出门的狗，这狗邋遢而无家可归，难免凶残暴躁。

再比如，名字的读音最好是二声或四声，比如叫张华就比叫张花好听，叫张良、张亮就比叫张两好听。三声的字都比较拗口。好姓名一定易读易记，朗朗上口，好听响亮。古代诗词一、二声为平，三、四声为仄。起名字若同是平音就不响亮，同是仄音就太沉重。现在人取名字喜欢用生僻字，这就堵了孩子的生路，一见面人若叫不出你的名字，继续交往的可能性就没了。比如我的一个朋友给女儿取名“㠭（zhǎn）”，《说文解字注・五篇上・㠭部》：㠭，极巧视之也。从四工。凡㠭之属皆从㠭。段注：工为巧。故四工为极巧。虽然意思好，但认识这个字的人不多，还四个“工”，简直累死人了。谓如离娄之明、公输子之巧、即竭目力也。

①段玉裁《说文解字注》中存在“引申”“引伸”混用的情况，本书引文均保留原文，未作处理。——编者注

3.形美以感目

“形美以感目”，就是汉字的外形很漂亮。感目的“形美”就是书写的文字之美，这种美既能陶冶情操，增强审美能力，又能丰富和调剂我们的文化生活。世界上最怪的一件事是：只有中国的画展会有书法艺术和篆刻艺术，这就充分展示出汉字不仅是字，还是画和艺术。“睹形见意”，就是看见外形就能知道真正的含义是什么。比如看到“美”字，就觉得这字大气。

再比如“好”这个字。《说文解字注·十二篇下·女部》：好，媄也。从女、子。段注：各本作“美”也，今正。与上文媄为转注也。好本谓女子，引伸为凡美之称。古代“子”是男子的美称，也可理解为孩子；而“女”，可解释为女人、少女，由于古代母女异字同形，又可解释为母亲，但不论男子与女子的相爱相慕为“好”，还是母亲与孩子的相爱相怜为“好”，不都是美好的场景吗?!

有人会说：有字形不好的字吗？当然有，比如厄运的“厄”，看上去就像人被压住、困住了。《说文解字注·九篇上·卩部》：厄，科厄，木卪也。从卪，厂声。段注：竹之卪曰节，木之卪曰科厄。就是竹节叫作“节”，树瘤叫作“厄”。再有罪恶的“恶”，《说文解字注·十篇下·心部》：恶，过也。段注：人有过曰恶，有过而人憎之亦曰恶。古人又说：有心而恶谓之恶，无心而恶谓之过。这就把恶意和过错分辨开了，凡故意犯错就是“恶”。“恶”字上面的“亚”意为“内部的闭锁圈”。《说文解字注·十四篇下·亚部》：亚，丑也。象人局背之形。就是丑的样子，像人佝偻着后背的样子。段注：“亚”与“恶”音义皆同。所以名字用了这个“亚”就不太好。“亚”和“心”联合起来就表示“心情被禁锢”，心里憋闷、憋屈。积压久了，人就反胃，所以，后面又有恶心的“恶”。其实，凡是发这个“恶”字音的字，发音不好听，字形也都不好看，意义也都不大好。比如：饿、愕、讹、噩……

除了形、音、义这三点，有人说取名还得看八字、五行，如果八字里五行有缺，还得用偏旁部首来找补，比如缺水用水，缺金用金。另外，名字笔画还有个数理的问题，这个就比较烦琐了。现在还有个繁体字与简化字笔画数理不一样的问题，比如“阳”，简体字只有6画，而繁体字的“陽”，如果按阜（fù）部算，昜（yáng）声，有17画。再比如：“艹”原本是两束草（艸），《说文解字注·一篇下·艸部》：艸（草），百芔（卉）也。从二屮（chè）。“卉”下曰：艸（草）之总名也。所以，凡是“艹”的字，在《说文解字》中，都应该按六画算。因此，要想有个简体、繁体都好的数理，且得算呢！

四、部首和偏旁的不同

许慎花费至少21年编撰了世界上第一部字典——《说文解字》。这是中国语文学史上第一部分析字形、辨识声读和解说字义的字典，使汉字的形、音、义趋于规范。编排世界上第一部字典是一件非常不容易的事，他到底依据了什么准则呢？

首先，他开部首检字的先河，把汉字按540个部首排列。其次，用“六书”进行字形分析，比较系统地建立了分析文字的理论。段玉裁夸赞许慎说：故合所有之字，分别其部为五百四十。每部各建一首，而同首者则曰“凡某之属皆从某”，于是形立而音义易明。凡字必有所属之首，五百四十字可以统摄天下古今之字。此前古未有之书，许君之所独创。

能独自编纂中国第一部字典的人，当有几个独特的气质：

（1）丰厚的学识。当时人称：五经无双许叔重。也就是：在五经（《周易》《尚书》《诗经》《礼记》《春秋》）的研究上没有人能超过许慎。可见，出本字典，不是光认字即可，还要有经学（也就是传统文化）的底蕴。

（2）独特的世界观和价值观。世界上的字典太多啦，但一本有思想、有灵魂的字典并不多，《说文解字》就是一本有思想、有灵魂的字典。比如许慎的《说文解字》的第一个字是“一”，最后一个字是“亥”，“始一终亥”，就暗含着他对世界的理解和领悟。“一”是开天辟地，是万物之初始；

而“亥”字，是世界的终止及周而复始。“亥”字，我讲过，上面的一点一横是一阴一阳，底下是一个男人搂着一个怀孕的女人在睡觉，意为生命回归到初始的混沌状态，世界又开始重新孕育。

（3）独特的审美。这一点非常重要，只有出于热爱和审美，才会让一本经典有全新的架构和理念。比如“始一终亥”，就代表着完美的生命轮回。

部首是字典、词典按汉字结构和意义进行分类，以便于检字的符号目录。简单说，部，就是分类，每部的第一字便是部首。540部又依据形系归并为14大类，所以《说文解字》正文就按这14大类分为14篇，每篇又分上下，加上卷末叙目别为一篇，全书共有15篇。

我们现在所说的偏旁，跟部首有很大的不同。部首的功能最初在于“据形系联”，把具有共同形旁的字归为一部，各部的首字叫部首，比如查《说文解字注》，“臭”在犬部，许慎说“禽走臭而知其迹者，犬也。从犬自”。段注：自者，鼻也。狗鼻子最灵，所以这个字从犬从自。而现在认为臭、鼻、息的偏旁都是“自”偏旁。其实这三个字，在《说文解字》里，臭在犬部，鼻在鼻部，息在心部。

《说文解字注·四篇上·鼻部》：鼻，所以引气自畀也。从自畀。凡鼻之属皆从鼻。也就是说，“鼻”本身就是个部首。段注：“口”下曰所以言食也，“舌”下曰所以言别味也。……天食人以五气，从鼻入；地食人以五味，从口入。《白虎通》引《元命苞》曰：“鼻者肺之使。”按鼻一呼一吸相乘除，而引气于无穷。后面又解释了为什么人称自家为“自”，因为“自”的本意就是鼻子，人总指着鼻子说自己，所以就有了“自己”这个引申义。学习过《黄帝内经》的人都知道，受精卵因受母亲血腥之气刺激进而生出鼻子，所以才有“鼻祖”之说。其实这种说法自古有之，比如扬雄的《方言》说：鼻，始也。兽之初生谓之鼻，人之初生谓之首。《正字通》：人之胚胎，鼻先受形，故谓始祖为鼻祖。比如鼻部有个字《黄帝内经》里常用，就是“鼽”，《说文解字注·四篇上·鼻部》：鼽，病寒鼻窒也。段注引《月令》说：民多鼽嚏。鼽，就是寒证，大多鼻子不通气，且打喷嚏，类似于现在的过敏性鼻炎，看来古人也有这毛病。既然是寒证，后来《伤寒论》

息　金文

息　篆文

就用麻黄附子细辛汤救治。

而“息”这个字在《说文解字》里，在心部，《说文解字注·十篇下·心部》：息，喘也。从心、自。段注：人之气急曰喘，舒曰息，引伸为休息之称，又引伸为生长之称。……心气必从鼻出，故从心、自。其实“息”这个字，金文就像鼻子出气，本义指气息、呼吸。战国之后的篆体加了“心”字，因为古人认为心是身体的主宰，为君主之官，鼻子吸气至心，心气从鼻窍而出，才是真正的一呼一吸，故称之为“一息”。“息”字部首在“心”，所重在心，心气才是呼吸的主宰，比如人之将死，哪怕上了呼吸机，心肾相交之功能没有了，也只是在上面捯气儿，还是活不了。此字偏旁在“自”，则所重在鼻子，检字虽然方便，但全无古意和真意。所以关键时，还是要看字的部首。

所以说部首一定是偏旁，但是偏旁并不一定是部首，二者还是差异很大的。

咱们还是看看许慎是用什么原则创立部首的吧。

许慎总结的古人的造字原则是：取象。取什么象？取天地之象。有一句话中国人不可不知：古者包牺氏之王天下也，仰则观象于天，俯则观法于地，观鸟兽之文与地之宜，近取诸身，远取诸物，于是始作八卦，以通神明之德，以类万物之情。这段话在《易·系辞》里出现了，在许慎的《说文解字·叙》里也出现了，可见这是古人重要的一个认知模式。这个认知天下的捷径就是：观象于天，观法于地。就是从天地取象，按阴阳取象，然后按物类相比。

那么取象比类原则的内涵是什么呢？就是“同

气相求”。可这个“气”是看不见摸不着的，只能感知，具体怎么求呢？所以，只有把这个“取象比类”弄清楚了，才可以从中领悟远古的智慧。

1. 怎么“取象比类”?

中国古人为什么喜欢“取象比类”的方法呢？因为中国人太聪明。中国古人很早就知道天地之大，以人的一生去认知和探索是不够的，也是危险的，打个比方，如果你已知的部分是一个圆圈的内部，无知的部分是圆圈的外部，当你扩大了已知的部分，你会发现你的无知的部分也扩大了。所以庄子说：吾生也有涯，而知也无涯。以有涯随无涯，殆已！即，用有限的生命去探索无限的知识，是会疲惫困顿的。那怎么办？于是，中国的圣人们便找到了一个认识万事万物的好办法和捷径，对世间万物，没有必要一个个地去研究认识，我们只需要把它们取象比类即可。按什么取象呢？按“气”，这就需要人的直觉、领悟性、观察力、概括力及诗性，由此，这种方法对人的要求太高了，能够做到的都可以称为“圣人”。

象 甲骨文

同气相求中，先要取“象”，而不是“像”或“相”，这三个字的内涵完全不一样。其中“象”，在甲骨文中就是大象的样子，上面是长鼻子，然后是大脑袋和眼睛，下面是巨大的身体和尾巴，把这个字横过来看就清楚了。《说文解字注·九篇下·象部》：象，南越大兽，长鼻牙，三年一乳，象耳、牙、四足、尾之形。凡象之属皆从象。所以，大象的“象”就是大象本来的样子，就是有生命的、活的东西，指本来面目。因此，《黄帝内经》有“阴阳应象”，必须是大象的“象”，就是告诉我们观阴阳一定要看阴阳的本来面目，不要被表象骗了。而单立人的“像”，在人部。《说文解字注·八篇上·人部》：像，似也。这个“像”只是跟本来面目很相像的东西，但是它不是那个东西，因为它没有生气，不是本来面目。而相片的“相”，原本是个动词，其古字像用眼观察树木，本义是查看，比如我们现在有“相对象”一说，就是看对方本来面目之意。看本来面目就得从细节入手，对方光说有钱不成，还得看他怎么花钱、用钱，看他如何对待穷人、富人。《说文解字注·四篇上·目部》：相，省视也。从目、木。还引用《易》的说法：地可观者，莫可观于木。为什么树木值得一观呢？谷物有季节性，常变，不好观察；山石又不常变，也不利于观察。唯有树木，既有四季之变化，又有百年之持续，所以可观、可看。

古人怎么取象比类呢？其中最大道至简的就是“阴阳”，就是把天地万物按阴阳去看：天为阳，地为阴，天上又有太阳为阳，月亮为阴；地上火为阳，水为阴；气为阳，形为阴；人间男子为阳，女子为阴；身体六腑为阳、五藏为阴……但辨识阴阳的要点是脑子不能“轴”，阴阳的最大特性就是“变”。你要死咬定“水为阴，火为阳”，那你就又错了，水，坎卦，里面一根阳爻是真阳，这根真阳才是水的本性。火，离卦，外面两根阳爻，中间一根阴爻，所以火的本性是真阴。中国文化为什么爱讲这个“真”字，因为有真就有假，中国文化一定要求真、去假。水，是假阴真阳；火，是假阳真阴。找到真阴、真阳才重要。

而“五行”，取了金、木、水、火、土五个象，比如木行——《内经·阴阳应象大论》中就把东方、青色、春天、肝、眼睛、酸味等都归在一气当中，而这一气的要点就在于“生机”。比如“东方生风”。风，看得见吗？看不见，但能感知。就这个“风”，把万物之种子吹到天地间，风就代表生机，风可以把世界上的种子到处传播，只要有传播就会有杂交，只要种子杂交，世界就会越来越繁盛，世界就越来越美丽多彩。气，是你看不见的，凡看不见的，不一定不存在。这个世界最后讲究的全是“气”，有形的东西都会消散，唯有气，长存寰宇间。

八卦，取了乾、坤、震、巽、坎、离、艮、兑八个象，比如乾，为了说明“乾”这一属性，《易经》列举了一系列的事物来打比方，比如动物中的马、人伦中的父亲、自然界的天空、五行中的金、颜色中的赤色、形状中的圆形、人体的头部等，这些都在同一气中，这一气的总体特点就是自强不息。再比如离卦，取象于动物中的“雉”——美丽的野鸡、人伦中的二女儿、五行中的火、天上的太阳、人体的心等，这一气的总体特点就是光明美丽。这，就是取象比类。

2. 近取诸身

那么“取象比类”的具体操作又要依据什么原则呢？依据“近取诸身，远取诸物”的原则。也就是说，一切先内求，一切先从身体上取，这也是我为什么一直推崇《黄帝内经》的原因，不了解身体，我们就不知道古人在说什么。身体用尽了，才可以“远取诸物”。

而关于身和物，我们又该从哪里认知呢？从汉字。因为文字就是对身体和物品的命名与模拟，所以，要想明白这些，还得看汉字。中国的象形字是“取象比类”思维的典型代表，它的象与类，就是部首，部首的分类与五行一样，都是对世间万物探索其规律性的一种表达。其中，从人身上取的部首有197个，超过540个部首的三分之一。比如，人部、骨部、口部、目部、心部、肉部等，这些是“近取诸身”。一旦你记住了这些偏旁部首，与之相关的一系列的词语就很容易掌握。

比如，人部在第八篇上，凡从人部的字都跟人有关，《说文解字注·八篇上·人部》：伯，长也。段玉裁注：伯，长子也。……凡为长者皆曰伯。又如：仲，中也，从人、中。中亦声。所以是个会意兼形声字。本义是兄弟排行中的老二。段玉裁注：伯仲叔季，为长少之次。孔子生于尼山，家中男子排行老二，所以叫仲尼。

再比如“俊”，《说文解字注·八篇上·人部》：俊，材过千人也。段玉裁的注解很有意思，他引《淮南子》说：智过万人者谓之英，千人者谓之俊，百人者谓之豪，十人者谓之杰。又引《春秋繁露》曰：万人者曰英，千人者曰俊，百人者曰杰。十人者曰豪。哈哈，敢情英俊豪杰有量化啊！后面又引《白虎通》所引《别名记》：五人曰茂，……百人曰俊，千人曰英，倍英曰贤，万人曰杰，万杰曰圣。其中虽然各种说法标准不同，但总而言之一句话：智勇超过别人就了不得。

可有些人部的字，我们现在已经看不出和“人”的关系，比如，“如何”的“何”字，从人部，什么意思呢？《说文解字注·八篇上·人部》：何，担也。从人可声。段注：何俗作“荷”。所以“何”的本义是人肩挑东西的样子，也就是后来“担荷”的“荷”之意，比如“荷枪实弹”就是人扛着枪的意思。

企　甲骨文

再比如“企”这个字，也在人部，甲骨文里是面朝左站立的一个人，下部有“止”（脚），指人踮起脚远望之意。所以《说文解字注·八篇上·人部》：企，举踵也，从人止。踵，就是脚后跟。段注：混言之则足称“止”，析言则前“止”后“踵”。现在总说“企业”，大概取远望以求其利益的事业吧。但其根本还在于“人”，所以“企”在人部。

再比如肉部，今人把肉部和月部合为一个偏旁，但《说文解字》肉部为六画，在四篇下，象形字。初文本像肉块横放之形，“肉”字初文与“月”字形似，但月部为四画，在七篇上，只代表月亮，跟肉身无关。比如“有”这个字，在甲骨文里就是右手提着一块肉的象，同时右手的“又”和“肉”都可以表示声音，所以是个会意兼形声字。但许慎在解释“有”时，还是把下面的“肉”解释成“月”了，《说文解字注·七篇上·有部》：有，不宜有也。《春秋传》曰：“日月有食之。”从月，又声。这个许慎确实没解释对，他说：有，不宜有也。即，有月食不好。为了验证自己的说法，他还引用《春秋传》说：“日月有食之。”从月又声。把下面的“肉”当作了“月”。

再比如尸部，在甲骨文和金文当中，“尸”像人蹲着的样子。后来借作祭祀时代表神灵接受享祭者的样子，并由此孳乳出尸体的“尸”。《说文解字注·八篇上·尸部》：尸，陈也，象卧之形。就是陈列人僵卧的样子。段注：祭祀之尸，本象神而陈之，而祭者因主之，二义实相因而生也，故许但言陈。至于在床曰屍尸，其字从尸、从死。别为一字，而经籍多借尸为之。所以尸部的字也与人体有关。比如居、尾、尿、展、届等。

尸 甲骨文

尸 金文

《说文解字注·八篇上·尸部》：居，蹲也。从尸，古声，俗居从足。段注：足部曰：蹲，居也。二字为转注。也就是说“蹲”与“居”二字互训。段玉裁接着说：居，蹲也。凡今人蹲踞字，古只作居。……但古人有坐、有跪、有蹲、有箕踞，跪与坐皆膝着于席，而跪耸其体，坐下其臀。……若蹲，则足底着地，而下其臀、耸其膝曰蹲。……谓蹲踞而待，不出迎也。若箕踞，则臀着席而伸其脚于前，是曰箕踞。赵佗箕踞见陆贾，闻贾言乃蹷然起坐是也。箕踞为大不敬，三代所无。

也就是古人有坐、有跪、有蹲、有箕踞几种。跪与坐都是膝盖在席子上，只不过，跪是高耸上半身，而坐是身体放在脚后跟上。而“蹲”则是国人的奇功，这个当从蹲厕所的功夫而来，老外是蹲不下的，深蹲也是一种奇妙的健身法，可以巧妙地挤压五藏。而古代最难看、最不礼貌的坐姿就是“箕踞”了，即两腿前伸的坐姿，古代女子这样坐要被休妻的。男人这样坐，就是明摆着瞧不起对方。

再说个“届”字，《说文解字注·八篇上·尸部》：屆，行不便也。一曰极也。从尸、凷（kuài）声。《说文解字注・十三篇下・土部》：凷，墣也。从土凵，凵屈象形。其实就是土坷垃，而这个土坷垃古代也可以当手纸用。“行不便也”，段注：此与艐（kè）义相近。艐，船着沙不行也。大家想一下，人在什么情况下会像船在沙滩上那样寸步难行呢？要想理解“届”字，得先理解“自由”二字。“自”，原意是鼻子，代指自己。因此自由的一个含义是像呼吸一样从容自在，不得有一丝一毫的人为阻滞迹象。而“由”，《说文解字》没收此字，《尔雅・释诂》：由，自也。《博雅》：由，行也。具体出处也语焉不详，我倒认为可以从“届”字端详出去，所谓“届，行不便也”，到底指什么呢？话说人有两急，就是指大小便憋不住时，人只好夹着裤裆走路的难受样。人之畅快其实最根本的是本能的畅快，呼吸自由、二便通畅，才是真正的畅快，因此，“自由”是指一种没有滞障、上下连通、与自然自在交换的本然状态。

因此“由”是人内急要拉裤子的象，所以行走困难。而“届”字的原始本义应该是人蹲着大解，最后用土块当手纸的样子。由此我们就明白了，现在人们说“届时”是指正占其位，“换届”是换人占其位，“应届”是马上上位。

3. 远取诸物

上文说到，跟人体相关的部首有197个，就是“近取诸身”，把人身上的部件用尽了，就从器用上取部首，就是“远取诸物”。器用部首有180个，其中，以祭祀用品为部首的有28个，以兵器为部首的有19个。以动物为部首的有61个，比如隹部，指短尾鸟，所以雌、雄、稚、雅（乌鸦）等都是鸟类。以植物为部首的有31个，比如木部、草部。最后，从自然界取部首37个，比如云部、雨部、日部、月部、水部、山部、土部、阜部等，这些是“远取诸物”。还有字没有部首，或以自身为部首，比如天干地支。

咱们各举一个例子。以祭祀用品为部首的，比如示部，在一篇上，我们现在通常写作“礻”。甲骨文其古字形像古人祭祀用的祭台。下面是个木桌或石台，上边摆着祭品，所以凡是跟祭祀有关的字都从示部，比如社、祇（qí）、祥、福等，其中，“神”是天神，“祇”是地神，“社”是土神，

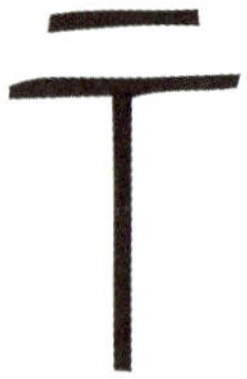

示 甲骨文

“祈”是求福，“祓（fú）”是除灾。这个，我们以后有专章介绍。

以兵器为部首的，比如“斤”字，在甲骨文中就是个斧头的形象。后来就成了兵器的一种。《说文解字注·十四篇上·斤部》：斤，斫木斧也。象形。凡斤之属皆从斤。比如斩、断、斫（zhuó）、析等。段注：凡用斫物者皆曰斧。斫木之斧，则谓之斤。新旧的“新”，也从“斤”，《说文解字注·十四篇上·斤部》：新，取木也。从斤，亲声。薪水的“薪”在《说文解字注·一篇下·艸部》，是柴草的意思，薪：荛也。从艸，新声。古代，大木曰薪，草亦曰薪。所以现代人把工资叫薪水，大概意思就是购买柴和水这类生活必需品的日常费用。

斤 甲骨文

重量单位的“斤”来自“釿”。“釿”是金属重量单位，亦货币名。《说文解字注·十四篇上·斤部》：釿，剂断也。从斤，金声。段注：其义谓以斤斧之属制断金铁物也。战国时期燕国、晋国、楚国多以“釿”为单位，有时简写作“斤”。秦始皇统一全国后，制定了统一的度量衡标准：二十四铢为一两，十六两为一斤，所以半斤就是八两。一直到1959年，中华人民共和国统一计量制度，才改为十两为一斤。

犬 甲骨文

以动物为部首的，《说文解字注·十篇上·犬部》：犬，狗之有县蹄者也（狗悬蹄乱蹬者曰犬）。象形。孔子曰：“视犬之字，如画狗也。”凡犬之属皆从犬。甲骨文中的“犬”字完全像站立或蹲踞的狗形，尾巴向上翘起。一般大者为犬，小者为狗。狗，“犬”为形旁，“句”为声旁，其中的“句”读gōu，同“佝”，有弯曲、矮小的意思。所以，国人的幽默在于，自谦用“犬”，比如“犬子”、犬马之劳。虽然自谦，也暗含着自己是个大人物。而骂人则多用“狗”，走狗、狗东西、狗仗人势、人模狗样等。

段注：有县蹄谓之犬，叩气吠谓之狗，皆于音得义，此与后蹄废谓之彘，三毛聚居谓之猪，竭尾谓之豕，同明一物异名之所由也。——这是说，彘、猪、豕（shǐ）都是猪，但《说文解字注・九篇下・彑部》：彘，豕也。后蹄废谓之彘。即后蹄行步蹇劣的猪叫作“彘”。《说文解字注・九篇下・豕部》：猪（豬），豕而三毛丛居者。从豕，者声。段注：三毛丛居、谓一孔生三毛也。豕，象形字。甲骨文中，以直立侧面之形示意，上像豕头，中像腹部、两脚，下像尾。《说文解字注・九篇下・豕部》：豕，彘也。竭其尾，故谓之豕。象毛足而后有尾。读与豨（xī）同。凡豕之属皆从豕。指小猪，小尾巴上翘，所以称它为“豕”。段注：彘，豕也。是二篆为转注。小雅传曰：豕，猪也。……许分别言名豕，名彘，名猪之故……豕怒而竖其尾则谓之豕。这是彘、猪、豕的不同。

豕 甲骨文

以植物为部首的，比如艸（草），《说文解字注・一篇下・艸部》：艸（草），百卉也，从二屮，凡艸之属皆从艸。段注：“卉”下曰：艸（草）之总名也。是谓转注。

以自然界为部首的，比如月。《说文解字注・七篇上・月部》：月，阙也，太阴之精，象形。像什么形呢？段注：像（月亮）不满之形。从月部的字很少，最常见的就是朔、霸、期、有、明五个字。而其中前面讲了“有”当属于肉部，是手里有肉的意思。富有，就是有酒有肉而已。

《说文解字注·七篇上·月部》：期，会也，从月，其声。段注：会者，合也。期者，要约之意，所以为会合也。古人用观察月亮来计算时间，所以当约定的日期讲的“期”字，用“月”作形旁。

《说文解字注·七篇上·月部》：朔（shuò），月一日始苏也。指每月农历初一，此时地面观测者看不到月面任何明亮的部分，这时的月相叫“朔”，又称新月。段注：朔、苏叠韵。日部曰：“晦者，月尽也。”尽而苏矣。所以，晦，本义是指农历每月的最后一天。朔，指农历每月初一。段注在“晦”字后说：朔者，月一日始苏；望者，月满与日相望似朝君。字皆从月，月尽之字独从日者，明月尽而日如故也，日如故则月尽而不尽也。最后这句好感人，唯独月尽之字“晦”从“日”，是因为明月尽而太阳依旧如故，正因为太阳如故，则月虽看似到了尽头，其实永远没有尽头，依旧永远可以复苏……段玉裁不仅把汉字解释得如此美妙，其实也帮我们开解了人生。人生之所以绝望，或许是我们生命的原动力不能再供给我们能量了，就好比太阳就是月亮的原动力，有太阳，月亮就可以复苏。所以，每当有人处于绝境、万念俱灰时，我们一定要挺身而出，争取做一回他人的太阳，给予他人重启和苏醒的力量。

五、怎么查找汉字？

怎么利用《说文解字》来查找文字？首先，买一本《说文解字注》。原本我以为这样一本字典，应该所有版本都是一模一样的影印本，我一直用的就是上大学时买的那本成都古籍书店的影印本，1981年出版的，上下册两大厚本，5元2角。因为字太小了，我只得找本大点字的，于是又买了上海古籍出版社的《说文解字注》。最后发现两个版本后面的检字方法完全不一样。用起来还是后者更方便，也适合现代人阅读。所以，咱们就用上海古籍出版社的这本《说文解字注》。

在《说文解字注》里找汉字，得先从后面的部首找起，先翻到后面检字栏，首先是“部首”，按笔画找部首，一共有33个笔画的部首，第一个部首是“一”，其中一画的部首有10个，最后三十三画的部首是“麤”字，其实就是现代的“粗”字，古人用三头鹿表现“粗壮”“粗鲁”，这个概念也是相当形象了。然后就是第二部分“正文”，可以按笔画去找每一个字。

作为中国人，我们先找“中”字吧。找字，先要知道“中”在什么部首。首先，我们会在部首里找“中”字，四画，结果，在四画部首里没有这个部首。再在口部找，口部是三画，在三画部首中，第五个部首就是“口”，底下的小字告诉我们，口部在“二上”，就是在二篇上，下面小字是“五四上”，就是在第54页。翻开字典的54页，看到第一个字就是“口”，然后是一系列以口为部首的字，但其中没有“中”这个字。可见“中”不是口部字，那就剩一个选择了，就是看那一竖是不是部首。果然“丨”是个部首，在一画里，第二个部首就是这一竖，它下面的小字写着“一上”，就是在一篇上，再下面是页码，“二〇下”，就是在第20页的下面，翻到前面第20页，果然在20页的下面，我们找到那一竖，然后就找到了“中”字。这是按部首找字的方法。现在人性子急，说这种找字的方法我可没有耐心，那还有一种笨办法，就是直接按字的笔画去找。“中”这个字简单，四画，那么直接在“检字”的第二部分“正文”里找四画字，四画的第七个字就是“中”，下面的页码告诉你在第20页下部。它前面是“气”字，也在20页；后面是“屯”字，在21页的下面。后面还有公、分、牛、反等字，这些都是四画字。但笔画多的字就不好找了，比如“始”字，你最好还是先找到“女部”，三画，很快就在“检字”里找到了。在十二篇下，612页，然后按顺序找下去就可以了。毕竟“女部”字就那么多，同时可以看看自己感兴趣的字。如果用笨办法找，就是八画，在“正文”的八画里面找。

1.先查“中国”两个字

好，咱们讲讲“中”。在《说文解字注》第20页。首先，“中”在“丨”部，丨是一个象形文字，读gǔn，是从上往下跌落的象形。所以《说文解字注・一篇上・丨部》：丨，下上通也。引而上行读若囟，引而下行读若退。从许慎的解释看，这个字还是取之于身体，有点类似于人体的中脉，上可通于囟门，下可通于会阴。从这个意义上讲，已经有“中”字的内涵了。

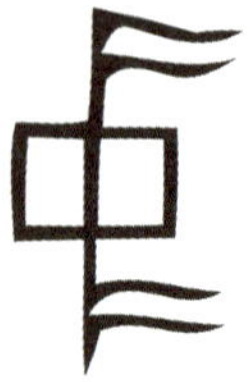

中 甲骨文

中 小篆

再说回“中”。“中”这个字最早见于甲骨文，有人说它是象形字，有人说是指事字。其形体像竖立的一面旗帜，上下各有两条旗带向右飘动，方口表示中间。原意指竖立“中”这种带旒之旗，来测定风向，表示中间，引申为内、里、中心之义，小篆省掉旗旒，隶书变楷书后写作“中”。所以《说文解字注·一篇上·丨部》：中，内也。从口丨，下上通也。段注：中者，别于外之辞也。别于偏之辞也。就是不外不偏。段玉裁又说：云下上通者，谓中直或引而上或引而下皆入其内也。由此，我们便知中国人为什么喜欢中道、中庸，更有《尚书》名言“允执厥中”，形容为人处世和言行不偏不倚，符合中正之道。“中”字首先是自身上下皆通，能上能下，内守为第一要旨，然后又不倚不偏，随风随势而动，灵活多变，但无论怎么变，也不能失之中道。后来又有中央、四方之中的意思。

再说“国（國）”。这个字的变化途径非常有意思。这个字最早见于商代，古字形由表示武器的“戈”与表示疆界的“囗（wéi）”组成，用武器保卫邑外四方之义，本义指疆域、地域。所以其初文就是“或”，也就是“域”的古字。魏晋六朝时代，在镜铭刻文里又出现了“囗”里从“民”的“㕵”字，可能有“国以民为本”之意。洪秀全建立太平天国后，觉得“国”字里“或”与“祸”同音，于是把里面的“或”改成了“王”，但这种王权思想在新中国成立后不宜使用了，郭沫若提议，里面的“王”再加一个点，有“祖国美好如玉”的意思，于是全体通过。看看，一个“国”字的变化多考验人的脑回路啊！

我们先说它在哪个部首，在“检字”三画里我们发现有个小“口”，有个大“囗（wéi）”，“国”字就在“囗”部，“囗”下小字写“六下，二七六下”，我们翻开276页，找到囗部，然后在277页的下面就找到“国”字了。《说文解字注·六篇下·囗部》：国，邦也。从囗从或。段注：邑部曰：“邦，国也。”按：邦、国互训，浑言之也。《周礼》注曰：“大曰邦，小曰国，邦之所居亦曰国。”析言之也。就是笼统言之，邦与国同义；细言之，大曰邦，小曰国。《孟子》：大国地方百里……次国地方七十里……小国地方五十里……

2. 一张脸上多少字?

怎么把部首和我们的生活相关联呢？先看“页部”。繁体的页（頁）九画，在《说文解字注》“部首检字”里九画中找到页部，下面小字说在九篇上，415页。

《说文解字注·九篇上·页部》：页，头也。从𦣻，从儿。古文䭫首如此。凡页之属皆从页。甲骨文的“页”字，就是象形字。人头特大，眼、耳、口、鼻、额、发，无一不全，构形与线条凝练而简朴。像人头之形，跟头部相关，凡从“页”部的字都与头面相关。

页 甲骨文

跟头部相关的“页部”字有：

头（頭），𦣻也。从页，豆声。

顶，颠也。从页，丁声。

颈，头茎也。

项，头后也。现在就是前面的脖子叫“颈”，后脖颈叫“项”。

领，项也。从页，令声。段注：按项当作颈。……领字以全颈言之。不当释以头后。这是“领”与“项”的区别。又说：衣之曲袷谓之领。衣领可以统领全身，所以，段注：领，理也。皆引伸之义，谓得其首领也。

硕，头大也。段注：引伸为凡大之称。

颗，小头也。段注：引伸为凡小物一枚之称。珠子曰颗，米粒曰颗是也。

颅，指头颅；额，指前额等。

颁，大头也。从页，分声。一曰鬓也。

烦，热头痛也，从页，从火。是火上头，所以烦就为心病；而“躁”呢，从足部，即腿乱动的意思，所以“躁”就是肝肾病。

颤，头不定也。从页，亶声。颤字之本义为头摇摆不定，故引申为颤动之颤。现在有这种病的人很多，都是从生大气、有寒邪和惊恐而生。

顾（顧），还视也。从页，雇声。就是回头看。

显摆的“显”，繁体字也从页部。显（顯），头明饰也。从页，㬎声。段注：头明饰者，冕弁充耳之类。引伸为凡明之称。指头上戴的帽子、耳上戴的耳钉等很明显的样子。

顿，下首也。从页，屯声。“屯”指卷曲、包裹，所以“顿”是把上半身连头向下卷曲着地叩首的意思。

而有些字，虽然有“页”，但不是“页”部字，比如“颖”。《说文解字注・七篇上・禾部》：颖，禾末也。从禾，顷声。《诗》曰：禾颖穟穟。所以“颖”的本义就是指禾穗的末端，借指禾穗。但为什么这个字有“页”呢？“颖”也是禾穗出头的意思。

脸上有哪些字呢？

颊，面旁也。段注：面者，颜前也。颜前者，两眉间两目间已(同“以”)下至颊间也。其旁曰颊。……凡言颊车者、今俗谓牙床骨。

题，额也。从页，是声。其中，“是”也有意味。《说文解字注・二篇下・是部》：是，直也。从日正。凡是之属皆从是。昰，籀文是。从古文正。段注：直部曰：正见也。天下之物莫正于日也。《左传》曰：正直为正，正曲为直。所谓文章的“题目”，就像文章的额头，要明亮，且有正见。

頞（è），鼻茎也。从页,安声。段注：鼻谓之准。鼻直茎谓之頞。其实就是两眉之间的“山根”，又叫“祖窍”。《黄帝内经》胃经就是“起于鼻之交頞中”。

颜，眉之间也。字面意思是眉毛和眼睛之间的部位。段玉裁认为“颜”的本义是指两眉之间，俗称“印堂”的部位，而把《说文解字》的说解“眉目之间也”改成“眉之间也”。段注：各本作“眉目之间”，浅人妄增字耳，今正。眉与目之间不名颜。……若云两眉间、两目间，则两目间已是鼻茎，谓之頞，又非颜也。面下曰“颜前也”，色下曰“颜气也”，是可证颜为眉间，《医经》之所谓“阙”，道书所谓“上丹田”，相书所谓“中正印堂”也。

颐，举目视人貌。段注：“目”当依《广韵》作“眉”，举眉、扬眉也。所以成语“颐指气使”，指不说话，只用面部表情来指使他人，形容有权势者指挥别人的傲慢神气。另一本解释汉字的书籍《释名》说：颐，或曰辅车，或曰牙车，或曰颊车。颐脱，指下颚骨脱臼。

颔，面黄也。指下巴一带。相学中有“燕颔”，即颔部丰满，有双下巴，古人认为是福相。因为颔部走小肠经，所以小肠病有“颔肿”。

中医讲究望诊，所以对脸部有明确的划分。《黄帝内经·灵枢·五色》：明堂者，鼻也；阙者，眉间也；庭者，颜也；蕃者，颊侧也；蔽者，耳门也，其间欲方大，去之十步，皆见于外，如是者，寿必中百岁。

明堂，指鼻子；阙者，指两眉之间；庭者，指颜，也就是脑门；蕃者，指颊两侧；蔽者，指耳门。“其间欲方大”，就是明堂、阙庭、颜、脸颊两侧、耳门这些地方都要方正广大，哪怕相隔十步之遥，这些都能看得清清楚楚，这样的人，寿必百岁。可见瘦小就不好。

这个，其实是中国古代相术，人，首先要长得堂堂正正。堂堂正正，也是寿相。过去的演员是国字脸居多，现在多狐狸脸，最起码“气”不太足。

咱们再详细解释一下这句：明堂者，鼻也；阙者，眉间也；庭者，颜也。

明堂者，鼻也。中国的面相学先看鼻子，也就是先看明堂，就好比看一个家先看客厅、门厅，这里要乱糟糟的，别的就不用看了。中国人的脸通常很扁，只有鼻子鼓溜溜的，所以是面相第一看点。所谓面相学的“三庭五岳”，三庭，就是眉毛之上为上庭，眉毛到嘴唇为中庭。下巴为下庭。五岳，就是好像脸上有五个小山包，鼻子为中岳，外加两颧和脑门、下巴。“三庭五岳”，都以饱满、明润为佳。

阙者，眉间也。阙是什么呢？道路。为什么说两眉相交不好，两眉相交就是这条道被堵了，这条道路通到哪里？冲天，所以就是天道被堵。过去说小孩子聪明绝顶有一个面相学词语，叫“伏犀贯顶”，就是前额好像有一块软骨，从头顶一直接鼻梁，长大后会慢慢消掉，这就是明堂阙庭最好的相。

庭者，颜也。“阙”的两边为颜，就是额头的两边叫作颜。所以颜字是从“页”部的。鼻子是明堂，印堂是道路，两边从眉毛到额头是颜。所谓“笑逐颜开”是指前额发亮外展。额头胃经病的一个表现是“颜黑”，就是额头两边黑。肾水上泛则是额头全黑，尤其是两眉之间的印堂阙庭黑。

《黄帝内经·灵枢·五色》继续解释五官：明堂骨高以起，平以直，五藏次于中央，六府挟其两侧，首面上于阙庭，王宫在于下极，五藏安于胸中，真色以致，病色不见，明堂润泽以清，五官恶得无辨乎？

相术中，鼻梁代表官运，鼻头代表财运，所以鼻梁高挺，鼻翼宽大，有官有财，自然好命。五藏次于中央，“次”的古意是驻扎之意，五藏依次在脸部中央。古代相术里，人生命最重要的关键节点全在鼻子这条线上，五藏，作为生命的核心，也会表现在这个区域。六腑则表现在脸颊两侧。首面上于阙庭，指天庭饱满，主人少年聪慧；王宫在于下极，指地阁方圆，主人老来安详。下极指下巴，下巴最怕小和后凹，最喜翘翘的，号称能兜住福气。如果五藏安定于内，真色表现于外，全然不见病色，鼻子与两眉之间都润泽明朗，就是好相。最后，五官恶得无辨乎？看人，怎么能不看五官呢?!

3. 人生顺不顺与什么有关？

再讲一个“顺”字。

顺　金文

《说文解字注·九篇上·页部》：顺，理也。从页、川。顺为肤理，故字从页。“顺”字从金文字形看，上边是“川”，是水流，表示流畅；下边是“心”，表示情绪。整体即为情绪舒畅的意思。有的金文加上“页”，表示头部，意思为思虑，强调思绪无碍。其造字本义是心情舒畅，没有郁结。段注：理者，治玉也。……凡物得其治之方，皆谓之理。理之而后天理见焉，条理形焉。非谓空中有理，非谓性即理也。顺者，理也。顺之所以理之，未有不顺民情而能理者。段玉裁这段注释，是说一切“顺”都是从治理而来。

其实人生之不顺，首先是“气”不顺，你看“顺”这个字，左边这三撇代表水流，一般而言，大河平缓，小流湍急，所以要想“顺”，就得格局大。格局小就不顺，遇到个石头、遇到个挫折就水花四溅，就受损。右边的“页”部，代表头，从金文看，页下还有个“心”。好，这个“顺”字的内涵就出来了，要想“顺”，气血要流通，头脑要清楚，心情要愉悦，这三条缺一不可。所以人不顺的时候，要看自己身体是否出问题，要看自己头脑是否混乱，要看心情是否舒畅。气血是头脑的物质基础，气血欢畅，人就没病。头脑清楚，人就理解万物有顺势、有逆势。处于顺势时，抓住机会，横空出世；处于逆势时，不立危墙之下，好好修养生机，蓄势待发。心情舒畅就更重要了，心情沮丧，人自然提不起精神，没有精气神，干什么事都会不顺。而且，做事的发心很重要，想发财没有错，但要看别人需要什么，而不是自己需要什么；想要名利，也没问题，但还是要看能在多大程度上帮助众生，因为名与利，都从众生来。光靠佛道为自己消灾，而自己不掏心掏肺，又不真心忏悔，自然“势”不好转。要想脱胎换骨，必须从心识上改变自我，否则没用。

人这一辈子啊，不可能总是“顺”，先不论时代、命理、性情，这些肯定人人不同，咱们就谈论下人人有可能相同的吧，比如《黄帝内经》中有个“年忌”说，年忌是什么呢，是一些需要我们注意的岁数年份。

《黄帝内经》中岐伯（一作“歧伯”）曰：凡年忌下上之人，大忌常加七岁，十六岁、二十五岁、三十四岁、四十三岁、五十二岁、六十一岁，皆人之大忌，不可不自安也，感则病行，失则忧矣。当此之时，无为奸事，是谓年忌。即：一般人重大的年忌，从七岁这一大忌之年算起，以后在此基数上递加九年，即十六岁、二十五岁、三十四岁、四十三岁、五十二岁、六十一岁，这些年龄，都是大忌之年。这几年，要注意精神和身体的调养与保护，在生活起居和行为上，千万不要自我损害，不然容易感受病邪而发生疾病。若发生疾病之后又疏于调治，便会有生命之忧。

这里需要注意的是，七岁，实际上是六岁，中国有虚岁之说，要加上在母腹里的时间。这个年龄出问题，是因为六岁天干地支与年柱天克地冲，比如属马的，六岁就逢鼠年，跟属鼠的对冲。逢冲，人要么出危险，要么改运势。为什么在此基数上递加九年呢？九，是个至数，又是个变数，九加七是十六岁、十六加九是二十五岁、二十五加九是三十四岁、三十四加九是四十三岁，这四个年龄段是学业、婚姻、生育、事业的转折期，气血有大转换，过度失衡就容易生病。四十三加九是五十二岁、五十二加九是六十一岁，这时人体气血已经走下坡路，体内阴阳五行趋于枯萎，天地的影响力就更明显了，再加上这些阶段，会面临父母离去、子女难靠，即生你者已逝，你生者又无暇为你续命，人生的五行都有断流之势，人体当然会出大问题。

其实，哪怕我们事先知道了这些年龄段的危险，又有几个人能记得住呢，或未雨绸缪先做好准备呢？大多数人不能见微知著，非得等事到临头了，才有所惊觉，由此，便有不可救者。

当处在这些年龄段，并且出了问题时，岐伯说“不可不自安也”，这句话太重要了！记住，一切“安”都是“自安”，而不是“他安”。自安，就是要靠自己整顿心情和身体，这些时候，父母靠不住、子女靠不住，医院医生也未必靠得住，所以，能靠的只是自己，自养、自救、自强，是最重要的。

所谓“自安”，还有一个要点，就是要知躲避“年忌”。其实，人在七岁、十六岁时，因为无知、无畏而不知躲避，这时一旦受伤就是硬伤，有的人就会破相。到了二十五岁、三十四岁、四十三岁时，因为自恃壮年，认为死亡还摆不上日程，也不知躲避。只有到了五十二岁或六十一岁左右，人气血衰败了，各种小病小痛已显现，各种指标也开始不正常，这时人才有所警觉，才知“自安”“自养”，虽说有点晚了，但还来得及，避开人群，过清心寡欲的生活就可以。

最后一句：当此之时，无为奸事，是谓年忌——在上述这些年龄时，更不要做奸邪之事，“无为奸事”这句多好啊。奸，此字始见于商代金文，本义是指干犯、冒犯，读作“gān”。后引申指私通，进而引申指奸邪、狡诈，也引申泛指坏人、坏事，读作“jiān”。《说文解字注·十二篇下·女部》：奸，犯淫也。从女，干声。所以，奸事，是指坏事、淫乱之事。做坏事，人会担惊受怕，有人说有些坏人就是天性坏，他不会害怕。会害怕的，至少他怕被抓。坏事属阴，阴，就见不得光，每时每刻在阴暗中的人，气血是扭曲的，人性也是扭曲的，在人间正道上就没有他的路。

4.“家”字里为什么有头公猪？

家字的部首是“宀（mián）”部，也就是宝盖头，三画，先翻到《说文解字注》的后面，找到“检字”一栏，找到三画，三画的部首有哪些呢？有三，有小，有“彳”，也就是双立人，然后我们找到“宀”部，下面的小字写着“七下”，就是指七篇下，下面还有“三三七下”，就是指在第337页的下面。这时你翻到第337页，在这一页下面的框里就找到了“宀”部，然后“宀”部的第一个字就是“家”，后面是一连串的“宀”部字，比如宅、室、宣、宇、宸等。用笨办法找这个“家”字，就是在部首后面的“正文”一栏按笔画找，家，十画，然后在十画字里面挨个找，肯定能找到这个“家”字，底下注明这个字在第337页的下面。

《说文解字注·七篇下·宀部》：宀，交覆深屋也。象形。凡宀之属皆从宀。段玉裁注：古者屋四注，东西与南北皆交覆也，有堂有室是为深屋。简言之，宀，就是房子的象形。从“宀”部的字大致分为四类：

（1）指称房屋，如家、室、宅、宫；

（2）与房屋有关的形容词，如宽、寒、宏、寂；

（3）与房屋有关的动词，如寄、寓；

（4）与房屋关联的其他词，如客、实、富、宁、安、害等。

宀部的第一个字，就是“家”，《说文解字注·七篇下·宀部》：家，居也，从宀，豭（jiā）省声。豭，牡豕也。就是公猪。从豕，叚声。段玉裁先解释“居”：居，处也。处，止也。《释宫》：“牖户之间谓之扆。其内谓之家。”引伸之，天子诸侯曰国，大夫曰家。然后解释“家”字的发音从“豭省声”的问题，段注：此字为一大疑案。豭省声，读家，学者但见从豕而已。从豕之字多矣，安见其为豭省耶？何以不云叚声，而纡回至此耶！窃谓此篆本义乃豕之居也，引申假借以为人之居。字义之转移，多如此。牢，牛之居也，引伸为所以拘罪之陛牢，庸有异乎?！豢豕之生子最多，故人居聚处借用其字，久而忘其字之本义，使引伸之义得冒据之，盖自古而然。许书之作也，尽正其失，而犹未免此，且曲为之说，是千虑之一失也。家篆当入豕部。

此段主要说了几个问题：

（1）家，既然读jiā，为何下面不是“叚”，而是个“豕”，也就是猪？所以段玉裁认为“家”这个字原本就是猪的居所，就好比“牢”原本是牛的居所，后来引申为“监牢”的“牢”。

（2）为什么家用“豕”字，因为猪生子最多，所以把人的居所引申为“家”。

（3）段玉裁认为许慎哪儿都对，就这个“家”属于千虑一失，“家”字应该放到“豕”部。

牡　甲骨文

得，两位大家有冲突了，我们该怎么判断呢？

我倒觉得许慎用“豭省声”为“家”字注音别有深意。豭，牡豕也，特指公猪。牡牝特指牛的公和母，甲骨文中，“牡”的左边是“牛”，右侧用古文字中的一种雄性符号——“⊥”来表示雄性之家畜或兽类，后来，“⊥”演变成“土”。所以《说文解字注·二篇上·牛部》：牡，畜父也。从牛，土声。段玉裁说不应该发“土”声，他说：土当作士，士者，夫也。……从“士”则为会意兼形声。在这里，应该给段玉裁一个大大的赞！牡的另一边就该是“士”。“士”字就是男子雄起的样子，所以古代文人叫“士”，不叫“知识分子”，知识分子只是有学问，但有学问不见得有“士”的骨气和阳刚气，所以“士”在古代是既有学问又有骨气的绝佳代名词。而“牝（pìn）”字，甲骨文中是左边为牛，右边为匕（bǐ），表示雌性、阴性。《说文解字注·二篇上·牛部》：牝，畜母也。从牛，匕声。如果“匕”代表阴，那么这个字也是形声兼会意字。古人说：飞曰雌雄，走曰牝牡。即飞的动物叫雌雄，地上跑的动物叫牝牡。

那“家”字里为什么有头公猪呢？

《左传》说：女有家、男有室。其实“女有家”的说法来源于母系时代的走婚制，也就是女子到了生育年龄，就要搬出娘家另屋居住，但男性伙伴却不固定，此时所住之屋称“家”，“豭”代表公猪，实则暗指男性，代表配种而已。这时，“妇谓夫曰家”，也就是女人管男人叫作“家”，类似开玩笑说：你就是头猪啊！而那时女性所生子女还都随母姓。而母系时代，男性如果到了成婚的年龄还住在母亲的族内，被认为是无能或者懦弱的表现，会被同族人耻笑。男子能夜有所归之处，则称“室”。“室”字有“至”，我们前面讲过了，“至”就是把箭射向了目的地，这就好比男人有了归宿就是有“室”。段玉裁解释“室”是“人所至而止也”，也就是说男人不再游走各处，而是安心住下来，才叫“男有室”。以上，就是许慎说“家”字里有个公猪的原始意味。

当然了，现在解释“家”这个字都从猪善于产子，代表人丁兴旺论，又说猪肉入肾，肾强则多生子等。这些都是后人的推理和臆想，造字之初还是另有深意的。要想理解经典的古意，你要回到那个时代，看古人是怎样思维的才行。

5.房子里何处“奥秘”最多

“家”是宀部的第一个字，第二个则是“宅”。我们现在总说宅男宅女，指一些成年人足不出户，日渐“社恐”，继而啃老。但这不包括居家创业赚钱养家的人，这种在家工作的人自称“SOHO族”（居家就业者）。而古代认为男女长大后就要出去，女子要有家，男子要有室，不能再“宅”在父母家了。如此，人类社会才能发展兴旺。“宅”字在古代是什么意思呢？《说文解字注·七篇下·宀部》：宅，人所托居也。段注：托者，寄也。……引伸之，凡物所安皆曰“宅”。又引《释名》的说法：宅，择也，择拣吉处而营之。就是找个好地方不动了，叫“宅”。哈哈，古语本是名词，我们现在把它弄成了动词，把自己寄托给一间房子不动了，叫“宅”。“宅心仁厚”这个词也好，就是把心安放在仁爱上、厚道上，人生就没什么大问题。

第三个字，是“室”。《说文解字注·七篇下·宀部》：室，实也。从宀，至声。室屋皆从至，所止也。段玉裁注释：古者前堂后室。堂，这个字在土部，土，三画，在十三篇下，第682页，往后翻到685页，就找到“堂”，《说文解字注·十三篇下·土部》：堂，殿也。从土，尚声。坣，古文堂如此。其实，堂就是大家的公共场所，宜坐不宜躺，而“室”是后面隐蔽的房间，一般用于睡觉的地方。为什么解释为“实”呢？段玉裁引述古代一本解释汉字的书《释名》说：人物实满其中也。也就是人居住的地方，有人，又有人使用的东西，这个地方叫“室”。难道“堂”里面的东西不是人使用的吗？大多不是，堂都是敞着门，里面的东西是让人看的，比如字画、花瓶，楹联是代表家族范儿的，以及家族规矩的，比如堂里的桌子要是半圆的，就说明男主人不在家，你就要避嫌，不能随便去人家里坐着。

第四个字是“宣”。《说文解字注·七篇下·宀部》：宣，天子宣室也。从宀，亘（xuān）声。宣，本义是帝王接见臣民的大厅，又称宣室。这个字看甲骨文就更清晰，上“宀”，表示建筑，下面为亘，亘又读gèn，读“xuān”时，其字形像回旋的水流，于此作表示读音。虽说是声旁，但也能让人联想到殿宇的幽深及声音回旋之状。喧闹的“喧”，当也从此水流回旋之状。

第五个字就是方向的“向”。这个字其实才是最明显的宀部，而且是有窗户的房子。《说文解字注·七篇下·宀部》：向，北出牖也。从宀，从口。《诗》曰：塞向墐户。就是向北开的窗户。“塞向墐户”就是天冷了把北窗糊死，把门户漏风的地方堵好。

第六个字是个现在已经不用的“宧（yí）”字，《说文解字注·七篇下·宀部》：宧，养也。室之东北隅，食所居。从宀，𦣞声。现在表达这个概念都用“颐养”的“颐”了。之所以讲一下这个字，是想说一下这个字透露出来的信息：房间的东北角为什么养人。东北者阳气始起，养育万物，故曰宧，而食物也养人，所以《说文解字》说房间的东北角也是“食所居”（吃饭的地方）。段玉裁注说得更清楚了：古代“户在东南，则东北隅为当户，饮食之处在焉”。

和“宧”隔一个字的是奥秘的“奥”，我们现在也不太能看出它和“宀”的关系了，但仔细看它上面确实有个“宀”，实际上它是指房子的西南角。《说文解字注·七篇下·宀部》：奥，宛也。室之西南隅。从宀，弆（juàn）声。其实这个“弆”是两手将米饭捏聚成饭团的样子，后来把两手的样子改成了“大”。段注：宛者，委曲也。室之西南隅。宛然深藏，室之尊处也。古代的房屋，一般是坐北朝南，前面是堂，后面是室，门在南，最好在东南，因为东南是阳气生发的地方，东北当户，颐养家人。窗在西。四隅，就是房子的四角，其中，西南隅谓之奥——奥是室内的西南角，是古时祭祀设置神主或尊长居坐之处，由此而幽深、神秘。所以后来有“堂奥”一词，指堂的深处。因“奥”是房室的深处，所以“奥”引申指深奥的义理，如人们形容高深难懂，叫“深奥”；道理深奥微妙，叫“奥妙”；奥妙神秘，叫“奥秘”。西北隅谓之屋漏（因西北角上开有天窗，日光由此照射入室，故称屋漏），东北隅谓之宧（主颐养全家），东南隅谓之窔（yào，幽深、深奥意）。从风水学上说，第一，这四个角都不能缺；第二，这四个角都要明亮干净。

安 篆文

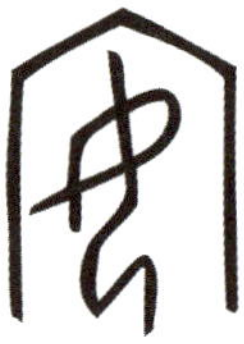
安 甲骨文

后面很多字现在都不常用了，我们就挑一些常用字讲。

安，竫也。从女，在宀中。宀字头，下面是一个面向东方而双手敛在腹前端坐的妇女的形象，甲骨文中下边还有个“止”（脚的象形），女坐室内为安。“安”字的本义是平静，引申指静止，又引申指舒适、稳妥、没有危险等。

富，备也。一曰厚也。从宀，畐声。“富”字的声符本像一个酒坛子形，酒都是粮食发酵而来，所以富，只是意味着家有粮有酒，富有。但其中并不包含精神的富有。

守，官也。从宀，从寸。从宀，寺府之事也；从寸，法度也。所以这是个会意字。《左传》曰：守道不如守官。此言甚妙！道，虚无缥缈，不好守；法度，清晰明确，好守。

6.“害”字为什么也在“宀”部?

再讲一个“害”字。害字跟家相关，不由得让人想弄明白。

害，伤也。从宀、口，言从家起也。丯（jiè）声。说伤害都从家庭口角而起，段玉裁说这是个会意字：会意，言为乱阶，而言每起于衽席。既然是会意字，就意味着“丯”当是切开的衽席，就好比人说着说着就吵起来、打起来了，最后家里鸡飞狗跳。《说文解字注·四篇下·丯部》：丯，艸（草）蔡也。象艸（草）生之散乱也。也有人说：“丯”即“械”字的象事初文，义为戴上镣铐。《说文解字》说：械，桎梏也。

古人认为：祸尝起于家，生于忽微，故害从宀。（《康熙字典·宀部·七》）就是说伤害大多是从家中口舌是非而起。即，伤害大都来自亲人。外人若伤害你，永远是一个巴掌拍不响，一定事出有因；而亲人之间的伤害，有时真找不到原因。比如，有的人就是怕老婆，哪怕是统率千军万马的大将军，回到家见到悍妻，就哆嗦。还有人一生都无法克服直面父母时的恐惧。没有办法，在亲人面前，我们必须示弱，因为他们无理性地爱我们，我们也无理性地爱他们。这种无理性，中国人称之为“缘分”。如果我们没有对亲人无理性的宽容，或者我们自己没有逃脱的能力，就只能痛苦。

但深究这个痛苦，很可能跟原生家庭有关。有原生家庭就有新生家庭，所谓原生家庭，指自己出生和成长的家庭，你从一出生就像一棵树“种”在了这里，一种就是二十多年，其环境——那些风、那些雨，不可能不影响你长成的样子。而新生家庭就是夫妻双方组成的家庭。它将人连根拔起，又种到新的地方，一种可能就是四五十年，有的人活不下去，而有的人就此新生……

新生家庭中的很多问题都跟原生家庭有关。一般来说，原生家庭缺什么，人就希冀从配偶处得到：比如从小没有安全感的，想在配偶身上找到安全感，一旦得不到，就闹。比如从小得不到父母肯定的，就特别敏感，需要从配偶那里时时刻刻求肯定，久之，也令人生厌。再者，来自自私冷漠的家庭，就只有索取，而没有能力为别人付出。总之，每个人都多多少少地带着一些从原生家庭未了的情感包袱，希望在新的婚姻关系中得到救赎。但往往是，自己有可能变本加厉，把一些负面的东西也带进新生家庭，并形成情感勒索。由此，不健康的家庭体系，往往会比疾病遗传更令人痛苦，所以，如果不能从当下的“我”开始自省和改变，这个伤害就会像基因一样代代流传，以至于有些深受原生家庭伤害的人，宁愿放弃婚姻或生育，以斩断这个基因链条。

比较有中国原生家庭特色的问题，有以下几点：

（1）重男轻女。

（2）道德绑架。

（3）家庭的过度冷漠，同时又过度地缺乏界限的问题等。

先说重男轻女，家庭中的姐姐通常最不被重视，小时候是家里的小奴隶，长大了是家里的血库，要源源不断地为家庭及弟弟输血。这样的女孩儿善良、隐忍，会是新生家庭里的好妻子，但由于活得过于卑微和低声下气，往往得不到丈夫及孩子的尊重，最后自己也痛苦不堪，疾病缠身。所以，要想自救，最好在婚前就与原生家庭尽早剥离，否则，会痛苦一生。有人说，内疚怎么办？其实，你担的越多，别人就越认为你是应该，也就越不在乎你，唯有剥离，才能让他们自省。不仅是他们生你，老天也生你，全报给他们了，何以报老天?!

再说道德绑架，这是中国人最畏惧、最厌恶也最逃不掉的。父母的一句“都是为你好”，就把我们的一生捆绑住了，一句“没有不是的父母”，就把罪责一辈子推给了孩子……有些父母会用各种言语及道德驯化来操控孩子的生活，让孩子从小就生活在罪恶感当中，总之，你不能反抗，你必须顺从，否则就是大逆不道、千夫所指。

再说中国家庭缺乏界限的问题。在西方，大多数人只认可自己与孩子的关系，对父母及原生家庭不像在中国那么深刻而痛苦地纠缠个没完没了。老人，无论多老，都会坚持自己购物、自己生活，不奢望跟儿女有太多纠扯。在金钱上也泾渭分明，你是你的，我是我的。中国人就很难做到这一点，通常是老人们付出越多，年轻人就越无法自立。

最为可怕的是，随着年龄的增长，我们会在不知不觉中向父母当年的行为靠拢，我们的语气、表情、举止，都越来越像我们曾经那么憎恶的行径。我们甚至变成了和他们一模一样的人。也许因为在潜意识里，我们知道这些做法对摧毁一个孩子多么有效。这就是原生家庭最有力量、最邪恶的地方吧。所以，《说文解字》说“害”来自家庭真是太对了。

人与人的缘分由无明的一方决定。有人说不是该由明白的一方决定吗？不，明白的一方只是活得累，但无明的一方却总在闹，闹着闹着，缘分就尽了。缘分要结、要惜、要续，无明的那一方则因为自私、贪痴，每每去断、不惜、去灭。所以，如在生活中遇此无明之人，就随他闹、随他搅，也叫“随缘”，只是这种随缘，任他闹搅到绝处，正好“了缘”。好比说在婚姻中，双方都应该有一定的觉察力，有灵性的成长，而觉察力低的人，才是毁掉理想生活的人。

总之，人不能沉浸在命运式的怨恨中，而是要努力从灰暗中走出来，重新恢复自信和力量，尽可能地重获自由和幸福。

六、姓氏与婚姻

1.说说姓氏

“姓”，在“女”部。女，是部首，三画，在《说文解字注》十二篇下，第612页。

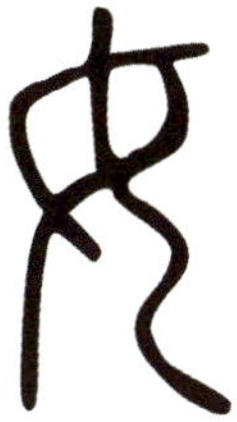

女　篆文

《说文解字注·十二篇下·女部》：女，妇人也，象形。这是取女人敛衽自守的样子。段玉裁的注释很有趣：男，丈夫也，女，妇人也……析言之：适人者乃言妇人也。也就是嫁人了的女人才叫“妇人”。古代女道、妇道有不同，女子与男子对称，丈夫与妇人对称。

下面是女部的字。

姓，人所生也。古之神圣人，母感天而生子，故称天子。因生以为姓。从女、生，生亦声。许慎说“姓”这个字是形声兼会意。而且提到了远古的“感生神话”，即，上古人不知男女媾和而生子，认为胎儿是老天赐予的，所以叫母感天而生子，所有的孩子都是天的孩子，这是一种多么大的情怀！未来可能真的会出现这一观念的回归，随着女神时代的到来，可能很多单亲母亲很享受孩子是老天的孩子，而不再是某个男人的后裔。生了孩子以后，怎么给孩子定姓氏、起名字呢？许慎说“因生以为姓”，就是在感生神话中，在女人意识到自己将成为母亲的奇妙时刻，任何能够在此时触动她的事物都会使她对腹中胎儿的来源产生联想或认同，而这，正是原始图腾观的基础。也就是在最原始的母系时代，女人不知精卵结合才能生子，所以感应到什么就把什么当作孩子的姓氏，比如周祖姜嫄“履大人迹而生后稷”，便让周人姓了“姬”；简狄“吞燕卵而生契”，便以燕卵为姓，所以殷人姓“子”。等未来女性时代再次来临的时候，孩子们可能会回归母亲的姓氏，或任由母亲给孩子取诗意的名字。

其实，姓氏的产生，标志着从群婚制到以血缘关系的婚姻制的转变，是人类文明史的一件大事。姓氏的起源可以追溯到人类原始社会的母系氏族制度时期，所以中国的许多古姓都是女字旁。

《通鉴外纪》曰：姓者，统其祖考之所自出；氏者，别其子孙之所自分。一个姓往往有多个派生姓氏，如姬姓的派生姓氏就有周姓、吴姓、郑姓、王姓、鲁姓、曹姓、魏姓等411个姓。所以“氏”的数量实际远远大于姓的数量。

比如“姜”姓，是今天中国的许多姓氏如吕姓、谢姓、齐姓、高姓、卢姓、崔姓等的重要起源之一。姜姓在当今以人口排名的中国百家姓氏中居于第60位。

姜，神农居姜水，因以为姓。从女羊声。甲骨文中，是上羊下女，像头戴羊角的女人。姜姓最初是在中国西北天水，与羌族密不可分。所以有人认为羌、姜古代为一字。“羌”“姜”两个字的区别主要体现在性别上：“羌”字下是“儿（人）”，指的是男羌；“姜”指的是女羌。

而干姜的姜古代写作“薑”，完全是另一个字。上部的“艹（草）”为形符，表示与草木有关；“畺（jiāng）”为声符，指示这个字的读音。《说文解字》说：薑，御湿之菜也。就是抵御湿气的蔬菜。《神农本草经》里说干姜主逐风湿痹、肠澼、下痢。生者尤良，久服去臭气，通神明。

除了姓氏的渊源，其字本身的原始义也很值得探究。就拿我的姓氏“曲”来说吧。

《说文解字注・十二篇下・曲部》：曲，象器曲受物之形也。凡曲之属皆从曲。或说曲，蚕薄也（也就是养蚕的器皿）。𠙺，古文曲。段注：匚（fāng）象方器受物之形，侧视之；曲象圜其中受物之形，正视之。“曲”这个字的本义是像一个盛东西的器皿，记得当年我打算出来讲课时占了一卦，是“鼎”卦，其实那个鼎也是曲，而我当时就认为古代文化就是大鼎里面的东西，我有使命把它们生米做成熟饭，把优秀的传统文化传递出去。而且段玉裁注里引《毛诗传》（即《毛诗故训传》，一作《诂训传》）曰：曲合乐曰歌，徒歌曰谣。就是配合音乐唱的叫歌，只唱歌而不配乐的叫谣。所以我就欢天喜地地开讲啦。

再说“王”。《说文解字注・一篇上・王部》：王，天下所归往也。董仲舒曰：“古之造文者，三画而连其中谓之王。三者，天、地、人也，而参通之者，王也。”孔子曰：“一贯三为王。”许慎解释“王”是贯通天地人之道的人，因为通天地人之道，所以万民归附，也可以称王。在甲骨文中，“王”是一把大斧子的斧头部分的象形，表示掌握了生杀大权的人。从某种意义上说，贯通天地人之道，也就拥有至高无上的权力，是可以称王称霸之人。

再说“张”。《说文解字注・十二篇下・弓部》：张，施弓弦也。从弓，长声。是个形声字。就是拉紧弓弦的意思，与“弛”相对。段玉裁注引《礼记》曰：张而不弛，文武弗能也；弛而不张，文武弗为也。一张一弛，文武之道也。也就是只张不弛或只弛不张都不是文武之道，只有“一张一弛”，才是文武之道。比如取名“张弛”，字“文武”，就是一个比较有文化的名字。

再说刘（劉）。《说文解字》因为避讳汉代帝王的姓氏，没有说这个

“劉”字，只说了“鐂，杀也”。其实这个“劉”字带“金”带“刂”，就有杀机。左上是个“卯”，从甲骨文字形看是剖杀的意思，可引申为“撕裂”“切断”等义；左下是“金”，代表兵器或武器；右半部分原先是“手”，后来，隶书、楷书中将“手”改为“刂”。三者结合，寓意“用手拿着兵器进行杀戮”，此即“刘”字的本义。《尚书·盘庚》：重我民，无尽刘。就是要重视百姓，不要肆意杀戮。这个意思在现代文里已经见不到了。

再说“徐”。徐姓是当代第十一大姓，是东夷族部落首领伯益的后代。怎么在《说文解字注》里找到“徐”字呢？先在书的“检字”里找“彳”部，三画，“彳”下面小字写着“二下，七六上”，就是说“彳”部在二篇下，在第76页的上边，这时你翻到76页，这一页的第一个字就是“彳”，其解释是：彳，小步也。象人胫三属相连也。凡彳之属皆从彳。这些大的黑体字就是许慎原文，而其他的小字就是“段玉裁注”，比如下面的小字写道：三属者，上为股，中为胫，下为足也。单举胫者，举中以该上下也，胫动而股与足随之。这句是说许慎所说单独用胫举例，是以中间这段来概括上和下，只要胫动而股与足都会随之而动。彳部的第一个字是“德”，第十四个字是“徐”。

徐 甲骨文

《说文解字注·二篇下·彳部》：徐，安行也。从彳，余声。徐是个形声字。“彳”代表小步慢走，“余”，解释为“语之舒也”。看来，“徐”这个字指走路慢、说话慢，所以因安闲而有雍容都雅之貌。可我看这个字的甲骨文，怎么都像一只挂有旌旗的大船，因为在水里，当然走得慢了，当然，这只是

走　金文

个人的猜测而已。

赵（趙），形声字。从走，肖声。怎么找这个字呢？这个字在“走部”，六画，可是我们在六画部首里没找到这个字，在七画的第三个字里找到了，为什么呢？其实“走”在金文中，是“跑”的意思，上面是一个人摆动两臂跑步的样子（大），下部是脚（止），如此，大止相加就是七画。走部在二篇上，63页下。大家找“走部”字都可以从63页开始找。《说文解字注·二篇上·走部》：走，趋也。从夭、止。夭者，屈也。凡走之属皆从走。段玉裁引《释名》曰：徐行曰步，疾行曰趋，疾趋曰走。他又进一步解释说：安步则足胻较直，趋则屈多。也就是只要是跑，人的腿脚弯曲变化就多。

《说文解字注·二篇上·走部》：赵（趙），趋赵也。从走，肖声。本义是快步走。

凡是从此部首的字都有快跑的意思，比如赴、赶、超、越等。《说文解字》：超，跳也。从走，召声。把“召”再俗解一下，就成了刀口，那只能跳着跑了。

钱姓，也是个大姓。这个字是形声字。先找“金部”，八画，金部在十四篇上，702页。我们在706页可以找到“钱”字。

《说文解字注·十四篇上·金部》：钱，铫（yáo）也。古者田器（就是田地里用的锄头）。从金，戋声。段玉裁注：古田器者，古谓之钱，今则但谓之铫，谓之臿（chā，铁锹），不谓之钱。……古者谓钱曰泉布。又：铫，一曰田器。所以，钱本义为农具名，指类似铁锹一类的农具。

这里要讲一下“戋（戔）”字，《说文解字注·

十二篇下·戈部》：戋，贼也。从二戈。段注：此与残音义皆同。故残用以会意。就是用刀戈把东西弄残或细化。于是，凡是以这个“戋”字为声符的字，都暗含着“小”和“薄”的意思，对我们理解凡含有“戋”的字有帮助。

比如古代“钱”字是铁铲可以使土变成小块，后来用作货币的意思也是小钱。从“戋”的字很多，多有“小”的意思，比如饯行，用薄酒薄食送客之意。客栈，指小客店或货物集散之地。贱货，指物品的价值低。由这个意义，又引申出人的身份、地位、品格低微的含义，如贫贱、卑贱、低贱等。笺，从竹从戋，指小竹片，所以信笺指幅小华贵的纸张，便笺就是小型便条纸。“戋”字加三点水成“浅”，指小而少的水。“贱”字再加个三点水偏旁，又成“溅”，指小水滴向四处射出的意思。线字从糸从戋，义为小的丝绳。“践”指用脚踩使土层变薄或变紧密。“残”字从歹从戋，义为肉体被削薄损伤。“一盏灯”的“盏”字，指小杯子。所以，汉字的有趣就在于，知道了一个字的含义，当这个字与别的部首或字组成形声字或会意字时，我们可以去揣度它的根本意思。

2.“孟”字源于一个可怕的风俗

因为姓氏里的字都在不同的部首里，我只是借姓氏说几个字而已。而姓氏字又太多，咱们只能挑一些字来讲。比如“李”字、“杨”字，就没太多可讲，《说文解字注·六篇上·木部》：李，李果也。杨，蒲柳也。

我挑一些不知查哪个部首的字讲一下。比如“周”，在口部。《说文解字注·二篇上·口部》：周，从用、口。段注：周，按忠信为周。谓忠信之人无不周密者。善用其口则密。不密者皆由于口。何谓“忠信”，全在于嘴严不严。那么孔子在《论语·为政》里那句——君子周而不比，小人比而不周——怎么解释呢？其中，周，就是忠信、周全。比，《说文解字注·八篇上·比部》说：比，密也。二人为从，反从为比。周和比都是“密”，那就得从字形上去分析了。许慎说“二人为从，反从为比”，写法上，“从”是两个人向左行，“比”是两个人向右看。古代左为尊，右为贱，所以“比”的本义是紧靠、亲近、比较但不学好之义。于是，这句话就解释为：

唐　甲骨文

君子忠信而不结党营私，小人结党营私而不忠信。小人因利益而结盟，所以也会因利益而反目成仇。

紧挨着“周”字的是“唐”字，也是个姓氏字。《说文解字注·二篇上·口部》：唐，大言也。从口，庚声。在甲骨文里，确实上面是个“庚”，下面是个“口”。“庚”属金，当指一种钟铃之类的乐器，“庚”与“口”结合，表示说话声音很响很大，但可能内容空洞，由此后来有“荒唐”之义。段注：引伸为大也。如说《尚书》者云：唐之为言荡荡也。见《论衡》。又为空也，如梵书云：福不唐捐。后来又有“功不唐捐”一词，就取其“空”意，指所有功德与努力，都不会白白付出的，必然会有回报。

吴　甲骨文

吴，查哪个部首呢？想当然的“口部”无此字，幸好这个字就七画，最后在“检字”第七页的七画字里最后一行找到这个“吴”字。然后知道它的部首是“夨（zè）部”。《说文解字注·十篇下·夨部》：吴，大言也。从夨、口。段注：大言之上，各本有：姓也，亦郡也。是说“吴”这个字是姓氏，也是封地名称，在江苏。其本义是歪头大喊。是个会意字。甲骨文里这个字也是从口和一个奔走之形的人，像人奔跑时，一边奔跑一边大声吆喝对方。段注：大言者，吴字之本义也。引伸之为凡大之称。就是大声喧哗的意思。又说：大言非正理也，故从夨、口。即许慎的“大言”就是不讲道理，在那里歪着头大喊大叫。可见真理不是喊出来的。《诗经·周颂·丝衣》中有：不吴不敖。其意思就是不喧哗、不傲慢。所以这个字后来又通娱乐的“娱”，《说文解字》：娱，乐也。从字形上看，就是女人聚在一起歪着头吵吵嚷嚷，大声喧哗。

秦 甲骨文

秦，在“禾部”。甲骨文中，“秦”字是一幅两手举杵正在舂米的丰收景象。分为上下两部分。上半部的左右像两只手（廾）拿着“午”，“午”就是“杵”的初文，一头粗一头细的圆木棒，用来在石臼里捣粮食。下半部是两棵稻谷，象征成熟了的庄稼。《说文解字注·七篇上·禾部》：秦，伯益之后所封国。地宜禾。从禾，舂省。段注：尧时有伯翳者，实皋陶之子，佐禹治水。水土既平，舜命作虞官，掌上下草木鸟兽，赐姓曰嬴。又说：地宜禾者，说字形所以从禾从舂也。现代人把“秦”字分成各取“春秋”两个字的上下来解释。

于，我好奇它在哪个部首，最后只能在正文三画里找，没想到它在204页，居然和“亏”是一个字，都是yú声。其实就是模仿人的叹息声，也就是现在的“吁”“呜”等。《说文解字注·五篇上·亏部》：亏，於（wū）也。象气之舒亏。从丂，从一。一者，其气平也。凡亏之属皆从亏。段注：於（wū）者，古文乌也。“乌”下云：孔子曰：“乌，亏呼也。取其助气故以为乌呼。”然则以於（wū）释亏，亦取其助气。……凡《诗》《书》用亏字，凡《论语》用於（wū）字。同一页上，还有“吁”字：吁，惊语也。从口、亏，亏亦声。段注：亏（于）有大义。比如“芋”，指大叶实根的植物。还有吃亏的亏也在这一页，亏（虧），气损也。

严 篆文

严（嚴），也是个姓氏。从吅（xuān）部，六画，在62页。许慎《说文解字》认为篆文的“严”字是个上下结构的形声字。上面两个并排的口（吅）是形符，表示跟口有关，下面的“厰”字是声符，读yín。这两个字形组合在一起，指政策、法令非常紧

严　《说文》古文

急严峻。《说文解字》古文中这个字上部是三个“口”，表示多次以言辞敦促的意思。《说文解字注·二篇上·吅部》：严，教命急也。从吅，厰声。段注：敦促之意。现在的“严”已经没了“吅”，不知“严”之原始意是喋喋不休，严格要求孩子从小培养出好的生活习惯没有错，但不可太过唠叨，不然孩子不仅记不住，还容易有逆反心理。

还有孟。这个字的部首是清晰的，就是“子部”，在742页。《说文解字注·十四篇下·子部》：孟，长也。从子，皿声。我们已知，长子、长女称“伯”“孟”，但古代还有种说法，是“嫡长曰伯，庶长曰孟”，就是嫡长子才能世袭爵位，庶长子不能，庶长子有可能比嫡长子要大很多，通常是男人结婚前的私生子。咱们主要说一下这个“孟”字吧，一眼看上去，就是一个小婴儿在器皿里，于是就出现了两种说法：一种是婴儿一出生放在水盆里洗澡；另一种就比较吓人了，就是放在器皿里煮着吃了。比如《列子·汤问》说：“越之东有辄沐之国，其长子生，则鲜而食之，谓之宜弟。”为什么有吃长子这种可怕的风俗呢？一是怕新婚妻子万一怀的是别人的孩子，长子非自己的血脉，而后面出生的就比较保险了，确保以后亲生子的权益，所以叫“宜弟”。

关于姓氏的字就讲这么多，自己学会查《说文解字注》就成了。姓，在姓名学里属于天格，是老天给的，而名与字都是后天的，人若敬天爱己，就活得舒坦。

3.婚为什么从“昏”？

回过来继续说“女部”字。古代姓氏的存在意义到底何在呢？姓氏，是用来“别婚姻也”。具体由谁来别婚姻呢？媒人。

《说文解字》里对“媒”字的解释为：媒，谋也。谋合二姓。所谓的“谋合二姓”，即帮助不同姓氏的男女缔结婚姻。《周礼·媒氏注》里说：“媒，谋合异类使和成者。”

“媒”，就是婚姻介绍人。男方的媒人叫“媒”，女方的媒人叫“妁”。《说文解字》里对“妁”字的解释为：妁，酌也。斟酌二姓也。“斟酌”这个词我们现在常用，是权衡适中、择善而定的意思。媒妁就泛指媒人。他们的作用有多大呢?《周礼·地官》说：媒氏掌万民之判。可见此事在古代的重要性。上古最重大的几件事就是：天文地理历算，如果时间四季弄不清楚，就种不了地；人间就是男女阴阳，如果不把这事搞定，就不能安定繁衍。甚至你结婚不结婚都不重要，但你得阴阳和合，于是就有了著名的三月三“法定私奔日”。

媒人在周代就已出现，“男女非有行媒，不相知名”“男女无媒不交”“女无媒不嫁”等古训和俗语就是从那个时代流传下来的。

古代的媒人分为官媒和私媒。官媒是代表政府行男女婚姻之事的机构，即官方的婚姻介绍所，最早出现在西周。

私媒则是我们比较熟知的媒婆形象——巧舌如簧、能把死人说活了的老年妇女。《淮南子·缪称训》有一句：媒妁誉人，而莫之德也。即他们要夸个人，常常没有底线的。但古代私媒做成的婚姻也是要到官媒处登记备案的，接受官媒的监督，这才符合国家的法律规定。

古代怎么这么重视男女结婚这事呢？婚姻到底是国家的事还是个人的事？婚姻，说白了，对国家而言，是公事。男女结婚了，就不生事闹腾了，而且一生娃，还能增加人口红利，也就是家庭的美好，是国家安定美好的基础，种族的延绵，更是一个国家有生发之机的象征，所以归根到底是对国家有益。

古罗马有句话：我们都知道婚姻是烦恼的根源，但出于公民责任，我们还是要结婚。可见婚姻自古就有烦恼，我们总说“烦恼即菩提”，但没人告诉我们结婚是对国家民族承担的崇高职责。家庭的和谐是国家安定的基础。

那没有媒人之前的婚姻是怎样的呢？那就得说说“婚”字为什么从

“昏”和“姻”字为什么从“因”了。

《说文解字注·十二篇下·女部》：婚，妇家也。《礼》：娶妇以昏时，妇人阴也，故曰婚。从女、昏，昏亦声。说明这是个形声兼会意字。这里解释“昏”的意思是从阴阳解释的，妇人为阴，黄昏也属于阴，所以“婚”字从“昏”。那结婚还有男人参与呐，为什么只强调“阴”，不说“阳”？

甚至《礼记·郊特牲》曰：昏礼不用乐。幽阴之义也。为什么古代结婚要在夜晚，还得悄没声地，不能用音乐？这其实源于古老的抢婚制。一个“抢”字，就暗含了婚姻的凶险。《说文解字》没有收录这个“抢”字，但从字形上看，此字从手、仓声。有靠不正当的攫取而后藏之入库的意思，所以应该是个形声兼会意字。

为什么要抢婚呢，其实，从古至今，人都是最重要的资源。所有战争背后最大的真相就两条：一是抢资源，二是抢人。为了种族的延绵更加旺盛，人类必须选择异族通婚。抢婚的历史在中国出现得很早。《易·屯卦》上就有这方面的记载：屯如邅（zhān）如，乘马班如，匪寇婚媾（gòu）……乘马班如，泣血涟如。这段话的大意是：马蹄声声响，不是有匪寇，而是要抢婚；女子泪水如血，强盗抢她做新娘。

这种抢婚风俗还可以从两个女部字来体现：一个是“娶”，一个是“妻”。《说文解字注·十二篇下·女部》：娶，取妇也。从女，取声。所以这是个会意兼形声字。段注：取彼之女为我之妇也。但上面的“取”字却很残忍，原先我们讲过“取”是古代战场上杀死敌人后，用手割下敌人的左耳以记功。所以，“取”就是抢、占有。妻字，从最初的甲骨文看，就是用手抓住女人的头发，有抢婚之意。到了许慎所处的汉代，人类就相对文明了，薅着女人头发抢回家做妻子这事在篆文里就变成已婚妇女梳头发这事了。

抢新娘当然不能在光天化日之下进行，古代的抢婚大多发生在黄昏后，把女子抢来后就赶紧匆匆忙忙地举行婚礼，当天晚上就把生米煮成熟饭，等第二天女方家人要把她抢回去时，木已成舟，只能认了这个女婿。于是乎就成为“姻”。

姻，《说文解字注·十二篇下·女部》说：姻，婿家也。女之所因，故曰姻。从女、因，因亦声。段注：《释亲》曰：婿之父为姻。妇之父母，婿

因 甲骨文

之父母相谓为婚姻。婿之党为姻兄弟。……因者，就也。

“姻”字也是形声兼会意字。甲骨文的“因”字有人说像人躺在草席上，在我看来其实“因”就是炕席，口像炕席的外形，中间是花纹。后来隶书、楷书简化，把中间变成了“大”。《说文解字注·六篇下·囗（wéi）部》：就也。从囗大。后来就有了就势、凭靠、缘由等意思。所谓“联姻”，就是把两家的席子联一块了而已。也就是因为已成亲，夫家与女方家成为姻亲。从此，《尔雅·释亲》说：妇之党为婚兄弟，婿之党为姻兄弟。

婚也抢了，姻也联了，怎么还成了“党”了？

4. 母党、妻党什么意思？

未婚男女有最简单的亲情关系，就是父母兄弟姐妹，而已婚男女最先出现的问题可能还不是两个人的问题，而是亲情关系的复杂化。虽然最原始的婚姻形式没有爱，而且极为血腥，但联姻后人际关系却突然丰富起来了，有夫家、娘家等，称谓也复杂起来。于是在中国另一本最古老的词典《尔雅》中竟然出现了“母党”“妻党”等词。后来皇室又有“外戚干政”之说，特指帝王的母亲和妻子方面的亲戚干扰朝政。甚至幼帝即位、外戚专权、宦官干政成了封建王朝的三大痼疾，可见婚姻家族势力的较量，远在两个当事人之上。

所谓亲人的内涵是什么呢？我们先解释下“亲（親）”字吧，这个字在“见部”，《说文解字注笺》说：亲从见，则其义起于相见，盖见而亲爱也。也是，总不见面的话，人就慢慢疏远了。《说文解字注・八篇下・见部》：亲（親），至也。从见亲声。段注：情意恳到曰至。父母者，情之最至者也，故谓之亲。我们现在常说一个人“六亲无靠”，是指哪“六亲”呢？古代认为是父子、兄弟、夫妇，此六亲中，父子、兄弟有血缘，夫妇无血缘。现代六亲分别为父、母、兄、弟、妻、子，这六者当中只有妻无血缘，所以会有那句“兄弟如手足，妻子如衣服”，手足断了会疼死，衣服却可以换来换去。还有“夫妻本是同林鸟，大难来时各自飞”。所以，能不各自飞的，得多仗义啊！

男女结婚后，就分别在自己亲人之外另生出一支，也就是夫一支、妻一支，两支貌似成为亲家，但实际上还是有区别的，于是在古代，就有了“妇之党”“婿之党”的说法。

何谓“党”呢？古代有两个党字，一个写作“黨”，从黑尚声。另一个是从儿（指人）、尚声的“党”。《说文解字》没有收“党”这个字，这个“党”，大概是指党项族的党吧。《说文解字注・十篇上・黑部》：黨，不鲜也。从黑、尚声。这个解释应该是从形符“黑”的意义角度而言的。段注在此先解释什么是“鲜”：新鲜字当作“𩺰”。现在新鲜的“鲜”写成鱼、羊为“鲜”，但古代的鲜就是三条鱼（𩺰），所以古代造字思维多简单有趣啊，麤为粗，犇为奔、𩺰为鲜。

后面段玉裁突然话锋一转，又引《释名》曰：五百家为黨。黨，长也，一聚所尊长也。此谓黨同尚。这里显然是段玉裁不完全同意许慎对“黨”字的解释，而直接引用《释名》的解释来表达他对“黨”字的理解，并指出了“黨”的真正含义在“尚”字，而不在“黑”字。“尚”这个字下面就是方向的“向”，是窗户，而上面的“八”像气之分散，所以“尚”这个字在八部。段注：尚，上也。皆积累加高之意。由于古人最初是亲族生活在一起，所以“黨”相当于亲族之尊长，而“母党”“妻党”等就是按照血缘关系远近来界定的。所以，关于“黨”字的解释，段玉裁是对的。

比如“母党”中有：母之考为外王父，母之妣为外王母。也就是我们现在所说的外公外婆。“妻党”中有“甥”和“侄”的不同，《说文解字》中“甥”在男部：甥，谓我舅者，吾谓之甥。“侄”在女部：侄（姪），兄之女也。从女，至声。《尔雅》说：女子谓兄弟之子为侄。现在人索性直接分了内外，姐妹所生子都是外姓，所以为“外甥”；兄弟所生子都是同姓，所以为“内侄”。一切都要看是否“同姓”，同姓氏、同血缘的关系则更亲近。

后来又有乡党、朋党等，乡党是靠同乡，朋党是靠同学。因为“同门为朋”，就是同一个老师教出来的为“朋”。这就是中国特有的关系网。

缺少乡党和朋党的人该怎么办呢？比如袁世凯，没当过老师，所以没法儿聚集一群学生来支持自己，但袁世凯老婆多、孩子多啊，他一妻九妾，共生有17个儿子、15个女儿、22个孙子、25个孙女，于是在民国初年通过联姻形成了庞大的社会网，比如其长子袁克定娶清朝湖南巡抚吴大澂之女，其长女嫁清朝两江总督张人骏之子……以此壮大自己的力量。

由此可见，大户和官宦人家并没有那种“嫁出去的女儿，泼出去的水”这种观念，相反，有时候女儿恰恰是一个家族最重要的资源，培养儿子做皇帝可能比登天都难，但培养个女儿进宫当皇后或妃子还是可行的，比如《红楼梦》中的贾府，不全靠着贾元春一人顶着吗？因贾元春而油烹鼎盛，由贾元春之死而大厦将倾。而历史上那些著名的太后、皇后如没有背后大家族支撑，就走不了太远。

5.“男”部字

大家肯定好奇，有“女部”字，那有没有“男部”字啊？还真有，只是《说文解字》中女部字特别多。可男部字，就三个字：男、舅、甥。大概是男人尽干大事了，没工夫琢磨自己吧。当然，也可以理解成他们尽琢磨女人了，所以才造了那么多女部的字。

男，上田下力，所以是七画，在十三篇下，698页。在甲骨文里，男字的写法就是“用耒在田地里耕作”，因为耕作主要是男人的事，所以就用田和力表示“男人”。《说文解字注・十三篇下・男部》：男，丈夫也。从田、力。言男子力于田也。凡男之属皆从男。是说“男”还是个部首。下面段玉裁则专门解释了男人为什么叫“丈夫”，他说：“夫”下曰：周制八寸为尺，十尺为丈，人长一丈，故曰丈夫。看来女人重视男人个头高矮还是有出处的。高大魁梧至少气量足，有劲儿，能干活。

说完了“丈”，还得说下“夫”。“夫”也是个部首，四画，在十篇下，499页。《说文解字注·十篇下·夫部》：夫，丈夫也。从大、一，一以象。周制八寸为尺，十尺为丈。人长八尺，故曰丈夫。凡夫之属皆从夫。古时未成年男子的头发是披发，20岁行加冠之礼，将头发绾成髻子用簪子固定在头顶上，束发加冠后，表示男子就成了“夫”，也就是男子汉了。而下面段玉裁的注释角度很有趣，他从字形上专门分析了“天”和“夫”的不同：从一、大，则为天。从大、一，则为夫。于此见人与天同也。从一、大，则为天，所重在“一”，因此“天”在“一”部。《说文解字注·一篇上·一部》：天，颠也。至高无上，从一、大。所以，甲骨文的“天”字，正面站着的“人”形上部画了个圆圈，象征头部。后来变成一横，段注：天之一冒（超出）大上，为会意。即，天是个会意字。而“夫”字上面的一横没有超过头部，从大、一，所以是象形字，也可以说是个会意字。即，男人头上插根簪子，就代表成熟了，为“夫”。

天 甲骨文

男部字里，“外甥”的“甥”已讲。讲一下“舅”字，《说文解字注·十三篇下·男部》：舅，母之兄弟为舅，妻之父为外舅。从男，臼声。这个“舅”字用起来太复杂了，比如孩子称母亲的兄弟为“舅”，男人称妻子的父亲为“外舅”（现在叫老丈人），女人称丈夫的父亲也为“舅”（现在叫公公，《尔雅》：妇称夫之父曰舅，称夫之母曰姑）。下面段玉裁有个重要的解释：凡同姓可称父，凡异姓不可称父，故舅之也。这里面其实强调的是血统。由此也可以猜测“舅”字为什么用了杵臼的“臼”来发音，谷物放到臼中去皮后才知其真，男人在家族中与自己的关系也要得其真，你的血液里没他的东西，所以不能称公公为“父”。

美国社会学家摩尔根著《古代社会》一书说，人类婚姻初为群婚制，次为伙伴婚制，再次为对偶婚制，即一夫一妻制。群婚制是男方到女方家去住，中国先秦时代传说中的舜到娥皇女英家去住，就是具体例子。伙伴制是兄弟共妻或姐妹共夫，《诗经》有诸父诸母之咏，就其表征。此时期，经济关系表现为家族财产权一般全归女子所有，或者男女各有。到对偶婚制产生时，女子已不再拥有财产权，它全归男子。“家”从宀，豭省声，即屋内有豕为“家”。豕为私有财产之一，又是古代社会家畜的代表。当时打猎，是男人；饲养家畜，也是男人；拥有猎物和家畜，自然也是男人。家畜在氏族社会末期，是财产的主要内容。女子无财产经济权，自然无家，以男子的家为家，所以出嫁即归家，“家”“嫁”音近义同，源于此因。

6.“女”部字

女部字大致分三类：一是表示女性之伟大，及女性身份、职责的字；二是关于女子容颜举止的字，也就是女子的好；三是女子的毛病。

先说女人了不起。了不起的女人都进了神话。比如：娲，指女娲。《说文解字》：娲，古之神圣女化万物者也。从女，咼声。女娲，洪荒中的第一个女人。她在孤寂中抟土造人，她把温柔的呼吸给了她的子民，在天崩地裂的时候，又炼五彩石去补了天。她完整地奉献了自己、牺牲了自己，成就了中国人对女人的最佳褒奖。

比如主掌生死大权的西王母。母字，也在女部。“母”字的原形是个女字加两个乳房的象，所以，许慎说：母，牧也。从女，象怀子形，一曰象乳子也。段注：牧者，养牛人也。以譬人之乳子。引伸之，凡能生之以启后者皆曰母。这句话好！母亲的职责不光是生育，还要能启发后者。启后，是说母亲不仅要慈爱，还要有威仪。无威仪，则不能启后。

所以，在家庭教育中，母严父慈最好。母严，是让孩子知道底线；父慈，是让孩子知道生命的宽度。有人问：难道不该是父严母慈吗？这么说

母　甲骨文

吧：年轻的父亲一般不喜操心家事，因操心少、管得少，则畏妻，在孩子问题上也多看女人脸色。男人若严，则易过严，又因嘴笨，说不清楚就径直用暴力，所以“父”字“手里有棍棒”。中国的家庭多是女人当政，甚至现在大多是“丧偶式带娃”，即大多父亲的角色缺失，教育孩子多是母职。劳苦的女人易生威仪，无论男孩儿女孩儿，因为有更多的时间跟母亲在一起，对其情绪、心态十分在意，对其情感略显复杂。所以，母亲慈爱与威仪之间巧妙的平衡就很重要。母亲过于慈爱，孩子就是妈宝男；过于威仪，倒无妨，虽然孩子会逆反或懦弱，但把握好了，孩子会自立。这也是为什么文殊菩萨（智慧）、观世音菩萨（慈悲）是女性化身的形象。没有智慧，光有慈悲也是不行的。也就是说如果母亲处理不好威仪与慈悲的温度，往往会从根本上使子女痛苦。

再说代表女子身份、职责的字。

《说文解字注·十二篇下·女部》：姨，妻之女弟，同出为姨。又：娣，同夫之女弟也。《尔雅·释亲》说：女子同出谓先生为姒，后生为娣。所谓“同出”，就是一起嫁过去。这是古代一个婚姻习俗，古代上流社会妇女出嫁时会带有随嫁的女子，共事一夫，一般是带自己的妹妹或侄女。比如孝庄太后，她既是清太宗皇太极孝端文皇后的侄女，又是敏惠恭和元妃之妹。

姑，夫母也。从女，古声。就是现在所称的婆婆。段注：《释亲》曰：妇称夫之父曰舅，称夫之母曰姑。姑舅在，则曰君舅君姑。没则曰先舅先姑。同时，段玉裁还长篇大论说：同姓有父母，异姓无父母

威 金文

……古人称谓之严也。就是古代不可以叫公婆为父母，现在婆媳矛盾严重，恐怕就是双方都乱了界限。

婆婆什么样呢？看另一个字：威，《说文解字注·十二篇下·女部》：威，姑也。从女，戌声。段玉裁注：引伸为有威可畏。“威”字早见于西周金文。其上部为“戌”，下部为“女”。也有的上部为“戊”，下部为“女”。无论如何，“戊”和“戌”的甲骨文、金文描绘的都是一种与今之斧形类似的兵器。可见古代婆婆在家庭生活中的凶狠霸气，但她只是对外人拿刀，对内绝不拿刀。后来又谓夫之妹曰小姑。《新嫁娘词》：未谙姑食性，先遣小姑尝。

第二是关于女子的容颜举止的汉字，现在大多作为名字出现，比如：好，媄也。姝，好也。从女朱声。娴，雅也，从女，闲声。娃，圆深目貌也。从女，圭声。或曰吴楚之间谓好曰娃。其实圭指美玉，所以应该是形声兼会意字。指大眼睛、肌肤如玉的女性。媛，美女也，人所欲援也。从女，爰声。段注：人所欲引为己助者也。就是有种女性是人们争相攀附的对象。《尔雅》说：美女为媛，美士为彦。起名字时别起错了。

有没有表现女性丑的字呢？还真有。娸，人姓也。从女，其声。许慎引杜林说：娸，丑也。段注：丑者，可恶也。意思是丑化、诋毁。还有“婓”字：婓，往来婓婓也，从女，非声，一曰大丑貌。所以这两个字，名字里最好不用。

第三是表示具有女性特质毛病的字。

奸。这个字的金文、小篆及汉帛书都是由三个“女”字组成。但《说文解字》既收了这个“奸”，又收了三个女字的“姦”，现在都写成一个字了。

《说文解字注》：奸，犯淫也。从女，干声。是个形声兼会意字。段玉裁解释说：此字，谓犯淫之罪，非即“姦”字也。今人用奸代替了三个女字的“姦”，是不对的。另外，《说文解字》在解释三个女字的“姦”时说：私也。从三女。所以，“奸”是欺辱、干犯之意，而三个女字的“姦”是表示女子属阴，私欲最重。因私欲而伪诈也。因此，现在有“奸诈”一词。

7.男人受不了女人“妄”

女人的毛病还有“嫉妒”。《广雅》：嫉，妒也。《说文解字》虽然没有“嫉”字，但我们可以从其发音的“疾”字看一下这个字的意思。疾字的“矢”表示箭，箭刺中人的腋下。所以，表示人受伤。嫉妒这种心情也是人心受伤，由受伤而生恨。《说文解字注·十二篇下·女部》：妒，妇妒夫也。所以，“嫉妒”二字的意思都是因别人比自己强、比自己受宠，而心如刀绞，而怨恨。司马迁说：女无美恶，入宫见妒。就是女子无论好看与不好看，只要进宫，就会遭人嫉恨。因为没人知道圣上好哪一口，再说女人各有各的独到之处，所以才会有那么多宫斗剧。还有一个字是表现男人嫉妒的：媢，夫妒妇也，一曰梅目相视也。段注：“梅”当作“怒”。段注又引王充《论衡》云：妒夫媢妇生则忿怒斗讼。看来，人类的情感并无二致。

“嫌弃”的“嫌”字，也在女部。《说文解字注·十二篇下·女部》：嫌，不平于心也。从女，兼声，一曰疑也。女人，为什么会“不平于心”呢？源于比较、攀比。我们看“嫌”的声旁“兼”字，《说文解字注·七篇上·秝部》：兼，并也。从又持秝。兼持二禾，秉持一禾。“秉持”的“秉”就是手里只有一捆稻禾，也不用比较了，就它了。而“兼”字是手里拿着两捆稻禾比来比去的样子。这个字太形象地表现了女人的心理，女人为“阴”，疑心重，又好比较，这些就是女人“不平于心”的根源。婚姻嘛，就怕总跟别人比较，别人的苦你看不见，你就“秉”住这一个就成了，别“兼”，一“兼”，心就乱了。

有一个字，其本义和今义相差甚远，就是妓女的“妓”。《说文解字注·十二篇下·女部》：妓，妇人小物也。《康熙字典》解释“妓”为“女乐”。从事女乐者，必各种小物件多，所以这个字在古代只是指妇人所用物品的琐碎，没有现在的意思。

还有些女部的字，我们现在看不太明白其原始意象，比如婴儿的“婴”。

《说文解字注·十二篇下·女部》：婴，绕也。从女、賏。賏，贝连也。颈饰。上面的双贝，就是用珠贝做成项链，所以这个字的本意是女子缠绕项链在脖子上，看来爱美之心自古有之。“婴”做缠绕讲，在古诗里有体现：比如“世网婴我身”。我们现在说的婴儿的意思在古代也有，比如《仓颉篇》云：男曰儿，女曰婴。

再比如“委”。《说文解字注·十二篇下·女部》：委，随也。从女，禾声。本义为顺从；引申义有托付、舍弃意。甲骨文中的“委”，一边像一棵枯萎了的禾苗，顶端弯曲下垂；另一边像一个跪着的女人，似乎感到无比的伤心。所以后来有“委屈”意。

婪，贪也。《楚辞·离骚》：爱财曰贪，爱食曰婪。

最后再说两个女部字：妄和妥。

亡 甲骨文

亡 金文

妄，乱也。从女，亡声。“妄”是由“亡”和“女”组成的。“女”表义，“亡”表声。同时，这个“亡”字还有深刻的含义。《说文解字注·十二篇下·亾部》：亾，逃也。段注：逃者，亡也。二篆为转注。亡之本义为逃，今人但谓亡为死，非也。这是说“亡”本义只是逃，而不是死。但逃亡的“亡”字在甲骨文和金文的写法，像是给逃亡的人施以酷刑，这是怎样的酷刑呢？在战国文字里就清楚了，就是剜去一只眼睛。为什么只剜去一只眼睛呢？留着一只眼睛好继续为奴啊！在远古时期，女奴是重要的资源，最狂妄和胆大妄为的事儿就是女奴居然跑了，这是男权文明无法容忍的事情，所以“妄”为乱，为胡来，一定要被抓回来，不仅要抓回来，还要接受惩罚。那被抓回来的女人，又用哪个字表现呢？就是“妥”。

妥，也是女部的最后一个字。《说文解字注·十二篇下·女部》：妥，安也。从爪、女。爪指手，从甲骨文字形看，最初应该指抓住女奴。即抓住了女人就安稳妥当了。你不是跑吗？抓住你就妥妥的了，为了防止你再跑，还可以剜去你一只眼睛。古代社会对于女奴、女婢真是残忍啊！古代“所通贱人之子，是婢，为贱人也”，就是跟卑贱所生的子女，天生就是婢女。《说文解字注·十二篇下·女部》：婢，女之卑者也，从女、卑，卑亦声。所以这是个形声兼会意字。而“奴”也是从女从又，还是用手擒拿女子、迫其为奴之意。《说文解字注·十二篇下·女部》：奴，奴、婢皆古罪人。……从女、又。

在女部字里，大量的词汇都是表现和要求女人顺从的，比如：“婉，顺也。从女，宛声”“娓，顺也。从女，尾声”“如，从随也。从女，从口”。为什么“如”字从女从口呢？段玉裁注：随从必以口。……幼从父兄，嫁从夫，夫死从子。表达女子狂野的、表达女子反抗的，就是一个“妄”字，还不怀好意要施以惩罚。所以，自古至今，女人都不容易！

再一起说下《说文解字注·十二篇下·女部》里面现在还用的字。

妆，饰也。段注：此饰篆引伸之义也。宋玉赋曰：体美容冶。不待饰装。……装者、假借字。就是天生丽质的女人不必装饰。唐代妃嫔施粉于两颊，号泪妆。识者以为不祥。

娓，顺也。从女，尾声。段注：尾主于顺。故其字从尾。

嫁：女适人也。从女，家声。段注引《白虎通》曰：“嫁者，家也。妇人外成以出适人为家。”按：自家而出谓之嫁，至夫之家曰归。《丧服经》谓嫁于大夫曰嫁，适士庶人曰适。此析言之也。浑言之皆可曰适，皆可曰嫁。所谓“析言之”，就是细分析的话，嫁给大夫为“嫁”，嫁给普通人为“适”。所谓“浑言之”，就是一般只要嫁人，就叫作“适”或“嫁”。

媾，重婚也。从女，冓声。段注：重婚者，重叠交互为婚姻也。亲上加亲谓之媾。

姿，态也。从女，次声。段注：态者，意也。姿谓意态也。《说文解字注·十篇下·心部》：态（態），意态也。从心、能。段注：心所能必见于外也。态者，材艺巧善也。即才能、贤能本字。

表现女子舞姿美的有：媱，曲肩行貌。段注：舞容也。

娑，舞也。从女，沙声。古语“直则无姿，曲则有情”。女子的美就在于姿态美。

娈（孌），慕也。从女，䜌声。段注：娈恋为古今字。就是“美好”之意。

娄 金文

娄 篆文

娄（婁），空也。从毋，从中、女，空之意也。一曰娄务，愚也。段注：凡中空曰娄。今俗语尚如是。凡一实一虚、层见叠出曰娄。人曰离娄，窗牖曰丽廔，是其意也。……娄、敛也。……此则谓为“搂”之假借也。按金文的样子，此字本义当为人手持竹篓。篆文误将古“娄”字上面的字形离析为“毋”“中”，于是许慎就说此字“从毋、中、女”，段注按照许慎的思路圆得非常好：按从毋，犹从无也。无者，空也。从中、女，谓《离》卦：离，中虚也。皆会意也。这种解释还真让人欢喜，且不容反驳呢！

8. 闲篇：古代为什么抓周？

讲了那么多字，熟悉了《说文解字》。喘口气，允许我讲个闲篇。

有人问：玩耍的“耍”是在“女部”还是在“而部”呢？都不在。《说文解字》没收这个字，但通过上面的学习，我们可以猜出这个字的本义。

“而”字咱们前面讲假借字时讲过了，现在我们也会查了，而，六画，第454页，《说文解字注·九篇下·而部》：而，须也。象形。《周礼》曰：“作其鳞之而。”凡而之属皆从而。而，就是胡须。段注：各本作颊毛也，象毛之形。……而，须也，须谓颐下之毛。……盖“而”为口上口下之总名。分之则口上为髭，口下为须。也就是嘴巴上边的毛叫“髭”，嘴巴下面的叫“须”。而“而部”只收了一个字“耐”，我们也讲过了，就是忍受拔去胡须的痛苦。“耍”字上“而”下“女”，其字之本义应该是女子装扮上胡须戏耍的样子，为什么不可以理解成用胡须戏耍女子呢？这就需要看我们怎么理解“玩耍”和“游戏”这两个词了。

在古代，中国的学问分“大学”和“小学”两种：大学是学性命义理之学，一般从15岁开始；小学是启蒙教育，从8岁开始。这两个时间段的安排，不是古人随便制定的，而是从人身体发展及心智发展角度制定的。那家长就好奇了，8岁之前，孩子以什么为主呢？以玩耍和游戏为主啊。

1岁至7岁，人最重要的是感知，这时候学表达比学认字重要，这时候，“玩”才是最大的学习，更何况，对于中国的孩子来说，此时不玩儿，将来就没机会玩儿了。没玩儿够的人会怎样？会缺少联想、缺少性情，智商、情商都会受损，会在青春期时沉溺于游戏，会在中年时“不务正业”。总之，被压抑的天性总有一天会冒出头来，给我们猝然一击。相反，没爹没娘、没人管束的孙悟空却是从小玩儿了个够，玩心被充分满足后，才知在花果山当大王的日子也不过如此，没啥意思，于是突然生起了“道心”，不仅开始远足求学，最后历尽千辛万苦，还修成了佛。所以我们必须鼓励孩子尽情地游戏玩耍，在玩耍中他们可以学会如何躲避危险、如何戛然而止；学会坚持；学会体面地认输；学会被驱逐出局的坚强；学会被接纳时的感动……

《说文解字注》中“玩”字在玉部，第16页。《说文解字注·一篇上·玉部》：玩，弄也。从王，元声。段玉裁解释“弄”字，上面是“玉”，下面像两只手在摆弄玉器。也就是说成人的“玩”，也要玩儿好东西，用好东西来养自己的性情。《尚书》有言：玩人丧德，玩物丧志。而天下唯有小孩子的“玩”，不会丧德，也不会丧志，因为这时他还没有“德”，也没有“志”，只有天性。

古代有抓周的习俗，就是在小孩儿周岁那天，摆上笔墨纸砚、算盘、脂粉、元宝、印章、儒释道三教的经书，以及胭脂、吃食、玩具等诸多东西，看孩子抓什么以期许孩子的未来，视其先抓何物，后抓何物，以此来测卜其志趣、前途和将来要从事的职业。虽说只是个游戏，但真考验的不是小孩儿，而是大人稀奇古怪的心理。

记得《红楼梦》里的宝玉抓的就是胭脂、钗环，从而被贾政厌弃。果然宝玉也是在姑娘堆儿里混了一生，但他爹还是没看出宝玉会在与姑娘们生离死别后大彻大悟、遁入空门。有人会说，他怎么没抓本佛经呢？唉！每个人悟道的方式不同，不是只有读经书这一种方式才能悟道。

为什么有抓周的习俗呢？为什么只有抓周，没有抓三抓四呢？因为周岁时，孩子还没有太多的分别心，一切凭天性而为，所以用这个游戏可以预测孩子的前途和性情，所以这个习俗也叫“试儿”。虽然只是一种民俗，但至少有两点：第一，从中也可以看出生母、保姆等对小孩儿的日常熏陶及启蒙教育。第二，古人认为自然界的各种现象、人世间的吉凶祸福，在其发生之前还是有征兆的。至少，可以从小看大，不是有那句话吗，三岁看大，七岁看老，这句话谈的不只是智力问题，还涉及智慧、天性等问题。

所谓“三岁看大”，就是从小看孩子的天性吧。而“七岁看老”，则是指人至七八岁时，阴阳为之一变，性情也变，但天性是根，性情是枝杈，性情会随际遇而变，随气血阴阳而变。七岁左右，人必须开始启蒙学习，这时所学的东西若与根性相和，一生便有所依、所成。若不得所学，就会终老散漫，一生际遇不随所愿。

《说文解字注·七篇上·㫃（yóu）部》：游，旌旗之流也。甲骨文的“游”写作“斿”，左上方是飘动的旗帜（㫃），右下方是一个“子”字，后来又加了个“辵部”，变成“遊”，于是其本意是一个人扛着旗帜走，奔向自己的目标。后来简化字选择了三点水的“游”，其实我本人挺喜欢“遊”的，在陆上总比在水里更好找目标吧。所以导游拿着小旗子在前面引路的形象是最恰当的对“游”字的解读。

再说“戏（戲）”。《说文解字注·十二篇下·戈部》：戏，三军之偏也。一曰兵也。许慎的这个解释有点莫名其妙，三军之偏大概是指三军之

游　甲骨文

中附设的特殊兵种，专门负责挥舞旗帜的。段玉裁解释了后者“兵”的意思：以兵杖可玩弄也，可相斗也。故相狎亦曰戏谑。其实，“戲”字由三部分组成：一个虎头面具，一个戈，还有一个“豆”，这个“豆”在古代是食器，或祭祀器皿，大概总盛五谷豆类吧，后来就引申为大豆小豆的“豆”。所以“戏”字的意思是：在祭祀或进餐时有人头戴虎头面具，持戈舞蹈。因此“耍”和“戏”都有戴上面具的意思。

所以，无论是执旗前行，还是戴上胡须、面具或持戈舞蹈，都告诉我们，游戏就是模仿，和真实生活相比，它有规则，但无功利性，属于内驱自主行为，而且会获得精神或肉体的愉悦满足。

懂得了汉字，会查《说文解字》，真的能给我们的生活带来无穷乐趣和人生感悟。

第三章　小学四种　源远流长

一、《说文》之前有本词典

古代关于文字的教科书是不是只有《说文解字》一本书呢？那可不是，如果说小孩子一入私塾就学《说文解字》，那恐怕就没人爱学习了，学习这事儿，太讲究次第了，一定是从简到难。一开始就难的话，人就被困住了。其实，古代关于文字训诂学最重要的著作有四本，又称小学四种，按时间顺序来说，首先是《尔雅》，因为太远古了所以作者是谁都无人知晓，然后是西汉扬雄的《方言》，再是东汉许慎的《说文解字》和刘熙的《释名》，所以许慎在《说文解字》里会引用到《尔雅》和《方言》，而段玉裁在注释《说文解字》时，除引用《尔雅》《方言》外，也会引用《释名》来辨别正误。

启蒙教育中最重要的是要先学习“六书”，也就是象形、指事、形声、会意、转注、假借。这可以充分地打开孩子的想象力，完成这种想象力与现实社会的结合。所以我们开篇的几讲也在讲“六书”，相当于文字启蒙。到了汉代，儿童在完成识字阶段的教育后，要读《论语》《孝经》和《尔雅》这三部书。其中，《尔雅》一是当工具书，二是当百科全书。

既然这本书这么重要，那我们就先说下《尔雅》吧。

1.《尔雅》十九篇

《尔雅》，“尔”是“近”的意思，“雅”是“正”的意思，所以“尔雅”专指“雅言”，“雅言”就是古代的官方语言，就是标准语、规范语。所以《尔雅》指语音、词汇和语法等方面都合乎规范的标准语。今人都知道有研究《红楼梦》的“红学”，不知古代还有门“雅学”呢，因为《尔雅》被列入古代“十三经”中，属于经学啊，一本独立的词典，能列入经学，成为中国传统文化的核心组成部分之一，也算奇葩了。因为学习《尔雅》可以多识鸟兽草木虫鱼之名，可以“博物不惑”，也算是解经的钥匙吧。

《尔雅》成书，比《说文解字》早多了，甚至至今不知道其作者是谁。这本书是按照什么原则编排的呢？是按义类编排的综合性辞书，也就是把世间万物按类别分为几大类：

（1）专门解释字义词义的：《释诂》《释言》《释训》。

（2）专门解释人事和生活用器名称的：《释亲》《释宫》《释器》《释乐（yuè）》。

（3）专门解释天文、地理的：《释天》《释地》《释丘》《释山》《释水》。

（4）专门解释动物的：《释鸟》《释兽》《释畜》《释虫》《释鱼》。

（5）专门解释植物的：《释草》《释木》。

以上共19篇。19篇毕竟比540个部首要简单多了，由此，这本书就好看了，如果我们想了解古代的亲属称谓，查《释亲》就可以了。

比如，《尔雅·释亲》：子之子为孙，孙之子为曾孙，曾孙之子为玄孙，玄孙之子为来孙，来孙之子为晜孙，晜孙之子为仍孙，仍孙之子为云孙。

上面那段是说：儿子的儿子叫“孙”。繁体的“孫”字，左边是“子”字，右边是“系”字，《说文》：孙，子之子曰孙。从子从系。系，续也。就是指一种连缀、不断的传承，这个我们以后还会讲。孙子的孩子叫什么呢？——曾孙，或者叫重孙。重孙的孩子叫玄孙，玄就是远，第五代远得有点看不太清楚了，所以叫作玄孙。玄孙再生孩子，叫来孙，来孙就是还有点来往，但已经不太亲了。然后就这么一直传传传，到最后再叫什么？——云孙。云孙是什么意思？就是已经远到天边去了，远到云彩那儿去了，彻底看不清楚了。

肯定有人疑惑，不是古人寿命都不太长吗，怎么还有了七八代孙子？按理说，古人就算结婚早，四世同堂的都不多，哪能有六世七世孙，但一想到古代是部族共同生活，那排起辈分，可能真的很长。

要想明白《尔雅》和《说文》的不同，看《尔雅》的开篇就可以了，开篇《释诂》说：初、哉、首、基、肇、祖、元、胎……始也。就是说初、哉、首、基这些字的词义都表示“开始”的意思，所以他们叫同义词，但具体到每个字是什么意思，并且为什么都表示“开始”的意思，就要到《说文解字》里去查了。咱们挨个把这些字讲一下。

2.《尔雅》释词，《说文》释字

（1）初、哉、首、基

“初”为什么有“开始”的意思呢？《尔雅》没说，但在《说文解字注·四篇下·刀部》：初，始也。从刀、衣。裁衣之始也。所以“初”字，从甲骨文开始，就是左边为“衣”字，右边是一把裁衣服的刀。是做衣服的开始。段注：裁，制衣也。制衣以针，用刀则为制之始，引伸为凡始之称。为什么“衣食住行”衣放在第一位？因为对社会人而言，衣服比食物重要。动物皆为食谋，而唯独人，不仅要为食谋，还要为衣裳谋。衣服使人摆脱了自然人以食物为第一的需求，使人完成了从野蛮到文明的过渡。所以孙猴子从五行山下出来的第一件事，就是得一虎皮裙先遮住羞处，以示从猴变成人的开始。

初　甲骨文

哉，《说文解字注·二篇上·口部》：哉，言之间也。间，代表停顿，这里指语言的间隔，这里停了，下一句就开始了。段注：凡两者之际曰间……言之间欹多用哉字。《尔雅·释诂》说：哉，始也。其实，“哉”也是“才”。《说文解字注·六篇上·才部》：才，草木之初也。从丨上贯一，将生枝叶也。一，地也。凡才之属皆从才。具体的解释就是：“才”这个字，“一”横代表土地，底下是根，上面出来的头是草木刚长出的样子。段注：初、哉，始也。哉即才。二者以声近，借为哉始之哉。也就是，哉通“才”，是“草木之初”。

首 甲骨文

再说“首”，《方言》说：人之初生谓之首。由此有“开始”的意思。甲骨文里这个字就是一个头的形状，有头颅、眼睛、嘴巴，以及头颅上的毛发，本义即头。首，九画，也是个部首，第423页。《说文解字注·九篇上·首部》里有两个首字，一个是上面没有那两小撇的古文百，这个字是指没有头发的“首”，而“首”，是有头发的头。另一个是巛（chuān），巛象髮，髮谓之鬊（shùn），鬊即巛也。首，因在人体最高处，所以引申出“首领”“首相”“首要”“首先”“首位”“开始”等。

基，《说文解字注·十三篇下·土部》：基，墙始也。从土，其声。盖房要从打地基开始，所以基是筑墙的开始。“其”字，既是声旁也是形旁，即簸箕的“箕”的本字，是装土的平口竹筐。

（2）肇、祖、元、胎

“肇”字左上角是“户”字，指门；右上角是攴（pū），是以手持物击打门的象。底下“聿”表示读音。《说文解字》的作者许慎为了避汉和帝（刘肇）的名讳，没有收录此字，只解释了“肇”的异体字“肁”：上讳。大徐本《说文解字》在“支部”增加了此字：肇（zhào），击也。从支，肁省声。即手刚开门的那一瞬间就叫作“肇”。什么叫肇事者呢？就是第一个挑起事端的人。比如我们开车出现了追尾事故，责任在谁呢？一定是第一辆车先撞上去，后面很多的车来不及刹车都跟着撞上去，那肇事者就是第一个撞上去的。所以肇事者就是第一个闯祸的人。

祖，就是家族的开始。《说文解字注·一篇上·示部》：祖，始庙也。从示，且声。段注：始兼两义：新庙为始，远庙亦为始。有趣的是，甲骨文和西周金文中径直以“且”为“祖”，不从“示”。《说文解字注・十四篇上・且部》：且，所以荐也。段注解释为“草席”。总之，他们都没有说出“且”的原始意味。

其实，“且”字大有意味。我说过，猜甲骨文要有儿童思维，所有的理性都会约束我们对原始事物的认知。比如在远古，人们最惊异的不过是女人会定期流血以及能生孩子这事了，最初男人一定为此沮丧，并认为女人是可怕的不洁之物，如此便禁止女人参与打猎和上船捕鱼。同时，他们可能也暗自羡慕女子的这种创造力，所以，他们会追逐狩猎和参与战争以表明他们也知道流血之痛。一旦男人们知道了自己在生育当中有“下种”的意义，一种无比的骄傲和自豪就开始了，这时就出现了男根与女阴的崇拜，这就是人类历史上的生殖崇拜。其实，生殖崇拜就是对人类生命力及创造力的赞美，没有什么好害羞和感觉耻辱的，反而，这种崇拜是人类最自信、最骄傲的一种表现。

“且”字的出现应该就是远古生殖崇拜中男根的象征，放到祠堂和家里就是牌位，而供奉祖宗牌位也是告诉我们，我们之所以有今天的生命，实际上就是我们老祖宗强大的生殖力的体现，祖宗最大的“善”就是保佑我们家族绵延、生命力旺盛。由此，仰韶文化出土有“石祖”“陶祖”，西藏有“木祖”，不丹这个国家有个村子更是把男根画在每家的院墙上，在温暖的阳光下熠熠生辉……大家别以为现在没有这种崇拜，其实很多城市的地标建筑都有这个痕迹，一幢最高的楼，下面一定有一个人造湖，或一个圆形的莲花形的建筑，一个是阳，一个是阴。阴阳和谐，城市就有发展的前景，生命力就无所不在。所以，到现在为止，我们至少知道男根有三种象征表达了：正三角、“⊥”（后来演变成“士”），还有这个“且”。而祖宗的“祖”，则是“且”加了个祭祀的“示”部，也就是把“且”（男根）当神明一样供起来了。祖宗该不该供起来呢？太应该了。祖宗别的德性我们已杳然不知，但生育我们至今的这个德性却值得永远铭记。所以，“祖”是我们生命的起始。

再说“元”。元，就是一个大头，和“首”的意思是一致的。《说文解字注・一篇上・一部》：元，始也。从一，兀声。段注引九家易曰：元

元 甲骨文

者，气之始也。其实，“元”在甲骨文里就是人头的象形，后来表示人头部的圆实点虚化为一横，成了指事字。《左传》里提到“华氏丧其元”，就是姓华的人掉了脑袋的意思。中国老百姓叫“黎元”，黎是黑的意思，元是头，因为中国人都是黑头发。在秦代，老百姓又叫“黔首”，黔也是黑的意思，首也指头。所以黎元和黔首这两个词都指黑头发的中国百姓。

再说“胎”字。“胎”，就像婴儿头朝下在母腹里的样子，胎儿就是人生命的开始。所以《说文解字注·四篇下·肉部》说：胎，妇孕三月也。从肉，台声。指小婴儿生命的开始。

以上所有字在《尔雅》中都是同义词，都是“开始”的意思。所以我们最后说说“始”字在《说文解字》中的意思。《说文解字注·十二篇下·女部》：始，女之初也。从女，台声。在这个字里“台”应该是有意义的，《说文解字》中“台”与“臺”不同，完全是两个意思。“台”的本义是胎之本字，像胎儿在母腹中大头朝下的样子。《说文解字注·二篇上·口部》说：台（应该读yí），说也。从口，目（以）声。段注说：台，说者，今之怡悦字。就是怡悦的意思。怀孕，不仅是女子的喜悦，也是家族的喜悦。而另一个“臺”字，《说文解字注·十二篇上·至部》：臺，观四方而高者。指高台。

“始”字所谓“女之初也”，又从女从台，实际是说女子月事初来，而来月事才是怀孕的最基本要求，女子在月经初潮之前是小女孩儿，来月事后就意味着成人了，就要“及笄”，要让人看到她可以定亲了，所以“始”字代表女孩子作为女性生命的开始。这个字我们将来会在《道德经》里重点讲，大家可以先想一下那句“无，名天地之始；有，名万物之母”到底是什么意思，此不赘叙。

通过以上的讲解，我们大致明白了《尔雅》和《说文解字》的不同。《尔雅》在《释诂》中把古已有之的若干个词类聚在一起，作为被训释词，用一个当时通行的词去解释它们。而《说文解字》则是从字形上剖析每个字的原始本义。也就是《尔雅》释词，《说文》释字。

（3）古代彩礼贵不贵？

再讲《尔雅》中的一组词：仇、雠、敌、妃、知、仪，匹也。是说这一组词都有“匹配”的意思。我们现在总说匹配、匹敌，到底是什么意思呢？我们先说“匹”。

《说文解字注·十二篇下·匚部》：匹，四丈也。从匚、八。八揲一匹，八亦声。段注：按四丈之上当有布帛二字。布匹跟婚姻又有什么关系呢？段注又引郑曰：纳币谓昏礼纳征也。其实就是彩礼。又引《周礼》：凡嫁子，娶妻，入币紂帛无过五两。这五两说的不是钱币，而是布匹，先说为什么取五两呢？因为“五”是成数啊！婚姻，不就是要取其“成”嘛！那五两到底是多少布匹呢？段玉裁引古人的话说：五两，十端也。每端二丈，按二丈为一端，二端为两，每两为一匹，长四丈。五两则五匹为一束也。一匹四丈，五匹就是二十丈哦！这是布匹之长度。宽度则是“幅”，《汉书·食货志》说：布帛广二尺二寸为幅，长四丈为匹。看来从古至今，娶媳妇都不容易。布匹以求婚配，所以“匹”有“匹配”的意思。段玉裁解释说：凡言匹夫、匹妇者，于一两成匹取意。即两丈与两丈合在一起为“匹”。

我们现在说到“马”时会用“匹”为量词，比如一匹马，这又是为什么呢？段玉裁的解释是：马称匹者，亦以一牝一牡离之而云匹，犹人言匹夫也。一牝一牡为一对，就像夫妻，即使不在一起，也可以称匹夫、匹妇。还有人说，匹，指两马并排，所以古代四马并排时叫“乘”。当然，还有人说是因为马影四丈，所以称“匹”。这个，咱们先存疑。

仇，音 qiú。《说文解字注·八篇上·人部》：仇，雠也。从人，九声。段注：仇为怨匹，亦为嘉偶。如“乱”之为“治”，“苦”之为“快”也。

这个段玉裁解释得好！就是“仇”同时具有相反的两个意思，一个是怨匹，一个是嘉偶，就好比“乱”同时有“混乱”和“正常”的意思，《说文解字注·十四篇下·乙部》：乱（亂），不治也。从乙𤔔，乙，治之也。“苦”同时有“痛苦”和“痛快”两个意思。匹夫、匹妇，要么是怨偶，要么是佳偶。读“仇（chóu）”时，就引申为“深切的怨恨”。

雠（chóu），《说文解字注·三篇上·言部》：雠，犹应也。从言，雔声。就是你言我往，说着说着就成“仇”了，所以《诗经》中说：无言不雠。也就是要想不结仇，遇事就少吱声。这个字写作两个“隹”字。隹字《说文解字》解释为：隹，鸟之短尾总名也。象形。所以这个字就像两只鸟你来我往叫个不停。其实这个字就是“仇”的异体字，古人曰：大怨曰雠。雠者，至怨之称。

敌（敵），本义为仇敌，引申指相对抗的，相当、同等，也就是“匹敌”的意思，又通“嫡”，指嫡亲，正宗。《说文解字注·三篇下·攴部》：敌，仇也。从攴，啇声。段注引《左传》曰：怨耦曰仇。仇者，兼好恶之词。相等为敌，因之相角为敌。也就是“仇”是怨恨，而相匹敌、相对抗为“敌”。唉！现在多少夫妻是由怨而对抗，而不相上下，由“亲”而“仇”、而“敌”，看来婚姻里的问题自古如斯，《诗经》里女人总劝男人要重视大萝卜的实用价值和美味，别总盯着那没用的萝卜花，可男人就是看不见埋在地下的大萝卜，就是爱没用的萝卜花。你非得跟人的本性较量，能不痛苦吗?! 活明白了，人就没啥可吵闹的了。

妃，《说文解字注·十二篇下·女部》：妃，匹也。从女、己。就是匹配。《左传》曰：嘉偶曰妃。怨偶曰仇。段注：妃本上下通称，后人以为贵称耳。就是“妃”本是配偶的统称，后来成为一种贵称。《礼记·曲礼》：天子之妃曰后，后来指低于皇后的女子的级别。太子的匹配正妻，叫作“妃”。

“知”这个字跟“匹”是同义词就比较难理解了。“知”这个字在金文中从“干”从“口”从“矢”。干，表示武器，借代行猎；口，谈论；矢，表示箭，借代作战。后来就保持了“矢”和“口”，《说文解字注·五篇下·矢部》：知，词也。从口、矢。段注：识敏，故出于口者疾如矢也。只

知　金文

有《诗经·桧风·隰有苌楚》中有“乐子之无知”。郑玄笺云：知，匹也。就是羡慕你没有配偶啊！这首诗通篇就写“乐子之无知”“乐子之无家”“乐子之无室”，就是感慨有知、有家、有室，就没有了自在，就有了家累之苦，就有了无法结束的痛苦。三句其实内涵连贯：因为有配偶后就会生育小孩儿，就有了家，孩子多了，室就得大……

爱，本来是任性的，但一旦成家，爱，就不能再任性，爱，就变成了一种永远无法摆脱的责任。现在年轻人之恐婚，大概也是害怕家室之累。孩子们，人生就是要苦中作乐。当有一个女人温柔地依偎在你身上，世界多么美好柔和；当一个小天使向你微笑，那一瞬间，不就是在天堂吗?！如若不恋爱、不婚、不育，这些原始的、淳朴的美好就和你不沾边啦，所以，好好地爱，好好地去体验这些美好，那才是人生的巅峰时刻啊！

仪（儀），《说文解字注·八篇上·人部》：仪，度也。从人，义声。本义是外表或举动。如何有匹配意，大概是引申“看上的人”吧。《诗经·鄘风·柏舟》：实维我仪。说那人实在是我的好配偶，此句确实是《尔雅·释诂》所言“匹”也。

3.《尔雅》训叠音词

《尔雅》除了《释诂》，还有第三篇《释训》，就是解释叠音词或联绵词的，这不仅是《尔雅》独到的地方，也把中国语言带到了一个奇幻的高度。本来汉字是一字、一义、一音、一形的，可叠音词和联绵词却把汉语丰富到了“诗”的高度，比如我们已经知道“斤”字本义是斧子，可“斤斤”两字相连，就完全跟斧子无关了，《尔雅》说：明明、斤斤，察也。即代表“明察”的意思，指过分用心于琐碎或无关紧要的事物，所以后来有“斤斤计较”的成语，也就是人与人交往，不怕计较，而怕计较于无关紧要的琐碎。而所谓联绵词，就是构成词的两个音节连缀成义而不能拆开来解释。到底如何形成《尔雅》所说“明明、斤斤，察也”这个意思的，我们似乎已无从知道古人的意识流，但它们赋予我们的视觉冲击和审美却是非同一般的。

我们专门讲讲《尔雅·释训》这部分。

叠音词或联绵词是中国语言中最具有特色的、专门描写事物情貌的语汇。叠音词本来属于一种婴儿式语言，比如我们在与婴儿交流时，经常会用叠音词，比如“小鸡唧唧”“小鸭嘎嘎”，叠音词可以增强我们对语言的感受，但中国却把叠音词发展到了一个美轮美奂的高度，它培养的是我们的视觉与听觉，让我们从一种回环往复中得到语音美感。

比如《诗经》中的关关雎鸠、坎坎伐檀、蒹葭苍苍等，这些只是由单字叠音而成的，单字本身没有意义，但放在一起，就出彩了，不仅增加了《诗经》的音韵美，还体现了汉字的文字美。有人做过统计，《诗经》三百零五篇中使用叠字的有二百篇，正如刘勰在《文心雕龙》中总结的：“‘灼灼’状桃花之鲜，‘依依’尽杨柳之貌，‘杲杲’为日出之容，‘瀌瀌’拟雨雪之状，‘喈喈’逐黄鸟之声，‘喓喓’学草虫之韵。”这些叠音字在诗中有三百五十多句，构成了《诗经》的一大艺术特色，而这，也是欣赏《诗经》的一个要点。而后人把叠音词用到极致的就是李清照的《声声慢》了，她的“寻寻觅觅（寻觅太快，而寻寻觅觅就九曲回肠），冷冷清清，凄凄惨惨戚戚。乍暖还寒时候，最难将息”，用叠音词把一个“愁”字写得无法超越。

虽说叠音词有单独的意思，不可拆读和拆解，但我们还是可以到《说文解字》里去查这些字的本义。

比如《尔雅》说：兢兢，戒也。是警戒之意。那这个“兢”到底是什么意思呢？《说文解字》：兢，竞也。这相当于没解释。而看金文字形，像二人头顶重物的样子，头顶上有重物，当然要戒惕小心。《诗经·小雅·小旻》说：战战兢兢，如临深渊，如履薄冰。战战与兢兢，把一种恐惧心理

兢 金文

肃 金文

描绘得如此生动！

再比如《尔雅·释训》：肃肃、翼翼，恭也。《说文解字注·三篇下·聿部》：肃，持事振敬也（办事勤奋，态度恭敬）。从聿在㴇上，战战兢兢也。𢗟，古文肃，从心卪（jié）。卪，像人跪着的样子。所以这个字在金文里的含义是人跪跽而手持毛巾擦拭流汗的样子。用一个字表现出一个画面，简直太美妙了。段玉裁引《广韵》说：恭也，敬也，戒也，进也，疾也。一个“肃”字表达了这么多心情，又恭又敬、又怕又恐。关键这么多心理怎么看出来呢？古人说：貌能恭，则心肃敬也。也就是，恭不恭敬，别听他嘴上说，看面貌紧张不紧张、手心脑门有没有汗，可能更真实。人啊，不要从他自身能控制的地方去看，而要从他自身控制不了的地方去看，才能发现真相。

翼翼，我们现在有个成语叫“小心翼翼”，翼，《说文解字注·十一篇下·飞部》：翼，翅（chì）也。从飞，异声。其实“翅翅”也是叠音词，表现飞翔的样子。段注：在前曰引，在旁曰翼。又凡敬者，必如两翼之整齐。其实，乱飞就是心里不敬，恭敬首要的表现就是守规矩、做事小心。所以古人云：小心翼翼。恭慎貌。

读《说文解字》，我们把叠音单字弄明白了，两字相叠后出来的意境就更清晰了。尽管单字与叠音意境不同，但至少能让我们心下明白点。

再比如，《尔雅·释训》：晏晏、温温，柔也。

《说文解字注·七篇上·日部》：晏，天清也。从日，安声。段注：晏，对阴而言。晏指天清无云，有云，就形成阴影。晏与安通用，所以晏晏有柔和

昷 篆文

意。可以说，叠音字增加了语言的情感温度。

温，其上部来自囚，即“泅”（《说文解字》：泅，浮行水上也）的省略，表示小孩儿洗澡，下面是器皿，所以篆文“昷”，表示加热浴盆里的水，以便供幼儿洗澡。给婴幼儿洗澡当然要柔和啦！所以，温温，柔也。

《尔雅·释训》：悠悠、洋洋，思也。

《说文解字注·十篇下·心部》：悠，忧也。从心，攸声。本义就是忧思，但悠悠叠音，忧思就绵长了。所以，《诗经》中有“悠悠我思”“悠悠苍天”。可见叠音的起始是诗歌韵律的需求。洋，本意就指河水，而洋洋，就指河水盛大，对应忧思，就是我的忧思，如奔腾不息之江水……

《尔雅·释训》：忯忯、惕惕，爱也。

世界上，爱的表达恐怕是最难的了，《尔雅》用了两个叠音词：忯忯，惕惕。忯，叠音时读dì，单字读qí，应该指爱意的委婉低回。《说文解字注·十篇下·心部》：惕，敬也。从心，易声。其实，爱里若没有“怕”，就不真实；而爱里若没有“恭敬”，就不高级。当你爱了，心就惕惕，说话都小心翼翼，做事也恭敬委婉，才是真爱。夫妻，原本有爱，渐渐地，没了小心翼翼，没了恭敬敬畏，就开始轻佻、轻慢，就没了爱的那份初心。

《尔雅·释训》：悄悄、惨惨，愠也。《说文解字注·十篇下·心部》：悄，忧也。从字形上看，此字是指心跳声变小变细。故《诗经》有“忧心悄悄，愠于群小”。悄，声“肖”，肖也有意味，《说文解字注·四篇下·肉部》：肖，骨肉相似也。从肉，小声。不似其先，故曰“不肖”也。不肖子孙，指不像父辈的孩子。《说文解字注·十篇下·心部》：惨，毒也。从心，参声。毒有“浓厚”义，所以“惨惨”当指怨恨厚重。《说文解字注·十篇下·心部》：愠，怨也。从心，昷声。其本意就是心中燥热、郁结。

《尔雅·释训》：殷殷、钦钦、忡忡、惙惙，忧也。

殷 甲骨文

“殷”这个字有意思，甲骨文中左边是个“身”字或反写的“身”字（㐆，读作yǐn），像个挺着大肚子的人，右边是“殳（shū）”，也就是手里拿着小棍。所以有人说这个字是在敲鼓，有人说这是在给大肚子的人扎针。《说文解字》采取了第一种说法。《说文解字注·八篇上·㐆部》：殷，作乐之盛称殷。从㐆，从殳。《易》曰：“殷荐之上帝。”用这盛大的乐舞奉献给上帝。所以这个字引申为“盛大”“深厚”。而“殷殷”叠音，则指深厚的忧愁，与敲鼓作乐已经全无关联。《诗经·邶风·北门》：忧心殷殷。

钦钦。现在很多人起名字用这个“钦”，到底是什么意思呢？《说文解字注·八篇下·欠部》：钦，欠貌。从欠，金声。就是打呵欠。段注：凡气不足而后欠，钦者，倦而张口之貌也。后来又引申为屏气钦敛之貌，引申为钦敬。后又假借为“吟”，叹息之意。所以《尔雅》释“钦钦”为深忧。

忡忡。《说文解字注·十篇下·心部》：忡，忧也。从心，中声。《诗》曰：忧心忡忡。忡，最初的写法是丨下上通于口而指向于心中，指忧心深重而如草植根于心。《诗经·召南·草虫》：未见君子，忧心忡忡。

惙惙。《说文解字注·十篇下·心部》：惙，忧也。这个字用了四个“又”（又，手也），好似百爪挠心般的忧愁，忧心至此，形容已心力交瘁。

同是“忧心”，古文用了四个叠音词，一层比一层形象。需要我们细细体会。而且，我们发现，叠音词大多是“心部”字，足以见古人心意之婉转、惆怅。

而联绵词在《诗经》中就更为丰富和绚丽。比如“窈窕”，美好舒缓之意。联绵词，指由两个字组成的双音词，表示一个意思，不能拆开单独使用。联绵词有双声的，如参差、犹豫；也有叠韵的，如窈窕、逍遥；还有非双声非叠韵的，如妯娌、玛瑙等。正确使用联绵词往往能使文学作品具有独特风格，色彩更加鲜艳，形象更加生动。比如，《尔雅》说：婆娑，舞也。指舞蹈的曼妙景象。

我好奇的是联绵词的由来。它肯定发端于单音词，比如《方言》说：美状为窕，美心为窈。可我们要说一个女孩子“你真窕”，大家就莫名其妙，唯有说“窈窕”，才知其形态美。人若连体，就怪异，可字儿怎么一连体，就“绵”了，不仅字形更美了，发音更美了，内涵也更美了。比如仿佛、忐忑、玲珑、恍惚、参差、萧条、从容、徘徊、腼腆、蜻蜓等，所以，汉语真是强大啊！

4.《尔雅》是百科全书

为什么古代小孩子识字后要读《尔雅》，因为古人把《尔雅》看作百科全书，这本书不仅讲词汇，也讲山山水水，也讲亭台楼阁，可以让我们对古人的生活有个全貌。

比如，《尔雅·释丘》：绝高为之京；非人为之丘。就是人造的高地为“京”，非人造的高地为“丘”。甲骨文的“京”字，描画的是一个高楼的形状，《尔雅》认为“京”是人工堆积而成的高大土丘，可以瞭望远处。所以《说文解字注·五篇下·京部》说：京，人所为绝高丘也。从高省，丨象高形。凡京之属皆从京。段注引《尔雅·释诂》云：京，大也，其引伸之义也，凡高者必大。可不是所有的城市都可以叫京城啊，必须足够大才可以。凡从京者都有“大”的意思，比如已知最大的动物就叫作鲸鱼。吃惊的

京　甲骨文

“惊”，原字从马，《说文解字注·十篇上·马部》：惊（驚），马骇也。从马，敬声。后来写作“惊”，也是指心情受到大的震动。再如，“风景”一词可以说把风景的内涵说全了，《说文解字注·七篇上·日部》：景，日光也。从日，京声。其中，京，也有意味，段注：景，大也。其引伸之义也。风，主动；日，为明亮；京为大。所以风景要生动、明亮、壮阔。

《尔雅·释山》：泰山为东岳，华山为西岳，霍山（即天柱山，今安徽省境内）为南岳，恒山为北岳，嵩山为中岳。现在的五岳分别是中岳嵩山，东岳泰山，西岳华山，南岳衡山，北岳恒山。其中，只有南岳不同：隋文帝杨坚，定湖南湘江之滨的衡山为南岳，废霍山为名山。

《尔雅·释水》：水注川曰溪。溪，指流入大河的小河。《说文解字注·十一篇下·谷部》：溪（谿），山豄（各本作“渎”）无所通者。从谷，奚声。指山谷或山中不与外界相通的沟渠。

《尔雅·释草》：木谓之华，草谓之荣，不荣而实者谓之秀，荣而不实者谓之英。也就是木本植物开花叫“华”，草本植物开花叫“荣”；不开花但结果的叫“秀”，开花而不结果的叫“英”。所以荣、华、秀、英各有其意，要细细体会。《说文解字》为了避汉光武帝刘秀之讳，对“秀”没作解释，段玉裁认为“秃”与“秀”古为一字，并同音。他在“秃”字的注中说：其实秀与秃，古无二字，殆小篆始分之，今人秃顶亦曰秀顶，是古遗语。开花并结果实的，是桃李；不开花而结果实的，是禾黍。所以“秀”当指抽穗。开花而不结果实的谓之英，比如牡丹、芍药，只用其枝干。

此外，《尔雅·释天》：南风谓之凯风，东风谓之谷风，北风谓之凉风，西风谓之泰风。

《尔雅·释天》还讲了岁名：载，岁也。夏曰岁，商曰祀，周曰年，唐虞（指尧舜禅让的美好时代）曰载。即不同朝代对“一年”的概念有不同的称谓。比如夏朝称一年为“岁”，商代称一年为“祀”，等等。也就是年、岁、祀、载四字都表示“一年”的意思。郭璞注《尔雅》说：取岁星行一次，取四时一终，取禾一熟，取物终更始。郭璞的注释是在解释这四个字分别代表的意思，也就是说，“一年”这个概念用岁星运行表示，就是“岁”；用四时祭祀表示，就是“祀”；用稻禾成熟一次表示，就是“年”；用“物终更始”表示，就是“载”。

其中，“岁”本指岁星，它十二年行一周天，称十二次，岁星每行一次为一岁。《说文解字注·二篇上·步部》：岁（歲），木星也。越历二十八宿，宣遍阴阳，十二月一次。从步，戌声。律历书名五星为五步。也就是“岁”，指木星。经过二十八星宿，走遍阴阳十二辰，十二个月一轮回。字形采用“步”作偏旁，“戌”作声旁。古代律历典籍称代表五行的五星为五步。段注：岁星一日行十二分度之一，十二岁而周天。行于天有常。故从步。所以篆文的“岁”字里面有“步”字。

“年”本指谷物成熟，所以谷物成熟一次为一年。和“年”一样的一个字“稔”也代表一年的意思，《说文解字注·七篇上·禾部》：稔，谷孰也。《说文解字注·七篇上·禾部》：年（秊），谷孰也。从禾，千声。《春秋传》曰：“大有年。”段注：年者，取禾一孰也。……五谷皆大孰为大有年。《周礼·春官》：正岁年以序事。郑玄注：中数曰岁，朔数曰年。在中国古代，年和岁的起始时间不同，“年”是从正月初一开始，而“岁”是以立春作为开始。阳历以地球绕太阳公转一周为一年，周期是365天或366天。阴历以月球绕地球一周为一个月，周期为29.5天，12个月算作一年，长354天。

周代非常看重祭祀，对祖先有四时祭祀，祭祀一遍为一祀，也就是一年。《尔雅·释天》：春祭曰祠，夏祭曰礿（yuè），秋祭曰尝，冬祭曰烝。这是说古代四季祭祀有不同的名称。《国语》说：夫祀，国之大节也。《说

文解字注 · 一篇上 · 示部》：祀，祭无巳（已）也。从示，巳声。

“载”是“始”的意思，万物更新重新开始为一载。《说文解字注 · 十四篇上 · 车部》：载（載），乘也。从车，𢦏声。段注：夏曰载，亦谓四时终始也。也就是四季连续不断、有始有终，为一载。

由此，我们对年代可以有丰富的描述，比如岁岁年年、千秋万载、百年春秋等。春秋为什么也是一年的代称？有人说，在商代和西周前期，一年只分为春秋二时，所以以春秋代指一年。再者，冬夏阴阳有长短，唯有春秋阴阳平均，所以可以代指一年。

《尔雅 · 释天》还有对饥荒之年的详细解释——谷不熟为饥，蔬不熟为馑，果不熟为荒，仍饥为荐。《说文解字》里收了两个“饥”，分别为“饑”和“飢”。《说文解字注 · 五篇下 · 食部》：饑，谷不孰为饑。从食，幾声。另一个才是我们现在用的“饥”，饥（飢），饿也。从食，几声。段注：与饑分别。五谷不熟才叫“饑”。相比之下，菜不熟为“馑”，《说文解字注 · 五篇下 · 食部》：馑，蔬不孰为馑。段注：凡艸（草）菜可食者，皆有根足而生也。可见饥馑之年，菜根都无法存活了。果不熟为荒，《说文解字注 · 一篇下 · 艸部》：荒，芜也。从艸，巟声。一曰艸（草）掩地也。本义是指田地生草，无人耕种。仍饥为荐，这句是说连年饥荒叫作“荐（薦）”。《说文解字注 · 十篇上 · 廌部》：薦，兽之所食艸（草）。多年饥荒后，连动物都没有肉吃了，只能吃草，叫作“荐”。

《尔雅 · 释天》还有对自然环境的界定，比如：日出而风为暴（读bào或pù，在这里是pù）。风而雨土为霾，阴而风为曀（yì）。

先解释“日出而风为暴”。是说日出而有风叫作“暴”。所以“暴”字上面有“日”。《说文解字注 · 七篇上 · 日部》：暴，晞也。从日、出、収、米。段注：日出而竦手举米晒之，合四字会意。哪四个字呢？上面是一个日，表示太阳，日下一个“出”字，“出”下两只手，下面是一个“米”字，表示双手捧物在日下曝晒之意。

风而雨土为霾。是说有风有雨有沙尘叫作“霾”。《说文解字注 · 十一篇下 · 雨部》：霾，风而雨土曰霾。从雨，貍声。看来，霾，自古有之。

阴而风为曀。天地阴沉而有风叫作“曀”。《说文解字注·七篇上·日部》：曀，天阴沉也。从日，壹声。《诗》曰：“终风且曀。”

最后说一下《尔雅·释器》。

举一个玉佩的例子吧。《尔雅·释器》：肉倍好谓之璧，好倍肉谓之瑗（yuàn），肉好若一谓之环。这里在解释三种玉器，一个是璧、一个是瑗、一个是环。三者的区别在于圆孔和边缘。对于一个玉环来说，体为肉，孔为好。就是玉边为“肉”，中孔为“好”。“肉倍好”就是玉环边比中孔大一倍，叫“璧”。《说文解字注·一篇上·玉部》：璧，瑞玉圜也。从王，辟声。段注：边大孔小也。郑注《周礼》曰：“璧圜象天。”瑗，则是“好倍肉”，孔大而边小为“瑗”。《说文解字注·一篇上·玉部》：瑗，大孔璧。人君上除陛以相引。……从王，爰声。段注：孔大于边也。《荀子·聘人》说：问士以璧，召人以瑗。就是要以美好的东西为代价来招贤纳士。所以现在人问生死、问疾病、问风水这种大事，连个红包都不包，就是不明理了。“环”，指边与中孔一样大的璧玉，叫作“肉好若一”，若一，就是一样大。《说文解字注·一篇上·玉部》：环（環），璧。肉好若一谓之环。从王，瞏声。段注：古者还人以环。亦瑞玉也。……环取其无穷止。显然这种解释来源于《尔雅》，圆孔与肉体相称，叫作“环”。

中国人为什么费那么大劲把玉石雕琢成环状呢？段玉裁引郑注《经解》说：环取其无穷止。引申为围绕无端之义。所以器具不只是器具，有思想内涵时，器具才是艺术品。

《尔雅》，就讲这么多。它真的能让我们学到好多东西。

二、扬雄的《方言》

《尔雅》之后，西汉扬雄著《方言》，专门探讨文字语言在不同地理位置的分布；东汉和帝时许慎著《说文解字》，专门从字形、字义、声音讲文字；东汉末年刘熙著《释名》，是从语言声音的角度来推求字义的由来。至此，这四本书被称为小学四种，是了解语言文字的最佳古代读本。当然，最博大精深的就是我们现在讲的《说文解字》。

接下来了解下《方言》，这是中国第一部记录方言的著作。《方言》的作者是西汉的大学者扬雄，字子云。后来古人一说谁学问大，就用“子云”来标榜。扬雄因为口吃不能快速讲话，就静默、爱琢磨、写书。他学问有多大呢？大家知道，《易经》难吧，他写了本比《易经》还难的书，叫《太玄》；又依《离骚》重作一篇，名叫《广骚》；又模拟《论语》作了《法言》；而且他因为崇拜司马相如，还写了好多大赋，比如《甘泉赋》《羽猎赋》等。

上古有《尔雅》，所以扬雄就花了27年写了本《方言》，总结出了文字在不同地理区域的分布。《方言》是一部他耗时最长、消耗精力最多的作品。公元前11年，即扬雄42岁时，他任长安黄门侍郎，上书给汉成帝，请求汉成帝给他三年薪俸，以此摆脱公务，一心研究学问。汉成帝十分惜才，不仅答应了他的要求，还赏钱六万，并特批扬雄进入宫内藏书处看书。

此后，扬雄便开始了方言素材的搜集工作，在扬雄的《答刘歆书》中可以了解到，扬雄每天在皇宫门口，铺四尺绢绸，拿一支毛笔向全国各地来京城办事的人员做方言的调查，也向轮守的士兵了解过他们各自家乡的方言。终于在他71岁去世时，《方言》这本书才算完结。这本书是我国历史上第一次也是最后一次，用一个人的力量调查了全国方言词汇，可谓功勋卓著。

扬雄在《方言》里提到，形容一个女人的容貌，不同地域有着不同词语。比如：娥、𡢃，好也。秦曰娥，宋魏之间谓之𡢃，秦晋之间凡好而轻者谓之娥。自关而东河济之间谓之媌（莫交反，读作miáo，其实就是妙），或谓之姣。赵魏燕代之间曰姝，或曰妦。自关而西秦晋之故都曰妍。好，其通语也。春秋战国时期，秦国的女孩子长得好的叫“娥”，宋魏长得漂亮的女孩儿叫“𡢃”，函谷关以东的叫“媌”或“姣”，赵魏燕代各国的女子则叫“姝”，函谷关以西的叫“妍”，好，则是漂亮女人的通语。娃、嫷、窕、艳，美也。吴楚衡淮之间曰娃，南楚之外曰嫷，宋卫晋郑之间曰艳，陈楚周南之间曰窕。自关而西秦晋之间，凡美色或谓之好，或谓之窕。故吴有馆娃之宫，秦有榛娥之台。秦晋之间美貌谓之娥，美状为窕，美色为艳，美心为窈。至此，“窈窕”一词经他一解释我们就知道了：美状为窕，美心为窈。女人嘛，体态要好，心灵要美。懂得这些字的意思，就可以给女孩儿起名字了。

再比如，有很多不同的字都表示“大”的意思。《方言》：敦、丰、厖、乔、怃、般、嘏、奕、戎、京、奘、将，大也，凡物之大貌曰丰。厖，深之大也。东齐海岱之间曰乔，或曰怃。宋鲁陈卫之间谓之嘏，或曰戎。秦晋之间，凡物壮大谓之嘏，或曰夏。秦晋之间，凡人之大谓之奘，或谓之壮。燕之北鄙，齐楚之郊或曰京，或曰将。皆古今语也，初别国不相往来之言也，今或同。而旧书雅记故俗语，不失其方，而后人不知，故为之作释也。

即，秦晋之间，只要大的东西都叫“夏”，《左传》里说：中国有礼仪之大，故称夏；有服章之美，谓之华。所以“华夏”一词，不仅有美食、美服，还得辽阔、有高山大河。“秦晋之间，凡人之大谓之奘，或谓之壮”，所以“奘”字表示人长得高大，玄奘和尚翻译过来就是神秘、高大的人物。“燕之北鄙，齐楚之郊或曰京，或曰将”，就是北方的大城市，叫作“京”，或称之为“将”。

还有一些词汇也表示“大”。《方言》：硕、沈、巨、濯、讦、敦、夏、于，大也。齐宋之间曰巨，曰硕。凡物盛多谓之寇。齐宋之郊，楚魏之际曰夥。自关而西秦晋之间，凡人语而过谓之遏，或曰佥。东齐谓之剑，或谓之弩。弩犹怒也。陈郑之间曰敦，荆吴扬瓯之郊曰濯，中齐西楚之间曰吁。自关而西秦晋之间凡物之壮大者而爱伟之谓之夏，周郑之间谓之暇。郴，齐语也。于，通词也。

其中，“齐宋之间曰巨，曰硕”，可见“巨大”“硕大”古已有之。讦，是大声叹息；于，也是大声叹息。

再如，《方言》也收了些联绵词：褛裂、须捷、挟斯，败也。南楚凡人贫衣被丑弊谓之须捷。或谓之褛裂，或谓之褴褛，故《左传》曰：“荜路褴褛，以启山林”，殆谓此也。或谓之挟斯。器物弊亦谓之挟斯。就是南楚人破衣烂衫叫作“须捷”“褛裂”或“褴褛”，而器物败坏叫“挟斯”。

《方言》还讲了好多生活风俗。比如：蔽膝，江淮之间谓之袆，或谓之袚（bō）。魏宋南楚之间谓之大巾，自关东西谓之蔽膝，齐鲁之郊谓之袡。襦，西南属汉谓之曲领，或谓之襦。其中，《说文解字注·八篇上·衣部》：袚，蛮夷衣。从衣，犮声。一曰蔽膝。指一种可以遮蔽膝盖的长衣。再如，《说文解字注·八篇上·衣部》：襦（rú），短衣也。从衣，需声。段注：《方言》：襦，西南蜀汉之间谓之曲领。或谓之襦。《释名》有反闭襦，有单襦，有要（腰）襦。……按襦若今袄之短者，袍若今袄之长者（也就是襦是短袄，袍子是长袄）。段注还引《内则》：衣不帛襦袴。注曰：不用帛为襦袴。为大温伤阴气也。就是短袄不用丝帛，怕大温热伤了阴气。

说完了衣服，说下鞋子。《方言》：扉、屦、粗，履也。徐兖之郊谓之扉，自关而西谓之屦。中有木者谓之复舄，自关而东复履。其庳者谓之鞔下，禪者谓之鞮，丝作之者谓之履，麻作之者谓之不借，粗者谓之屦，东北朝鲜洌水之间谓之䩫角。南楚江沔之间总谓之粗。西南梁益之间或谓之屦，或谓之𪗡。履，其通语也。徐土邳圻之间，大粗谓之䩫角。

扉、屦、粗，这三个词，都是“履”，也就是关于鞋子的不同方言的说法。其中，中有木者谓之“复舄”，自关而东复履。《说文解字注·八篇下·履部》：履（履），足所依也。从尸，服履者也。从彳、夊，从舟象履形。一曰尸声。段注：古曰屦，今曰履。古曰履，今曰鞵。名之随时不同者也。引伸之训践。为什么叫“履”呢？段玉裁接着解释：履，禄也。又引伸之训礼。中国人的鞋子名都这么讲究！但《方言》关于鞋子还有“鞔下”或“不借”等名称，真是有意思，“禄”怎么能借给别人呢?!

《方言》从某种意义上说，也是词典，只不过它的独到之处在于说明各地区域用“词”的不同。其中以秦晋语最多，并且在词义的说明上也最细。从中也可以看出秦晋语在汉代政治文化上的地位。

咱们再从一组字来看下《尔雅》《说文》和《方言》三者之间的不同。《尔雅·释诂》中说：如、适、之、嫁、徂、逝，往也。说明这些词也是同义词，它们都有前往的“往”字的意思。《方言》：嫁、逝、徂、适，往也。自家而出谓之嫁，由女而出为嫁也。逝，秦晋语也。徂，齐语也。适，宋鲁语也。往，凡语也。

中国字为什么难学，就是一个意思可以用很多词来表达。其中，适、之、徂、逝，有“前往”之意好理解，适（適），从辵部，也就是现在的“辶”，代表行走义，此字从辵从啇（chì）。“啇”义为“看准的”“照准的”。“辵”与“啇”联合起来就表示“往目标方向走”。所以《说文解字注・二篇下・辵部》：适（適），之也。胡适索性就给自己取字叫“适之”。而扬雄说：适，就是宋鲁方言对“之”的说法。

徂从“彳”，逝从“辵”，因此都有行走义。“之”我们先前讲过了，就是“到……地方去”。

“如”有“前往”义就不太容易辨析。刘伶《酒德颂》：幕天席地，纵意所如。就是喝了酒以后，可以以天为幕，以地为席，随便你到哪里去！《说文解字注・十二篇下・女部》：如，从随也。从女，从口。段注：从随即随从也。随从必以口。从女者，女子从人者也——幼从父兄，嫁从夫，夫死从子。故《白虎通》曰：“女者，如也。”引伸之，凡相似曰如；凡有所往曰如；皆从随之引伸也。“如”就是女子的顺从，就是三从四德。

《方言》则说，这几个字有着地域不同的问题：嫁、逝、徂、适，往也。自家而出谓之嫁，由女而出为嫁也。逝，秦晋语也。徂，齐语也。适，宋鲁语也。往，凡语也。就是“逝”是秦晋语，“徂”是齐国的说法，“适”是宋国、鲁国的说法，都有“前往”的意思，而“往”，是全国通用语。

再有，《方言》说：凡饮药傅药而毒，南楚之外谓之瘌，北燕朝鲜之间谓之痨，东齐海岱之间谓之眠，或谓之眩。自关而西谓之毒。瘌，痛也。这是说，大凡吃药或外敷，出现中毒或发病反应，南楚之地叫作“瘌”，《说文解字注・七篇下・疒部》：瘌，楚人谓药毒曰痛瘌。从疒（nè），剌声。北燕朝鲜之间谓之痨，《说文解字注・七篇下・疒部》：痨，朝鲜谓药毒曰痨。“东齐海岱之间谓之眠，或谓之眩。”也就是出现眩晕和休克。眠字在《说文解字》中写作“瞑”，《说文解字注・四篇上・目部》：瞑，翕目也。指闭上眼睛不动了。《说文解字注・四篇上・目部》：眩，目无常主也。从目，玄声。段注：《方言》：“凡饮药而毒，东齐谓之瞑、眩。”《汉书》借为幻字。《释名・释疾病》：眩，悬也，目视动乱，如悬物摇摇然不定也。

在这里，出现了第四本解释汉字的书——《释名》。

三、《释名》：用声音解释词义

东汉末年，出现了一部专门解释词义、探寻事物得名由来的佳作，这就是《释名》。它的作者是东汉经学家、训诂学家刘熙。《释名》基本是按《尔雅》的体例编写，共八卷二十七篇，篇名如下：释天、释地、释山、释水、释丘、释道、释州国、释形体、释姿容、释长幼、释亲属、释言语、释饮食、释采帛、释首饰、释衣服，释宫室、释床帐、释书契、释典艺、释用器、释乐器、释兵、释车、释船、释疾病、释丧制。这本书虽然继承了《尔雅》的分类原则，但它的独到之处在于"声训"，就是用声音相同或相近的字来解释词义，虽然里面有些不对的地方，但给我们理解汉字发音开了思路。

我们先前说过，给一个事物命名可能有深意，但定名后这个字的读音有可能是约定俗成的，也有可能其发音是有意味的。咱们还是举个例子吧，比如乌鸦的"乌"，一种纯黑色的鸟，《说文解字注·四篇上·乌部》：乌，孝鸟也。象形。为什么是孝鸟呢？段玉裁注：谓其反哺也。《小尔雅》曰："纯黑而反哺者谓之乌。"这句解释了乌鸦为什么是孝鸟。在西周金文里，"乌"就是一只乌鸦的样子，但这只乌没画眼睛，所以段玉裁继续解释"乌"字和"鸟"字的不同，段玉裁说：鸟字点睛，乌则不，以纯黑故不见其睛也。鸟字有个"点"，代表眼睛，而"乌"字没这个点，是因为乌鸦太黑了，看不见它的眼睛，这个解释多有意思啊！但"乌"字为什么读

乌　金文

作wū呢？其实，许慎解释了，许慎说：孔子曰："乌，亏呼也。"取其助气，故以为乌呼。段玉裁说：亏，各本作盱，今正。亏，於（wū）也。象气之舒。亏呼者，谓此鸟善舒气自叫，故谓之乌。也就是，"乌"声就是乌鸦的叫声。段玉裁接着说：古者短言於，长言乌呼，於乌一字也。也就是长吁短叹为"于""吁"，长吁也为"呜呼"。我们都知道乌鸦的叫声是"哇"，跟"呜"相近，同时乌鸦又全黑，所以这个字的造字法和读音真是太绝了！看来刘熙《释名》从声音上探索字源还是非常有意义的。

再比如，脾胃的"胃"字。《释名》提到：胃，围也，围受食物也。这就形象地解释了胃的意思。《说文解字注·四篇下·肉部》：胃，谷府也。从肉囷，象形。其实篆文的"胃"上面不是一个"田"，而是圆圈里面有类似"米"一样的东西，代表胃中有食物，下部是月（肉）。上面现在写作"田"了，也挺好，脾胃在人体属于中焦，就像土地一样，可以生万物，所以段注在这里引用了《黄帝内经》里的话：仓廪之官，五味出焉。

再有，《释名》说：肠，畅也，通畅胃气去滓秽也。这个比《说文解字》说"大肠小肠也"解释得好。

腹，复也；富也。肠胃之属，以自裹盛，复于外复之，其中多品，似富者也。这个解释很幽默，他将肚子大形容成大腹垂囊很富有的样子。《说文解字注·四篇下·肉部》：腹，厚也。从肉，复声。段注引用了《释名》的说法，还引申说"鬓，拔也""尾，微也"，都用了语音来解释字义。

在《释名·释形体》中，刘熙几乎把人体相关的东西都解释了一遍。

比如对"心"的解释是：纤也，所识纤微，无物不贯心也。意思是说"心"主神明，能够察觉任何细微的事物。

这种解释比《说文解字》有趣，因为《说文解字》是完全按照五行来解释心肝脾肺肾的，比如《说文解字注·十篇下·心部》：心，人心，土藏也，在身之中。象形。博士说以为火藏。凡心之属皆从心。段注：土藏者，古文《尚书》说。火藏者，今文家说。《说文解字注·四篇下·肉部》：肝，木藏也。从肉，干声。肺，金藏也。从肉，市声。脾，土藏也。肾，水藏也。

而《释名》的解释就有意思了，书中说：

肝，干也。五行属木，故其体状有枝干也。

脾，裨也。在胃下裨助胃气，主化谷也。

肺，勃也。言其气勃郁也。

肾，引也。肾属水，主引水气灌注诸脉也。

这些解释倒是和《黄帝内经》有相似之意。

另外，《释名》说：股，固也，为强固也。人最主要的骨质就在屁股，所以说此处为强固意没有错。《说文解字注·四篇下·肉部》：股，髀也。也就是大转子，古人说：膝上曰股，膝下曰胫。即自胯至膝盖的大腿部分，这确实是人最有力的地方，所以古人用股肱来比喻辅助自己的得力之人。其实股就是胯，《说文解字注·四篇下·肉部》：胯，股也。但段注还是指出了股和胯的区别，“胯”指“两股之间也”，所以韩信受“胯下之辱”，不能说受“股下之辱”。

《释名》：足后曰跟，在下旁着地，一体任之，象木根也。因为脚跟承受一身的重力，所以要像树根一样结实，称其为“跟”是对的。《说文解字注·二篇下·足部》：跟，足踵也。生长期的小孩子和老人会出现足跟痛，小孩子是生长痛，营养跟上即可；老人则是肾气大衰。此外，人，有时候心里未必明白的事，身体却会有所表现，比如：背痛，跟心理压力过大有关；腰痛，跟生活失衡无助有关；足跟痛，跟漂泊的精神有关……

1. 可“变法”，不可“变律”

《释名》：皮，被也，被覆体也。人之皮肤像被子，所以音“皮”。甲骨文中“皮”的本义为用手剥兽皮，所以这个字的下面是只手（又）。《说文解字注·三篇下·皮部》：皮，剥取兽革者谓之皮。从又，为省声。段注：剥，裂也。谓使革与肉分裂也。……引伸凡物之表皆曰皮。凡去物之表亦皆曰皮。在这儿，说个皮工小知识：生曰皮，理之曰革，柔之曰韦。这是皮革加工过程的三个不同层次。又“有毛为皮，去毛为革”。

《释名》：眉，媚也，有妩媚也。人之妩媚在眉目，很多人文了个粗眉、死眉，就全无妩媚了。《说文解字注·四篇上·眉部》：眉，目上毛也。从目，象眉之形，上象额理也。许慎的解释居然把抬头纹也说上了！段注：

人老则有长眉。《豳风》《小雅》皆言眉寿。又引《方言》说：眉、梨、耋（dié）、鲐，老也。东齐曰眉。也就是眉、梨、耋、鲐，都是“老”的意思。其中，耋（七八十岁曰耋，《释名》：耋，铁也，皮肤变黑色如铁也）就是人老时，有寿眉，皮肤像冻梨一样黑，头发脱落，身上还有老年斑。

再比如，《释名·释乐器》，也让我们对乐器名称的理解焕然一新。

《释名》：钟，空也。内空受气多，故声大也。不知道还有人记得我讲过肺气虚的人声音嘹亮，就如同钟之中空，里面空，则声音脆、大。《说文解字注·十四篇上·金部》：钟（鐘），乐钟也。秋分之音，万物穜（种）成，故谓之钟。从金，童声。段注：“万”“故谓之钟”五字今补。犹鼓者“春分之音，万物郭皮甲而出，故谓之鼓”；笙者“正月之音，物生，故谓之笙”；管者“十二月之音，物开地牙，故谓之管”也。

《释名》：鼓，郭也。张皮以冒之其中空也。总之，不空不响。《说文解字注·五篇上·鼓部》：鼓，郭也。春分之音，万物郭皮甲而出，故曰鼓。从壴，从中、又。中象垂饰，又象其手击之也。

《释名》：箫，肃也。其声肃肃而清也。这个比喻很美。《说文解字注·五篇上·竹部》：箫，参差管乐。象凤之翼。古代的排箫是许多管子排在一起的，后世用一根管子。竖着吹的叫洞箫。

《释名》：笙，生也。象物贯地而生也。《说文解字注·五篇上·竹部》：笙，十三簧，象凤之身也。笙，正月之音。物生，故谓之笙。大者谓之巢，小者谓之和。从竹、生。本义指一种管乐器，由十三根长短不同的竹管制成。段注：笙犹生也，东为阳中，万物以生，是以东方钟、磬谓之笙也。扬雄《方言》：笙，细也。自关而西，秦晋之间，……凡细貌谓之笙。段注：初生之物必细，故《方言》云：笙，细也。竽，大笙也。故竽可训大。谁是制作发明“笙”的人呢？传说中女娲是制作“笙”的人，因为“笙”，生也。她就是生育人类的圣人啊！伏羲制作的是什么乐器呢？有人说是“琴”，我认为是“鼓”，因为传说中雷神“鼓其腹则雷”，伏羲就是雷神之子啊！

再如，《释名·释典艺》中有几个字的解释也颇有意思，至少能让我们知道古人是怎么理解法律条文的。

《释名》说：法，逼也。莫不欲从其志，逼正使有所限也。就是人人都有自己的私欲，而“法”，就是逼迫人们按照正确的方式来约束私欲。这个字是个多音字，1932年出版的《国音常用字汇》规定：没法的法读fā，法子的法读fá，这两个是北京土音。法国的法读fà。现代普通话统读fǎ。“法”古字写作“灋”，最早见于西周金文。字形由“氵（水）”“廌（zhì）”“去”三部分组成，“水”，《说文解字》：法，准也。代表执法要公平公正、不偏不倚，要像水面一样平；“廌”就是獬豸，是个独角兽的样子，相传这是一种可明辨是非的异兽，它能保护好人，惩治邪恶之人。“去”字代表尊崇正确，除去邪恶。所以《说文解字注・十篇上・廌部》：法（灋），刑也。平之如水，从水；廌，所以触不直者去之，从廌、去。即“法”要公平，要除恶，要扬善。

《释名》说：律，累也。累人心，使不得放肆也。而“律”是拖累人心而使人不可以放肆的东西。甲骨文“律”由两部分组成，左部为“彳”，意为道路，引申为行走、推动；右部为“聿（yù）”字，字形像一只手拿着笔，为“笔”之初文，可引申为制定、规划。这个字在《说文解字注・三篇下・聿部》：聿，所以书也。楚谓之聿，吴谓之不律（吴语称笔为“不律”），燕谓之弗。《说文解字注・二篇下・彳部》：律，均布也。从彳，聿声。段注：律者，所以笵（范）天下之不一而归于一，故曰均布也。因此“律”就是法律条文。因为古代对音律的要求最高，所以校正乐音标准的管状仪器，也叫“律”，即“截竹为管谓之律”。“律”之要点在于细致、严格。

律　甲骨文

总之，“法”所指的范围大，多侧重于法令、制度，可变；“律”所指的范围小，多着重在具体的条文，而音律必须准确，不可变。所以可变法，不可“变律”，这个“律”不是法律条文的“律”，而是指音律。

2.李时珍给中药“释名”

《释名》对后代的医家有极大影响，特别是李时珍。古代的从医者，大多是科举失败者，比如李时珍就是“三试于乡”，用我们现在的话来说，就是连着三年高考都落榜了，于是他决定不再走科举这条道路，回家跟父学医。后来他发现医药的名称有很多问题，于是就开始写作一部非常了不起的百科全书式的大作——《本草纲目》。他在写《本草纲目》时，把所有药的名称按照《释名》的思路进行了全盘梳理。所以《本草纲目》里每味药的第一项就是“释名”。其次有“产地”“性味”“归经”“主治”“附方”等诸项，其中，“释名”是他最独到的地方。

比如当归，因为是妇科要药，归于肝经，所以叫当归，李时珍在《本草纲目》当归“释名”中说，当归，亦名干归、山蕲、白蕲、文无。而芍药的“释名”中说，芍药，别名又叫将离、梨食，白者名金芍药，赤者名木芍药等，由此，我们便知道了“相赠以芍药，相招以文无”这个典故的由来，就是：我想和你分手，就寄你一片芍药（将离）；我想让你回来，就寄你一片文无（当归）。这就是李时珍《本草纲目》里面的妙笔，写尽了中国人艺术生活化、生活艺术化的妙境。古人的含蓄和文雅，是今人比较缺乏的。

再比如，人参“释名”：黄参、血参、人衔、鬼盖、神草、土精、地精、海腴、皱面还丹。其中“皱面还丹”这名，就是说人参有返老还童之妙用。还说人参生用气凉，熟用气温。味甘补阳，微苦补阴。凡是病后气虚和肺虚咳嗽的，都适宜服用。主治男女一切虚症，比如精神疲惫、自汗盗汗、头晕眼花、心悸失眠、饮食减少等。

再比如，甘草“释名”：亦名蜜甘、蜜草、美草、蕗草、灵通、国老。其中“国老”一名，除甘草外，谁能担当?！所谓“甘”，就是不酸、不苦、不辛、不咸，而兼四方之德！非甘草，谁配得此名！所谓国老，即一切正能量之妙推、妙用。四方上下，全凭国老不动声色之斡旋；三焦之毒，全倚仗国老轻描淡写，灭之于无形。且能调和诸药，真是功莫大焉！所谓“国老”，就是要帮助一件事物中所有的正能量，比如在麻黄汤中，甘草是强心剂，太阳被憋，还须少阴心肾使劲儿。有甘草，麻黄驱邪就势如破竹；有甘草，桂枝调和营卫，便有内守；有甘草，甘则缓之，更助杏仁平喘。最关键的，此君麻黄气势太过，恐伤本命，所以，最难能可贵的，甘草不仅要负责镇国安邦，最后，还要把自己的功德降到最低，不争其中一丝一毫的名与利……你看，中国文化至高无上之境界，最谦卑无为之高德，借由甘草，可以在中药方剂中，表现得淋漓尽致。药尚且如此有道行，况做人乎？

说到李时珍，插句小话题。其实在中国古代，有一批人值得关注，就是科举落榜者。中了科举的，都去当官了。落榜的，一些人一生关注某一学问，比如李时珍，写了《本草纲目》。还有些呢，造反了，比如黄巢、洪秀全。再有一些呢，出世修行了，比如道教的张道陵等。这些人，也聪明，但就是不能按常规出牌，所以考试的时候会出问题，他们在社会上，也是桀骜不驯的。其中，李时珍的人生是走得最稳妥的，也是因为李时珍身子弱，一生只干自己喜欢的一件事，所以最后比那些科举中第的秀才还成功。现如今，不管大家出于什么目的，能在自己的专业外，有一个中医文化的喜好，并且专注于此，对自己的一生也是一个不错的交代。古代的秀才都得略通医道，因为医道即孝道，再有传统文化的底子，就是“秀才学医，笼中抓鸡”，没个学不会的。学问大的，比如苏东坡，出过医书《苏沈良方》；一般学问的，也能靠医理自保。大家能对此有热情，看来多少有些根性。

关于小学四种，我们做个总结：如果说“字”这个字是我们在母亲怀抱里的形象，那么当我们长大成人，当我们从传统意义上的“小学”到“大学”，最重要的我们通过认字，学会了自主阅读，并开始享受阅读带给我们的无上快乐，我们的精神开始飞跃，灵魂也得到了滋养。

“养”这个字，小篆写成上面是个“羊”，下面是个食物的“食”，所以

养 篆文

养 甲骨文

《说文解字注·五篇下·食部》：养（養），供养也。从食、羊声。“养”在甲骨文里面是一个人手挥着小棍在放牧一只羊或四只羊，而小学四种，就像我们从小放牧的四只羊，把它们养大了，就滋养了我们的灵魂，所以《尔雅·释诂》说：养，乐也。肉体和精神的成长和绽放，就是大快乐啊！

汉字，是中国人内心的一种造化。《尔雅》《方言》《说文解字》和《释名》这四部文字经典把中国文字从字形、字义、地域、声音等方方面面进行了总结，表面上是在研究“语言文字”，等我们认真学习过后，我们便知，它们实际上是用来研究“人”和滋养我们的人生的。

下一章，我们从《说文解字》的“一”说起。有人说：怎么才讲“一”？没有前面的铺垫，“一”不好讲。

第四章 从一开始 大千世界

一、《说文》从“一”开始

我们现在翻开《说文解字》第1页，从“一”开始。将来有人问你中国第一本字典收了多少字？9353个字，第一个字是什么？是“一”。最后一个字是什么呢？是“亥”。这就是：始一终亥。为什么是“始一终亥”？因为“一”是万物的开始，“亥”是万物的终止。

亥　篆文

“亥”字，《说文解字注·十四篇下·亥部》：亥，荄也。十月，微阳起，接盛阴。从二。二，古文上字也，一人男、一人女也。从乚。象褢（怀）子咳咳之形。这个解释里有四个内涵：

（1）亥，是核。段注引《释名》曰：亥，核也。收藏万物，核取其好恶真伪也。《释名》的这个解释很好，所谓“核”，就是种子。段注：荄，根也，阳气根于下也。

（2）亥，指十月。十月的特点是“微阳起，接盛阴”，段注：十月于卦为坤，微阳从地中起，接盛阴，即壬下所云阴极阳生。这句里的“壬”其实暗指怀孕，即“妊”。但他们都是经学家，话总不说透，所以我来说透。段玉裁在这里特地还说到了《易经》里的一句：故《易》曰：“龙战于野。”战者，接也。其实“接”在这里就是“交接”“房事”，也就是阴阳媾和。

(3) 从二。二，古文上字也，一人男、一人女也。从篆文“亥”的字形来看，上面的两横是一阴一阳，底下是一个男人搂着一个怀孕的女人在睡觉，意为生命回归到初始的混沌状态，又开始重新孕育。

(4) 从乚。象裹（怀）子咳咳之形。最初的“亥”里有“乚”，像襁褓里小婴儿呵呵笑的样子。大家知道为什么“孩”字里也有“亥”吗？其实孩子之所以叫孩子，只是在模仿不会说话的小孩子的最可爱的笑声。《说文解字注・二篇上・口部》：咳，小儿笑也。从口，亥声。孩，古文咳。段注：孩而名之。一定是“嗨嗨”的笑声，千万别理解成咳嗽声。

下面咱们重点说“一”。

中国古代所有的经典，从开篇到结尾，都是精心构思，绝不乱来的，其内核就是中国的象数思维，《说文解字》也是如此，开篇讲“一”，最后一个字讲“亥”，万事从一开始，万事终于亥——从混沌的生命起源开始，再到生命的重新孕育、重归混沌，这就是这部经典的思维方式。即，汉字是一种生命的象征。

“一”，是《说文解字》中的第一个字，也是小孩子学字的第一个字，原始意象不过是一根横出的食指，可就这一指，划破混沌，开天辟地，人的智识从此开启一个新的境界！一横指，分开的是天地；一竖指，分开的是左右，意境大不同哦！

这个“一”，就此也成了中国古代思想界及医家最爱的一个字，比如“天地之至数，始于一”（《素问・三部九候论》）；“天得一以清，地得一以宁，神得一以灵，谷得一以盈，万物得一以生”（《老子・三十九章》）；“吾道一以贯之”（《论语・里仁》）；养生家每每曰“抱一”“守一”……那么，关于“一”字的解读就显得至关重要了，要不然，都不知圣人在说什么。

《说文解字注・一篇上・一部》说“一”：惟初大（太）极，道立于一，造分天地，化成万物。统共十六个字，这十六字真言将中国哲学宇宙发生论的观念一语道尽。“一”，在别的文化中，只是数字；在我们的文化里，是哲学。

惟初大（太）极，道立于一，造分天地，化成万物。

这十六个字要翻译还真不容易，因为无论怎么翻译，都达不到这十六个字的境界。所以，只能讲解，不能翻译。

一，是初始太极，大家都知道《道德经》里的一句话：道生一，一生二，二生三，三生万物。这句话有几个层面呢？道，是第一层面；一，是第二个层面；二，是第三个层面；三，是第四个层面；万物，是第五个层面。用另一个概念解释的话，道，是“无极”，无极就是“无”，但这个“无”不是空洞的意思，而是包含万有但寂然不动的意思。然后“无极”生“太极”，“太极”就是“一”，就是天地不分之混沌。这与许慎的《说文解字》解释相合，而且许慎说“道立于一”，道，立于一之上，也与老子观点相合。太极生两仪，两仪就是“二”，就是阴阳，就是“天地”。两仪生四象，四象就是“三”，也就是阴阳相缠、阴阳交合的状态。交合好了，才能继续生，否则还是不成。然后是“四象生八卦”，到“八卦”时，才是万物。这么层层推论的话，《道德经》里的那句“无，名天地之始；有，名万物之母”，就要细读了。天地在第三层面，万物在第五层面，两者是截然不同的层面。这，才是中国术数的真谛。

也就是说，“一”在远古思维中并不只是单纯的数目字，而是喻指创世之前的混沌状态。这个“一”就是混沌太极之象，从“一”走到“二”，就有了分别意，天因混沌而清，地因混沌而宁，神因混沌而灵，一分别，一开窍，则可能因阴阳的不协调而抗衡，而不清、不宁、不灵。由此古人强调“抱一、守一”，就是守事物最灵、最静、最原始的状态。

1. 葫芦为什么能辟邪？

远古神话在描述这种“一”的混沌状态时常常使用各种异形而同质的象征意象，如混沌、鸡卵、元气、葫芦等。

从某种意义上我为什么总说《黄帝内经》重要？其实《黄帝内经》的开篇就是在讲受精卵，“昔在黄帝”，就是婴儿在羊水中的样子。“昔”字在甲骨文由两部分构成，下面是“日”，上面则是滔滔的洪水，一副浪滚波翻的形象。“昔”为什么又有“从前”的意思，因为从前有过洪水时代啊。而《说文解字》把“昔”解释为“干肉也。从残肉，日以晞之”。说成太阳晒

昔 甲骨文

干肉的意思，显然是因为没有看到甲骨文，所以解释错了。而段玉裁也没有见过甲骨文，所以他就按照许慎的“干肉说”解释一大堆，还说晒干肉怎么也得“一夕”，所以“昔”可以假借为“夕”。

但也不排除一种可能，就是两位大师在这里解释的不是“昔”而是“腊”，指岁末十二月天气干燥少雨适宜腊制干肉，因此岁末十二月有“腊月”“腊冬”等别称。《说文解字注·四篇下·肉部》收了这个“腊（臘）”字：腊，冬至后三戌，腊祭百神。就是在冬至后三戌日里有祭祀百神的活动。段注：十二月者，丑月也。后来秦始皇改岁末十二月为“腊月”，这时有狩猎活动，所得禽兽以祭百神。这也是周礼所说的“蜡（zhà）祭”，即年终合祭万物之神，秦代称之为“腊祭”。

现在我们知道“昔”的原始古意就是日在水中，你们看一个胎儿在羊水里，是不是像日在水中？就是一团阳物在水中，混沌如鸡卵。科学家都在研究宇宙，其实科学家完全可以换一下思路，你不研究宇宙，你就研究人，研究生命。人，就是宇宙的缩小版。比如，每天都有大量的阴阳交合，但不见得就创造了生命，生命的产生需要因缘和合，受精卵之前是需要先天之一灵的，那一灵，就是无极之一动、之“感而遂通”吧，由无极而太极，就是受精卵之混沌初萌，然后，就一分为二、二分为四、四分为八……如此，生命就按照一个固定的轨道去走了。禅宗让我们参“父母生我之前我是谁”，那个我，就是无极的一动。感老天好生之德，就是“感而遂通”，如此，才有地球如此的繁盛不息啊。

没有“一”，就没有万物，《汉书·叙传下》曰：

元元本本，数始于一。那么“一”作为哲学理念是如何产生而又如何具有其神圣而神秘的形而上意蕴的呢？如果我们今人从“一”字中难以看出其原始混一的宇宙论语境，那么从另一个“壹”字中则不难参悟其原始表象。

《说文解字注·十篇下·壹部》释“壹”曰：壹，专一也，从壶，吉声。从古字形上看，正像一有盖之壶的表象。《说文解字注·十篇下·壶部》：壶，昆吾圜器也。象形。从大，象其盖也。甲骨文中此字字形就像酒壶之形，上为盖，下为底座，中为腹，有的带耳。从形音义各方面考察，器物的“壶”就是模仿自然界的“葫芦”，所以其形、音、义都与葫芦之“葫”相关。上古“壶”“瓠（hú）”二字相通，“瓠”即葫芦。由此看来，“壹”字取象实为葫芦，这正说明了“壹”与“一”的宇宙论意蕴源自葫芦剖判型创世神话。这个创世神话就是洪水时代后，人类的始祖——伏羲、女娲是从葫芦里出来的。

壶　甲骨文

中国文化里认为葫芦具有辟邪能力，我们看葫芦的样子，葫芦上面为天，下面为地，这天和地，外形上有没有分？有分。但里面没有分，因为它中间是通的，是天地混沌之象。中国古代的药和道家的丹药为什么都放在葫芦里？因为它可以守天地混沌之气啊。有的酒壶也设计成葫芦形，花瓶也设计成葫芦形，这就叫“壶里有乾坤”。乾坤，就是天地啊。

由此，我们可知，养生家的“守一”实为守混沌，“天”字之从一从大，表面上指人头顶上为“天”，实指“混沌的大”或“最大的混沌”。而古代炼丹术士之丹鼎也取象葫芦，表示阴阳混沌如一的状态。天人合一的“一”也是喻指此混沌的无差别状态，而不是简单的天人相合或单纯的天人感应。

怎么才能得“一”呢？还得讲回老本行，讲一段《黄帝内经》。在《黄帝内经·素问·移精变气论篇》有一段黄帝关于“一”的追问。帝曰：何谓一？歧伯（现作“岐伯”）曰：一者因得之。帝曰：奈何？歧伯曰：闭户塞牖。系之病者，数问其情，以从其意，得神者昌，失神者亡。帝曰：善。

“何谓一”，就是混沌。岐伯具体的回答是：“一者因得之。”就是说在治疗法里边最高级的就是得“一”，“因得之”这个就不好翻译，“因”是顺势、顺承，就是你要有灵光一现，《道德经》里有一句话叫“惚兮恍兮”，就是明白的那一瞬间是在混沌当中的明白，绝对不是在明白当中的明白，“惚兮恍兮”，是好像明白了，可又不是条理分明的一、二、三、四这种明白。开悟的状态和明白的状态的区别，就在于这儿，开悟的状态是“感而遂通”，是“心”忽然亮堂的感觉；明白的状态是条理分明，是脑子的清楚。所以，这个不好讲。

黄帝问什么叫“一”？我若回答“等某个瞬间你一下子就明白了”，黄帝能干吗？当然不能。你可以给黄帝讲玄学，讲祝由，但你不能讲太玄乎的。于是，黄帝又问：“奈何？”怎么才能哗啦一下就明白了？我怎么能“一者因得之”？要是我们，一想到自己也没啥悟性，这事也就过去了，可黄帝不干，他要刨根问底。

2. 怎么得“一”？

歧伯曰：闭户塞牖。系之病者，数问其情，以从其意，得神者昌，失神者亡。帝曰：善。

岐伯回答他，说怎么能做到“一者因得之”？就一条：“闭户塞牖”。这也是《道德经》里的开悟的招数，《道德经》说“不出户，知天下；不窥牖，见天道”，“户”就是单扇门的象形字，《说文解字注·十二篇上·户部》：户，护也。半门曰户。象形。古代，凡室之口曰户，堂之口曰门。内曰户，外曰门。一扉曰户，两扉曰门。也就是说，你连卧室门都不必出，更别说大门了，就可以知晓天下。而“牖”字，《说文解字注·七篇上·片部》：牖，穿壁以木为交窗也。段注：交窗者，以木横直为之，即今之窗也。在墙曰牖，在屋曰窗。也就是北窗。

了悟天下与天道，跟门窗有什么关系？现在人一翻译，就是关窗户、关门，这有啥用？其实，对人而言，口就是“户”，眼就是“牖”，“不出户”“不窥牖”，就是关闭自己外在的“六识”——眼耳鼻舌身意，因为眼见未必是实，耳听未必是真，只有用元神，才能开悟，就能知天下、见天道。一心向内，意志专一，达到听而不闻、视而不见的空灵境界。

那有人问了：用“六识”，出户、窥牖，就不能知天下、见天道吗？那人为何还要读万卷书、行万里路呢？

读万卷书、行万里路，是一种认识世界的方法，但未必能够知天下、见天道。互联网时代你甚至都不必亲自读万卷书、行万里路了，马上开始的元宇宙时代，更不需要你读万卷书、行万里路了，但我们可能离真知越来越远了，信息的复杂化，让我们越来越真假莫辨，甚至以假为真。现在人更是窥手机而知天下，可是真的知天下、悟天道了吗？没有。反而弄得天天眼睛痛苦干涩，而且更加不明真相而乱心神。心神一乱，又怪病丛生，甚至出现幻听、幻视、幻觉等。其实，现在人最缺的就是“闭户塞牖”了。

世界上的事啊，从来都是先“见山是山”，然后有一天“见山不是山”，最后又到“见山是山”的境界，但这其中，山虽然还是山，但已经不是那山，不过都是后天识神在作祟，而老子强调用“元神”的认识方法，则超越了我们的认识局限性，给我们的人生了悟天地真相开了一个更广阔的天地。所以，最好的学习《黄帝内经》的方法，就是同时也学习《道德经》，因为《道德经》给了我们知天下、见天道的非同一般的方法。

岐伯接着说：系之病者，数问其情，以从其意，得神者昌，失神者亡。帝曰：善。

岐伯说：这种认知方法，应用到病人身上，就是详细问清楚病人的生理、心理，而顺从其发展轨迹，并从中揣摩病人的神气。有神气的，预后良好；没有神气的，预后不良。也就是说，当你把“闭户塞牖”这个方法用在诊断病因上，你会全部了悟病人的问题。在临床上把脉时，需要极静极微，那种静极的感觉，会让万事万物自然呈现。其实，要想全神贯注，还真得“闭户塞牖”，这时可不是单单观察病人的神色哦，脸上的神气好辨别，脉下的神气才是关键啊。脉，要有神、有根，如果无神、无根，就是坏脉，所以，“得神者昌，失神者亡”，指的是脉象。在中国，医术对应“道”，而“道”对应“神”。神不使，道不明；道不明，医术无效。

实际上，在这种静极之下，才能“以从其意”，这是指医生和病人的一种高级沟通。这时，医者的身体也开始变得敏感、敏锐起来，用一个成语说，就是“感同身受”，病人哪里疼我就会哪里疼，他哪里不舒服我会哪里不舒服。比如说这个病人膝盖有毛病，那个病人有偏头痛，医者都能感知到，这才叫“系之病者，数问其情”。只有到了这一步，就是“标本合一”“气息相通”，这，也是“医者，意也”，只可意会，难以言传。“以从其意”这句不是说完全顺从病人的意思，而是说我们俩此时都透明了，但他看不见我，我看得见他，甚至这时我就是他了。听着玄妙吧，但不如此，也成就不了明医，我这里写的是明医，“明医”不同于“名医”，这两个可是有云泥之别啊！这世上啊，就怕“用心”二字，万事万物，为精为微，不用心、不用生命去体悟，得不着真谛。所以说，医生用心看病是重耗心血的，遇到这样的医生，一定要珍惜啊！

“得神者昌，失神者亡”，是得脉之神气，而不单纯是望诊。到现在谁教你脉法，教这八个字呢?！很多人告诉我，将来发明了诊脉仪，是不是就不用人把脉了，而且人人就都会看病了？看病用不用心，才是关键啊！诊脉仪，就算能把出气血数据，也把不出人情啊。再说，这句话已经说得明明白白，得其神，而不是得其数据，看来古人早就预知我们后人会做这种事，所以才苦口婆心的。

什么叫美好？所谓美好就是讲人与人的和合、人与物的和合，但人与人的和合、人与物的和合总是差那么一点，所以人们总觉得内心有缺憾。“无常”才是世界的本质，也就是说，变化才是本质，人随时在变化，尤其是心理变化，这个变化是机器无法预知的。而人，只要瞥你一眼，这个变化可能就被感知了。更何况人还有个第六感，就是人体除了有视觉、听觉、嗅觉、味觉和触觉五个基本感觉外，还有个超感觉力。这个，显然超出了仪器所能的范围。

总之，如何得“一”呢，就是“闭户塞牖”——关闭六识，打开心灵。

3. 伟大的“三”

接着说“数”。

数在中国、在《说文解字》、在中医，都非西方数学之数，而是形、神、理三位一体的哲学思想体系。

在中国的数术中，一，代表无限的时间与运动，如气。二，代表两类相反的运动方式的相互作用，比如阴阳，如果按照二进位制的序列运动，则世界是齐整的，有限、有序的，但也是停滞的。而三元序列则一下子让世界丰富化了。

象数学，本指研究《周易》的一门学问，在这里，决定事物的因素有两个：一个是象，因为万事万物先垂象。另一个是数，“数”是天下万物的规范，度数。世界是先有象，后有数，“数”是由“象”推衍出来的。特别是十以内的自然数，由于和人们的日常生活联系紧密，被人们最广泛地运用，所以最具普遍性，是其他一切数的基础。

中国的一、二、三、四没写成阿拉伯数字1、2、3、4，说明二者有着根本的不同。中国人甚至为数字发明了会计体，写成壹贰叁肆也是有意味的。这大概是为了防止贪心的人随意改变数目吧，比如二，加上一横就成了三，而写成贰就不会出问题了。中国人心眼多，过于聪明，所以也就发明了对付这个心眼多的方法。

我们再看一下许慎对一到十的解读吧。

一，惟初大（太）极，道立于一，造分天地，化成万物。

《黄帝内经・素问・三部九候论》：天地之至数，始于一而终于九。

所以，“一”指事物的整体、元始、普遍性、永恒性、排他性等，为天、为圜（天体）、为混沌。

古文字写作数字“一”，源自人们攥拳后伸出食指的样子。表示数字“一”，为数字之始。但为什么没写作“1”，而是一横指，指分开天与地。

而竖指，只是分开左右，二者境界全然不同。

二，《说文解字注·十三篇下·二部》：二，地之数也。段注：有一而后有二，元气初分，轻清阳为天，重浊阴为地。所以“二”还是阴阳的表述。此字最早见于甲骨文，源自人们攥拳后伸出食指、中指的样子。其本义是由混沌分出的天地和阴阳两极。

“二”与“一”相对，表示一般的对立、对待。为地，为阴，为分。

三，《说文解字注·一篇上·三部》：三，数名。天地人之道也。……成数也。这个字，甲骨文里就有，源自人们攥拳后伸出食指、中指、无名指的样子。可许慎的解释就丰富了，其中有三个内涵：

（1）是数的名称；

（2）代表天地人之道；

（3）是个成数。

段玉裁引陈焕曰：数者、《易》数也，三兼阴阳之数言。一下曰：道立于一；二下曰：地之数；王下曰：三者、天地人也。这里出现个“王”字，王是三横加一竖，代表“王”是贯穿天地人之道的人。

三，为什么是成数呢？段注：三画而三才之道在焉，故谓之成数。关于成数的问题，还得学习《黄帝内经》，一是混沌，二是阴阳，三当指阴阳和合。唯有阴阳和合，才能成人；唯有成人，才能悟道。《易》三而成卦，也是指天道、地道、人道——三而成道。“三”之意当重在“成”与“合”。因此，要想理解中国文化，对“三”的解读至关重要。

道，是无极，寂寂不显。一，是太极，是混沌，恍兮惚兮。二，是阴阳，是天地，了了分明。三，是阴阳相缠、阴阳交合的状态，万物化生。阴阳交合好了，才能继续生，否则还是不成。所以，三，在中国文化里，不只是“数”，而是一种阴阳和合的状态，这才是中国术数的真谛。所以，《史记·律书》说：数始于一，终于十，成于三。

《黄帝内经》所言“三而成天，三而成地，三而成人”，首先是一个生态的概念，就是这个天、地、人都在一个阴阳和合的状态，只有阴，或只有阳，都不行，那叫“独阳不生、孤阴不长”。用人间的比喻就是，光有男人或光有女人都不成，男人若不受女人的折磨，就无法成长；女人没有男人的呵护，也没法成长。有阴有阳，不相互交合也不成；只有在“三”的状态下，也就是阴阳和合的状态下，才能成就这世界的辉煌。三而成天，指阴阳时刻都在氤氲；三而成地，指阴阳无时无刻不在交合；三而成人，指阴阳和合，才能创造新人。天地自然必须是一个活的、充满生机的状态，必须自己能创造自己，这种源源不断地供给自己生发的能量，就源于“三”、源于阴阳和合。阴阳和合就是自强不息，就不需要向外面借力。天地人都要在“三”的状态下，在阴阳和合的状态下，才有世间的繁盛，否则这个地球就是死的，没有生命的。

所谓保持我们的生命力，归根到底是要保持我们生命阴阳和合的能力。也就是阴和阳的交媾能力，只有它才能产生新的生命。而所谓的“老”是什么呢？就是阴阳和合能力的衰退，新东西的生长越来越慢了，甚至不再生长了。

人的生命亦如是。如果心肾不交了，心火就会上炎，而肾水就会下降，人的生命就是上面一片焦枯，下面一片肿胀如烂泥，就是阴阳分离，最后就是死。

关于阴阳和合，哲学里谈到阴阳，只是一个正反或善恶的问题，而没有《黄帝内经》中“阴阳和合”的精神。实际上，光谈阴和阳是没有用的，那只是两个概念。当阴阳和合时，万物才有意义。也就是说世界不是二元的，而是建立在二元和合后的“三”之上的。光有男女不成，男女不相互作用，是无法“生生不息”的。为什么大家都伤感现在的年轻人不恋爱、不结婚呢？因为这实际上伤害了人间的“生生不息”。唯有天地之气相互作用，万物才能生生不息；唯有男女相互作用，人间才能生生不息……因此，三比二更有意义。三，是和；二，是对立。“和”的精神，是符合宇宙原则的，在宗教，就是爱和慈悲。只有这些，才可以让人类社会走得更长远。

4.成人在于“土德”

四，《说文解字注・十四篇下・四部》：阴数也。象四分之形。段注：谓囗（wéi）象四方，八像分也。就是“四”字的外围像四方，里面的“八”像分。

过去有个笑话，说地主家的儿子去学堂识字，第一天学了个“一”，第二天学了个“二”，第三天学了个“三”，于是他娘说：不就是画杠杠吗？咱不用去学了。她不知道从“三”至“四”有了变化。段玉裁的解释是外形像“囗”，里面为“八”，古代的“八”有分开、违背的意思。比如我们先前讲的“私（厶）”，这个字是“自环”的意思，是把什么都抱在怀里，叫作“私”。而“公”，就是上面是个“八”，下面是个“厶”，《说文解字》：公，平分也。从八，从厶。八，犹背也。八，就是违背。

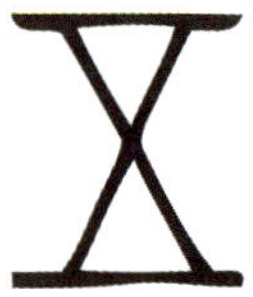

五 甲骨文

五，《说文解字注・十四篇下・五部》：五行也，从二（段注：象天地），阴阳在天地间交午也。这个字在甲骨文中就有了，上下各一横。“二”是特殊指事字，上面一横代表天，下面一横代表地。索性“五”字就是个“×”，寓意天、地之交会，也指金木水火土五行相生相克。甚至凡是含有这个“五”字的都有阴阳相逆的意味，比如“吾”与“你”相对，《说文解字注・二篇上・口部》：吾，我，自称也。从口，五声。西周金文中，“吾”多用来表“御”，即捍御、抵御；觉悟的“悟”，不借助阴阳的较量，人就不能开悟。《说文解字》：悟，觉也。从心吾声。古人道：无所觉之谓迷，有所觉之谓悟。再比如正午的“午”，也是借“五”发声，指阴阳交会，《说文解字注・十四篇下・午部》：午，啎也。五月，阴气啎逆阳，冒地而出也。段注引《律书》曰：午者，阴阳交，故曰“午”。所以古代“一纵一横曰午”。而“忤逆”的“忤”，就是“逆”，也是指阴阳对抗。

在术数里，三，代表生机；五，代表成就。没有生发就没有开始。一代表混沌，二代表阴阳，三代表阴阳和合，阴阳和合才能生万物，所以有“三生万物”之说。万物虽然已经生发，但如果没有四季的生长和收藏，没有土德，“五”则不能成就，就好比有人生你，还得有人养你，光生不养，依旧不成人。那“五”为何物呢？

关于术数，中国文化有一个说法：一、二、三、四、五，这五个数字叫“生数”；六、七、八、九、十，这五个数叫“成数”。这两组数字的核心秘密在哪儿？什么叫生？什么叫成？生与成就如同老子“始”和“母”的差别。始，如少女；母，是生育过的女人。一二三四五是生数，就像少女一样，代表各种可能性及不确定性。但成数是生数加五，比如一加五是六，这就是“天一生水，地六成之”，一为水的生数，六为水的成数；“地二生火，天七成之”，就是二为火的生数，七为火的成数；“天三生木，地八成之”，三为木的生数，八为木的成数。“地四生金，天九成之”，四为金的生数，九为金的成数；“天五生土，地十成之”，即五为土的生数，十为土的成数。即：生数加“五”，就是成数。五为土，木火土金水五行，只有加“土”才能成就。所以，下面这句话很重要：万物有生数，当生之时方能生；万物有成数，能成之时方能成。所以，万物生存皆有其数也。也就是，事物光生出来没有用，关键看它能不能和土发生关联，有了土，才能成就，才能生长。

所以，我们人生要想成就，也得找到自己的那个“五”或土。我们生命里最重要的那个“土”，就是土德，就是德行要厚，要纯朴。经常有人说，现在人做事没有底线了，就是没有土德了。缺少了信义和良知，人就无法向前走了。

大家一定要记住这句话叫“当生之时方能生”。所以我们要感恩，父母有千万个不对，她让你投胎，她怀胎十月，所以孝敬父母，不是因为别的，不是用道德规范让你孝敬，而是感恩这个“生”。“能成之时方能成”，所以我们还要等时机，不是盲目地等，而是做好一切准备地等。等没等到，都要记得“万物生存皆有其数也”。

土，在身体里对应的是脾胃，所以成就我们后天的也是脾胃。丹道医学称脾为“黄婆”，她主持的地盘为“黄庭”，所以丹道医学有《黄庭经》。

而《黄帝内经》之所以叫《黄帝内经》，也有暗指黄帝为脾胃之神，有土德的意思。地球有土，才能与天感应而生万物；人身有脾，心、肝、肺、肾都要通过脾的加持来完成自我。一二三四五，代指先天；六七八九十，代指后天。后天的关键不是六七八九十，而是六七八九十是先天一二三四五加五。没有这个“五”，没有这个“土”，生命就落在了空处。因此，脾，对于生命，既是后天，又是先天。

成人在于“土德”，我们不仅要育人，更要“成人”，就是先要用“土德”厚自己，要“厚德载物”，然后用这个“土德”去教化后者。因为“厚道”也是“道”啊！没这个“厚道”，人就走不长远。厚道，就是明事理、守规矩，不为名利所诱惑，踏踏实实、认认真真做事情，不投机取巧。

5. 数数，用手指

六 甲骨文

“六”字在甲骨文中就有，但有人解释成像结构简陋的棚屋之形。这显然是错了。除了术数的哲学意味，其实数字也源于计数。古代最好用的计数方法还是“近取诸身”，没有比手指更好用的计数方法了，一是一横指，二是二横指，三是三横指，四是握拳。“五”呢，是把拳头松开五指外展的样子。“六”是食指、中指、无名指内收，大拇指和小指外张向下之象，所以是个象形字。“七”呢，是大拇指和食指上举。“八”呢，是大拇指和食指下放。所以古代有成语“七上八下”。现在人选楼层愿意选八层，取“发财”意，但按传统文化讲，要七上，不要八下。这是真正的七上八下，不是“十五个吊桶，七上八下”。“九”呢，是食指的一个勾。“十”呢？

就是拳头。也就是说，古人的数全在手上。

过去做生意谈价钱只要比画手指就成了，你说五钱，我把你中间三根手指头推回去就是要六钱。后来又有长袖子，在袖子里摆弄手指就是私下交易的过程。不伤面儿，还做了人情。

百　甲骨文

有人好奇，那“百”呢，怎么表现？古人用手指表示“百”这个概念，就是大拇指夹在食指和中指之间，露出大拇指指甲的样子。这个字在甲骨文中其实就是大拇指白指甲的象形。因为劳作，手指皆黑，唯有指甲是白的，所以“百”从“白”。因此《说文解字》把这个字放在了“白部”是对的，《说文解字注・四篇上・白部》：百，十十也。从一白。“白”字上面加一横为“百”，加人部为“伯”，因为大拇指就是老大。

六，《说文解字注・十四篇下・六部》：六，易之数，阴变于六，正于八。段注：六为阴之变，八为阴之正也。……九为阳之变。许慎关于“六”的解释是用了阴阳的说法，这种说法《黄帝内经》《易经》里也用。一般说来，《易经》用九和六，《黄帝内经》用七和八，这到底是什么意思呢？

先说《易经》为什么用九和六。从数理的角度，“九”是奇数，是老阳，所以《周易》用它来代表阳爻；“六”是偶数，为老阴，所以《周易》用它来代表阴爻。老阴老阳皆变，《周易》以变者为占，故称九、称六。《周易》每一卦有六爻，从下往上数，依次为初、二、三、四、五、上，所以《周易》每一卦里就有初九、六二之类的称呼了。朱熹《周易本义》说：初九者，卦下阳爻之名。凡画卦者，自下而上，故以下爻为初。阳数九为老，七为少，老变而少不变，故谓阳爻为九。……六，阴爻之名。阴数六老而八少，故谓阴爻为六也。另外还有一种说法，就是一二三四五五个生数中，一三五为阳数，相加为九，所以阳皆言九；二四为阴数，相加为六，所以阴皆言六。当然还有其他说法，此不赘叙。

七，在甲骨文中也有。是个指事字，也是“切”的本字。在一横中间加一竖画，表示将某物从中切断。

七 甲骨文

《说文解字注·十四篇下·七部》：七，阳之正也。从一。微阴从中邪出也。段注：《易》用九，不用七，亦用变不用正也。

《黄帝内经》用七八，不用六九。从阴阳方面讲，七八为少阳少阴，为阴阳之气初生，充满活力；六九为老阳老阴，为老成转折。故讲生命之道的《黄帝内经》用七八而不用六九。

《黄帝内经》有“女七男八”之说，即女子的生命节律与“七”相关：二七而天癸至……五七，阳明脉衰，面始焦，发始堕……七七，任脉虚，太冲脉衰少，天癸竭，地道不通，故形坏而无子也。而男子的生命节律与“八”相关：二八，肾气盛，天癸至，精气溢泻，阴阳和，故能有子……七八，肝气衰，筋不能动，天癸竭，精少，肾藏衰，形体皆极；八八，则齿发去。为什么女配七而男用八呢？这又得论阴阳和合，女为阴，用阳数七；男为阳，用阴数八。明代医家张介宾解释说：七为少阳之数，女本阴体而得阳数者，阴中有阳也；八为少阴之数，男本阳体而得阴数者，阳中有阴也。也就是说，阴得阳助，则长；阳得阴助，则生。

《易经》用六和九，阴用六，阳用九，六和九是至数。而《黄帝内经》用七和八，七是阴之用，八是阳之用，所以是用数。生命是要来用的。用的话，就得用“用数”，而不用“至数”。

《易经》以日月加五星为七，并有“反复其道，七日来复”之语，由一而七，由七而十二，正是一个完整的循环周期。《黄帝内经》中也有女子七七之说。

七，是个神奇的数字。甚至西方也用七，一周为什么是七天？上帝创世纪，第六天创造人，第七天休息。如此看来，人和上帝共享的荣耀就是第七日，也就是休息日。所以，人一定要休息。《周易》有七日一阳来复之说，西方的生命医学也认为七天人之血液要发生一次变化，中国的阴历是四七二十八天，人怀孕生子也要四十个七天，祭奠亡灵也讲究头七、二七以至七七，七大行星、七宗罪、七美德，等等。总之，“七”数内涵生命周期、生理周期与医理周期。生命周期指受精卵细胞分裂化生以七天为一个周期，在母腹中经天机运转四十周，即二百八十天出生。再如女子月经二十八天周而复始，指子宫内膜细胞从再生到脱落历经四个七天。医理周期则指感染、感冒等一般七天为一个疗程，血液细胞系统的病一般以二十八天为一个疗程等。

6. 古人怎么用“数”？

八，《说文解字注·二篇上·八部》：八，别也，象分别相背之形。

八　甲骨文

此字也见于甲骨文，其本义为相背分开，与《说文解字》的意思相同。其原形实际就是手指大拇指和食指的下放的象。正常看的是手背，相背之意也由此出来的吧。八为少阴之数，所以《黄帝内经》以八配男、配阳。

八部的字很多。最常见的有“分”，《说文解字注·二篇上·八部》：分，别也。从八、刀。即一个物体被刀分成两半。公，平分也。从八、厶。“必”，这个字谁也没想到在“八部”：必，分极也。从八、弋。段玉裁解释说：凡高处谓之“极”。这是对的，“极”从木，所以极有标杆的意思，分极，就是立标杆来判断高低，后来引申为“必然”，即“一定是这样”的意思。而盛极必衰，也是阴阳思维。

九，《说文解字注·十四篇下·九部》：阳之变也，象其屈曲究尽之形。段注：九，究也。有人说这个字像人手臂弯节之形，当是“肘”的本字。字形由“厷”（即“肱”，大臂）与“又”（抓、掏）混合组成，表示伸出手掏摸、探究，力求确定内部情况。这有点动作大了，其实用手指表示，就是食指伸出后向下弯曲的样子。

九 甲骨文

九与“久”“究”通，为“数之终也”，和“极阳之数”。《素问》《灵枢》《难经》皆取九九八十一篇，代表对天道阳数的至诚至敬。中药熟地须九蒸、九晒、九制，都意在纯阳之品，尽取阳气，以期阴阳互济。

十，《说文解字注·三篇上·十部》：数之具也，“一”为东西，“丨”为南北，则四方中央备矣。备，就是“全”的意思。

“十”字，许慎认为是囊括四面八方之地（与天相对应），又包含东西南北中五个方位，以其含义丰富而引出“完备”义。象征完美。

总之，《说文解字》对“数”的探源，无一能脱

“阴阳五行”之藩篱，体现了形、神、理三位一体的哲学内涵。

生命之道在于“法于阴阳、和于术数”。和于术数，具体在生命当中应该如何应用呢？就拿按摩来打比方吧，按摩七七四十九下是走“七”的倍数，走人体“阴”的层面；而三十六下则是走“九”的倍数，用的是“阳”。这也是术数在生命理论中的运用。而更精妙的，还是张仲景在《伤寒论》中对术数的应用。

大枣是张仲景很喜欢用的一味药。《伤寒论》共有一百一十三方，应用大枣的有四十个方子，其中桂枝汤、葛根汤、小建中汤、大小柴胡汤等二十多个方子都用大枣十二枚，先前讲到天人合一时，说十二月应十二条经脉，所以，张仲景用大枣十二枚的第一点应该有调和十二经脉营卫不和之意。《神农本草经》也说大枣为上品，主心腹邪气，安中养脾，助十二经。第二点，按照古代河图：一六北方水，二七南方火，三八东方木，四九西方金，五十中央土。其中，十是土之数，二是火之数，土味为甘，火性为温，大枣性味正是甘温，得五气之正，俱土德之全。味甘宜胃，气香宜脾。长于补血而短于补气。大枣归经为脾、心，“十”又为脾之成数，二是心之生数，所以，其数又与归经相符。由此可见，用大枣十二枚，性味甘温，借心火生脾土之势，可以调和营卫、温中健脾。

可张仲景还有个著名的方子，叫“十枣汤”，是个很重的逐水方子，此方选用大枣肥者十枚，与甘遂、大戟、芫花这三味辛苦气寒甚至有大毒的药配伍，用来攻逐人体水饮。甘遂、大戟、芫花这三味药属于峻剂，没有中央土之成数——“十”，恐怕无法让此方立大功。如果说取用大枣十二枚的重点在心脾，在于火生土；那取用大枣十枚，其重点在于脾和肾，在于取脾土克肾水之意，肾主管二阴，用“十”，取培土制水之意。

《伤寒论》中唯一一个用十五枚大枣的方子，是茯苓桂枝甘草大枣汤，这又源于什么数理呢？这里用的是五行之数，即五行之生数，就是水一、火二、木三、金四、土五，也叫小衍之数。其中，一、三、五为阳数，其和为九，故九为阳极之数。二、四为阴数，其和为六，故六为阴之极数。由此，阴阳之数合而为十五数，故化为洛书则纵横皆十五数，乃阴阳五行之数也。用大枣十五枚，以阴阳五行之数，健脾、补液、制水，以中土之力协调南北东西，调节上下之水火。

再说“当归四逆汤”，这是一张温养阳气的方子，用于治疗“手足厥寒，脉细欲绝”之证。方中用大枣二十五枚，二十五是一、三、五、七、九阳数之和，以应天数，取诸阳之和温经散寒，其数与方子的主治功用相应。

“炙甘草汤”，方用大枣三十枚，用于治疗“心动悸，脉结代”之证，三十是二、四、六、八、十阴数之和，以应地数。这是用诸阴之和峻补真阴，养阴补血以复脉。

由此可见，张仲景将药、量、数的运用都发挥到了极处。现如今，学习《伤寒论》的人，不从传统文化的术数入手，就很难窥探张仲景的良苦用心。

由此可见，我们在掌握了从“一”到“十”的基本含义后，还要明白术数的应用。比如：十二与十二经脉的关联；十五是阴阳之数；二十五是一、三、五、七、九阳数之和，以应天数；三十是二、四、六、八、十阴数之和，以应地数。

所谓“和于术数”，术数指什么呢？“阴阳”从某种意义上就代表先天，而“术数”就代表后天。万物都是先有“象”，后有“数”。和于术数，就一定要深刻地懂得五行生克，懂得阴阳，懂得中庸之道，这些统统属于术数这个层面，“术数”就是方法。这个方法不是你想象出来的方法，而是老天按照天地自然规律规定出来的方法。

二、中国古代度量衡

1. 古代养老得喝酒吃肉

既然说到数了，就要说下中国古代度量衡，因为这可是国家的大事啊，度量衡要不统一，怎么收税、怎么放粮赈灾呢？我们先解释下度、量、衡三个字，看看它们的区别。

度，《说文解字注·三篇下·又部》：度，法制也。从又，庶省声。段玉裁先解释什么叫“法制”，他引《中庸》曰：非天子不制度……古者五度，分、寸、尺、丈、引，谓之制。即“制”就是“度”，分五项：分、寸、尺、丈、引。《汉书·律历志》说得更清楚：一为一分，十分为寸，十寸为尺，十尺为丈，十丈为引，而五度审矣。后段注又解释这个“度”字为什么“从又”，就是跟手的关系，他说：周制，寸、尺、咫、寻、常、仞，皆以人之体手的为法。寸，法人手之寸口；咫，法中妇人手长八寸；仞，法伸臂一寻，皆于手取法，故从又。即，长度尺寸都是“近取诸身”，比如“寸”指人体寸口，“咫”取普通妇女手的长度，其实应该是我们现在说的“一拃”，也就是女人张开的拇指和中指两端间的距离，是八寸；而男人的手通常比女人大，所以男人的“一拃”相当于一尺。如此，咫尺之间不过两寸，就这么近的距离，人心若远，也会觉得陌生，所以《淮南子·道应训》有言：终日行不离咫尺，而自以为远，岂不悲哉！夫妻、父子若这样，真是人间之悲凉啊！

所以，“度”字从“又”，确实，丈量东西没有比手更方便的了。只是这么一说，这个“度”若以人体为法，貌似又不严格准确了，只能说这是最初人们取法度的一个准则，也可以说是民间取长度法，虽然每人不太一样，但自己量自己的“尺”还是靠谱的。从长度单位看，从小到大的计量单位应该是这个排序法：分、寸、尺、丈、寻、常、仞、引等。

量（liàng），是测量东西体积多少的器物。《说文解字注·八篇上·重部》：量，称轻重也。段注：量者，所以量多少也；衡权者，所以均物平轻重也。这也是段玉裁注释《说文解字》的仁心所在，他只是稍微改动下语句，就把许慎没说清楚的地方说清楚了，许慎说“量，称轻重也”，而段玉裁说：量，是容器，衡与权才是称轻重的。这就把“量”与“衡”区别开了，一个是容量，一个是权衡。《左传》中有齐旧四量：豆、区（區）、釜、钟。是说齐国有四种量具，分别是豆、区、釜、钟。区作为量器，读ōu，就是匚（xì）里藏了很多物品，所以《说文解字注·十二篇下·匚部》：区（區），藏隐也。从品在匚中。品，众也。

咱们就说个“豆”吧，在甲骨文中，“豆”就是像高脚盘一样的器物，

豆 甲骨文

一般用来盛肉类的食物。所以《说文解字注・五篇上・豆部》：豆，古食肉器也。段注：《考工记》曰：食一豆肉，中人之食也。《左传》曰：四升为豆。这里面说到三个话题：

（1）豆，是古代吃肉的家伙什。

（2）引用《考工记》的说法：一豆肉，是中等人的食量。

（3）这一豆肉是多少呢，四升。一升相当于现在的200毫升，也就是一大勺，四升就是四大勺。古人还说：食一豆肉，饮一豆酒，中人之食也。看来喝酒化肉食，自古有之，应该不算多。

又《礼记・乡饮酒义》：六十者三豆，七十者四豆，八十者五豆，九十者六豆，所以明养老也。这个应该是古代的养老规定，就是要免费供给老年人有酒喝、有肉吃，60岁的三豆，就是12升；70岁的四豆，16升；80岁的五豆，就是20升；90岁的六豆，就是24升了。这是几天的量啊？怎么感觉像是现在100岁以上可以免费医疗了呢。不过《礼记・王制》里也说：五十始衰，六十非肉不饱，七十非帛不暖，八十非人不暖，九十虽得人不暖矣。肉食大补精血，老人多吃点肉是对的。

2. 一分就是一粒黍

那“豆子”的“豆”，古代是用哪个字呢？是“尗”。而“叔叔”的“叔”就是“尗”字加了“又”，是用手捡小豆子的意思。《说文解字注・七篇下・尗部》：尗，豆也，尗象豆生之形也。段注：所种之豆必为两瓣，而戴于茎之顶。故以一象地，下象其根。上象其戴生之形。……今字作菽。段玉裁说得真好，像发豆芽。

关于量器，《汉书·律历志》还有：量者，龠、合、升、斗、斛也。回头咱们挨个讲。

衡，《汉书·律历志》：衡，平也，所以任权，而均物平轻重也。就是指秤杆。《说文解字注·四篇下·角部》：衡，牛触，横大木。从角、大，行声。因为牛好抵触，所以在牛角上绑一根较大的横木以制约它。

有“衡”就得有“权”，就是秤砣，《说文解字注·六篇上·木部》：权（權），黄华木，从木，雚（guàn）声。一曰反常。首先，“权”从“木”字，肯定是一种树木，后来引申为“秤砣”，又因秤砣之“权重”意，引申为权力、权利、权势、权变等。其次，许慎说“权”有“反常”意，就是指“权变”，所以段注引《公羊传》曰：权者何？权者，反于经然后有善者也。什么是权变呢？就是指“经”或“常”本来是典范、标准，一定不可违背，但行使权力的人有时会因为特殊情况而违背某些标准，但这种违背标准的行为，要有好的结果，要符合“善道”。怎么符合“善道”呢？很简单，就是发心要正，正念、正行才有好的结果，而不能滥用权力。要想明白其中道理，好好去悟那句话：得道的人杀生也是除魔，不得道者放生也是造孽！

简化字的“权”，把“雚”字去掉了，确实容易书写了，但为什么用“又”又让人弄不明白了。“又”既不表意，又不表音。这么简化大概是表示手执权杖吧。

所以“度量衡”一词三字的不同在于：度，是计量长短的器具的总称。量，是测量容积的器具的总称。衡，是称轻重的器物的总称。合在一起“度量衡”是计量长度、容量、重量的统称。其实，度量衡是国家级的大事，古代把它放在“律”中，严格管制。

先“度”。《汉书·律历志》：度者，分、寸、尺、丈、引也，所以度长短也。本起黄钟之长，以子谷秬黍中者，一黍之广，度之，九十分，黄钟之长。一为一分，十分为寸，十寸为尺，十尺为丈，十丈为引，而五度审矣。

先来看最小单位：分。《说文解字注·二篇上·八部》：分，别也，从

八、刀。这里把“分”当作动词解释了，没有说“分”作为度量名词到底有多长。《汉书·律历志》：一黍之广，度之，九十分。黍，就是黄米。《汉书·律历志》中还把羊头山所产巨黍定为“黄钟”（黄钟为十二律中第一律），立为大汉农业之最，称为“天下第一黍”。《说文解字》：黍，禾属而黏者也。以大暑而穜（穜同“种”，这里应该是“孰”，大暑乃六月中气，即晚孰者已登场矣），故谓之黍。许慎又引孔子曰：黍可为酒，禾入水也。即，黍多用来酿酒，不黏的为“禾”，也就是米，多用来做饭。别小瞧这个“黍”，它居然是度量衡里最基础、同时也是最小单位。《汉书·律历志》：一龠（yuè）容千二百黍，重十二铢，两之为两，二十四铢为两，十六两为斤。也就是说当初确定“两”：以北方所产黑色黍谷等粒度的100粒重为一铢，2400粒为一两。《说文解字》：两，二十四铢为一两。所以，两，也是个计量单位。后来又有30斤为一钧，4钧为一石。

这个“铢”和“两”在《伤寒论》里用得最多，比如“桂枝二麻黄一汤”：桂枝一两十七铢（去皮），芍药一两六铢，麻黄十六铢（去节），生姜一两六铢（切），杏仁十六个（去皮尖），甘草一两二铢（炙），大枣五枚（擘）。这大概是《伤寒论》中最细致的一个方子了，足见张仲景有金牛座般的精致和处女座般的耐心。

后来有人比张仲景还较真儿，宋代居然有人把这个方子推算了一遍：臣（林）亿等谨按：桂枝汤方，桂枝、芍药、生姜各三两，甘草二两，大枣十二枚。麻黄汤方，麻黄三两，桂枝二两，甘草一两，杏仁七十个。今以算法约之，桂枝汤取十二分之五，即得桂枝、芍药、生姜各一两六铢，甘草二十铢，大枣五枚。麻黄汤取九分之二，即得麻黄十六铢，桂枝十铢三分铢之二，收之得十一铢，甘草五铢三分铢之一，收之得六铢，杏仁十五个九分枚之四，收之得十六个。二汤所取相合，即共得桂枝一两十七铢，麻黄十六铢，生姜、芍药各一两六铢，甘草一两二铢，大枣五枚，杏仁十六个，合方。这就是方子“桂枝二麻黄一汤”的来源。张仲景事无巨细，句句透着慈悲。

3.孔子到底有多高？

再说“寸”。《汉书·律历志》说：一黍之广，度之九十分，黄钟之长。一为一分，十分为寸，十寸为尺。所以十个黍米的长度就是“寸”的长度。许慎说从掌根摸到动脉的地方有十分长，叫寸口，所以《说文解字》说：寸，十分也。人手却一寸，动脉，谓之寸口。从又，从一。战国时的寸字形状就是在“又”（指手）字下部添一短横，作为指事，表明“寸”意。

《周礼》中记载：古代的征兵制度规定，国（都城）之男子七尺以上，野（相当于现代的农村）之男子六尺以上，都在征兵的范围之内。也就是说，花木兰要是不够高也当不了兵。那七尺、六尺到底有多高呢？

说“尺”，那就得先去查“尺”字。尺，四画，也是个部首，在《说文解字注》的第401页：尺，十寸也。人手却十分动脉为寸口。十寸为尺。尺，所以指尺规矩事也。……周制，寸、尺、咫、寻、常、仞诸度量，皆以人之体为法。凡尺之属皆从尺。也就是寸、尺、寻、常、仞这些都是度量词。

这句里有两个要点：

（1）尺是十寸。最为标准的是以黍米丈量。

（2）所有的度量，“皆以人之体为法”。这一句非常重要，也就是古代强调同身寸、同身尺，什么意思呢？就是所有的长度都可以从身体上取。比如中医说同身“寸”，大致是中指中关节的长度；而“尺”，前面讲“咫尺”时说男人的“一拃”相当于一尺。大概后来觉得这个“尺”短了，又以手腕到手肘的长度为“尺”。而我们看“尺”字，那一撇写在了“尸”的下部，因此更准确地应该是脚踝到膝盖的长度为一尺。这就有意思了，姚明的尺肯定跟我的尺不同，而且各朝各代官方指标还不一样，所以身高八尺这事，有人考证，在周代、秦代就是184.8厘米，在汉代就是170.8厘米，那《孔子世家》称孔子长“九尺有六寸”，估计快赶上姚明了，所以年轻的孔子外号叫“长人”。不过他的祖先商纣王也是个壮汉，孔子的爹孔叔梁纥也是壮汉，曾经手托城门，由此可见遗传的因素。

最早记载中国人身高的是《灵枢经·骨度》，提到了古人身高“人长七尺五寸”，并以此身高为标准，给出了古人身体各部分骨骼长度，比如“头之大骨围二尺六寸，胸围四尺五寸，腰围四尺二寸”等。但在《灵枢经》第十二篇《经水》中，又提到了古人的一个常见身高数据“八尺之士”，后世小说中也常用“身高八尺”，形容壮汉的说法最早应缘于此。

再说“丈”。《说文解字注·三篇上·十部》：丈，十尺也。从又持十。段注：周制八寸为尺。十尺为丈。人长八尺。故曰丈夫。然则伸臂一寻。周之丈也。故从又持十。

引 甲骨文

即，先秦时期的基础长度单位为“分”。十分等于一寸，十寸等于一尺，十尺等于一丈。而两丈为一端，两端为一两。“端”和“两”常用于计量布帛，是布帛的专用长度单位。一两也就是四丈，与“匹”是等价的单位。而“一匹布”的说法就是特指四丈的布。

再说下“十丈为引”，在甲骨文中，引就是人拉弓射箭的样子。《说文解字注·十二篇下·弓部》：引，开弓也。段注：钩弦使满，以竟矢之长亦曰张，是谓之引。凡延长之称，开导之称皆引申于此。也就是开弓后手臂加上到箭头的长度，为“引”，所以“引”为“长”。

最后再说“仞”。仞，也是古代长度单位，周制八尺，汉制七尺，引申义是测量深度。《正字通》说：度高深以仞，度短长以寻，度地以步。这句的关键在于“度高深以仞，度短长以寻”，就是测量深度用“仞”，比如“千峰万仞”，测量长短用“寻”。

在这里，又出现一个新的长度单位“寻”，古代“寻”“常”二字也表示长度。那所谓寻常百姓家到

寻　甲骨文

底有多大呢？

4.寻常百姓家有多大？

古代关于“寻”的说法不一。甲骨文的寻就像一个人伸开两臂的样子，旁边还有一个类似席子的东西。《说文解字注·三篇下·寸部》：寻（㝷），……度人之两臂为寻，八尺也。就是两臂左右平伸时，两手之间的距离，八尺为一寻。而《广韵》说：寻，长也。又寻常，六尺曰寻，倍寻曰常。也就是六尺为一寻，十二尺为一常。古代各朝代的“寻”不尽相同。

“寻”除了表示长度，还有另外一个意思。《说文解字注·三篇下·寸部》：寻（㝷），绎理也。从工、口，从又、寸。工、口，乱也。又、寸，分理之也。就是古人用手、用口、用工具探究搜求事物，就是寻找之义。段注引《方言》曰：寻，长也。海岱大野之间曰寻。自关而西秦晋梁益之间，凡物长谓之寻。周官之法度广为寻。

常，也是古代的长度单位，虽然“寻”在各代说法不一，有说为八尺，有说六尺，但“常”都是“寻”长度的加倍。“常”在《说文解字》中与衣服有关，《说文解字注·七篇下·巾部》：常，下裙也。从巾，尚声。裳，常或从衣。裳也写作常。段注引《释名》曰：上曰衣，下曰裳。裳，障也。以自障蔽也。这是解释“常”是下面穿的裙子。古人为什么穿裙子，就是把裤裆缝起来这事一直做不到。没有裤子只能穿裙子，虽然不利于打仗，却成就了汉人的雍容华贵。段注又解释此字为什么“从巾”：取其方幅也。那一幅是多大呢？《说文解字注·七篇下·

龠 甲骨文

巾部》：幅，布帛广也。从巾，畐声。段注：凡布帛广二尺二寸。

说完了“度”，再说说“量”。

《汉书·律历志》说：量者，龠、合（gě）、升、斗、斛也。所以量多少也。本起于黄钟之龠……二龠为合（一说合龠为合），十合为升，十升为斗，十斗为斛。

龠 金文

先说基础量“龠”。“龠”本是一种管乐器，甲骨文的“龠”像是将若干有吹口的竹管系扎起来的排笛或排箫，金文在上方增加了“口”的形状，以表吹奏。《说文解字注·二篇下·龠部》：龠，乐之竹管，三孔，以合众声也。相传黄帝命伶伦作律，伶伦截竹首制为“黄钟之宫”，所以也称“黄钟之龠”。其音律之精准与其制作工艺有关。《汉书·律历志》：龠者，黄钟律之实也，跃微动气而生物也。……一龠容千二百黍。将黍米装入“龠”中，一“龠”可容纳1200粒黍米，这个容量就是一“龠”。所以，度和量的标准都与“黍”有关。

合 甲骨文

再说“合”，这个字有两个读音，一是hé，用于量时读gě，这个用法在《伤寒论》里最多，比如在“桂枝麻黄各半汤”中，张仲景说：煮取一升八合，去滓。温服六合。本云，桂枝汤三合，麻黄汤三合，并为六合，顿服。一“合”是多少呢，两“龠”那么多，就是能盛纳2400粒黍米那么多的容器。

《说文解字注·五篇下·亼（jí）部》：合，亼口也。从亼口。在甲骨文中就是一个带盖子的容器。段注在此处却解释为：三口相同是为合，十口相传是为古，引伸为几会合之称。这就有点像拆字先生了。不过现在人更会拆字，把“合”拆为“人”“一”“口”：大家同吃一碗饭，是合作；人人发出一个声音，是异口同声，是合心。

升　甲骨文

5. 升，就是一大勺

再说升、斗、斛。

升，甲骨文字形像一把长柄大勺子。上部分是勺子头，里面的短横表示勺子里面舀起的东西；下半部分是勺子柄，周围的两点表示勺子溢出的液滴或谷物颗粒，所以是个象形字。因为是把东西从下面舀出来，所以“升”后来引申出“上升”的意思。太阳升起来的“升”，便多加“日”头作“昇”。《说文解字注·十四篇上·斗部》：升，十合也。从斗，象形。“十合”各本原作“十龠”，段注纠正了许慎的错误，说不是“十龠”而应该是“十合”，因为十合为升。《康熙字典》引《汉书·律历志》说：升者，登合之量也。古升上径一寸，下径六分，其深八分。要这么说，这勺子也不算大，古人动不动喝四升酒，吃四升肉，不过四大勺也。

斗　甲骨文

斗，十升为斗。《说文解字注·十四篇上·斗部》：斗，十升也。象形，有柄。凡斗之属皆从斗。在甲骨文中，就是个长柄大勺子。其实也是个酒器，但这个酒器比较大，像北斗。《诗经》：惟北有斗，不可以挹酒浆。而“斗争”的“斗（鬥）”，在《说文解字注·三篇下·鬥部》：鬥，两士相对，兵杖在后，象鬥之形。像两个拳头在对打，即徒手打架。

十斗为斛。斗部的第一个字就是“斛”。《说文解字注·十四篇上·斗部》：斛，十斗也。段注引《律历志》曰：量者，跃于龠，合于合，登于升，聚于斗，角于斛。

古代的量具大多成了酒器。可见古人是真讲究喝酒。

最初的酒器应该是“角”。把动物的角直接拿过来用，比自己烧制陶器要省心。用作酒具的“角”读为jué。其实后来的“爵”，也属于“角”的变异，只不过做成青铜器更精美了。正因为先民以角为盛酒之器，作为古代酒器之名的“觚（gū）”“觥”“觞”“觯（zhì）”等字都从“角”。后来名演员称“角儿”，大概也是因为动物的“角”又顶尖又稀有。

角，《说文解字注·四篇下·角部》：角，兽角也。象形，角与刀、鱼相似。凡角之属皆从角。作为酒器，《礼记·礼器》有注曰：四升曰角。

6.古人的酒量有多大？

古代还有醒酒器。《说文解字注·十四篇上·金部》说：钟（鍾），酒器也，从金，重声。段注：古者，此器盖用以宁酒（宁酒就是醒酒吧），故大其下，小其颈。自钟倾之而入于尊，自尊勺之而入于觯（音zhì，古代酒器，青铜制，形似尊而小，或有盖）。故量之大者亦曰钟。引申之义为钟聚。

《说文解字注·四篇下·角部》：觯，乡饮酒觯。从角，单声。《礼》曰：一人洗举觯。觯受四升。

段注：《礼经》十七篇用觯者多矣，非独《乡饮酒》也。……今《韩诗》一升曰爵……二升曰觚，觚，寡也。饮当寡少。三升曰觯，觯，适也。饮当自适也。四升曰角，角，触也。不能自适，触罪过也。五升曰散，散，讪也。饮不能自节，人所谤讪也。总名曰爵，其实曰觞。觞者，饷也。觥，廓也，箸明之貌。君子有过，廓然箸明。非所以饷，不得名觞。

看来古人喝酒都是论“升”喝，先说一升到底是多少。按照出土文物考据，比如1981年中国出土了汉代的度量衡器“权”，北京博物馆里就有汉代司农铜权，时期基本与张仲景所处东汉相同，得出了以下结论：一升相当于现在的200毫升（1升等于十合），所以一合就是20毫升，那古人喝五升，就是1000毫升了。现在一瓶酒一般多少毫升呢？因为酒是要算密度的，现在大致一瓶红酒是750毫升，一瓶白酒一般在500毫升，一瓶啤酒一般为600毫升，难怪段玉裁说喝四升就是罪过了，喝五升就要遭人诟病了。

段玉裁还说了一个古周礼喝酒习俗：爵一升，觚三升。献以爵而酬以觚，一献而三酬，则一豆矣。食一豆肉，饮一豆酒，中人之食。就是有人敬酒一爵，要酬谢回礼三觚，觚，也是盛行于商代和西周初期的酒器，喇叭形口，细腰，高圈足。《说文解字》：觚，乡饮酒之爵也。一曰觞受三升者谓之觚。《论语·雍也》：子曰：觚不觚，觚哉！觚哉！觚，原本上圆下方，有棱，容量约有二升，后来觚被改变了（上下都圆了），所以孔子认为觚不像觚了。此句直白译过来就是：觚都不像觚了，还能叫觚吗?！还能叫觚吗?！看把老先生气得，也是，改个样子就名实不符了。

古人为什么这么喜欢喝酒？大概是喝酒可以使人类达到最原始的状态，可以与老天和祖宗沟通吧。酒，微醺而通神。《礼记·射义》云：酒者，所以养老也，所以养病也。《汉书·食货志》云：酒，百药之长，嘉会之好。是说“酒”是百药之长，所以“醫”字下面有“酉”，就是“酒”。同时，“酒”也是美好聚会时最好的东西。

酒——痛苦者得之，可以浇愁；欢乐者得之，可以助兴。孤独者得之，可以微醺；病痛者得之，可以通经。诗者得之，可以宣志；无赖得之，可以癫狂。孤男寡女得之，可以乱性。所以《诗经》说：微我无酒，以敖以游！所谓“酒神精神”，首先是通透与超脱，其次是混沌与大气。人生，有时还真需些酒后的那种勇敢与任性、豪爽与率真，能灵动着、诗性着，总比死气沉沉的好。

每每想到孔老夫子“唯酒无量，不及乱”，每每想到他老人家“子在川上曰：逝者如斯夫”，便宛然而笑。那一定是微醺后的诗意吧，浴乎沂，风乎舞雩，能率性地活，能感慨地活，能觉性地活，多么幸福，多么难得。

看看考古发掘中出现了多少酒器啊，圆的，方的，高脚的，陶的，青铜的，瓷器的……人们就该知道人类是多么热爱这个东西！

“酉”是“酒”的本字，就是酒坛子。家里有“酒”，就是“富”，为什么呢？古代老百姓粮食可能勉强够吃，唯有富人家，可以有剩余的粮食拿来发酵，然后尝之甘美，名曰“酒”。

酒，在“酉部”，不在“水部”。《说文解字注·十四篇下·酉部》：酒，就也，所以就人性之善恶。从水、酉，酉亦声。一曰造也，吉凶所造起也。古者仪狄作酒醪，禹尝之而美，遂疏仪狄。杜康作秫酒。这里说明了几个问题：

（1）酒有“成就”意，成就的是人性之善恶。喝了酒，要么表现出善，要么表现出恶，总之，会呈现人之本性。

（2）“酒”字从水从酉，段注：以水泉于酉月为之。在“酉”字下许慎说“八月黍成可为酎酒”。

（3）“酒”又有“造”意，造吉凶而已。

（4）最早的造酒人叫仪狄，大禹喝了以后觉得很美，但就此疏远了仪狄。为啥呢？大禹说：“后世君王一定有因为喝了美酒而亡国的。”他把喝酒上升到了关乎国家存亡的高度。《韩非子·说林上》说：常酒者，天子失天下，匹夫失其身。看来酗酒确实后果严重，对于普通百姓，一顿酒就失了身，太挫败了。

（5）杜康造出了秫酒。

7. 古人喝的是什么酒？

《周礼》认为酒有三个特性。《周礼·天官》：辨三酒之物，一曰事酒，二曰昔酒，三曰清酒。注曰：事酒，有事而饮也。这种因事、因应酬而喝酒最无聊了。昔酒，无事而饮也。这个属于自娱自乐，没事喝两口，唱两句，再微醺以作诗，太美好了。清酒，祭祀之酒。祭祀为什么要用清酒？就是要把最美好的东西献给上天。看到人间的快乐，上天也欣慰啊。

再说一下古代“酒”的类别。

《说文解字注·十四篇下·酉部》：醇，不浇酒也。从酉，敦声。段注：凡酒沃之以水则薄，不杂以水则曰醇。指酒味厚重、醇美、质朴，引申为精粹。

《说文解字注·十四篇下·酉部》：醴，酒一宿孰也。这个醴，就是薄酒，有酒味而已。

现在人爱喝的醪糟又是什么呢？《说文解字注·十四篇下·酉部》：醪，汁滓酒也。是浊酒，江米酒，也是药酒。段注：米部曰“糟”。酒滓也。此物大补气血。

《说文解字》释“医”字云：医之性然，得酒而使。也就是说，酒是医生的使者。确实呢，经常有人问我：这药里用酒是啥意思？我说借其酒气耳。因为煮完酒精已去，酒气尚在，可以通经脉，尤其入肝经，所以属于引经药。《伤寒论》里有一些方子用到了酒，比如“栝蒌薤白半夏白酒汤”用白酒，“当归四逆加吴茱萸生姜汤”则用清酒或水酒，“炙甘草汤”也用清酒，这里的清酒，是白米酿，也就是醪糟汁，或用黄酒亦可。总之古代薄酒居多。

另外，醉也在酉部，以“酉”字作形符，表示喝酒；右边的“卒”字既是声符，也表示一定的意义，“卒”字本身表示“结束、完毕”，甚至有“死”的意思，“醉”指饮酒过量，神志昏沉，甚至失去知觉。所以，“醉”是形声兼会意字。《说文解字注·十四篇下·酉部》：醉，卒也。卒其度量，不至于乱也。从酉、卒。一曰酒溃也。许慎的说法暗含两层意思，一是饮酒刚好到了量，又没达到乱的程度；二是饮酒过量，让人体崩溃。这时如果能呕吐，也算人体自救吧。

有醉就有“醒”，但《说文解字》没收这个字，收了一个“酲（chéng）”字。《说文解字注·十四篇下·酉部》：酲，病酒也。一曰醉而觉也。段注：许无“醒”字。醉中有所觉悟即是“醒”也。……《字林》始有“醒”字，云酒解也。……盖义之岐出，字之曰增，多类此。也就是“字”就是这样一点点多起来的。“醒”字造得挺好，从酉，星声。星意为“半明半暗的状态”，有由夜到昼、由黑到白之义，所以“醒”有“醉酒后神志由昏迷到清爽”之意，就是“觉”。

酣，酒乐也。段注：中酒曰酣，引申为凡饱足之称。吃饱喝足就是“酣”。

酷，也在酉部：酷，酒厚味也。从酉，告声。段注：酷，极也。所以由香气浓盛而引申为酷烈、残酷。

配，也在酉部：配，酒色也。

酸，也在酉部：酸，酢（同“醋”）也。从酉，夋（qūn）声。关东谓酢曰酸。酒保存不好会变酸。其声符“夋”也是有意味的。《说文解字注·五篇下·夊（suī）部》：夋，行夋夋也。按理说，解释一个字时不可以在释文中有本字，所以许慎的解释就让人看不明白。于是只得去看这个部首字“夊”：夊，行迟曳夊夊，象人两胫有所躧也。于是就明白了“夋”是人走路迟缓的样子。放在“酸”字里，就表示东西放久就变味了。知识分子若读书没读明白，还读串味儿了，就是酸腐之士。

古代除了酒器，肯定还有食器，就是盛饭的器具，比如前面讲的“敦”，在食器里就读作duī，古代用来盛放黍、稷、粱、稻等饭食的器皿，三足，有盖儿，而那个“盖儿”也设计精妙，需要时可以反过来使用，由鼎、簋的形制结合发展而成。就饪食器总体的发展变化而言，与鼎中盛肉食相配套的盛饭食的器物，西周是簋（现在北京有簋街，就是晚间吃饭最热闹的地方），春秋是敦，战国以后则是盒。簋，指古代青铜或陶制盛食物的容器，也是重要的礼器，在祭祀和宴飨时，它和鼎配合使用，敞口、束颈、鼓腹、双耳。《说文解字注·五篇上·竹部》：簋，黍稷方器也。《广韵》：簋，祭器，受斗二升，内圆外方曰簋。《诗经·秦风》：于我乎每食四簋。《毛传》：四簋，黍稷稻粱。

盒，底盖相合的盛器。《说文解字》未收此字。

三、怎么用《说文解字》看古书？

《说文解字》毕竟是工具书，所以怎么用好这本工具书才是最关键的。

《论语》应该属于最容易阅读的古书了，因为都是孔子和弟子们的日常对话，而非长篇大论。可《论语》到底有多少人读懂了呢？咱们就以《论语》开篇为例讲一下。

1.《论语》开篇说什么？

《论语》的第一段，很多人都能背下来，说我都懂，等我讲完后，你可能才知自己原先没懂。圣人的话，简单，但一定深刻。

第一句：学而时习之，不亦说乎？理解这句话的关键点在“学”字、

学 甲骨文

时 甲骨文

时 金文

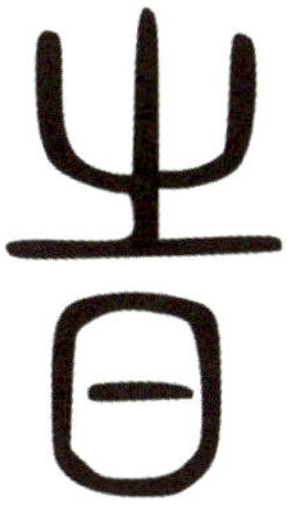

时 《说文》古文

"时"字、"习"字和"说（悦）"字。

先说"学（學）"字。读作jiào或xué，在《说文解字》中写作"斆"。《说文解字注·三篇下·教部》：斆，觉悟也。从教、冖（mì）。冖，尚矇（同"蒙"）也。臼声。其实，甲骨文中的"学"字，是个会意字，上面是两只手摆弄爻，"爻"是"八卦"中每一个卦的长横短横，表示物象的变动、变化，说白了，就是教小孩子学算术，两手持箸而明数理。段注：冖下曰："覆也。"尚童矇，故教而觉之。此说从冖之意。详古之制字作斆，从教，主于觉人。秦以来去攴作"學"，主于自觉。《学记》之文，学、教分列。所以段注也解释得到位，把学和教分开释义：教，在于觉人，在于启发人，而不是灌输知识；学，在于自觉。所以，无论是"教"还是"学"，都在于"觉悟"二字。"学"字最下面是个"子"字，代表小孩儿，也代表小孩儿的生机是觉悟的根本。

所以"学而时习之"的第一个要点，不是学到知识，而是看有没有不断地觉悟。有了对时代的觉悟，才能站在制高点上。没有对生命真知的觉悟，在社会上就是随波逐流的混子。觉悟就是完成从"小我"到"大我"的扩大和升华，就是破除了"我执""断见"，而愿意为全人类的幸福而自觉奋斗。释迦牟尼之所以被称为"觉悟者"，就是这个意思。

《说文解字》怎么说"时"字？时，甲骨文、金文及《说文解字》中的古文"旹"是一个会意兼形声字。"旹"字构形均下面是"日"，上面是"之"。"日"为太阳，而"之"有行走之义，兼有表音作用。《说文解字注·七篇上·日部》：时（時），四时也。从日，寺声。旹，古文"时"，从日，㞢（之）作。

习 甲骨文

习 篆文

段注：本春秋冬夏之称，引伸之为凡岁月日刻之用。后来又引申为时机、时代。在这句“学而时习之”中，“时”通常翻译成“时不时”，我觉得在当代也可以有新的解读，比如理解为“时代”。生而逢好时代，人就成功；生而不逢时，人就命运多舛。

我们再看这个“习（習）”字。“习”在甲骨文中已经出现，其上部为“羽”字，古字形像羽毛，下部是“日”，即为太阳。原意是小鸟扇动白色的羽毛，在阳光里一遍遍地练习飞翔，就是“习”。至篆文，上边还是个“羽”字，但是下边的“日”讹变成了“白”，“日”字与“白”字的字形很相似。《说文解字注・四篇上・习部》：习，数（shuò）飞也。从羽白声。凡习之属皆从习。即，习字还是个部首。数飞，就是一次次锻炼的意思。

在我看来，“学而时习之”的意思是：有了觉悟并掌握了一定的技能和智慧，能够在时代当中得到锻炼，人就会很快乐。学道而不习（演练、实践），则落空；习而不学，则不能长远或妄为。这种理解比“要经常复习”这样的常见解释更说得通。因为每个人学习后不断地复习，不见得很快乐，但是要是学有所用，有人用你，你才会真的快乐，学好了又有好时代让你得以锻炼，这是一种更大的快乐。

最后说“说（悦）”字。古代“悦”与“说”属于古今字，即古字为“说”，今字为“悦”，《说文解字》没有收“悦”这个字。所以可以去查“说”。《说文解字注・三篇上・言部》：说，释也。从言，兑声。一曰谈说。段注：说释即悦怿（yì）。说、悦，释、怿，皆古今字。许书无悦、怿二字也。说释者，开解之意，故为喜悦。所以“悦”，是通过说话让人心中郁结开解释然。因此，第一句用“悦”，是说人生若常学习、常收获，就不郁结，并喜悦。而第二句“有朋自远方来，不亦乐乎？”的“乐”与“悦”还是有不同的，不同在于，“悦”从外来，是别人给你的，而“乐”，源自内发。

乐（樂）本指木架上有弦有鼓的乐器，所以在木部。《说文解字注·六篇上·木部》：乐，五声八音总名。象鼓鞞。段注引《乐记》曰：感于物而动，故形于声。声相应，故生变。变成方，谓之音。比音而乐之。这是在说“声”“音”“乐”的不同。《乐记》还说：知声而不知音者，禽兽是也；知音而不知乐者，众庶是也；唯君子为能知乐。

细细分析三者的不同，“声”，是本能的号叫，只是简单地传递信息。比如，屋里突然闯进来一群强盗，我们因害怕而发出“啊”的声音。就是本能的“声”，代表心受到了震动，因为“啊”为心音。《说文解字注·十二篇上·耳部》：声，音也。段注：音下曰：声也。二篆为转注。此浑言之也。析言之，则曰：生于心有节于外谓之音。宫商角徵羽，声也；丝竹金石匏土革木，音也。这就把声与音的不同说清楚了。

所以，“音”，是调子，是情绪的表达。凡情绪，就有可能走极端。凡不知节制、不知约束自己情感者为众庶，为百姓。

“乐”，有情感的层次和起伏，发乎情，止乎礼义。能战胜自己情欲的才是君子。“乐”就是调子组合在一起好听了，和谐了，有韵律了，和谐之道叫作“乐”。“唯君子为能知乐”，意思是只有君子才能守和谐之道。

孔子没有得到第一个快乐，于是他退而求其次，人生第二大快乐就是“有朋自远方来，不亦乐乎？”。这里面要解释这个“朋”字和“乐”字，“乐”既可以念“yuè”，也可以念“lè”，音乐引发的快乐是高级的，它已经不是被开解后的愉悦，而是发自内心的一种美感。而这种发自内心的快乐，孔子得到了吗？

“朋”字不好查，在“凤（鳳）”字下，隐含着这个字。《说文解字注·四篇上·鸟部》说：䨲（朋），古文凤，象形。凤飞，群鸟从以万数，故以为朋党字。段注：此说假借也。朋本“神鸟”，以为朋党字。……朋党字何以借朋鸟也？凤飞则群鸟从以万数也。也就是说许慎和段玉裁都把

朋 甲骨文

"朋"解释为"凤"和"鹏"，群鸟相聚为"朋"。这种解释也对也不对。为什么这么说呢？"朋"字出现的很早，在甲骨文中，是两串贝并联的样子，上古人以贝为货币，以五枚贝壳为一挂，两挂为一朋，所以"朋"字的原始意义是钱串，《诗经·小雅·菁菁者莪》里有这样的句子：既见君子，锡我百朋。"锡我百朋"就是赏给我一百朋钱。从这点上说，许慎和段玉裁解释错了，但段玉裁说"此说假借也"，这句对了，也就是"朋"假借为鹏鸟之后，钱串的本意就只好另造新字了。所谓"朋党"其实也是利益的结合，后世更有"同门曰朋，同志为友"的说法，也就是一个老师教出来的学生叫作"朋"，"同门曰朋"的意思就是把老师比喻成凤鸟，学生如群鸟紧随其后。但一个老师教出来的未必是"同志"(就是有共同志向的人)。"友"字的原始意象是手拉手，两个"又"字表示两个人紧紧相握的两只手。就是有共同志向的人，又能手拉手的人，才是"友"。友，由两个"又"构成。《说文解字注·三篇下·又部》：友，同志为友。从二又相交。段注引《周礼》注曰：同师曰朋。同志曰友。又说：二又、二人也。善兄弟曰友。亦取二人而如左右手也。也就是，认识归认识，但有没有肢体接触，则意味着两人关系的深浅。没有界限感的亲近是令人窘迫的，这就是"朋"和"友"的区别。

那孔子的这句"有朋自远方来，不亦乐乎？"到底指什么呢？他用的当是许慎的意思，他渴求的不是金钱，而是像凤凰那样有精神神采的人。孔子是老师，是圣人，是人类思想的引领者，以他的高度，基本上没有朋友。可是，人在世上都求懂。懂，有时候比爱更高贵。所以这第二大快乐，孔老先生也没有，他知道自己的孤独，并骄傲自己大鹏展翅般的孤独。于此，孔老先生继续说第三句。

人不知而不愠，不亦君子乎？所以说，《论语》开篇三句话有着内在的关联性：哪怕天下没有任何人用我，哪怕天下没有任何人懂我，我也不抱怨。这才是君子啊！

这句的“知”，前面讲过了，代表谈论狩猎或作战经验。后来引申为知识、知道。

“愠”字，在《说文解字注·十篇下·心部》：愠，怨（段注：怨各本作怒）也。从心，昷（wēn）声。“昷”意为“热”“暖”。“心”与“昷”联合起来表示“心里燥热”。本义：心燥。不冷静。引申义：含怒，生气。君子的一个标准就是“不怨”“不怒”，用他的原话说就是“不愠”。不抱怨才是君子的一个标准。

为什么好多女子还是嫁给了怨气冲天的男子了呢？因为女子爱才子啊！男子多怨者大多略有才气，但性格有缺陷，不可亲。女子多怨者大多太有情，但难明事理，亦难亲近。男子不得志先怨命、怨世道，最后一定怨老婆和孩子，因为老婆和孩子也是他命中的一部分，所以这样的人嫁不得。女子嗟叹便怨命、怨自己，愁苦絮叨，也讨人嫌。所以孔子给君子首要立的标准是“不愠”。

于此，读《论语》开篇，知人生有三乐：学而时习之——有理想，有本事，恰好又得时代之用，就是成就；否则就不快乐。有朋自远方来——懂比爱更高贵，没有知音，人生也少一乐。人不知而不愠——困顿一生而不抱怨、不嗔怒，此乃得“知天命”之乐，得君子之尊。怨时代、怨人、怨命，均属于没活明白。而乐与不乐，全在一己之胸怀、之格局。

2.学道，脑子得圆融

学习《说文解字》，就是为了让我们更好地理解经典。

再讲一句《论语·子罕》里的话吧，子曰：可与共学，未可与适道；可与适道，未可与立；可与立，未可与权。这句话，每个字大家都认识，可明白是什么意思吗？

共 甲骨文

这三句实际在讲人生路上的四段历程：共学是第一层，我们有小学同学、中学同学、大学同学，但未必有第二层——适道，就是有共同的理想。第三层是“与立”，就是有共同的理想，最终也未必能坚持站在一起到最后。第四层“与权”就是哪怕一时立场相同，最后也可能因为思维意识、性情的不同而分道扬镳。

可与共学，未可与适道。《说文解字注·三篇上·共部》：共，同也。共，甲骨文中就是两手同时捧着东西的样子。适，往也，就是“到……去”。“可与共学，未可与适道”，就是一起学习的人，未必可以一起行道。就是你学医可能是为了找工作，当医生，我学医可能是为了自救，目的不同，道亦不同。

可与适道，未可与立。《说文解字注·十篇下·立部》：立，侸也。从大在一之上。就是人站立在大地的样子。人虽能立，但不能久，所以“立”后来又表示“立刻”“立马”等。“可与适道，未可与立”，就是虽然我们一开始都是奔道学而去的，但不见得能一起坚持到底，有的人会因为行道的困难半途而止，有的人会因为家境困难而放弃理想，有的人会因为其他的诱惑而改变志向。所以，能坚持到最后的，才是真同志、真朋友。所以说“朋友”，一般都是阶段性的，父母、夫妻、朋友，所有牵着的手都会松开，人生，就是不断失去，又不断有新欢的过程。

可与立，未可与权。就是说人和人虽然并肩同行了，可这过程中一旦出现分歧，就又开始考验人性了。对一个问题的看法，最终看能否有人权衡而守中道。同是修道者，有的人能修成，有的人就是修不成，看什么呢？看有没有圆融之性。“权”讲过了，是秤砣，秤砣的作用是用来衡量轻重、保持平衡的。有没有“权”的这种平衡能力，是一个人能否成功的标志。有些人立于道，却不懂得变通，最后就是走极端、撕裂或分道扬镳。对一个事物的判断和立场，最可以见到此人的思维局限。

举个例子，说说孔子传道要不要收学费这事。大家都知道，孔子收学生不分贵贱一律收“束脩”——束脩，十脡脯也。就是十条腊肉。有人说：你既是传道，就不该收费。这种人的一贯思维就是：凡事都想白得，靠什么白得呢？靠道德绑架。还有人说：才收这么点啊，交十条腊肉，跟老师学一辈子，老师不得穷死?！这种人至少站在他人的立场考虑事理。第三种人就是懂得权衡、变通之人，他认为：传道，一分钱不收，道亦不能持久，老师也付出了太多啊！但也不能收太多钱，如果老师收费过多，很多人还是会望而却步，毕竟求道的心还是赶不上求活命的心，所以不能多收。这第三种人的思路就是懂得权衡之道而守中正的人。所以“可与立，未可与权”这句，就是说有些人会因为“固执”或“我执”而修不成道，而唯有思维圆融的人才能成道。所以，守圆融、守中道才是修道的根本。就像我曾经说过，罗汉的头部都不圆，都凹凸不平，意味着他们都有独特突出的地方，但佛的头都是圆的，而且有法髻，就是叫我们从“相”上去悟道。

孔子还说：自行束脩以上，吾未尝无诲焉。只要交了学费的，我一定掏心掏肺地教，收费不多，但必须收。现如今，花点钱买本书，也许就改变了自己的命运。好比读懂了《伤寒论》，关键时可能会救命；学会了查《说文解字》，起名字、改名字也许就能省几千块钱。收费问题其实考验的是人心，尤其对穷人来说——是拿学费改善生活，吃好喝好，还是跟一个失意潦倒的老人学习经典？有勇气选择后者的，将最终改变自己的原始命运，即，他不再是生物链上的一个默默无闻的存在，而是成为三千弟子之一，得开智觉悟之法喜。所以，钱不是最重要的，而是看它怎么用更有意义。人生，立于利，还是立于义，还是立于道，有没有权衡的能力，最终决定了人生道路的不同。

孔子是真懂人性啊！

生 甲骨文

3.《黄帝内经》的开篇说什么?

再讲一段《黄帝内经》的开篇。

昔在黄帝，生而神灵，弱而能言，幼而徇齐，长而敦敏，成而登天。《黄帝内经》将人生分为五个阶段。“昔在黄帝”这句前面讲过了。我们讲一下“生而神灵”。“生”字的甲骨文就像一个婴儿头朝下、身子往下滑的样子。《说文解字注·六篇下·生部》：生，进也。像艸（草）木生出土上，凡生之属皆从生。意思是小孩子从母腹里出来就好像是草木从土里发芽生长出来一样。

神，《说文解字注·一篇上·示部》：神，天神，引出万物者也。从示，申声。表示祭台的“示”和表示雷电的“申”构成。神字的本义是天神，以“申”为“神”说明了古人将雷电看作神迹。小婴儿也是神啊，而且是天使，是天神中最可爱的那一个。

灵，在古代有三个写法：一个上部是霝（霝是“零”的古字，《说文解字》：雨落也。意为降雨），此处为声旁，下部是示，指祭台，代表接神祈雨。战国文字、《说文解字》小篆写作“靈”，上部是声旁“霝”，下部改从“王（玉）”，意为以玉降神。秦代文字下部为“巫”，表示通过舞蹈来祈求神降临的巫。《说文解字注·一篇上·玉部》：靈，巫也。以玉事神。段注引《谥法》曰：极知鬼事曰灵，好祭鬼神曰灵。我们总说小孩子眼睛干净，就是说他们“灵”。因为他们太灵了，所以老天不急于让他们说话。

弱 篆文

“弱而能言”之“弱”，《说文解字注·九篇上·彡（shān）部》：弱，桡也。上象桡曲，彡象毛氂桡弱也。“上象桡曲”，指“弓”字，像人弯身或像弯曲的树木，下面的“彡”，像细弱刚长出的体毛，所以还称不上男子汉。还是《玉篇》的解释到位：弱，尪（wāng）劣也。就是顽劣、不成熟。《释名》：二十曰弱，言柔弱也。所以二十岁的冠礼叫“弱冠”。我们现在有“懦弱”一词，啥意思呢？懦，一般认为“需”为声部，其实“需”字很有意思，上雨下而，“而”在古文里为“胡须”，所以“懦”字为胡须得雨水而更柔顺，进而为心之柔。《说文解字注·十篇下·心部》：懦，驽弱也。懦和弱当为同源字，但懦指心力弱，弱指身子弱。懦上有胡须尚软，下有欲飞难翔；“弱”字，弓为躯体，彡，比喻下体亦有毛羽轻飘之形。故“懦弱”源自身体心智尚不强大，遇事则不自信。妙乎哉，汉字。

“幼而徇齐”，《说文解字》没收这个“徇”字，但收了“侚”。《说文解字注·八篇上·人部》：侚，疾也，从人，旬声。段注：黄帝幼而侚齐。裴骃曰：侚疾，齐速也，……按侚今本讹作徇。“徇”字在彳部，代表行走，旬表示走一圈，所以“徇”是快走一圈的意思，在这里表示小孩成长快速。《说文解字注·七篇上·齐部》：齐，禾麦吐穗，上平也。于是，“幼而徇齐”的意思就清楚了，徇是圆满，齐是整齐——一下子把少年的风华正茂烘托出来，所以“徇齐”两个字妙不可言，生命成长，光快不成，还要整齐。什么整齐呢？人的精神和身体要同时发展，而不能偏失。在青春期前，这个同速发展非常重要，身体要快速成长，认知也要快速成长。少年时期最重要的一个特点，就是身与心同时发展，并且均衡，不偏不倚，因此，少年时代是人一生最难忘的美好。

敏　甲骨文

为什么小孩儿会快速生长呢？幼小嘛，属于“无漏”境，精足气不散，故能快速生长，十七八岁，“有漏”后，人就生长缓慢了。

“长而敦敏”，《说文解字注·三篇下·攴（pū）部》：敦，怒也，诋也。又怒又诋，简直就是青春叛逆期的形象写照啊！看来“长而敦敏”是说孩子长大后就有脾气了。段注：按心部“惇”，厚也。……敦厚者，皆假借“敦”为“惇”。在这里段玉裁把“敦”解释为“厚”。但查过《说文解字》后，还是觉得许慎的说法到位，长大后脾气也大了。而“敏”字也在“攴部”：敏，疾也。甲骨文的字形就是一个已婚妇女快速梳头的样子。所以，“敦敏”二字，表示长大后有脾气了但也知道约束自己了。这两个字都含有“手”的动作，看来青春期动手比动脑重要。动脑过多，人要么抑郁，要么疯狂；多动手呢，能让心沉静下来。

登 甲骨文

“成而登天”，《说文解字注·十四篇下·戊部》：成，就也。从戊，丁声。古人认为“戊”通“茂”，物之成也，丁壮亦成也。“登”字，甲骨文写法是上面两个“止”（指脚），表示登高之义，中间是个装有食品的“豆”（食器），下面还有两只手（“又”），就是登祭台进献供品之义。《说文解字注·二篇上·癶（bō）部》：登，上车也。从癶、豆。象登车形。所以“登”有升高的意思。成而登天，就是人完成使命后就升天了。

所以《黄帝内经》开篇就是在说人的一生，从受精卵到死的一系列变化，其中最有趣的还是青春期以前。再长大，很多人就过着千篇一律的生活了，就乏善可陈，没什么好说的。

把这一段读懂了，就明白一件大事——就是越早活明白越重要，早活明白早快乐，晚活明白痛苦多。为什么“长而敦敏”后一大段人生没啥可说的呢？因为说出来都是“苦”啊！那怎么办呢？那就少走弯路，不必把别人的日子自己再苦一遍，趁着年轻有劲儿，赶紧把学业、婚姻、养育孩子这些庸常事做完，然后趁着壮年，好好地在正心、正念里愉悦自己，提升自己、超越自己，就是给自己开生路。别总说等老了我再好好修行，老了，气血都在死路上了，还修什么呢，保命都来不及呢！最后一辈子就剩个“悔”字，《说文解字注・十篇下・心部》：悔，恨也。也就是遗憾之意。段注：悔者，自恨之意。能无怨无悔，才是人生盛境啊！

第五章　天地玄黄　宇宙洪荒

一、怎么求老天办事？

逐字逐句讲解《说文解字》没有意义，因为其中好多字现在已经不用了，正因为如此，大家原先翻开《说文解字》，总感觉像天书。

我按照天、地、人的次序来讲一些大家都认识的汉字。也就是，我把万事万物分成三大类分别来讲相关的字。

讲“天”之前，先说下《说文解字》对宇宙的界定。

宇：《说文解字注·七篇下·宀部》：宇，屋边也。从宀，亏（于）声。《易》曰：“上栋下宇。”段注：屋四垂为宇。……宇，屋檐也。引伸之凡边谓之宇……上下四方谓之宇，往古来今谓之宙。上下四方者，大之所际也。

宙：舟舆所极覆也。从宀，由声。段注：覆者，反也。……舟舆所极覆者，谓舟车自此至彼而复还如此循环然。故其字从“由”，如“轴”字从“由”也。上下四方曰“宇”（空间），往古来今曰“宙”（时间）。就好比舟车自此至彼，复自彼至此，皆如循环的样子。宇宙，是中国人对时空的界定。两个字都在“宀部”，就把无穷尽的轮回给了边界，即，对于我们每个人而言，时空还是有边界的。那宀字头（今称宝盖头）会让渴望自由的人压抑，但真的也会给惊惶的人以安全感。

所以，明白了宇宙的概念，就知道时间、空间都在循环往复，就知道“轮回”，并不只是个宗教概念，而是宇宙的一种存在。首先，天道有轮回，春夏秋冬、二十四节气就是轮回；地道顺遂天道，七十二物候亦有轮回。再比如，太阳每天都照常升起；月亮里的月桂树也总是砍而复生，月亮一次次地被吞噬，又一次次地从天狗的嘴中被吐出。这一切，无非是在演示生命最重要的存在方式——死而复生，或者叫“轮回”。人道顺遂天地道，有生老病死，岂又不是轮回?！所以，轮回是世界的常道和真相。永恒的重复，是一种惩罚，也是一种希望。一切，该走就走，该来就来，不拧巴，就是明道。

人生在世，生有时，死有时；爱有时，恨有时；播种有时，收获有时；战争有时，和平有时；欢乐有时，病痛有时；怀抱有时，放手有时；毁灭有时，建造有时……时，即道，即理性，即定数。逢毁灭时不慌张，逢建造时不张狂；逢生时勿喜，逢死时勿悲。我们在时光中，同时又不过是时光的片段、碎片，在大光芒、大黑暗中亦有些许熠熠之光。

再解释下“天”。甲骨文的“天”字，像正面站着的“人”形，突出头部，以示人之顶颠。《说文解字注・一篇上・一部》：天，颠也。至高无上，从一、大。段注：颠者，人之顶也，以为凡高之称。

天 甲骨文

《释名》从声音上解释“天”：天，显也，在上高显也。青徐以舌头言之，天，坦也，坦然高而远也。

《释名》又说：春曰苍天，阳气始发，色苍苍也。苍，《说文解字注・一篇下・艸部》：苍，艸（草）色也。从艸仓声。段注：引伸为凡青黑色之称。

夏曰昊天，其气布散皓皓也。昊，《说文解字》没收这个字。应该指天的广阔无限。从“皓”字解，当指“洁白光明”。

秋曰旻（mín）天，旻，闵也。物就枯落，可闵伤也。《说文解字注・七篇上・日部》：旻，秋天也。从日文声。《虞书》说：“仁覆闵下，则称旻天。”段注则洋洋洒洒写了好长一段：元气广大，则称昊天；仁覆愍（闵）下，则称旻天；自天监下，则称上天。据远视之苍苍然，则称苍天。……春气博施，故以广大言之；夏气高明，故以远言之；秋气或生或杀，故以闵下言之；冬气闭藏而清察，故以监下言之。那怎么求老天呢？段玉裁接着说：浩浩昊天，求天之博施；苍天苍天，求天之高明；旻天不吊，求天之生杀当其宜；上天同云，求天之所为当顺其时也。此之求天，犹人之说事，各从其主耳。这段写得有意思，就是我们求老天时，得说清楚求什么。若求老天广济博施，你得呼喊“昊天”；而你呼喊“苍天”时，是求老天明察，以解冤屈；呼喊“上天”时，是求老天顺其四时，不要降灾祸于人间……也就是说，去求神拜佛时，若表述不清，神佛也没办法帮你。

冬曰上天，其气上腾，与地绝也，故《月令》曰：天气上腾，地气下降。这个前面讲了：冬气闭藏而清察，故以监下言之。

最后《释名》说：《易》谓之乾，乾，健也。健行不息也。又谓之元，元，悬也，如悬物在上也。天，在《易经》里称作“乾”，乾，就是运行不息的意思，又读作“干”。《说文解字注・十四篇下・乙部》：乾，上出也。段注：此乾字之本义也。自有文字以后，乃用为卦名，而孔子释之曰“健”也。健之义生于上出，上出为乾，下注则为湿，故乾与湿相对，俗别其音，古无是也。

此外，天，又叫作“元”，《释名》说，元是“悬”，好比悬挂物品在上面的意思。而《说文解字》说：元，始也。元与天，都在《说文解字注》的第一页。

二、何谓天？何谓地？

1. 天为体，帝为德

天有两个内涵：

（1）颠也。

（2）至高无上。

首先，“天”字中含有头顶的意味，因此古代很多跟头有关的用词都会有个“天”字。比如，在中医里，头痛病也叫“疾天症”，就是头疼症。

“天”字的第二个含义是“至高无上”。如我们常说的“老天”“上天”“天帝”，都是这个概念。至高无上的定义在于老天有“好生之德”，没有天，就没有地；没有天地之阴阳和合，就没有人。所以，“天”之“生生不息”就是天的德性，就是至高无上。这个“好生之德”用哪个字体现呢？“帝”字。孔颖达注释《礼记》中说：因其生育之功谓之帝，帝为德称也。

咱们借用段玉裁的比方来说一下吧：混言之，天与帝都属于至高无上。析言之，“天”为天之体，为本体；“帝”为天之德。所谓体用，就是本性为“体”，德性为“用”。一个是它是什么，一个是它能干什么。《白虎通》说：德合天者称帝。天之德性是什么呢？就是“生生不息”。生生不息本来源自春夏秋冬，但人类只会从自己的生育角度去理解和界定这个“生生不息”，上古不仅认为人能生育，天也能生育，地也能生育，于是，无所不在的生殖崇拜就作为宇宙间最了不起的能力而被赋予了神性。那么，我们怎么从这个“帝”字寻找生殖崇拜的影子呢？

“帝”字在甲骨文中就存在了。学术界关于“帝”字的解析基本有两种：

（1）“帝”是“花蒂”的“蒂”的本字。其字形像花蒂的样子。而“花蒂”，正是生殖崇拜中女性的代指。因为人最初是母系时代，所以“帝”有可能指母系的原始始祖。

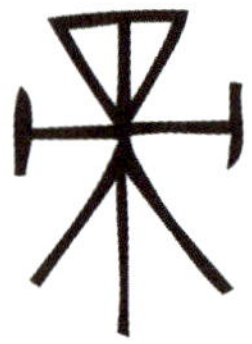
帝 甲骨文

（2）“帝”字像焚烧架木或束木以祭天，本义是一种古老的祭礼，是“禘”字的初文。“禘祭”指殷人祭天及自然神，以及四方之祭。中国自古就有“五帝”之说，五帝，指四方之神加中央之神。五帝到底指谁呢？按中华文化“道统”而言，东方之帝为青帝，为伏羲；木生火，于是便有了南方赤帝，为神农氏；火又生土，就是中央之神黄帝；土生金，就是西方白帝，为少昊；金生水，就有了北方黑帝，为颛顼……而孔子则理性地指出：天有五行——金、木、水、火、土，“分时化育以成万物”，其神谓之五帝。即五帝不应指具体的人，而是指五行分时化育以成万物这个“神性”。孔子的说法是对的。所谓中国文化的“道统”，就是一切都要按五行生克来，比如关于谁做帝王这件事，古人认为是天定的，而所谓天定也无非是“分时化育以成万物”，即依据五行不同的德性、按时间更替来化育万物。后来，“帝”由天帝、天神引申为掌握人间、部落、国家大权的人，就有了秦嬴政称自己“始皇帝”。而皇帝不仅要掌管国家，还要有三宫六院，这也代指皇帝要有超出凡人的繁衍能力。

“帝”字在《说文解字注》第二页。《说文解字注・一篇上・丄部》：帝，谛也。王天下之号。是称王天下的名号。如何“王”天下呢？上古靠的是丰收和生殖。也就是说，上古的“帝”是专门负责丰收和生殖的一个神。

丰收，解决的是“食”的需要，也就是族群生存的需要；生殖，也就是所谓的“色”，解决的是族群繁衍的需要。所以，“食、色，性也”。生殖崇拜，其实源于古代部族繁衍子嗣的一种生存需要。

由此，我们就有点看懂这个“帝”字的演化了，上面是一个“冠冕”或倒三角（▽）的样子，下面是一个“巾”，“巾”字在古代就是一块遮羞布，上古不仅没有裙子，也没有裤衩，就拿一块布遮挡一下。所以，“帝”就代表一个戴冠的男性生殖器的象，其德行在于生发生长、不断繁衍。如果是“花蒂”，那就代表母系氏族的女性祖先。

“天”有体、有德，那与天相对的“地”呢？何为体？何为德？古人并没有烦琐地造两个字来表达这个概念，而是用“地”这个字就可以了，其中，“土”是地之体，“也”是地之德。

《说文解字注・十三篇下・土部》：地，元气初分，轻清阳为天，重浊阴为地，万物所陈列也，从土，也声。段注：地以土生物，故从土。坤道成女，玄牝之门，为天地根，故其字从“也”。也就是说在许慎眼里，“地”是个形声字，而段玉裁却认为“也”大有意味，所以“地”是个形声兼会意字。段注这句可以说已经把“地”的体用彻底解释清楚了，即，“土”是地之体，“也”为地之用。

地，左为“土”，右为“也”。《说文解字注・十三篇下・土部》：土，地之吐生万物者也。二象地之上（段注：“上”各本作“下”，误）、地之中；丨，物出形也。凡土之属皆从土。甲骨文的“土”字，下部一横表示地面，上部像土块或土堆，古代“土神”就是“社神”，所以“社”有“土”字。

土 甲骨文

但“土”为什么能生万物呢？就要看“也”字。

2.“蛇”“它”“也”三字同源

《说文解字注・十二篇下・乀部》：也，女阴也。从乀。象形。也就是土地的德性即阴性，是从“也”字来。是女阴之性生万物，而不是土生万物。《白虎通》也说：地者，易也。言养万物，怀任交易变化也。段注：此篆女阴是本义。假借为语词（现如今，“也”字多假借为语气助词），本无可疑者，而浅人妄疑之。许在当时必有所受之。不容以少见多怪之心测之也。就是虽然道学家不应该说这类词汇，但段玉裁认为许慎一定是接受了这种说法，所以不必为此少见多怪。再说了，身上本来就有的东西，怎么就不让说呢?!

所以，“地”具有滋生万物的德性，就来自“也”字。女性是滋生、繁衍的载体，所以“也”字就代表了大地的这种繁衍特性。我们只有理解了“也”字的意思，才能真正明晓“地”字的含义。

也 金文

有人说“也”字的金文像突出头部的拖着尾巴游动的蛇形，只不过都加了个小尾巴“乀”。这个小尾巴就读“yí”，《说文解字》：乀，流也，读若移。其实这才是“也”字的真正发音。古文里，“蛇”读yí，“尾”读yǐ（其实“尾”就是“也”的变读。民间称那种特别娘的男子为二尾子），蛇、尾、也这三个字，都暗指女阴。

甚至许多有“也”字的字，也与女阴之形相关。比如说水池的“池”，不仅水能生万物，“也”也能生万物。故此字“从水，从也”，池子一般外面一圈，里面一圈，正像女阴之形。再有他、她，都从“也”，可见“也”与它、𢓊同源。

它 甲骨文

“它”始见于甲骨文，甚至，蛇、它、也三个字字形在甲骨文中有相混现象。自战国后才开始逐渐明确区分。《说文解字注·十三篇下·它部》：它，虫也。从虫而长，象冤曲垂尾形。蛇，它或从虫（也就是蛇字由“它”和“虫”组成，段注后面解释说“蛇”就是“它”的俗字）。段注：诎尾谓之虫。垂尾谓之它。许慎接着解释了上古一个常见的问候语：上古艸（草）居患它，故相问无它乎。就是上古水草之地多有“蛇”，这是人们非常害怕的，所以人们见面常问候一句“无它乎？（有没有蛇啊？）”，类似我们现在见面问：“吃了吗？”段注：上古者，谓神农以前也。相问无它，犹后人之不恙无恙也（就是“别来无恙”之意）。……而其字或假“佗”为之。又俗作“他”。经典多作“它”。犹言彼也。段注这句是说：它，假借为“佗”，俗做“他”，经典里应该写作“它”，指第三人称。这里插一句，我们都知道古代有个名医叫华佗，其实这只是华佗的外号，他的本名叫“华旉”，字元化，讲过名与字后，大家就知道，元化才是“旉”的意思。但华佗怎么有了“佗”这个外号呢？在《华佗传》里记述了华佗擅长杀死人腹中寄生虫的故事，而且他们家里墙壁上挂的全是这些长虫——“见佗北壁悬此蛇辈约以十数”，正常人家谁挂这些啊?！所以他才有了这样的外号。

看，一个“也”字的解读，帮我们认识了多少字啊！这些字都是我们常用的，是绕不过去的。有人可能还绕不过的弯儿是：蛇、它、也三个字字形同象我理解了，三者都有至阴之象我也理解了，但他、她、它怎么变成第三人称我脑子还是转不过弯儿来。可不可以这样理解：我，相对的是“你”，我与你的链接在“也”，于是“也（它）”就成了从中抽象出的第三者。于是，“也”加上不同的偏旁就成了另一种很了不起的存在，比如，古代最伟大的女神写成“祂（tā）”，“礻”代表神灵，加上右边的“也”字，就是能生育万物的伟大女神。同理，雌性的野兽就写成“牠”。也就是“我”是一种了不起的存在，“你”也是一种了不起的存在，但“祂”更是一种了不起的存在！这种对生殖生育的赞美，在上古文化中无所不在，抢婚为了“它”，战争为了“它”，没了“它”，种族就亡了。今人爱说“利他”，其实大家深思一下，其中难道没有一种深沉的你与我，也就是自身的热爱，以及对人类长久生存的热爱？

不用怀疑古人的造字脑洞，其实他们质朴而深刻。原始人简单，要想辨识人的阴阳，让一个男孩儿、一个女孩儿赤身裸体往那儿一站就清楚了，唯独不同的，就是男根、女阴的不同，一个正三角、一个倒三角就完全清楚了，最后就演化成一个阳爻、一个阴爻而已。

所以那个成语真是好啊！——空空如也。大地、女性、阴性，坤，这些同类的事物，正因为其“空”，才有贪婪性、有收藏性，并从中感知承载万物的痛苦。而这些特性良性发育的结果就是“坤德”，也叫作“厚德载物”。

“厚德载物”这句话出自《易经》。《易经》第二卦“坤”卦的《象》曰：地势坤，君子以厚德载物。这里并没有专指女人，而是指“君子”。我从来不喜欢用道德标准来界定“君子”，在我眼里，君子指一切还没有泯灭良知的人，一个大字不识的人，只要还有良知，也是君子。孔子说：君子之道者三，我无能焉。仁者不忧，知者不惑，勇者不惧。仁、知、勇，即是良知。

“坤”为纯阴之卦，代表地，象征至阴至柔。大地，正因其“大”“空”“柔”，用《周易》里的原话，就是“直、方、大”。唯有厚实温顺，方可以承载万物。所谓“厚德”，就是大地有一种自足而谦卑的特性，这种“自足”是对太阳“自强不息”的深沉回馈，而“谦卑”则源于自我“空”的能力和“化”的能力。所谓“厚德载物”，不是光承载世间的好与坏就成了，而是要有化丑恶为美丽、化邪恶为神奇的能力。就好比大地，给它种子，它能催发、养育；给它粪土，它能化粪土为春泥。这，就是德之厚。即，德不厚，自立都难；德厚，不仅能生物、载物，还能化物。

中国人认为：人除了本性外，还应该具有德行。老北京人骂人时常说“瞧你那德行”，德行差就是说你在做人做事上有问题，被人垢病，被人看不起。

“也”字怎么成了语气助词了呢？比如，表示言语停顿。《诗经·陈风·墓门》：夫也不良，国人知之。《史记·廉颇蔺相如列传》：和氏璧，天下所共传宝也。《红楼梦》第一回：此开卷第一回也。段玉裁认为这是“假借为语词”，假借为语气助词后，其原始意味就不见了。

三、何谓神明、魂、魄、鬼？

1. 万物有灵

好，我们接着讲“天”。天上还有什么呢？天上有日月星，还有电闪雷鸣。

日，我们开篇就讲过了。《说文解字注·七篇上·日部》：日，实也。太阳之精不亏。从〇、一，象形。段注引用《释名》曰：日，实也。光明盛实也。又说：○象其轮郭，一象其中不亏。即圆圈像太阳的轮廓，里面的一横表示“精不亏”，后面段玉裁又解释古文“日”说：盖象中有乌。是说里面有头三足乌，为太阳之精魂。

月，甲骨文像半月之形，因为月亮缺时多圆时少，所以表示“月亮”之意，有时这个“月”字与“夕”字混同。《说文解字注·七篇上·月部》：月，阙也，大（太）阴之精，象形。因为是太阴之精，在《黄帝内经》中太阴为脾，脾主肌肉，这大概也是后来“月部”和“肉部”相合的原因，但在《说文解字》里，二者是严格分开的。《释名》说：月，缺也，满则缺也。

在西方，太阳就是太阳，月亮就是月亮，可中国古人就是认为太阳有精魂、月亮有魂魄。所以在文字上还得标注出来，因此这事还得说一下。比如，在“月部”有个“霸”字，值得一说。

《说文解字注·七篇上·月部》：霸，月始生魄然也。……从月，䨣（pò）声。其实，这个“霸”古代读“魄”，原始本义也通“魄”。段注：《乡饮酒义》曰：“月者三日则成魄。”正义云：“前月大，则月二日生魄；前月小，则三日始生魄。”……《白虎通》曰：“月三日成魄，八日成光。”可见，“魄”与“光”还不同，“光”是“魄”的外显，先生“魄”，后才有“光”。最后，段玉裁说：按巳（已）上皆谓月初生明为霸。这是在说月亮有光亮了就如同有魂魄了，即，月本无光，有魂魄才有光，这个“霸”读“pò”，就是月亮的魂魄。

其实，万物有灵的观点，也不是个宗教观念。万物无灵，则没有生机。万物有灵，世界才活泼可爱，值得依恋。所以我喜欢“万物有灵”，想着日有魂、月有魄，想着草木有灵，想着风有灵、雨有灵，想着日月星辰有灵，我们的心就会柔软，就会有安全感，就会升起无限的感觉，就会有一种无论到了哪里都是生机盎然的感觉，就不会惧怕死亡。

可为什么我们现在只要看到“霸”这个字就会想到“霸王”“学霸”等意思呢？“霸”本义为月光，月色洁白。“霸”与“白”字当属同源，甲骨文、金文中的“伯”字也有“白”。从这个意义上说，“伯”就是在“白”字的基础上增一形符“人”而产生的后起形声字。前面说了，“伯”，就是大哥，后来指首领，一方或一群之长。“伯”“霸”实同一词。而“伯”字为什么又是大哥呢？其意思又来自“白”，“白”这个字，《说文解字注·七篇下·白部》说：白，西方色也。阴用事，物色白。从入合二。二，阴数。凡白之属皆从白。这只是从五行解释，但没有说出字源。郭沫若先生在《金文丛考·金文余释》中指出，“白”应为“实拇指之象形”，此说甚确！“白”应该指大拇指之指甲，古人劳作，手指皆黑，唯有指甲最白。我们前面讲一百、两百的“百”也与这个“白”相关，古人用手指表示“百”这个概念，就是大拇指夹在食指和中指之间，露出大拇指指甲的样子。所以甲骨文的“白”字就像指甲，而大拇指指甲又最大，所以为人之大称“伯”。

《孟子》：以力假人者霸。《康熙字典》引《左传》曰：五伯之霸也。又按毛氏曰：五伯之“伯”读曰霸。伯者，取牧伯长诸侯之义，后人恐与侯伯字相混，故借用霸字以别之。由此我们知道，伯是老大，霸也是老大。

天象通过什么显现灵异与威仪呢？通过雷电。所以我们讲一下“雷电”两字的内涵。

电　甲骨文

甲骨文的“电”字就像神秘而令人惊恐的霹雳、朝各个方向开裂伸展的闪电。《说文解字注·十一篇下·雨部》：电（電），阴阳激耀也。从雨，从申。也就是“申”是“电”和“神”的本字。段注引《河图》云：“阴阳相薄为雷，阴激阳为电，电是雷光。”按，《易》：震为雷，离为电。……许意则统言之谓之雷，自其振物言之谓之震，自其馀声言之谓之霆，自其光耀言之谓之电，分析较古为惬（《说文》：快也）心。雷电者，一而二者也。就是雷电本是一物的两种说法。

古人说：太平之世，雷不惊人，号令启发而已。电不炫目，宣示光耀而已。照这种说法，不太平时，雷，惊人；电，炫目。其实，这不过是在用雷电比喻君威，真正有威仪的人，有雷电之威，但含而不露。

2. 何谓“神”？

《说文解字注·十一篇下·雨部》：雷（靁），阴阳薄动生物者也。从雨，畾象回转形。雷，甲骨文字形本像闪电之形，中间的四个点先变为两个口，又变为两个田，表示闪电后发出的声响，好似天神战车在天穹轰然驰过。有的甲骨文将小圆圈写成“田”，好似“轮子”的形象，比喻雷声滚滚。

雷 甲骨文

雷字在雨部，《说文解字注·十一篇下·雨部》：雨，水从云下也。一象天，冂象云，水霝（同“零”，雨落也）其间也。凡雨之属皆从雨。段注：引申之凡自上而下者称雨。又《尔雅·释天》：暴雨谓之涷，小雨谓之霡霂（mài mù），久雨谓之淫。《说文解字》：霡霂，小雨也。段注：霡霂，溟蒙之转语。古人的词汇量真是丰富，一个小雨，叫霡霂、溟蒙，都很有诗意和画面感。陆佃云：疾雨曰骤，徐雨曰零，久雨曰苦，时雨曰澍。《说文解字》：澍，时雨，澍生万物。也就是及时雨。现在人取名爱用此字，字义很好，但笔画太多，也是取名时的忌讳。

讲到天，讲到“雷电”，就不能不讲“神”，“神”字在示部，所以我们得先说这个部首。“示”

在第二页。在甲骨文中，“示”就是祭台的样子。《说文解字注·一篇上·示部》：示，天垂象，见吉凶，所以示人也。从二（上。或代表阴阳）。三垂，日月星也。观乎天文以察时变。示，神事也。凡示之属皆从示。这段许慎解释得好。首先，天垂象，是天有天象，天象表现的是人间的吉凶，所以天象是给人看的。“示”字上边两个横，是“上”的古字，下面三个“垂”，代表日月星。人类为什么要观天象呢？是为了明察人间的变化。上古有“星占”，这几年占星术也比较火，比如这两年人们都在关注那个印度神童的占星言论，而且惊呼其准确。而今人们都感叹现在的年轻人去庙里上香拜神佛。这些“时变”（时代的变化），其实真正反映的是我们内心的不安等心理变化。

神，天神引出万物者也。从示，申声。因为“申”又代表闪电，也是神示的一种，所以这个字应该是形声兼会意字。

这个字由表示祭台的“示”和表示雷电的“申”构成。“神”字的本义是天神给出的各种神迹变化，“申”字的本义是电（闪电），因此“神”说明古人将雷电看作神迹。雷电本身就吓人，而雷电又能造成火，所以远古人最先敬畏的就是这些有形的东西，而不见得先敬畏无形的“天”，所以伏羲就是最早的雷神。《山海经·海内东经》记载：雷泽中有雷神，龙身而人头，鼓其腹。其实，黄帝也是古之雷神（神话记述其母曰附宝，见大电绕北斗枢星，感而怀孕，二十四月而生黄帝于寿丘）。希腊神话最高的神——宙斯也是雷神，是统治世界万物的至高主神，他以霹雳作为武器，用来维护世界秩序。印度文明的最高神——因陀罗也是雷神。

在《易经》里，“雷”又是天地之长子，为“震”卦。《太平御览》引《尚书·洪范》说：雷于天地为长子，以其首长，万物与其出入也。雷出地百八十三日而复入，入则万物亦入。入地而百八十三复出，出则万物亦出。也就是说，“雷”之出地、入地，引领着万物的出与入。这一句可以说是对许慎关于“神”字“引出万物者也”的最佳注释。

雷声明明来自天上，为什么说“雷声出自地下”呢？这是从震卦卦象上解释的，震卦，一阳居于二阴之下，这是因为古人认为阳气于冬季潜藏于地下，春季阳气上升冲出地面，而与阴气相搏发出声音则成雷。所以，

《易·豫》有“雷出地奋”之句，比喻雷从地下迸发，春回大地，万物振奋。《说文解字注·十一篇下·雨部》：震，劈历，振物者。从雨，辰声。段注：劈历，疾雷之名。《释天》曰：疾雷为霆。……引申之凡动谓之震。辰下曰：震也。凡从“辰”者，都有“动”意，比如宸、振、娠等。现在人取名字特别爱用“宸”字，《说文解字注·七篇下·宀部》：宸，屋宇也。后人称帝居曰宸，后又引申为王位、帝王的代称。宸字取名的寓意大概是取人中龙凤，希望能够大富大贵、官运亨通吧。但这个字太大了，孩子累，从字形上看，上面有东西压着，下面又是振动的意思，主动荡，我不建议用。

3. 何谓“魂”“魄”“鬼”?

“神”这个字与雷电相关，由雷电而有天神、神明、鬼神之意，究竟中国人是怎么看待这个“神”的呢?

《皇极经世》说：天之神栖乎日，人之神栖乎目。即，天之神明在太阳，人之神明在眼睛。

《易·系辞》：阴阳不测之谓神。到底何为“神”? 还是《黄帝内经》讲得好。《灵枢·本神》说“两精相搏谓之神”，何为两精相搏? 两精，即阴和阳。相搏是相互作用，阴和阳之间的相互作用产生的能量叫作“神”。阴和阳的相互作用，就像太极一样，阴和阳圆融地纠缠在一起，其运动纠结所产生的能量就是“神”。反过来讲，一个人没神，他不缺吃不缺喝，就是成天无精打采，没精神。阳不足，阴精就是凝固不动的；阴不足，阳就是飘忽不定的。所以，神，跟物质层面没什么关系，而是阴和阳不交集，擦不出火花。阴和阳，能够相互撞击，就像正离子和负离子撞击能够产生能量，只是有的能量大、有的能量小而已，有的撞击出来的是小火星，有的撞击出来的是火焰。阴阳纠缠有力，人就神采飞扬。

《黄帝内经》讲的这个“神”，可不是“乱力怪神”，而是一种超越了众人的“独见”。因为中医所讲的一切概念，都是在不打开人体的前提下展开的，气血、阴阳、经络等，都看不见、摸不着，只能靠超越常人的感知能力，靠空对空、无形对无形的方式，才能捕捉些许，能捕捉到这些别人看不到、感知不到的，就是“神”。

也就是说，凡不可思议的，都是“神”；而可预知的、可思议的，都不是“神”。怎么才能通“神”呢？唯有精满气足，才能通神，而通神的状态，就是人们常说的“开悟”，所以中医总是精、气、神一起说。

明白了“精气神”之理，就知道读书、背书不见得能让人“脑洞大开”，反而锻炼身体，强健体魄，没准儿倒能开悟。因为要想开悟，前提是“精满气足”。就是“精”全部气化，变成无火的“炁”，然后上冲于脑，就是“还精补脑”，脑洞就大开了。

《黄帝内经》与目前西医最大的不同是它讲“五藏神”——肝藏魂、肺藏魄、心藏神、脾藏意、肾藏志。于是，魂魄这些本来虚无缥缈的概念在《黄帝内经》里就具体形象起来了。“随神往来者谓之魂，并精而出入者谓之魄。”即，伴随着阳神往来的精神活动就是“魂”，依傍着阴精出入的精神活动就是“魄”。魂，是阳神；魄，是阴精。没有阴精，魂就是空转；没有阳神，阴精也不能运转。

魂，根据已有文献，甲骨文、金文中未见“魂”字，其字当产生于春秋战国时代。《说文解字注·九篇上·鬼部》魂写作䰟：阳气也。从鬼云声。段注引《左传》：子产曰：人生始化曰魄，既生魄，阳曰魂，用物精多，则魂魄强。即魂魄是否强大，跟“精”与“气”是相关的。阴精足，则“耳目之聪明为魄”（《礼记·祭义》注），肺神为魄，肺气肃降，则人本能强悍；阳气足，则肝魂盛，肝气生心火，又上通于脑，故人生智慧。在这里，古人把聪明看成“魄”的表现，把智慧当作“魂”的表现，为什么说聪明不等于智慧呢？二者的根本来源不同。聪明跟本能相关，本能有贪嗔痴，所以人越聪明就越纠结、越瞻前顾后；而智慧，是超越本能的一种存在，可以让人不纠结，直达事物的本质。

关于“魂”的写法，段注：《说文》本下形上声，今作魂，右形左声。……䰟之必鬼下云上者，阳气沄沄而上之象也。因此，段玉裁认为此字应该是“云”在上、“鬼”在下，就是写作“䰟”，表示阳气向上蒸腾，现在的左右写法“魂”，没有表现出“魂”的真正含义。

魄，《说文解字注·九篇上·鬼部》：魄，阴神也。从鬼，白声。魄，从“白”，通前文讲的“霸”，但“霸”与“魄”有所不同。“魄”可以指“满月”，而“霸”不能指满月，只是月出、月没时的微光。“魄”字为什么从“白”呢？大概有两点：一是指魄（本能）的强大，我们原先说过“白”加上人部就是老大。二是魄为肺神，属“金”，五藏中，肺对应白色。

魂、魄二字为什么都从“鬼”呢？段玉裁解释说：魂魄不离形质而非形质也，形质亡而魂魄存，是人所归也，故从“鬼”。这句解释得好啊，魂魄不离形质，比如肝神为魂，肺神为魄，而非形质，所以魂魄又看不见摸不着。肉身亡时，魂从上出，魄从下走，各归其位，魂升天，魄入地，如同鬼神般的存在，所以，这两个字都从“鬼”。“鬼”，归也，即魂与魄各有归处。

所以，“魂、魄”是神灵之名。古人认为附形之灵为魄，附气之神为魂也。《白虎通》曰：魂，犹沄沄也，行不休于外也；魄者，迫然著人，主于性也。《淮南子》曰：天气为魂，地气为魄。

与神对应的，就是“鬼”，古人说：气之伸者为神，屈者为鬼。“鬼”也是汉字部首之一，从“鬼”的字大多与迷信、鬼神有关。如魑、魅、魂、魄等。《说文解字注·九篇上·鬼部》：鬼，人所归为鬼。从儿，由象鬼头。鬼阴气贼害，故从“厶（私）”。凡鬼之属皆从鬼。就是这个字由三部分组成：上面是“甶（fú）”（《说文解字》：鬼头也），鬼之大头，大头上还有个角，下面是“儿”（代表“人”），还有个“厶”字。段注引《释言》曰：鬼之为言归也。为什么“鬼”要用“归”来解释呢？段玉裁又解释道：鬼有所归，乃不为厉。《礼运》曰：魂气归于天，形魄归于地。也就是说，人死一定要“入土为安”，不入土的话，就是游荡在人间的“厉鬼”。这也是大多数被害的人，家属执意要找到骸骨的原因，让亲人入土，死去的人有了归宿，活着的人才能心安。

甲骨文里的“鬼”就是“大头鬼”的样子，并没有那个“厶”字，为什么后来加了个“厶”呢？段玉裁解释说：神阳鬼阴，阳公阴私。即凡是阴性的东西都带有私密、见不得人的信息。

4.“丑”不是“醜”

既然说到“鬼部”字了，咱们就再讲个鬼部字。最常见的鬼部字就是“丑（醜）”，其实，在《说文解字》里，丑和醜是意义不同的两个字。丑在《说文解字注·十四篇下·丑部》：丑，纽也。十二月，万物动，用事。象手之形。这个属于十二地支，等我们讲地支时再讲。而丑陋的“醜”在《说文解字注·九篇上·鬼部》：醜，可恶也。从鬼，酉声。此字有“酉”，大概说人醉后的样子，非真鬼也，因形象多少有点可恶，故从鬼。

无论如何，阳性、阴性的东西达到极致都有能量，只不过它们的方向不同。现在大家关注的都是器质病，对神明病缺乏认知。在《灵枢·本神》篇中，特意指出了神明病变，比如：“魂伤则狂忘不精，阴缩而挛筋，两胁骨不举”，即肝魂受伤，人就狂妄，阴囊内缩，身体痉挛，两胁不舒展。“意伤则悗乱，四肢不举”，即脾意受伤，人就心情郁闷烦乱，四肢沉重。“神伤则恐惧流淫而不止”，即心神受伤，人就恐惧不止。“肺喜乐无极则伤魄，魄伤则狂”，肺魄受伤，人就发狂。“志伤则喜忘其前言，腰脊不可以俯仰屈伸”，肾志受伤，人就忘性大，同时腰脊疼痛不能俯仰。

总之，神明病也会带来身体和精神的严重不适。所以，“察观病人之态，以知精、神、魂、魄之存亡得失之意”，毕竟五藏神藏于五藏之中，强壮其五藏，安抚其精神，使五藏神明各安其舍，才能从根本上解决这些问题。

虽说要祭鬼神，但更要祭天，所以“示部”字远远多出“鬼部”字，而且“示部”字也大多吉祥。段玉裁注在解释这个“示”时说：言天县（悬）象箸（著）明以示人，圣人因以神道设教。“圣人因以神道设教”这句指出了宗教的来源。所有的“教”要不神，要没有电闪雷鸣，百姓就不知恐惧，人不知恐惧，就不会信教。

示部字还有哪些呢？咱们挨着看一看。

礼（禮），甲骨文就写作“豊”，上部是两个“玉”（珏）字。下面部分，有两说，一说是某种高脚的盘，类似于“豆”，古代用作祭器；盘中放着两串“玉”，古代玉是贵重的物品，用玉敬神表示人对神的敬重。还有一说，下面部分是“壴”字。壴是鼓的象形初文。物莫贵于玉，乐莫重于鼓，击鼓奏乐，捧玉奉献，无疑是最高、最神圣的仪式。

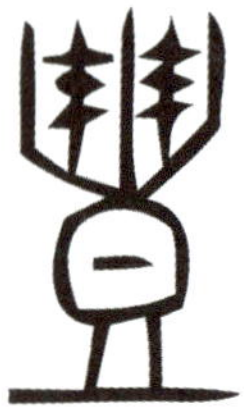
礼 （豊）甲骨文

《说文解字注·一篇上·示部》：礼（禮），履也。所以事神致福也。从示，从豊，豊亦声。段注：礼有五经，莫重于祭。故礼字从示，豊者，行礼之器。豊亦声。“豊”与“豐（丰）”本来是不同的两个字，由于近似，在周金文及战国文字中确有难以辨识之例。

祥，福也。从示、羊（《说文解字》：羊，祥也）声。段注：凡统言则灾亦谓之祥，析言则善者谓之祥。即，“祥”在古代既有吉祥的意思，又有凶邪、不吉的意思。引申为征兆。

福 甲骨文

福，甲骨文古字形像双手捧着酒樽往祭桌上进奉的样子，表示用酒祭神。《说文解字注·一篇上·示部》：福，备也。从示，畐声。段注：福者，备也。备者，百顺之名也。无所不顺者之谓备。可见“备”字很好。为什么段玉裁用“备”来注释福呢？除了“无所不顺”之义外，或许也和发音有关。因为古代没有轻唇音f，都发b，比如伏羲又叫“宓羲、庖牺、包牺”。所以这个声部“畐”有两个读音fú和bì，凡从“畐”字者，比如辐、幅、富，还有逼、偪、愊等。

斋（齋），戒，洁也。从示，齐省声。“斋”字本是从示、齐声。段玉裁注：斋之为言齐也。斋戒或析言：如七日戒，三日斋是。

祭 甲骨文

祭，甲骨文中早期的“祭”字，左上是一块鲜肉，肉上还有血水流出，右上是一个“又”（指手），下面一个祭台“示”，三字会意，表示手拿着肉在祭祀。《说文解字注·一篇上·示部》：祭，祭祀也。从示，以手持肉。

祝，甲骨文“祝”字由“示”“口”“卩”三部分组成。左边“示”代表祭台或神主，右边像人跪在地上对着祭台或神灵祷告，“卩”是跪着的人形，上面的“口”强调人用嘴与神灵沟通。《说文解字注·一篇上·示部》：祝，祭主赞词者。从示，从儿、口。一曰从兑省。《易》曰：“兑为口，为巫。”徐锴在《说文解字系传》中注：兑，悦也，巫所以悦神也。后来从事悦神活动的人，男子为祝，女子为巫。男子在神案前絮叨就成，女子还得跳舞。女子身姿美啊，跳舞是应该的。看来，天神不仅喜欢听好听的，还喜欢看好看的。

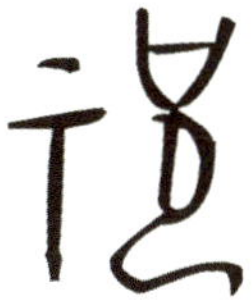

祝　甲骨文

社，“社”的原始形态是一堆封土，其本义就是土地之神——社神。《说文解字注·一篇上·示部》：社，地主也。从示、土。《春秋传》曰：“共工之子句龙为社神。”《周礼》：“二十五家为社，各树其土所宜之木。”这里面涵盖了三层意思：

（1）社，是土地神。

（2）土地神为共工之后。

（3）周代，二十五家为最小社会单位。区分以种不同的树木为界。就像现在的小区会分为梧桐区、竹林区、桃花区等。关于“社”字，段注说了很多，大家不看也罢。总之，所有的“社”合起来即可成为一个“社会”。

四、中国人感知界定时间和时光的概念

1.“时”是日之行，“间”是月之行

天上除了神明，还有“光”。狭义的“日”为“白昼”，与“夜”相对。所以白日有“光”，夜里有“星”。咱们再解释一下“光”字和“星”字。

不要小瞧光的作用，日与月作为天地间两个最明显的参照物，在“远取诸物”之说中，成了造字的一个小核心。中国人为了表达“时间”这个概念，就分别用了日光和月光，于是，这两个字就灵动鲜明起来。从字形上分析，时，是日光的行走；间，是月光的流动。

到底何谓“时间”呢？如果我们深刻地理解了这两个字，就知道时间不是钟表（虽然钟表是表达时间的伟大发明），而是一切生物与天地时光的内在呼应，而且这种呼应是有规则的周期运动。天地万物都在一个自转周期为一天的星球上进化，万物都有自己的计时方式。

中国人的造字太奇妙了，比如“时”，《说文解字注·七篇上·日部》：时（時），四时也。从日，寺声。旹，古文“时”，从日㞢（之）作。“旹”字构形下面是“日”，上面是“之”。“日”为太阳，而“之”有行走之义，兼有表音作用。所以“时”是太阳的行走。段注引《释诂》曰：时，是也。此时之本义。即，时，就是指当下。

而“间（間）”字原本里面是“月”，是指门缝里透过来的月光，后改为“日”。也就是古人是通过光线的移动来感知时间的。《说文解字注·十二篇上·门部》：间（閒），隙也。从门、月。就是门夜闭，闭而见月光，从门缝里透过来的月光为“间”。此字在古代有三个读音：间隙的“间”读jiān；挑拨离间的“间”读jiàn，是故意造成别人之间的嫌隙，即通过语言挑拨而使人与人产生缝隙；还有xián，后写作“闲”。段注：隙者，壁际也。引申之，凡有两边有中者，皆谓之隙，隙谓之间。间者，门开则中为际。凡罅缝皆曰间。段玉裁又指出古代的一种说法：病与瘳（chōu）之间

曰病间（即生病与病愈之间的间隔叫作“间”，这个用法在医书里常见），语之小止曰言之间（语言的停顿叫作“言之间”）。间者，稍暇也。故曰间（闲）暇。今人分别其音为户闲切，或以闲代之（“闲”在《说文解字》中本义为栅栏）。间者，隙之可寻者也。故曰间厕，曰间迭，曰间隔，曰间谍。最后，段玉裁说：会意也。门开而月入；门有缝而月光可入，皆其意也。

由此，日行曰“时”，月行曰“间”，有日月的陪伴，时间才有意义。由此形成我们肉身对光线的追逐，而有了所谓“生物钟”。生物钟本该是我们每个个体的时间价值的真正体现，并与现代所谓钟表有所对应，当生物钟与钟表不对应时，就会引发某种焦虑，甚至造成一些疾病。比如，人正常的作息应该遵循的是阴阳，也就是日月，当熬夜等造成我们生物钟紊乱时，有些人就只有“间”而没有“时”，就成了夜间生活的人，久之，有阴无阳，人就会生病。

也就是说，在没有钟表前，我们靠体内的生物钟来生活，该吃时吃，该睡时睡，靠太阳、月亮、星星来生活，如此，便是阴阳和合。有了钟表后，我们开始被时间操控，时间成为最大的理性，而且，时间冷酷无情，嘀嗒向前。现如今，我们的夜因为电灯而亮如白昼，空调也模糊了四季的界限，于是，我们的原始生物钟已经偏离了航道，我们的生命也开始支离破碎……

日有光而成神，月有光而成魄，人之五藏神也应该是“光”的体现。人有此光，则生命力才旺健。那古代是怎么解释“光”的呢?

光，甲骨文的“光”像人头上有火，有人理解成人高举火把之象。其实人也是有“光”的，只不过人的光芒极微极弱，肉眼难识。先贤的影响力、爱的能力、慈悲的能力等，都是“光”。只要我们肯于修为，我们沉静的面容、柔和的语言、深沉的情感也是“光”，也能照亮别人、温暖别人……

所以，《释名》说：光，晃也，晃晃然也，亦言广也，所照广远也。即，“光”有明亮和广远之意。《说文解字注・十篇上・火部》：光，明也。从火在儿上，光明意也。

段注：说会意。即在这里说一下会意字，由这个“光”字，段玉裁联想到了另外三个字：目在儿上则为见（見，这里的“儿”，就是“人”），气在儿（人）上则为欠，口在儿（人）上则为兄，皆同意。在这儿，段注解释了“见”“欠”“兄”三个字。说这三个字都跟“光”字一样，采取了相同的造字方法，都是会意字。

这个说法有意思，见（見），目在人上，甲骨文及商代金文之字形突出人体上方的眼睛，以强调看见。现在简化字没有了“目”，那到底用什么“见”呢？

《说文解字注·八篇下·见部》：见（見），视也。从目、儿。凡见之属皆从见。所以，“见”是个部首。紧挨着“见”字的就是“视”字，《说文解字注·八篇下·见部》：视，瞻也。段注：瞻，临视也。瞻，有居高临下之意。可见，“见”“视”“瞻”还是有区别的。段注“见”字说：析言之，有视而不见者，听而不闻者。浑言之，则视与见、闻与听，一也。即仔细分析，视与见不同，听与闻不同。笼统言之，视与见、听与闻，相同。

2. 视而不见，听而不闻

“视”和“见”的区别在哪里呢？《礼记·大学》说：心不在焉，视而不见，听而不闻。这句可以很好地解释“视”与“见”、“听”与“闻”。打个比方吧，好比有学生虽然在教室上课，眼睛睁着却什么都没看见、耳朵支棱着却什么都没听到，这时老师就知道这学生走神儿了，走神儿就是“心不在焉”。要想看见、听见，关键在收其心、收其神。这时老师会给这孩子扔个粉笔头吓他一下，心神就收回来了。反之，在老子的眼里，视之不见、听之不闻又是修炼“出神”的一种境界，所以，《老子》第十四章说：视之不见，名曰夷；听之不闻，名曰希。是说“道”幽而不显、无边无界，用人的感官无法得其真谛，唯有“出神”才得其一二。

再说“听”与“闻”的细微差别。“听”在简化前写作“聽”，“聽”与“听”在古代是完全不同的两个字，我们现在用的“听”字，原本发音为“yǐn”，见于《说文解字注·二篇上·口部》：听，笑貌也。从口，斤声。原本是人“笑的样子”，比如古书里有下里巴人听到流行乐曲，会“听然而笑”，这个笑是什么笑呢？你发这个字的声音时就知道了，发“yǐn”时，下巴微收，面带笑容，所以，以后大家照相时就发这个音，即可呈现最美的笑容。而真正表示“听”的意思是繁体的“聽”字，听，怎么能没有耳朵呢?！所以简化字的“听”没有耳朵就不对。《说文解字注·十二篇上·耳部》：聽，聆也。从耳、悳，壬声。段注：凡目所及者云视。……凡目不能遍而耳所及者云聽，如聽天下、聽事是也。会意。耳悳者，耳有所得也。此字与圣人的“聖”字古文很像，而且有个古代的“德（悳）”字在里面，其实也是在说“德者耳聪”，能听话听音，也是圣人的美德。后汉字简化后简化为“听”，大失其原始意味，既没有了圣贤意，也没有了耳朵，一个大斧子“斤”和一个“口”放在一起，很难和其本义联系起来。这个简化字简化得没道理。

听（聽）甲骨文

“聽”在甲骨文中字形由“耳”和“口”组成。“耳”是人的听觉器官，“口”是人的发音器官，两者结合，表示口说话，耳朵听，本义是听到声音。《说文解字注·十二篇上·耳部》：聽，聆也。其中，“聽”指一般的听，“聆”指细听。《说文解字注·十二篇上·耳部》：闻，知声也。甲骨文中，“闻”像一人跪坐，竖起耳朵，以手附耳，似乎正在聚精会神地听什么东西。其中人的姿势、面部神态可有差异，但都强调一只耳朵，表明在这个字中，耳朵是最重要的。

闻　甲骨文

段注：往曰聽，来曰闻。这里说了“听”与“闻”的细微差异。“听”表示听的行为；“闻”是听到的消息，表示听到的结果。“听而不闻”，就是虽有耳朵有声音，但什么都没有听见。而听到了，并遵从去做，就是“听从”。

《尚书·泰誓》说：天视自我民视，天听自我民听。这句是说：上天所看到的，来自百姓所看到的；上天所听到的，来自百姓所听到的。如此说来，天意就是民意，天道就是民心。这句说得真好啊！闻听此言，心甚慰之！民意正、民心纯，自有天意天道来相助。

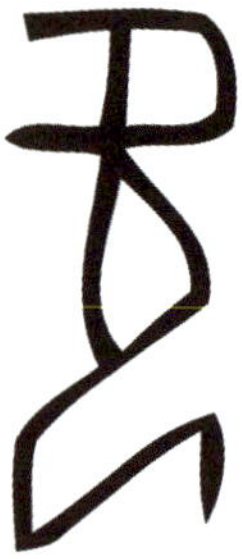

欠 甲骨文

欠 篆文

弟 甲骨文

咱们再捎带讲下段玉裁提到的“欠”字和“兄”字。

“欠”字，甲骨文就像人张大嘴巴的样子，篆文将甲骨文上部的“口”变成了三撇，代表“气儿”，下面是个“儿”，就像人张口出气打哈欠的样子，《说文解字注·八篇下·欠部》：欠，张口气悟也。象气从儿上出之形。段注引《曲礼》：君子欠伸。正义云：志疲则欠，体疲则伸。解释得真好。神疲，人就呵气连天；体倦，人就伸懒腰。这些都属于人体自救。《黄帝内经》认为人胃气不舒也会呵气连天。

兄，《说文解字注·八篇下·兄部》：兄，长也。从儿从口。段注认为此字“从儿，从口”，是“口之言无尽也，故以儿口为滋长之意”。是说“兄”有滋长的意味，但也有人认为此字从儿从口，取“为人兄者，必能教其弟”之意。

说实在的，“兄”这个字的来源、读法及写法让人很难理解。把这个字和“弟”连起来看是否能看明白呢？甲骨文的“弟”字很奇怪，弯了几道弯的样子。所以，《说文解字注·五篇下·弟部》：弟，韦束之次弟也。从古文之象。凡弟之属皆从弟。就是编席子有次第的样子。段注：以韦束物。……束之不一，则有次弟也。引伸之为凡次弟之弟，为兄弟之弟。

《释名》：弟，第也。相次第而上也。由此，《说文解字》、段注和《释名》的意思相同，都是次第而出的意思。《尔雅》曰：男子先生为兄，后生为弟。从这个角度看，我对“兄”字倒有个大胆设想：为什么不把上面的口理解成“大头”，而非要理解成“口”呢？古代生育就是生死之间的事，头生子的“头”对产妇而言是最恐惧的事，所以长子为兄（发音同“凶”），而弟弟们次第出生则是因为兄长已经开了路，所以很顺利、很容易，因此“弟”有顺利、容易之意。《郑伯克段于鄢》讲的就是武姜生老大郑伯时难产，吓到了武姜，于是她很讨厌郑伯，后来顺产生了老二公子段，便宠溺老二，最后导致兄弟反目的故事。当然了，这只是我关于“兄”字来源的猜想，因为此字无定论，所以才说说自己的看法。

3. 朝以听政，夜以安身

白日有光，夜里有星。夜，在《说文解字注·七篇上·夕部》：夜，舍，天下休舍。从夕，亦省声。段注解释“休舍”说：休舍，犹休息也。又说：舍，止也。夜与夕浑言不别，析言则殊。那么夜和夕有什么区别呢？古人说：君子有四时——朝以听政，昼以访问，夕以修令，夜以安身。就是君子的一天分为四时，早上确定政令，白昼用以访问，夕时也就是傍晚，用来修订政令，夜里用来安身。

朝　甲骨文

朝以听政。其中，朝，此字大妙。此字里有“日”、有“月”，甲骨文从“日”“月”“茻”会意。上下都是草字形，在草丛中有“日”和“月”字，指日月同现于草木之中，朝日已出而残月未落，表示“朝暮”之“朝”。《说文解字注·七篇上·倝

（gàn）部》：朝，旦也。从倝，舟声。这样就从甲骨文中的会意字变成了形声字。段注：朝之义主谓日出地时也。就是“朝”指太阳刚刚从地平线升起，此时残月未落，所以此字中有“日”也有“月”。

昼以访问。昼（晝），《说文解字注·三篇下·昼部》：昼，日之出入，与夜为介。从画省，从日。指太阳上山与太阳下山之间，与夜交界，为“昼”。白昼用于访问，“访问”两字又是什么意思呢？《说文解字注·三篇上·言部》：访，泛谋曰访，从言方声。其中，方，指边邑、异域。访，中央派人到异域他邦问候、交流方略，也就是广泛地征求意见，咨询对策。《尔雅·释诂》：访，谋也。《说文解字注·二篇上·口部》：问，讯也。从口，门声。所以，“访问”两个字是询谋、问询的意思。

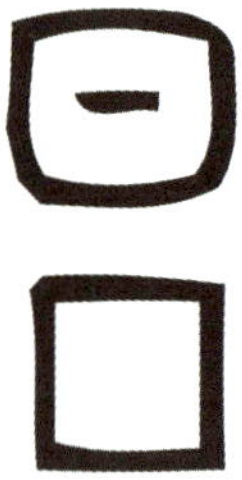

旦 甲骨文

夕以修令。夕，《说文解字注·七篇上·夕部》：夕，莫（暮）也。从月半见。凡夕之属皆从夕。段注：莫（暮）者，日且冥也。日且冥而月且生矣，故字从月半见。然后，段玉裁又解释了旦、暮、夕三个字的不同：旦者，日全见地上。莫（暮）者，日在茻中。夕者，月半见。皆会意象形也。为什么此时“修令”呢？这时人心也收回来了，兼之白日的访谋，才知如何修订政令。

莫 甲骨文

夜以安身。忙乎了一天，晚上一定要通过睡眠让身心修复。睡眠又怎么解释呢？《说文解字注·四篇上·目部》释“睡”：睡，坐寐也。从目垂。这是什么意思呢？“睡”字左边是一个“目”字边，右边是个“垂”字。“垂”字就像闭目坐在地上的样子。所以段注引《左传》说：坐而假寐。“睡”就是坐着打盹。

夕 甲骨文

而“眠”是会意兼形声字，本字为“瞑”。《说文解字注·四篇上·目部》：瞑，翕目也，从目、冥。翕，合也。就是闭目合眼的意思。其实，光闭目合眼并不意味着睡着，有人一直闭目合眼，但“竟夕不眠”，所以失眠是异常痛苦的一件事。科技名词对睡眠的定义为：一种自然的反复出现的生理状态。每日一定时间内各种有意识的主动行为消失，对外界环境刺激的反应减弱，叫作睡眠。所以“夜以安身”这句非常重要，夜里人若不睡的话，则身不得安。从中医的角度来说，睡觉是为了养阴，只有养好了阴，身体的阳气才能起来，白天才能有精神干活。

亦　甲骨文

“夜”这个字的发音“亦”也是有意义的，“亦”，《说文解字注·十篇下·亦部》：亦，人之臂亦也。从大，象两亦（腋）之形。甲骨文的“亦”字形中间是“大”，像正面站立的人形，人的腋下各有一个点，指明两腋所在。由此，“夜”字很写意，像一个人在黑暗中抱臂的孤独模样。是啊，黑夜，掩藏了那么多龌龊和肮脏，也掩藏了那么多绝望和忧伤。

白天，是“克”。因为跟别人在一起，你若过分率性，别人便会诧异，有些眼光可能比夏天正午的太阳还毒。黑夜，是“生”。因为你和自己在一起，心灵由着你绽放，最好孤独，最好静寂，你亮闪闪的，自己就是那颗星，而且和任何一颗都隔着光年。

必须有夜晚。没有夜晚，人就没有自己跟自己的对话，就没法亲近那些夜晚才出没的灵感。

白天是人与世界的对接，夜晚是自己和自己的对接。天一黑，咱们就开始吧：自己跟自己微笑，自己跟自己对话，还可以唱歌给自己听。这样的时刻，孤独都是美好的。

而且，夜里还有璀璨的星空。星之言微也，引申为微之称。即，星星点点，所以“星”又有“小”的意思。

甲骨文里“星”本是“晶”，用三个圆形代指夜晚天空中有光亮的小星体，后来“晶”字下加了个“生”，指“星”。所以“星”字在《说文解字注·七篇上·晶部》：星（曐），万物之精，上为列星。从晶，从生声。一曰象形。段注引《管子》云：凡物之精，此则为生。下生五谷，上为列星。流于天地之间谓之鬼神，藏于胸中谓之圣人。也就是说：大凡物之精华和灵魂，就是万物的生机，在下生五谷，在上有列星，这些魂魄流散在天地之间就叫作“鬼神”，这些精华凝聚在人的胸中就称为圣人。

我们通过学习经典，不断觉悟，把天地万物的精华尽可能地吸收，至少，可以行走在追寻圣人的道路上。

五、春夏秋冬——天的时序

1.春与虫

中国人讲究天人合一，人的生命要因天之序。天的顺序体现在哪呢？在春、夏、秋、冬这四季的交替轮回之中。一切，先从“春”开始吧。

在早期的甲骨文里，“春”的形体是三个“木”，一个“日”，中间夹个“屯”，以三“木”一“日”表意，以“屯”表音，是形声字。原义是春阳照耀，万木滋荣。金文的“春”：上面是小草；中间的“屯”表示声音，屯是草初生的样子；底下是个“日”，代表阳气，这是个形声兼会意字，隶变

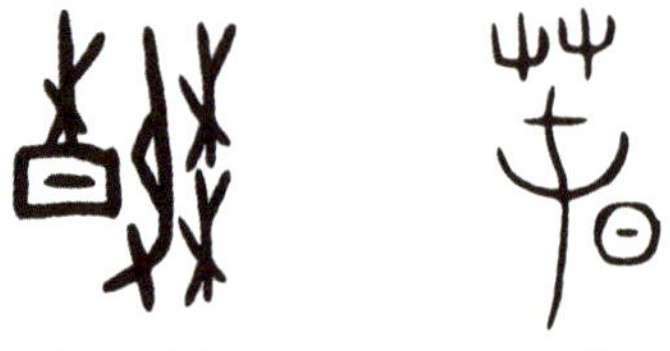

春 甲骨文　　春 金文

后写作“春”。《说文解字注·一篇下·艸部》：春（萅），推也。从日、艸、屯，屯亦声。所谓“推”是指神秘的气机推动万物萌发。古人认为：冬至一阳生，阳动于下，推阴而上之，故大寒于上……然后，阴阴相推，万物萌发。段注：日、艸、屯者，得时艸（草）生也。屯字象艸（草）木之初生。会意兼形声。也就是“屯”字在此字中不仅代表声音，也有草木初生之意。“屯”字在甲骨文字形中就像一颗种子，上有嫩茎，下有细根，在根部加一撇指事符号，表示种子扎根，同时小芽艰难顶出地面的样子。所以《说文解字注·一篇上·中部》：屯，难也。象艸（草）木之初生。屯然而难。从中贯一。屈曲之也。一，地也。《易》曰：“屯，刚柔始交而难生。”段注特意解释了“一”，他说：《说文》多说“一”为地。或说为天。象形也。中贯一者，木克土也。屈曲之者，未能申也。

屯　甲骨文

在这个字里，“日”的位置会让人觉得奇怪，太阳不都是高高在上吗，怎么在这里太阳跑到草的底下去了呢？这恰恰是中国阴阳观的妙解，所谓阴阳，只是指“气”的变动，而非具体真有什么阴阳。冬天，阳气藏于阴，冬天打雷，就属于阳气不藏。而春发，就是天阳带动地阳，由此而唤醒万物。所以，《汉书·律历志》说：阳气动物，于时为春。春，蠢也。物蠢生，乃动运。《释名》也说：春，蠢也，动而生也。“蠢”字，下边是两只小虫子，表示阳气蠢蠢欲动。用“蠢”解释“春”，是在说春气先惊蛰，先唤醒蛰伏的虫类，然后才是人的身心的唤醒。

《说文解字注·十三篇下·䖵（kūn）部》：蠢，虫动也。本义指大量冬眠的虫蛇在回暖的春天苏醒、蠕动。段注引《乡饮酒义》曰：东方者春。春之为言蠢也。产万物者也。春释为“蠢”，对不对呢？任何气机都不能一下子冒出来，而是要一点点酝酿、氤氲，“蠢”字下边是两只小虫子，小虫子就是种子，而且“蠢”字下必须是两个小虫子，否则独阳不生、孤阴不长，阴阳和合才能生发、壮大。看，古人造字多么精妙！

索性讲一下“虫”。在《说文解字》里，我们现在理解的“虫”读作huǐ，有“虫（huǐ）部”、有“䖵（kūn）部”，还有“蟲（chóng）部”，这三个部首挨着，都在十三篇上。其中，虫最大，最大者都可以独行，而“蟲”最小，最小的才需要聚众，故段注说：人三为众，虫三为蟲，蟲犹众也。往往越小、越弱的，越是世界上最繁盛的动物。也就是说，在动物界，越是生物链条顶端的动物，繁殖的能力越低，而且孤独，比如狮子，但它们掌握着控制权。所以古代的帝王称自己“寡人”“孤”“不穀（指食肉者）”也是在说越大越孤独。而生物链条底端的，必须靠大量的繁殖、圆融的精神、杂食的特性和捉迷藏的态度来保存自己。比如蟑螂、老鼠、虫子和人群。

虫 甲骨文

先说“虫（huǐ）”，甲骨文字形像一条头向上昂，尾巴翘起来的蛇。“虫”的本义是毒蛇。《说文解字注·十三篇上·虫部》：虫，一名蝮，博三寸，首大如擘指。象其卧形。物之微细，或行或飞，或毛或蠃，或介或鳞，以虫为象。凡虫之属皆从虫。段注：大者长七八尺，此足以明此自一种蛇。所以，凡是从虫部的字都挺厉害，比如“螣”，神蛇也。“蜥”，蜥蜴也。“强”，可不是“弓虽”，而是指直立起身躯的大头蛇。强，蚚（qí）也。蜃（shèn），指大蛤。

或行或飞，或毛或蠃，或介或鳞，以虫为象。关于这句，段玉裁引《月令》说：春，其蟲鳞；夏，其蟲羽；中央，其蟲倮；……秋，其蟲毛；冬，其蟲介。这是在说“蟲”在春夏秋冬外加长夏的五种状态，为什么出现这五种不同的状态，因为“气”不同也。蟲鳞是春生，蟲羽是夏长，中央蟲倮是“化”，蟲毛是秋收，蟲介（长硬壳）是冬藏。所以，生长化收藏看“蟲”之变化就可以了。

䖵（kūn），也是个部首，《说文解字注·十三篇下·䖵部》：䖵，蟲之总名也。从二虫。段注：蟲下曰：“有足谓之蟲，无足谓之豸（zhì）。”析言之耳，浑言之，则无足亦蟲也。……凡经传言昆蟲，即䖵蟲也。……《夏小正》：“昆，小蟲。”传曰：昆者，众也。……小蟲动也。……二虫为䖵，三虫为蟲。

再说“蟲”（chóng），《说文解字注·十三篇下·蟲部》：有足谓之蟲，无足谓之豸。从三虫。凡蟲之属皆从虫。王筠《说文释例》：虫、䖵、蟲同物即同字。小虫多类聚，故三之以象其多；两之者，省之也；一之者，以象其首尾之形。至于字分三形，而又各有从之者，即分三音三义，又孳育之一法也。也就是依据其大小、形态不同分别造了三个字。

2. 何谓“华夏”？

夏，这个字有着从象形到线条化的简化过程。甲骨文中的“夏”字是一个人的象形：头、发、眼、身躯、两臂、腿脚一应俱全。金文中的“夏”字是“人”形：上为“头”，中间为“躯干”，两侧为“手”，其下为“足

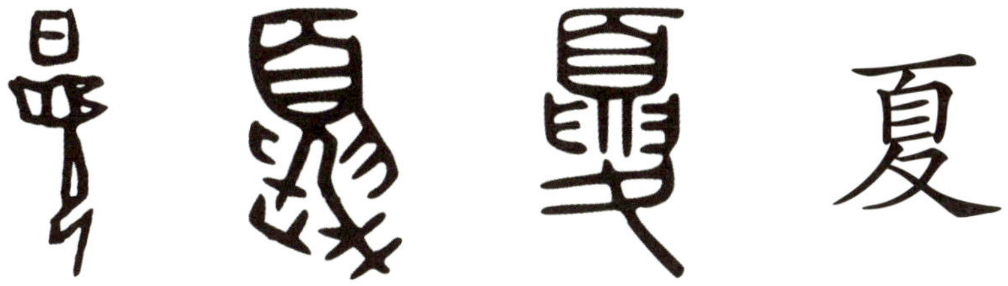

夏　甲骨文　　夏　金文　　夏　篆文　　夏　楷体

（止）”。到了小篆，上面是个“页”字，古代读xié，凡从页部的字都跟头有关；中间是两只手；下面是两个脚印，代表两只脚。到了楷书，也就是现在的写法，人的身躯部分没有了，只剩了头和脚。

《说文解字注·五篇下·夊（suī）部》：夏，中国之人也。从夊，从页，从臼。臼，两手；夊，两足也。可见，夏的本意是指“中国之人”。段注：以别于北方狄、东北貉、南方蛮闽、西方羌、西南焦侥、东方夷也。也就是说，原本中原之人称“夏人”，而四方各族另有名称。相对于讲究华服文章的中原之人，北方多犬故称“狄”；东北多豸故称“貉”；南方多虫故称“蛮”“闽”；西方多羊故称“羌”；西南多热为“焦侥”；东方为使用大弓的民族，因此“夷”字拆开为大、弓两个字。

先说中国为什么称“华夏”。记住《左传》中的一句话就成了：中国有礼仪之大，故称夏；有服章之美，谓之华。段注：夏，引伸之义为大也。其中，华，就是“花”的本字，所以《诗经》中只要是“花”都写作“华”，比如：灼灼其华、常棣之华等。这个字在金文里就像花朵的形状，有花瓣、花萼和花托，下部像茎和根。简化字的“华”则成了形声字，上部“化”为声旁，下部“十”作简化记号。《说文解字注·六篇下·华部》：华（華），荣也。从艸。凡华之属皆从华。段注：木谓之华，草谓之荣。荣而实者谓之秀，荣而不实者谓之英。析言之也。这就是花草“荣”“秀”“英”三种状态的区别。

华 金文

再说“北方狄、东北貉、南方蛮闽、西方羌、西南焦侥、东方夷也”这句，《说文解字注·十篇上·犬部》：狄，北狄也，本犬种。狄之为言淫辟也。关于“本犬种”这句，段注：此与蛮闽本蛇种、貉本豸种、羌本羊种一例。即蛮、闽两字中的“虫”为蛇，南方多蛇，东北多豺狼，西方多羊，故“羌”字从羊。关于“狄之为言淫辟也”的解释，段注引《风俗通》云：狄父子嫂叔同穴无别。狄者，辟也，其行邪辟。比如出塞的王昭君丈夫单于死后，从胡俗，复嫁单于长子复株累单于，这些只是风俗的不同，但汉人认为邪辟。

这里边没有动物偏旁的，只有“东方夷”。《说文解字注・十篇下・大部》：夷，东方之人也。从大，从弓。段注：惟东夷从大。大，人也。段玉裁又说：夷俗仁，仁者寿，有君子不死之国。所以，中国的仙境蓬莱等都在东边。段玉裁接着解释说：按天大、地大、人亦大，大象人形。而“夷”篆从大。则与夏不殊。也就是“夷”与“夏”，都有“大”的意味，所以古人也称中华为“夷夏”，由此，也可见中华民族自古就有内在的骄傲，“中国有礼仪之大，故称夏”，礼仪之大意味着“文明”和“教养”，而这种文明与教养的外显就是“华”，华，又是通过“服章”来表现的，就是美服和锦绣文章。

谈完这些，我们回到“夏”为什么又指春夏的“夏”？这种说法也是自古有之。《释名》说：夏，假也。宽假万物，使生长也。就是说，刘熙用音声来解释“夏”，同放假的“假”。夏季万物生长，就像给万物放假一样，让它们自由而奔放地生长。就像“夏”这个字，有头有手又有脚，华服、文章虽然是“花儿”，但这个花儿的绚丽根源于手脚、头脑自由而绽放的“人”！而“人”的绽放又何尝不是源于天地之赐。如果天寒地冻，人自然缩头、缩手缩脚，唯有夏季之明丽温暖，人才能放开手脚。由此体会天地宽泛、悠然带给我们身心的释放和喜悦……

所以，最能唤醒我们儿时记忆的就是夏天了。因为夏天和户外这个概念相连，夏天的树荫，夏天的蝉鸣、蛙鸣，夏天的疯丫头、黑瘦的少年，夏天夜晚的星空……那时候，我们不怕热，只要能不回家，野在户外就永远美好……现在老了，精力不足了，所以，我们怕冷、怕热、怕风、怕雨、怕人群的喧嚷……总之，现在任何微小的波动都会带来烦恼，想想我们小时候，哪有什么烦恼！

3. 秋收百谷

春天有百虫惊蛰，夏天有蝉鸣不已，秋天呢，有蟋蟀。中国古代有个民间游戏，叫斗蟋蟀，亦称秋兴、斗促织、斗蛐蛐，无论是田间地头还是繁华闹市，都有这个游戏的身影。蟋蟀是典型的秋虫，入冬即死。

秋 甲骨文

甲骨文的“秋”字，上边是一只蟋蟀，代表秋虫，下边放了一个火盆，表示秋季收割后要烧荒。而且，“秋”字的读音也与蟋蟀的鸣叫声很相似，因此古人把蟋蟀鸣叫的季节叫作“秋”。但也有人认为既然有“火”，就不应该是烧蟋蟀，而是烧蝗虫。

秋 篆文

再来看“秋”字篆文的写法——字形为“烁”，左边是“火”字，右边是沉甸甸的禾苗已经压弯了腰。隶书则是左“禾”右“火”的“秋”字，并沿用至今。

那这两种写法表达了什么意思呢?

秋 隶书

火烧秋虫也好，火烧秸秆也好，都是秋天收获后的一种行为，旨在秋收后通过烧秋虫、烧秸秆来重新滋养大地，也象征着一种成熟的状态。这就是“秋”的意思。

《尔雅・释天》：秋为白藏。郭璞注：气白而收藏也。《康熙字典》引《释名》曰：秋，就也，言万物就成也。就是万物成就之意。

《礼记・乡饮酒义》：西方者秋。秋之为言愁也。愁之以时，察守义者也。秋，其气收敛、肃杀，因其萧瑟，“秋”字下边加个“心”，就成了表示悲苦的“愁”；因秋有肃杀之气，便与律令、刑狱有关，如古代刑部别称“秋曹”，也有“秋后算账”和“秋后问斩”的习俗。

《说文解字注·七篇上·禾部》：秋，禾谷熟也。段注：其时万物皆老，而莫贵于禾谷，故从禾。言禾复言谷者，晐百谷也。

禾谷对于中国人来说，意义非凡。古代常说江山社稷，“社”指土地之神，“稷”指谷神。中国自古是个农业大国，所以中国人首先要敬的就是土地和禾谷。

禾　甲骨文

禾，是个象形字，甲骨文中的“禾”像一株成熟了的谷子：上部下垂的一笔像沉甸甸的谷穗，中部像叶，下部像根，字的构造十分形象。关于这个字的上面为什么是禾谷头部下垂的像，有人解释是“禾穗垂而向根，君子不忘本也”，其实，不必一切都上升到道德的高度，段玉裁引清人王念孙说：莠与禾绝相似，虽老农不辨，及其吐穗，则禾穗必屈而倒垂，莠穗不垂，可以识别。艸部谓莠扬生，古者造禾字，屈笔下垂以象之。也就是，禾苗成熟而垂首，而稗草不会垂首，由此而区分二者。其实，人也可以由此分别呢，有些人成天傲慢得不得了，其实既无心胸也无才华，就像稗草一样，而内心丰满的人也许明白说啥也没用，反而沉默而垂首。

“禾”本义就是指谷子，又称粟、小米。《说文解字注·七篇上·禾部》：禾，嘉谷也。以二月始生，八月而孰，得之中和，故谓之禾。禾，木也。木王而生，金王而死。是说“禾”得木气而生，得秋之金气而亡。段注：嘉谷亦谓禾，民食莫重于禾，故谓之嘉谷。

在这里，就势说说《说文解字》对稻、米、粱等的区分。禾，是嘉谷，指小米。稻，指白米，在禾部，稻谷要放在臼里用碓（duì）舂成白米，才可食用，所以“稻”字下面有个“臼”。稻，稌（tú）也。从禾，舀声。段注：未去穅曰稻，……既去穅则曰糯米、曰秈米、曰粳（jīng）米。古谓黏者为稻，……孔子曰：食夫稻，亦不必专指黏者言。……吾是以知稌稻之为大名也。玉裁谓：稻其浑言之称，粳与稻对为析言之称。稻宜水。其实就是水稻，即今南方所食之米，水生而色白者。《说文解字注・七篇上・黍部》：黍，禾属而黏者也。以大暑而穜（应为“孰”），故谓之黍。孔子曰：“黍可为酒”，故从禾入水也。其实，有黏和不黏两种，统称为黍——黏者叫黍，不黏者叫糜（méi）。黍更适合酿酒，糜更适合做饭。

在古代，“谷”与“穀”完全是不同的两个字。谷，是山谷水道，《说文解字注・十一篇下・谷部》：谷，泉出通川为谷。从水半见，出于口。凡谷之属皆从谷。而“穀”，是庄稼和粮食的总称。穀在禾部，《说文解字注・七篇上・禾部》：穀，续也，百穀之总名也。段注：《周礼・太宰》言“九穀”，郑云：“黍、稷、稻、粱、麻、大小豆、小麦、苽（gū）也。”后来有“五穀”之说：麻、黍、稷、麦、豆也。《诗》《书》言百穀，种类繁多……惟禾黍为嘉穀。

《说文解字注・七篇上・米部》：米，粟实也。所以“米”是谷类植物果实去壳后的籽实，为粮食的统称。“粱”也在米部，粱，禾米也。段注：饭黍、稷、稻、粱、白黍、黄粱。“粱”，可理解为粮食中的优良品种，后引申指脱壳后的黄小米，即“黄粱”。犬宜粱，即可以配狗肉一起吃。

从“禾”的字很多，比如：稼，禾之秀实为稼，茎节为禾。从禾，家声。其中，秀，是抽穗；实，是结果。穑，穀可收曰穑。古代一般“种之曰稼，敛之曰穑”，有种有收就是稼穑。《墨子・兼爱中》说：不为大国侮小国，不为众庶侮鳏寡，不为暴势夺穑人黍稷狗彘。——此三者，我认为就是做人的良知，良知的首要，就是不欺负任何弱小。

还有些从“禾”的字，我们现在看不出它们与“禾”的关联。比如：移动的“移”：移，禾相倚移也。其实就是移秧，禾苗茂密乃移种之。后来就有了“迁移”之义。再比如“颖”字，也在“禾部”，颖，禾末也。从禾，顷声。指禾苗抽穗的末梢。所以，现在有“脱颖而出”的词语。

4. 冬藏万物

冬　甲骨文

冬　金文

冬　篆文

“冬”字的甲骨文像丝绳两端打结，以示终端之义，也就是“终”字的初文，后来“冬”字的左侧加了一个“纟”，造出一个“终”字。“冬”的金文则像一个封闭的房屋，屋内是一个太阳，表示太阳被封住了，用来表示冬天。《说文解字注·十一篇下·仌（bīng）部》收录的篆文形体是基于金文形体进行了改造，其中，金文形体中的“日”消失了，形体下面是表示冰的部件“仌”，不见太阳只见冰，就成了冰天雪地、滴水成冰的冬天了。《说文解字注·十一篇下·仌部》：冬，四时尽也。从仌，从𠔾。𠔾，古文终字。就是冬是一年四季的终结。段注：冬之为言终也。《考工记》曰：“水有时而凝，有时而释。”故冬从仌。《说文解字注·十一篇下·仌部》：仌，冻也。象水冰之形。冰霜，是冬天的物候。《礼记·月令》说：天气上腾，地气下降。天地不通，闭塞而成冬。

仌部字其实就是现在的“两点水”，从这个部首的字还有冰、冷、凋等，冰，水坚也，从仌，从水。“冰”的古字写作“仌”或“冫”，最早见于甲骨文，也是“凝”的本字，春秋时期分化出了“冰”字。《礼记·月令》：孟冬……水始冰，仲冬……冰益壮，季冬……冰方盛。《易》中有：履霜，坚冰至。用在医理中就是：寒邪都是一点点凝聚起来的，不是突然出现的。所以，我们平时要及时地祛寒邪，一旦变大成形，就是肿瘤。

冷，寒也。从仌，令声。

而“寒”字不在“仌部”而在“宀部”。《说文

寒 金文

寒 金文

寒 篆文

寒 隶书

解字注·七篇下·宀部》：寒，冻也。从人在宀下，从茻（mǎng），上下为覆，下有仌也。“寒”字的金文由三个部件构成：外部是宀，代表屋子；中间是人形；人周围是四堆草形，形容人用草来御寒。有些金文在此基础上增加了两冰块状，更突出了天寒地冻的含义；人下增加了脚（“止”），是说脚是最容易感受寒冷的。发展至小篆时，“人”下的脚被简省掉了，冰块也变为“仌”。此字隶变后，保留了“宀”；四堆草变为“䒑”形，卧人变为草堆下的“人”，冰块变为“人”下的两点了。所以，“寒”这个造字的意识流还是清晰的。

凋，半伤也。这个“半伤”用得好，可以帮我们理解凋敝、凋零这些词，就是其气已败，但还勉强支撑的意象。

其中有个“冶”字比较奇怪：冶，销也。从仌，台声。段注：销者，铄金也。冰之融如铄金然，故销铸亦曰“冶”。可见，销冶，指遭热即流动、遇冷即凝合的状态。

冬天的天地之象是什么样的呢?《黄帝内经》中形容说：水冰地坼。水本是主散的，但冬天像水这么散的东西都结冰了，就是要发挥它的收藏之性了；地坼就是地都开裂了，好东西全都要藏在地下了。大自然在冬天把“藏”的功能发挥到了极致，人的生活也应遵循自然的规律，冬季养藏。

“春”“夏”“秋”“冬”四个字讲完了，我们讲一下它们各主什么。春主生，夏主长，秋主收，冬主藏。

“生”，《说文解字注·六篇下·生部》：生，进也。象草木生出土上。“生”这个字，下边是土，上边长出新芽来，意味新的生命从土中诞生。用小草生发来表述所有生命降生这个抽象的概念，可见先人造字的心曲。所有生命的出生都有其坚韧果敢的一面，从“土”而生，只因有上天之生机，感恩天地，给了我们顽强的生命。《孙子兵法·九地》说：投之亡地然后存，陷之死地然后生。也就是说，人越活，会越依赖舒适圈，生命能量就会衰退，唯有被逼到绝处，才能唤醒再生的能量。

长　甲骨文

夏长的“长（長）”，是先有“年长”之义，还是先有“长远”之义呢？从字形上看，“长”的初文像人长发而拄杖之形，或省去杖形。所以这个字最初的意义应该是年长的“长”。人活到老了，就是空间或时间的距离大，就是长远，读作cháng。《说文解字注·九篇下·长部》：长，久远也。从兀，从匕。亾声。兀者，高远意也。久则变匕。这里没解释这个“匕”。但前面我们通过“考”和“老”解释过这个字，“匕”代表的是女阴（后来也有人说这个字像饭勺，段注：今则取饭器之义行，而本义废矣。可见其本义难以启齿），“丂（kǎo）”代表的是男根，“长”字是女阴加长发加拐杖，应该指老女人，其最早的意思应该是“年长”的“长”，后来引申为“长（cháng）”。但从段注看，还是先有“长久”，后有“长幼”。段注：久者，不暂也。远者，不近也。引伸之为滋长，长幼之长。……匕各本作化。今正。说从匕之意。匕下曰：变也。

秋收的“收”，《说文解字注·三篇下·攴部》：收，捕也。从攴，丩声。一个“捕”字，把收敛和肃杀之气都表达了。

冬藏。《说文解字注·一篇下·艸部》：藏，匿也。用草藏匿东西而收藏。此字用作名词时，读为

“zàng”。常人把钱财、珠宝看作宝藏，而修行的佛家与道家人，则把他们传授教义的经典书籍作为宝藏，故“藏”亦指佛教或道教的经典总汇。

藏，不叫死。藏，是生命的一个状态，该藏时不藏，生命就处在危险当中。藏是什么？藏是蓄积能量。做人的藏，就是韬光养晦。不是说把粮食收到仓库就叫藏，把粮食化成精的过程才叫藏。也许一千斤粮食才能化30斤精，所以生命是一定要有浪费的，不允许浪费，也是一种纠结和想不开。因为化精，还需要火力，所以大家别以为吃的东西全部都能化成精，若想把食物化成精，也需要自身的元气啊。总之，藏，就是化精的过程，精足了，才有春天的发陈。

古人认为五藏是藏纳气血的地方。后来为了区别字形，人们就在“藏”字的基础上加上义符“月（肉）”作“臟”，专门来表示“内藏”之义。现代简化作“脏”字，这个简化字不太好，本来是藏气血的地方，脏了肯定不好。

六、天之六气，地之五行

1. 天之六气

天之六气，在中医的说法中指风、寒、暑、湿、燥、火。这是自然界的正气，其中，风主生发，寒主固摄，湿主生长……没有这些，万物不能生长。所以，六气过度或不及，就会导致天地气机偏差，天地病，人也病。

“凤”。甲骨文中有“凤（鳳）”字，像凤鸟高冠修尾之形。有人说“凤”是“风”的假借，对不对呢？风有形，风无形，借凤鸟飞起带起风来表示气的流动，因此二者在声音和字形上都属于同源。

《说文解字注 · 十三篇下 · 风部》：风（風），八风也。东方曰明庶风，东南曰清明风，南方曰景风，西南曰凉风，西方曰阊阖风，西北曰不周风，北方曰广莫风，东北曰融风。从虫，凡声。风动虫生。故虫八日而匕（化）。凡风之属皆从风。这里面有两个问题需要说一下，一是“风”指八风，指四方、四隅之风。段注：八风从律，应节至也（八风依从律令，应节气而至）……立春，调风至。春分，明庶风至。立夏，清明风至。夏至，景风至。立秋，凉风至……风，看似无形，却内藏阴阳。在《易经》中，巽为风，在东南，唯有东南风有生发万物之效应，故又称清明风、弱风、婴儿风。二是“风动虫生”，故“風”字中有“虫”。风，虽然无形，却是万物的媒介，风以动万物，风以散万物。风中有虫，虫乃花粉、精虫等，借由风，把它们传遍世界，所以，“风生万物”。“风”在古代还特指“兽类雌雄的相诱”，因此有“风马牛不相及”一词，也就是动物发情时，其诱惑激素会随风而发散。由此，古人重视风，甚至把它当作一种神来崇拜。

中国人喜欢用“风”来打比方。解“风情”的女人是有趣的女人；有气质的男人是“玉树临风”；又大又亮堂的地方是“风景”；跟毁灭相关的是“风化”；风以动之，教以化之，所以又有“风教”……

再说“寒”，《说文解字注·七篇下·宀部》：寒，冻也。从人在宀下，从茻，上下为覆，下有仌也。如同寒从脚下起。寒是最底层的“冰”。寒冷冰冻了我们对生活的一切热望，使我们沉郁、恐惧、痉挛，无法伸展。但作为天地间的一股正气，寒气也有其收藏作用，对天地间的邪气也有肃清的作用。

暑，《说文解字注·七篇上·日部》：暑，热也。从日，者声。段注：暑与热浑言则一，故许以热训暑。析言则二。……暑之义主谓湿，热之义主谓燥，故溽暑谓湿暑也。《释名》：“暑，煮也。如水煮物也。”好似水煮东西，有水汽升腾。

暑字从日，湿字从水，二者内涵还是有区别的，暑近湿如蒸，热近燥如烘。暑溽，指夏天闷热的气候；暑岁，指炎热干旱的年岁；暑夏，指炎热的夏季；暑湿，指炎热潮湿。

暑，是一种燠热，阳光凶猛，先是把大地蒸腾，然后把谷物蒸腾，然后是我们汗淋淋的肉身……所有的东西都在肆无忌惮地绽放，或怒放，都掀开了自己的壳窍，都把花蕊尽情地伸展……过度的暑热是对生命的消耗，是苦夏，是倦怠，是悄然的兴奋和隐秘的成长……

湿，在水部，有两个字，一个“湿”，读tà。《说文解字注·十一篇上·水部》：湿，湿水。出东郡东武阳，入海。从水㬎声。专门指一条叫“湿水”的河流，与燥湿之意有不同。另一个是燥湿的“湿”，写作“溼”，也在《说文解字注·十一篇上·水部》：溼，幽溼也。从一，覆也，覆土而有水，故溼也。古人认为，凡郁幽潮湿的事物，一定是被什么覆盖住了，覆土而有水，因为不见风日，所以就潮湿幽暗。这个“溼”字上面有“一”，表示被遮盖了。这个字是没有“日”的，但简化后，统一成了“湿”。

《黄帝内经》认为：东方春天风，南方夏天火（暑），西方秋天燥，北方冬天寒，中央长夏湿。湿气，如密闭在远古的沼泽，因为缺少阳气的蒸腾，而沤，而滞，把我们的生命困住，把我们拉向黏稠、困顿和腐败……而且，越挣脱，你便陷得越深，越无望。在火中，人还有涅槃的壮丽；在风中，人还有飞翔的快乐。但，在“湿”中，人只有困顿和绝望，还有对救世主的渴求。但，作为天地间的正气“湿”，却是一种必不可少的存在，没有它，万物就没有包浆和成长，就好比苦难也是我们成长的必经之路，它教会我们隐忍和坚强，这就是“湿”对我们人生的意义。

燥，《说文解字注·十篇上·火部》：燥，乾（干）也。从火，喿声。《周易》说：水流湿，火就燥。燥气不是“火”气，它不是燃烧的特性，而是吸附的特性，凡遭遇它的，都将被吸干，不留一点渣滓。

火，《说文解字注·十篇上·火部》：火，焜（毁）也。南方之行，炎而上。象形。凡火之属皆从火。段注：与木曰东方之行，金曰西方之行，水曰北方之行，相俪成文。象形：大其下，锐其上。也就是，凡是下面大、上面尖的都是“火”形，比如西方的哥特式教堂。我们要辨识火型人，也是依据如此，脸庞下大上尖的，或头发尖耸的，都属于火型人。火，是上天赐予人类的神物，它可以让生命没有杂质，可以毁灭一切，也可以再生一切。所以它是一种纯净的力量。当火灭绝，天地复归寂然。

2. 地之五行

中国文化认为，天上有六气，地上有五行。所以，讲完了六气，讲一下五行。五行，就是木火土金水。《尚书》是最早论述五行的：水曰润下，火曰炎上，木曰曲直，金曰从革，土爰稼穑。从一开始就告诉你，不要把五行当作五种物质，所谓五行的“行”，就是道路通衢，是运动的方向和状态，而不是五种物质。因此，五行，是古人归纳出的五种运动方式、运动状态，以及我们看待事物的五种方法。

行　甲骨文

行，在甲骨文中，就是十字路口的样子。《说文解字注・二篇下・行部》：行，人之步趋也。从彳、亍。段注：彳，小步也；亍，步止也。这两个字大概就是“踟蹰”一词的来源。《韵会》：从彳，左步；从亍，右步也。左右步俱举，而后为行者也。许慎和段玉裁都把“行”说成行走，不如甲骨文中“十字路口”的意思准确。五行，就是五个方向：东南西北，加中央。

木　甲骨文

木，其甲骨文字形像树木，上为枝叶，下为树根。《说文解字注・六篇上・木部》：木，冒也。冒地而生。东方之行。从屮（chè），下象其根。凡木之属皆从木。什么叫“木曰曲直”？所谓“直”，是说木的条达之性。凡是木，都无法阻挡它上行的趋势，这种上行的趋势即是条达之性。而“曲”，则代表年轮的力量，也就是树木横向发展的力量。没有曲，木条达太过，则易折。任何事物的成长都不可能是一根直线，而是盘旋式地上升。生命的基因也同样是螺旋式上升，这是万事万物的一个本质特征。没有“曲”的积累，“直”就是危险的。

表示木曲直的是“柔”字。柔，木曲直也。从木，矛声。段注：凡木曲者可直，直者可曲曰柔。《考工记》多言“揉”。许作“煣”。云屈申木也。必木有可曲可直之性，而后以火屈之申之。这是说“柔”是用火烤的方法把弯曲的树木变直或变弯曲。

从“木”的字很多，大多是树木的品种，比如橘、杏、桃、李等。桂，江南木，百药之长，从木，圭声。段注：《本草经》木部上品首列牡桂、箘桂。箘桂味辛温，主百病，养精神，和颜色，为诸药先聘通使，故许云“百药之长”。桂枝、肉桂都是中医最常用之药。

棠，牡曰棠，牝曰杜。从木，尚声。“尚”意为“摊开”“展平”，“木”与“尚”联合起来表示“一种树冠开展、枝叶开张的木本植物”。这句还说树木分牡牝，也就是公母。段注：草木有牡者，谓不实者也（草木中公的，都是不结果实的）。《尔雅注疏》：杜，赤棠。白者，棠。清朱骏声曰：实之白而甘者曰棠，赤而涩者曰杜。

再讲几个“木部”字，本，木下曰本。从木，从丅。末，木上曰末。从木，从丅。朱，赤心木，松柏属。从木，一在其中。这三个字都是指事字。

讲到“木”，就顺带讲“草”。跟“草”相关的部首有三个。先说屮，《说文解字注·一篇下·屮部》：屮，草木初生也。象丨出形，有枝茎也。古文或以为艸（草）字。读若彻。凡屮之属皆从屮。段玉裁认为此字不是“草”字，因为其意在于“通彻”，古人以“屮”为“艸”，可能是一种错误的借用。

从“屮部”的有什么字呢？屯，难也。象草木之初生。屯然而难。从屮贯一。字形像草木初生生长艰难的样子。《周易》说：屯者，盈也。凡不坚固，不盈满者，则不能出。即，唯有自足，才有出头之势。

每，这个常用字，也在“屮部”，原字上面是个“屮”：每，草盛上出也。从屮，母声。叶片向上繁茂的样子。段注：按每是草盛。引伸为凡盛。……今俗语言每每者，不一端之辞，皆盛也。

毒，也在“屮部”。毒，厚也。害人之草，往往而生。从屮，毒声。指滋味厚涩苦烈的野草。段注：毒兼善恶之辞，犹祥兼吉凶，臭兼香臭

毒 篆文

也。就是“毒”有善恶两面。古代有一些字会带有两个正好相反的意思，比如：“祥”既可以代表吉兆，也可以代表凶兆；而“臭”字，既有香的意思，又有臭的意味；“毒”也一样，不好的意思是“害”，好的意思是“厚”。段注引《易》曰：圣人以此毒天下而民从之。这里的毒就是“厚”的意思。“往往而生”，段注：其生蕃多则其害尤厚。故字从中。引伸为凡厚之义。

熏 篆文

还有个常用字也在“中部”，熏，原字上面有个“中”，《说文解字注・一篇下・中部》：熏，火烟上出也。从中，从黑，中黑熏象。段注：此恐学者不达会意。故发明之。曰：中，而继之以黑，此烟上出，而烟所到处成黑色之象也。合二体为会意。上面用个“中”表示烟熏上行，真是动态而精妙。

紧跟着就是“艸（cǎo）部”了。《说文解字注・一篇下・艸部》：艸，百芔也。从二中。凡艸之属皆从艸。段注：仓老切（取前字的声母，后一个字的韵母，所以此字读“草”）。

“艸部”字就太多了。先讲一个“蓏（luǒ）”，《说文解字》：蓏，在木曰果，在地曰蓏。从艸，从㼌（yǔ）。段玉裁改成“在木曰果，在艸（草）曰蓏”。古代有诸多说法：木实曰果，草实曰蓏。又，有核曰果，无核曰蓏。又，木上曰果，地上曰蓏。段注：谓凡艸（草）结实如瓜瓞下垂者，统谓之蓏。而“瓜”在《说文解字注・七篇下・瓜部》：瓜，㼌也。象形。段注：瓜者，縢生布于地者也。……外象其蔓。中象其实。

（1）撸串自古有之

咱们选一些习惯用于名字里的“艸部”字。

苛，小草也。从艸，可声。段注：引伸为凡琐碎之称。

蔓，葛属也。从艸，曼声。就是藤蔓，所以也读wàn。段注：则知滋蔓字古只作曼。正如蔓延字多作莚。

英，草荣而不实者。一曰黄英。从艸，央声。开花而不结果的草。一种说法认为“英”是黄色的花蕊。

蓝，染青草也。从艸，监声。段注：小雅传曰：蓝，染草也。

芝，神芝也。从艸，声之。段注：《论衡》曰：土气和，故芝草生。

菁，韭华（花）也。从艸，青声。就是韭菜花。

荄（gāi），草根也。从艸，亥声。段注：今俗谓韭根为荄。就是韭菜根儿。

萍，苹也。水草也，从水、苹。就是浮萍。所以起名字最好不用“菁”“萍”等。

萧，艾蒿也。从艸，肃声。段注：《大雅》：取萧祭脂。《郊特牲》：焫萧合馨香。故毛公曰：萧所以共祭祀。看来古人一向重视此物。而我们现在所说的“艾”，在《说文解字》里是个奇怪的东西，艾，冰台也。从草，乂声。冰台是什么呢？段注引张华《博物志》曰：削冰令圆，举以向日，以艾于后承其影，则得火。应该是一种古代取火的工具。

芸，草也。似目宿。从艸，云声。淮南王说：“芸草可以死复生。”段注：芸，香草。……《吕览》曰：“菜之美者，阳华之芸。”贾思勰引《仓颉解诂》曰：“芸蒿似斜蒿。可食。”沈括曰：“今谓之七里香者是也。叶类豌豆，其叶极芬香。古人用以藏书辟蠹。采置席下，能去蚤虱。”据说这个芳草还可以使死者复生。

最后说茻部，《说文解字注·一篇下·茻部》：茻，众草也。从四屮。凡茻之属皆从茻。读若与冈同。段注：按经传草莽字当用此。这个部首就三个字：莫、莽、葬。仔细辨认，果然这三个字都有四个“屮”。因为这四个“屮”，这三个字看上去很有画面感、镜头感。

莫，日且冥也。从日在茻中。段注：且冥者，将冥也。木部曰：“杳者，冥也。”夕部曰：“夕，莫也。”引伸之义为有无之无。落日在草莽之中，好美。

莽，南昌谓犬善逐兔草中为莽。从犬，从茻，茻亦声。所以这个字中间有个“犬”，像猎犬在草丛中准备追兔子的样子。

葬，臧也。从死在茻中；一其中，所以荐之。《易》曰：“古者葬，厚衣之以薪。”段注：荐各本作薦，今正。荐，草席也。……死在茻中之意也。上古厚衣以薪，故其字上下皆艸。茻又有“山冈”的意思，所以，古人用草席包裹置于山冈埋葬死者。

好，草木话题至此打住。草木生什么呢？火。

火，前面讲过了。《说文解字注・十篇上・火部》：焜（毁）也。南方之行，炎而上。象形。何谓“炎而上”？“上”，是指火的动能，往上走，“炎”，是指火的热性。火性本来是上升的，但一味上炎对世界则是毁灭性的，所以《说文解字》说火就是毁灭之意。

“火部”常用字很多。我们现在所说的“四点水”，基本是“火部”。比如“然”，这个字有“肉”“火”“犬”，看上去就是烧狗肉，《说文解字注・十篇上・火部》：然，烧也。从火，肰（rán）声。

烧，爇（ruò）也。从火，尧声。烈，火猛也。从火，列声。段注：《大雅》曰：载燔载烈。传曰：傅火曰燔，贯之加于火曰烈。

热，昷（温）也。从火，埶声。段注：昷，仁也。从皿饲囚（给囚犯吃食）。引申之则为温暖。

灰，死火余烬也。从火、又。又，手也。火既灭，可以执持。为什么可以执持？因为死灰不复燃。

煎，熬也。从火，前声。指干烧。段注：凡有汁而干谓之煎。

熬，干煎也。从火，敖声。段注：凡以火而干五谷之类，自山而东齐楚以往谓之熬。

烝，火气上行也。从火，丞声。像蒸笼里火气上升的样子。

熄，畜火也。从火，息声。亦曰灭火。指扑灭明火，为了蓄藏火种。

炮，毛炙肉也。从火，包声。连皮带毛一起烤炙的全肉。段注：炙肉者，贯之加于火。毛炙肉，谓肉不去毛炙之也。……裹烧曰炮，燥煮亦曰炮。就是不加水直接烧烤。

灸，灼也。从火，久声。段注：今以艾灼体曰灸。……用火则曰灸。

灼字在其后：灼，炙也。从火，勺声。段注：灼谓凡物以火附箸之。灼，炙也。犹身有病，人点灸之。医书以艾灸体谓之“壮”。壮者，灼之语转也。现在瘢痕灸一柱叫作一“壮”，其实“壮”就是“灼”的意思。“灸”一般容易与“炙”混，炙不在火部，而是在“炙部”，《说文解字注·十篇下·炙部》：炙，炙肉也。从肉在火上。凡炙之属皆从炙。段注：谓以物贯之而举于火上以炙之。看来，撸串自古有之。

不是有“火”字的都在“火部”，比如“炎”自己就是一个部首。《说文解字注·十篇上·炎部》：炎，火光上也。从重火。凡炎之属皆从炎。段注：炎炎，热气也。……炎，火盛阳也。皆引申之义也。炎部有一个字“粦”：粦，兵死及牛马之血为粦。粦，鬼火也。从炎、舛（chuǎn）。也就是这个字字形原来上面是“炎”，下面是“舛”。舛者，谓人与人相对而休也，引申之足与足相抵而卧亦曰舛。段注引《博物志》：战斗死亡之处有人马血，积年化为粦。粦着地入草木，皆如霜露不可见。有触者，着人体便有光。拂拭便散无数。其实就是磷火。

（2）何谓“土”，何谓“金”

土，《说文解字注·十三篇下·土部》：土，地之吐生万物者也。二象地之上、地之中。丨，物出形也。凡土之属皆从土。段注：上各本作下，误。上下两横的“二”，象征地之上、地之中，中间的一竖“丨”，像植物从地面长出的样子。段注又引《释名》曰：土，吐也。吐万物也。……地之上，谓平土面者也。土二横当齐长。士字则上十下一。上横直之长相等。而下横可随意。今俗以下长为土字。下短为士字。绝无理。“丨，物出形也”，段注：此所谓引而上行读若囟也。合二字象形为会意。

土部的第一个字是“地”，讲过了。《释名》：地者，底也，其体底下载万物也。亦言谛也，五土所生莫不信谛也。《易》谓之坤，坤，顺也，上顺乾也。地之“坤”性源于“也”。

土部的第二个字是“坤”，《说文解字注》：坤，地也。《易》之卦也。从土、申。土位在申也。段注：《象传》曰：“地势坤。君子以厚德载物。”《说卦传》曰：“坤，顺也。”按：伏羲取天地之德为卦，名曰乾坤。……

《说卦传》曰："坤也者，地也。万物皆致养焉。"

再讲土部两个字，"坏"与"壞"，它们都在"土部"，但是音义完全不相同。"坏"，本读作pēi，指未烧过的砖瓦。《说文解字注》：坏，丘一成者也。一曰瓦未烧。从土，不声。段注："一"各本作"再"。今正。……孔安国以为再成曰伾。段玉裁说应该是"丘一成"，后面又引用孔安国的话说：再成曰"伾"。所以这个"坏"字应该为土坯的"坯"。段玉裁又解释"一曰瓦未烧"这句：今俗谓土坏，古语也。瓦者，土器已烧之总名。然则坏者，凡土器未烧之总名也。

而我们现在理解的"坏"字在《说文解字》里写作"壞"，《说文解字注》：坏（壞），败也。从土，褱声。段注：按毁坏字皆谓自毁、自坏。而人毁之、人坏之其义同也。不必有二音。段玉裁这句"一切毁坏都是自毁、自坏，然后才有人毁、人坏"，令人警醒！

再讲几个土部字。型，铸器之法也。从土，刑声。就是铸器的模具。关于模具，段注：以木为之曰模。以竹曰笵（范）。以土曰型。就是用木头制作的模具叫"模"，用竹子做的叫"范"，用泥土做的叫"型"，所以现在有模范、模型这些词。

坎，陷也。从土，欠声。指陷下的土坑。段注：陷者，高下也。高下者，高而入于下也。因谓阱谓坎。指从高处形成的凹陷为"坎"。在《周易》中，坎卦对应的是"水"，这是因为《星经》说"九坎九星，在牛星南，主沟渠水泉"。

增，益也。从土，曾声。千层之台，起于累土，"土"与"曾"联合起来表示"使用过的土重新被利用，继续垒高"。

坟（墳），墓也。从土，贲声。段注：析言之则墓为平处，坟为高处。故《檀弓》孔子曰："古者墓而不坟（"墓"指的是埋葬死者的穴，"坟"指的是墓穴上的封土。"墓而不坟"就是埋葬逝者后不作任何标志，这样便不侵占土地资源）。"……土之高者曰坟。此其别也。《方言》曰："冢，秦晋之间之坟，或谓之培。"

下面我们讲"金"。

金，《说文解字注·十四篇上·金部》：金，五色金也。黄为之长（白金、青金、赤金、黑金、黄金合为五色。黄金为五金之首）。久薶不生衣，百炼不轻（段注：此二句言黄金之德——久埋地下不生锈，千锤百炼不会损耗变轻），从革不违（《尚书》说“金曰从革”。段注：谓顺人之意以变更成器。虽屡改易而无伤也）。西方之行。生于土，从土；左右注，象金在土中形（金生于土，字形中有“土”，“土”的左右两点，像金沙隐藏在土层中的样子）；今声。凡金之属皆从金。

何谓“金曰从革”？“从”是什么？一个人跟着一个人为“从”。所以，金的一个属性是顺从、跟随，柔金可以随意锻铸。而“革”指“金”坚硬的那一面，可以革命、改变。所以金有两个相反的特性，要么杀戾，要么保护，也就是“金”同时具有“矛”和“盾”两种相反的属性。犹如金属武器既可保护自己，又可以抵挡外邪。

银，白金也。从金，艮声。《尔雅》曰：黄金谓之鎏（dàng）。其美者谓之鏐（liú）。白金谓之银。其美者谓之镣。段注：黄金既专金名。其外四者皆各有名。比如：铅，青金也。锡，银铅之间也（介于银与铅之间的金属）。铜，赤金也。段在“铜”字后注：金有三等：黄金为上，白金为中，赤金为下。金部还有铁，铁，黑金也。

金部字再讲个“钱”。钱，铫（diào）也。古者田器。从金，戋声。本来指古代种田农具——锹。段注：云古田器者，古谓之钱。今则但谓之铫，谓之臿（chā）。不谓之钱。而钱以为货泉之名。……古者货贝而宝龟。周而有泉（古代的钱之所以叫“泉”，段玉裁解释为：其流行像泉水无不遍），至秦废贝行钱……玉裁谓秦汉乃假借钱为泉。《周礼》《国语》早有钱字。是其来已久。钱行而泉废矣。也就是，古代“钱”叫“泉”，取其流通意，至秦汉才称“钱”。

（3）闲篇《钱神论》和《钱本草》

一起看看古人怎么说“钱”的吧。先前讲过，凡是发音从“戋”字者，都有“销薄”和“小”的意味，贱、栈、笺等都是如此，钱也是。虽然小，但也会把我们的生命销薄和变小。人一生若被金钱所困，也确实悲凉。

西晋鲁褒有妙文《钱神论》说：钱之为体，有乾有坤。内则其方，外则其圆（内要守方正之道，外要有圆融之性）。其积如山，其流如川。动静有时，行藏有节（指钱的流通和贮藏也有一定的法度）。市井便易，不患耗折（不怕消耗亏损）。难朽象寿，不匮象道（指钱像寿命一样不会衰老，像“道”一样不会匮乏）。故能长久，为世神宝。亲爱如兄，字曰孔方（古钱外圆内方）。失之则贫弱，得之则富强。无翼而飞，无足而走。……由是论之，可谓神物。无位而尊，无势而热（是说这个“神”啊，没有神位，却成为人心中的至尊；没有势力，却热行于天下，成为网红中的顶流）。……钱之所在，危可使安，死可使活；钱之所去，贵可使贱，生可使杀。是故忿诤辩讼，非钱不胜；孤弱幽滞，非钱不拔；怨仇嫌恨，非钱不解；令问笑谈，非钱不发（这段是在说钱的作用）。最后一句最妙，又最惊悚，居然把钱和天相比！他说：天有所短，钱有所长——为什么呢？他说：四时行焉，百物生焉，钱不如天；达穷开塞，振贫济乏，天不如钱。看看，世间最大的“天”，也有不如“钱”的时候。难怪那么多人愿意为之赴汤蹈火！

古人有文采，嬉笑怒骂皆文章。如此说来，钱，真乃神物也！其实呢，所谓金钱观，就一条：是做金钱的主人，还是做金钱的奴隶。人生有三自由：财富自由，生命自由，心灵自由。都自由了，就是主人；都不自由，就是奴隶。总有人说，我挣到多少钱后，就去过另一种生活。令人悲伤的是，很多人在追求财富自由的路上再也停不下来，就忘了初心，忘了还有更高的人生目标。比如《红楼梦》里贾宝玉和王熙凤，一个一生不知钱为何物，最后倒也自主了人生；一个号称管钱，是大管家，为了钱杀人越货，但最后不过是金钱的奴隶，一生也没有了悟。

具体该怎么用“钱”呢？我们再讲一篇妙文《钱本草》吧。《钱神论》是把钱当作“神”写就的妙文，而《钱本草》是把钱当作“药”写就的妙文，用其“神”而愈其“病”，就是得其“正用”。

《钱本草》是唐代张说所作，他把钱当作一味药来解释：钱，味甘，大热，有毒。药都有性味，钱的性味甘甜，大热有毒。其功能是：偏能驻颜，采泽流润，善疗饥，解困厄之患立验。能利邦国，污贤达，畏清廉。贪者服之，以均平为良；如不均平，则冷热相激，令人霍乱。翻译过来就是：钱，偏偏能驻容养颜，擅长治疗饥饿，解除困难而效果显著。钱，可有利于国家，可以污损贤达，却最害怕清廉。贪婪的人服用最好适可而止，如果过量，则会冷热相激，引发霍乱。

其药采无时，采之非礼则伤神。翻译过来就是：这味药，没有固定的采摘时节，不知节制地采摘，会损伤人的精神。此既流行，能召神灵，通鬼气。钱的流行，能召神灵，通鬼气。如积而不散，则有水火盗贼之灾生；如散而不积，则有饥寒困厄之患至。如果只积攒而不发散，就会招贼，有水火之灾难；如果只发散不积攒，又会有饥寒困顿等祸患。

一积一散谓之道（一积攒一发散称为用钱之“道”），不以为珍谓之德（不把它当作珍宝称为“德”），取与合宜谓之义（取得与给予适宜称为“义”），无求非分谓之礼（不非分强求称为“礼”），博施济众谓之仁（博施济众称为“仁”），出不失期谓之信（支出有信用称为“信”），入不妨己谓之智（得之不伤己称为“智”）。

这里，给“钱”赋予道、德、仁、义、礼、智、信“七德”，把金钱的正确用法说得明明白白。要知积攒和发散之道；要淡然处之，不可汲汲；要分配合理，不可强求……最后的智慧是“入不妨己”，就是钱多钱少都不能妨碍了自己的生活态度：钱再多，也是一日三餐七尺床。钱少，固然有点心慌，但看到自己胳膊腿脚都灵活健康，还是应该高兴才是。但没钱，真的就谈不上用“钱”之七德了，贫贱夫妻百事哀啊！

总之，对于钱，只要取之有道，用之有益，用之有度，就没有问题。

以此七术精炼，方可久而服之，令人长寿。若服之非理，则弱志伤神，切须忌之。——用这七种方法精炼此药，才可以长久地服用，并且可以使人长寿。如果不守这七种方法，就会减弱智力，损伤精神。

（4）水，外阴内阳

最后我们说“水”。甲骨文的“水”字就是像水蜿蜒流动之形，两侧的点像水滴，后来逐渐线条化。

水，《说文解字注·十一篇上一·水部》：水，准也。北方之行。象众水并流，中有微阳之气也。凡水之属皆从水。段注：《释名》曰：“水，准也。”准，平也。天下莫平于水。故匠人建国必水地。这里有两个含义：

①由水静则平衍生出水准、用水测平的含义。

水　甲骨文

②“建国必水地”这句是风水学上的一个要点，文明古国都是离不开水的，有了水，才有未来。比如中国文明有长江、黄河，古印度文明有恒河，古巴比伦文明有幼发拉底河和底格里斯河，古埃及文明有尼罗河。固定的水源使农业和商业容易发展。哪怕固定地发大水，也会重新肥沃土地。但现今硬地太多，水灾水患则成了大城市的灾难。

段玉裁接着解释“北方之行”这句：《月令》曰：“大史谒之天子曰：某日立冬，盛德在水。”古人认为，水位在北方。北方者，属阴气，在黄泉之下，任养万物，所以水是盛德的一种存在。关于五行，《尚书·洪范》说：五行，一曰水。又：水曰润下。疏曰：五行之体，水最微，为一。火渐著，为二。木形实，为三。金体固，为四。土质大，为五。五行从此有“数”。

段玉裁解释水“象众水并流，中有微阳之气也”这句说：火，外阳内阴。水，外阴内阳。中画象其阳。云微阳者，阳在内也。微犹隐也。火，是离卦，外阳内阴，水，是坎卦，外阴内阳。中间一根阳爻象征其阳。为什么说是微阳呢？因为阳气敛藏于内，不外显，故为微。《管子·水地篇》说：水者，地之血气，如筋脉之通流者也。

水部字太多了，大多是各种江河湖海的名称。我们只挑些常用字来讲。

《说文解字注·十一篇上·水部》：混，丰流也。段注：盛满之流也，……俗字做“滚”。

没　篆文

没，湛也。从水、从𠬛。这个字的篆文由三个字组成，水、回、又，像人手从漩涡中求救，最后沉没，所以，其又读mò，是个典型的会意字。段

注：没者全入于水。故引伸之义训“尽”。也就是沉没消失。

活，流声也。从水，𠯑声。“活”本作“湉（kuò）”，湉读作guō，像流水声。段注：按传当作流貌。……引伸为凡不死之称。现代人看字形解释为“三口水”为“活”，就只是望文生义。

浩，浇也。

波，水涌流也。

激，水碍衺（xié，不正）疾波也。水流受阻则激扬飞溅，故引申有激扬之义。段注：水流不碍则不衺行。不衺行则不疾急。好比人越受阻越逆反，所以在现实生活中，有时越劝阻越无效，不如鼓励他去赶紧撞南墙，越早撞南墙就越早结束困境。

洞，疾流也。从水，同声。同，既表声音，又表示水流汇合，水势湍急。本义是窟窿，《素问·四气调神大论》说：心气内洞。“洞，谓中空也。”后又有穿透义，比如洞察。

涓，小流也。从水，肙（yuàn）声。段注：凡言涓涓者，皆谓细小之流。肙，本义为“小口小身”；引申义为“细小的”“小巧的”。《说文解字注·四篇下·肉部》：肙，小虫也。从肉、口。一曰空也。段注：字从肉者，状其软也。从口者，象其首尾相接之状也。所以“涓”是形声兼会意字。

淑，清湛也。“叔”意为“捡拾豆子”。“水”与“叔”联合起来表示“在清水中捡拾豆子”。段注：今俗云深沉是也。《释诂》曰：“淑，善也。”

润：水曰润下。从水，闰声。水，也有两个特性，一个是“润”，一个是“下”。这就是中国看待问题的方法，一定不是看事物的单一性，而是看它的多面性。我们学中国传统文化学什么，就学这个，学习它思维的灵活多面性。水之下，是指水往低处流；水之润，在于温。不是水能润你，而是水产生的气才能润你，泡在冷水里，人就润不了，只有温润之气才能让你毛窍全开。没有水之阳气的鼓荡，水就没有灵性。

淫，浸淫随理也，一曰久雨曰淫。段注：浸淫者，以渐而入也。……淫，霖也。雨三日以上为霖。

颒（沬），洒面也。洗，洒足也。沐，濯发也。浴，洒身也。看来古人生活真讲究。洗不同的地方有不同的说法。

沙，水散石也。从水、少。水少沙见。段注：凡古人所引古书有是有非，不容偏信（这句很好）。《大雅》传云："沙，水旁也。"许云："水散石。"……石散碎谓之沙。引伸之，凡生涩皆为沙。

池，陂（bēi）也。从水，也声。原本《说文解字》没有这个字，是段玉裁补上的。段注：此篆及解各本无。今补。……依阜部"陂"（陂与坡音义皆同。凡陂必邪立，故引申之义为倾邪），一曰池也。……夫形声之字多含会意。"沱"训江别，故从它。沱之言有它也。停水曰池，故从也。"也"本训女阴也。《诗》谓水所出为泉，所聚为池。在"陂"字注里，段玉裁说：沼，池也。洼，深池也。潢，积水池也。湖，大陂也。……陂得训池者，陂言其外之障。池言其中所蓄之水。

泣，无声出涕曰泣。从水，立声。段注："哭"下曰："哀声也。"其出涕不待言。其无声出涕者为泣。此哭泣之别也。也就是说，哭，为大声号丧，泣，则无声，俯泣则近妇人。

涕，泣也。从水，弟声。段玉裁认为应该是"目液也"三字。古代"自目出曰涕"，今人以从鼻出者为涕。

漏，以铜受水，刻节，昼夜百节。从水、扇。就是古代用铜壶盛水，在铜壶上刻上一百个刻写标记（即每一个刻写标记对应14.4分钟），用滴水进度，标记一个昼夜的时间长度（24小时）。百刻又称百度。段注：《乐记》："百度得数而有常。"注云："百度，百刻也。"《灵枢经》："漏水下百刻，以分昼夜。"

七、阴阳——中国文化的大话题

1. 阴阳

阴阳是中国文化里的大话题。咱们先说这两个字的部首。

在现代偏旁里，这两个字从"阝"（左耳旁）。其实这个偏旁在古代是一个字——"阜（𨸏）"，《说文解字注・十四篇下・阜部》：阜，大陆也。

山无石者，象形。指没有石头的土包。段注：大陆曰阜，……高平曰陆。谓土地丰正名为陆。陆土地独高大，名曰阜。阜最大名为“陵”。引申之为凡厚、凡大、凡多之称。……《释名》曰：“土山曰阜。”象形者，象土山高大而上平。可层累而上。其实，我们将这个字逆时针旋转90度就会恍然大悟，原来它就是山的形状。

中国字偏旁有左耳朵、右耳朵，阴、阳是左耳朵，部首为“阜”；都、郭等为“右耳朵”，“右耳朵”古代指“邑部”。《说文解字注·六篇下·邑部》：邑，国也。从囗；先王之制，尊卑有大小，从卪（jié，节的古今字）。凡邑之属皆从邑。段注：《左传》凡称人曰大国。凡自称曰敝邑（就是在《左传》里，称别人的国家为大国，称自己的国家为敝邑，以示谦卑）。古国邑通称……夏曰夏邑，商曰商邑，周曰京师。《左传》：“凡邑有宗庙先君之主曰都，无曰邑。”此又在一国中分析言之。段注又解释“先王之制，尊卑有大小。从卪”——尊卑谓公侯伯子男也。大小谓方五百里，方四百里，方三百里，方二百里，方百里也。土部曰：公侯百里；伯七十里；子男五十里。从孟子说也。尊卑大小出于王命。故从卪。

由此，便有了“左阜右邑”之说。凡从阜部的字都跟“山”有关；凡从“邑部”的字都跟“地域”“城市”有关。比如“邢”“邯郸”“郑”等字，都是古代诸侯所封国名。

我们先讲阜部字。“阴”在《说文解字注·十四篇下·阜部》。

阴（陰），闇（暗）也。水之南，山之北也。从阜，侌（yīn）声。段注：闇者，闭门也。闭门则为幽暗，故以为高明之反。即阴是“高明”的反面，是低和暗。

关于“水之南，山之北也。从阜”这句，段玉裁引《穀梁传》曰：水北为阳，山南为阳。注云：“日之所照曰阳。”然则水之南、山之北为阴可知矣。也就是背光的都为“阴”。为什么背光呢？因为有山阜挡着啊，故阴字从阜。段玉裁说：夫造化阴阳之气本不可象，阴与阳皆假借云日山阜以见其意而已。

“阴（陰）”字中的“侌”是上今下云，“今”代表了“阴”字的读音。云，天上有云朵飘过时山上就会有阴影。

我们常用"光阴"一词来形容时间。古语有：圣人不重尺之璧，而重寸之阴。这句话的意思就是为圣人者，并不看重尺寸很大、价值连城的碧玉，而是珍惜稍纵即逝的光阴，即"一寸光阴一寸金，寸金难买寸光阴"。

《说文解字注·十四篇下·阜部》：阳（陽），高、明也。从阜，昜声。段注：闇之反也。不言山南曰昜者，阴之解可错见也。山南曰阳，故从阜。也就是，"阳"应该指"山之南，水之北"。正与"阴"相反，山的南面是能够被太阳照到的地方，所以"阳"有温暖的含义。

阳 甲骨文

阳 金文

甲骨文的"阳"字左边是"阜（𠂤）"（土山），有升高的意思；右边上部是"日"，下部是"丅"，是祭神的石桌，表示太阳升到了祭桌之上。金文在"丅"的左边加"彡"，表示阳光，变为"昜"，意为太阳升起，阳光普照。

原本阴阳并没有那么玄妙，只是一个低、暗，一个高、明。一旦进入哲学语汇，这两个字就不一般了，比如《黄帝内经》说：独阴不长，孤阳不生。开始强调阴阳的相互依存性。万事万物无非阴阳。这个世界绝对不允许最自大的东西存在，有发动机，就要有刹车系统，一切都要自带克星。而且最好二者交集、和合，才有生命的完美。关于阴阳的解读，最完美的在《黄帝内经》中。

我们接着讲一些阜部的字。

陵，大阜也。从阜，夌声。段注引《释名》曰：陵，隆也。体隆高也。……夌，越也。所以"夌"也有意义，不单纯是读音。

阿，这个字从阜部，就有点让令人不好理解。

在《说文解字注》中，阿，大陵曰阿。从𨸏，可声。一曰阿曲𨸏也。段注：引申之，凡曲处皆得称“阿”。……室之当栋处曰阿。《考工记》四阿，若今四注屋。《左传》：“椁有四阿。”也就是大山的曲折状为“阿”，段玉裁接着说：曲则易为美。故《隰桑》传曰：阿然，美貌。

还有些阜部字，我们现在看不出跟“山阜”的关联，比如“除”，扫“除”到底是扫哪儿呢？咱们一般什么时候会主动扫除？过年节的时候，家里要来贵客的时候。所以，扫除是礼仪的一部分。

除，殿陛也。从𨸏，余声。段注：殿谓宫殿。殿陛（升高阶也）谓之除。因之凡去旧更新皆曰除。取拾级更易之义也。从𨸏。取以渐而高之意。所以，除，就是台阶。人拾级而上，每步都离旧登新，所以“除”又引申出“去旧更新”的意思来。新旧岁之交谓之岁除，所以有“除夕”的说法。

那，迎接宾客为什么要扫台阶呢？

2. 知者乐水，仁者乐山

在《史记·高祖本纪》里记述了这样一个故事：高祖五日一朝太公，如家人父子礼。太公家令说太公曰：“天无二日，土无二王。今高祖虽子，人主也；太公虽父，人臣也。奈何令人主拜人臣！如此，则威重不行。”后高祖朝，太公拥篲（huì，扫帚），迎门却行。高祖大惊，下扶太公。太公曰：“帝，人主也，奈何以我乱天下法！”于是高祖乃尊太公为太上皇。心善家令言，赐金五百斤。

这段是说刘邦的父亲刘太公一直嫌刘邦没出息，后来刘邦当上皇帝后，刘邦还是每隔五天去朝拜下父亲，但刘太公的家奴说了，天无二日，土无二王，您还是要对人主有所恭敬才是。刘太公颇感为难，不知怎样做才能既合乎君臣礼仪又不丢了自己当父亲的面子。家奴给他出了一个主意，下次等刘邦来时，表现出一个尊敬儿子的姿态即可。于是当刘邦去探望父亲时，刘太公做了一个非常有趣的事儿——他扛着把扫帚出来了。

刘太公为什么要这样做呢？因为有贵客时，主人是下台阶而迎客，一般先要把台阶扫干净，主人拿着把扫帚，假装低头扫除，以示谦卑，刘太公“迎门却行”，就是低着头倒着走，把刘邦一步一步接上来……当然了，刘邦赶紧扶住了父亲，但内心还是非常受用的，要不然他不会事后赐给这家奴五百金。

所以，“扫除”的真正含义是表示对贵客的尊敬，这种习俗到了现代，就是迎接贵宾时都会铺上红地毯。

再讲几个常见“阜部”字。

陶，再成丘也，在济阴。从阜，匋声。陶丘有尧城。尧尝所居。故尧号陶唐氏。第二次堆成的土丘，位在济河北面。段注：《释丘》曰：“一成为敦丘。再成为陶丘。”……按定陶故城在今山东曹州府定陶县西南，古陶丘在焉。“陶丘有尧城”句，段注：谓尧始居于陶丘。后为唐侯。故曰陶唐氏也。

附，附娄，小土山也。从阜，付声。《春秋传》曰：“附娄无松柏。”小土山上没有松柏之类的参天大树。

降，下也。从阜，夅（jiàng）声。段注：此下为自上而下。故厕于队（坠）、陨之间。因此这个字在“坠”和“陨”之间。

队　甲骨文

队（隊），从高队（坠）也。从阜，㒸声。也就是从高处坠落。“队”是“坠”的本字。甲骨文写法是“人”从山坡坠落的样子，这大概也是后来简化汉字写成“队”的原因吧。后来这个字为什么有“军队”“队伍”的意思呢？段玉裁解释说：百人为队。盖古语一队，犹言一堆。物堕于地则聚。因之名队为行列之称。

再说下“陨”，《说文解字注》：陨，从高下也。从阜，员声。《易》曰：“有陨自天。”段注引《释诂》曰：陨，下，落也。所以，坠、降、陨三字都指从高处下落。

防，堤也。从𨸏，方声。埅，防或从土。段注：《周礼·稻人》曰："以防止水。"……引申为凡备御之称。

陈，宛丘也，舜后妫满之所封。从𨸏，从木，申声。段注：《毛传》曰："四方高、中央下曰宛丘。"

讲完"𨸏部"，再讲讲"山部"。《说文解字注·九篇下·山部》：山，宣也。谓能宣散气，生万物也，有石而高。象形。指高山能宣发地气，促生万物，有石崖而高耸，像高峰连绵之形。

岛，海中往往有山可依止，曰岛。从山，鸟声。

密，山如堂者。从山，宓（mì）声。指形状像堂屋的内有隐秘处的山。段注：堂，殿也。《释山》曰："山如堂者，密。"后来假借为高端、精密意思后，本义就废了。

岩（巖），厓（各本作"岸"，段玉裁改为"厓"）也。从山，嚴声。段注：厂部曰：厓者，山边也。

崔，大高也。从山，隹声。

嵬（wéi），不在"山部"，而在"嵬部"。《说文解字注·九篇上·嵬部》：嵬，山石崔嵬，高而不平也。从山，鬼声。崔嵬，指土山之戴石者，惟土山戴石，故高而不平。

有些不是"山部"的字也表示高山，比如"厂"，这个字有三个读音：chǎng、ān、hàn。《说文解字注·九篇上·厂部》：厂，山石之厓岩，人可居。象形。指山崖时读hàn。读ān时，同"庵"，多用于人名，比如我有个朋友笔名"子厂"，我也是通过问询，才知道此字读ān。

还有"石"。《说文解字注·九篇下·石部》：石，山石也。在厂之下；口，象形。凡石之属皆从石。

为什么孔子说"知者乐水，仁者乐山"呢？

聪明的人具有水的灵动。水，善于改变自己，随物而化，能根据环境的变化不断地调整自己。比如有什么样的地形，它就按照什么样的地形去走，不断顺应环境变化。你拿个盆儿来装水，它就是盆儿的形状，你拿个三角容器来装水，它就是三角形的，就是水能够随时调整自己。环境是环境，但我终究是我，这就是聪明人的自在和从容。容，盛也。就是收容、盛满。“从容”一词就是这么来的吧，就是“婉然从物”，不被外界干扰。

所谓有智慧的人，就是要不断地调整自己，达到随物而化的状态。而没智慧的表现就是不知道如何调整自己，一味地按自己的方式行事，事情弄坏了，就怨天怨地怨父母，如此就是愚蠢。

仁者乐山，是仁者得山的厚道。山，厚重、踏实，不因土少、土秽而拒绝其凝聚，总能够积少成多。仁爱的人就需要具有这样厚重、踏实、宅心仁厚的性格，而且不拒绝别人的意见，好的、可用的，可以拿来取长补短。脏的，可以化之。能承载万物、能化万物，就是坤德。

3.“邑部”就是都城

下面讲“邑部”字。

“邑”的本义是人群聚居的地方，引申后泛指城市，在古代也代表封地、国都。凡是从邑部（“阝”右耳旁）的字，意思都和地域、地名、城郭、古代诸侯封国等有关，如“邢”“邯郸”“郑”等字，都是古代诸侯所封国名。

邑部在《说文解字注·六篇下》：邑，国也。从囗；先王之制，尊卑有大小，从卪。凡邑之属皆从邑。段注：《左传》凡称人曰“大国”，凡自称曰“敝邑”，古国邑通称。《白虎通》曰：“夏曰夏邑，商曰商邑，周曰京师。”……《左传》：“凡邑有宗庙先君之主曰都，无曰邑。”

都，有先君之旧宗庙曰都。从邑，者声。《周礼》：“距国五百里为都。”段注：大曰都。小曰邑。虽小而有宗庙先君之主曰都。尊其所居而大之也。……《周礼·载师》注引《司马法》曰：“王国百里为郊。二百里为州。三百里为野。四百里为县。五百里为都。”

邦，国也。从邑，丰声。段注：《周礼注》曰：“大曰邦，小曰国。”析言之也。许云：“邦，国也。国，邦也。”统言之也。……邦之言封也，……乃分地邦而辨其守地，邦谓土界。所以，邦，特指封地。

鄙，五酇（cuó）为鄙。从邑，啚声。《周礼·地官·遂人》：四里为酇，五酇为鄙。段注：五百家也。……盖《周礼》都鄙距国五百里……故鄙可释为“边”。又引伸为轻薄之称。其实，“卑鄙”这个词在古代根本不是贬义，而是一种自谦，诸葛亮在《出师表》中说："先帝不以臣卑鄙。"诸葛亮可不是在说自己是个卑鄙小人。"卑"指地位卑下。鄙，指边远之人。"鄙"是周代户口单位，五百家为一鄙，远离城市的偏远小集镇集合五鄙才为县，所以鄙在最开始是指偏远之地的人，后来引申成没见过世面的人。

邻（鄰），五家为邻。从邑，粦声。这大概是最小的社区概念。段注：引伸为凡亲密之称。过去是五家为一邻，五邻为一里，也就是说，比"邻"大一些的社区为"里"，《说文解字注·十三篇下·里部》：里，居也。从田从土。段注：二十五家为里。我们就知道为什么有"里弄"一词了，就是二十五家为"里"。所以，"邻"是最小的城市单位，五家在一起，可以互相监督，出了事就连坐。你看古代对人的管控厉害不厉害?！这种制度监管费用低廉，但会培养出告密者。而生活中最残酷的，不是陌生人会成为告密者，而是朋友、闺蜜、邻居、亲人会成为告密者，所以我们对此要有充分的警惕，不要回到那个时代，因为那个时代对人性的考验太血腥了。从某种意义上说，善是利他，恶是自保。一个宽松的社会应该积极发展"善"，让人人从利他中得到愉悦，而不是让人人陷于自保而有恶行。背叛、出卖他人、诬陷他人等似乎不属于犯法，但这些是人性的"恶"，是权势压迫下的自保，是人性的沦陷，它，比癌还可怕，因为它玷污灵魂。

郊，距国百里为郊。从邑，交声。段注：五十里为近郊，百里为远郊。

郑，京兆县。周厉王子友所封。从邑，奠声。宗周之灭，郑徙溍洧之上，今新郑是也。

郭，齐之郭氏虚。善善不能进，恶恶不能退，是以亡国也。从邑，𩫏声。指在齐国境内已被灭亡的丘墟。为什么会被灭亡呢？这句被后人加以解释，就是"善善不进，恶恶不退；贤者隐蔽，不肖在位；国受其害"。翻译过来就是：喜爱贤能的人却不能举贤者为用，厌恶作恶的人却不能使恶者远离职位；那么有才能和德行的人就会被迫隐退，不称职的人为官作恶，国家必定要蒙受其害。

邪，琅邪郡也。从邑，牙声。段注：琅邪郡，秦置，属徐州。郡领东武等五十一县。今山东兖州府东境，沂州府及青州府南境，莒州，莱州府南境，胶州一带皆是其地。今兖州府诸城县县东南百四十里有故琅邪城。……郎，良也。邪（yá），道也。“琅邪”两字翻译过来就是“好的道路”，所以段注：人有善道，故为郡名。

另外，邪，又用为辞助。做语气助词时，邪通“耶”，比如《黄帝内经》这句：人年老而无子者，材力尽邪，将天数然也？——人年老而不能生育了，是生命材力匮乏了呢，还是天数如此？

郎，鲁亭也。从邑，良声。段注：郎，鲁近邑也。……高平方与县东南有郁郎亭。按以郎为男子之称及官名者，皆“良”之假借字也。即，郎本是地名，后来作为男子之称以及官称，都是“良”字的假借，“良”这个字不好查，因为在畐（fú）部。《说文解字注·五篇下·畐部》：良，善也。这大概是古人的美好愿望吧，希望男人和为官者都要善良。怎样才叫善良呢？那就得去看一下这个部首“畐”是什么意思：畐，满也。从高省，象高厚之形。凡畐之属皆从畐。读若伏。善良的根底在于像田地那样“高厚”啊，段注引用荀子的一句话来解释这种境界：入小而不逼，处大而不窕。即，进入狭小如穴之地而不感到憋屈、逼仄，处于阔大充盈之宇也不感到空荡。即，处事能大能小，其魂不躁，其神不娆。活成这样，才是君子自在宽宏的境界啊！

八、天地化育的动物

1. 天上飞的，地上跑的

最后说一下天上飞的、地上跑的那些自由的动物。

先说鸟部。从鸟部的基本是大鸟，甚至是一些“神”一般的鸟。

《说文解字注·四篇上·鸟部》：鸟，长尾禽总名也。象形。鸟之足似匕，从匕。凡鸟之属皆从鸟。段注：禽，走兽总名。此不同者。此依释鸟二足而羽谓之禽也。短尾名隹，长尾名鸟。析言则然，浑言则不别也。这句是说：禽，本是走兽（也就是地上跑的动物）总名，而鸟，是两足有羽毛的飞禽，其中，短尾名隹，长尾名鸟。

鸟部的第一个字就是“凤”。段玉裁《说文解字注》的记载与其他各本略有不同：凤，神鸟也。天老曰：凤之像也，麐前鹿后，蛇颈鱼尾，龙文龟背，燕颔鸡喙，五色备举。出于东方君子之国，翱翔四海之外，过崐崘（段注：当作昆仑），饮砥柱，濯羽弱水，莫宿风穴。见则天下大安宁。从鸟凡声。𠕎，古文凤，象形。凤飞，群鸟从以万数，故以为朋党字。鵬，亦古文凤。

这里有几点：

（1）凤，是传说中的神鸟。

（2）凤的形象组成：前面像麐（牝麒也），后面像鹿，颈像蛇，尾像鱼。身上有龙文，后背有龟纹，颔像燕子，嘴喙像鸡。同时五色全备。

（3）段注又引《山海经》说凤有五德：首文曰德。翼文曰顺。背文曰义。腹文曰信。膺（同“胸”）文曰仁也。

（4）凤出于东方君子之国，翱翔四海之外，过昆仑、饮砥柱、濯羽弱水、暮宿风穴。见则天下大安宁，是祥瑞的大鸟。

（5）最后，许慎说：凤飞，群鸟跟从以万数，故以之为朋党字。鹏，就是古文凤。

第二个字是“鸾”。《说文解字注》：鸾，亦神灵之精也。赤色，五采，鸡形。鸣中五音，颂声作则至。从鸟，䜌声。鸾是神灵之精。赤色，五彩，鸡形。其鸣叫声合乎五音妙律，人间颂声起，鸾鸟翩翩至。这，大概就是四象中的“朱雀”。段注：见则天下安宁。

鸿，鹄也。从鸟，江声。天鹅。段注：学者多云雁之大者。夫鸿雁遵渚遵陆亦其常耳。……正谓一举千里之大鸟。常集高山茂林之上。不当循小州之渚，高平之陆也。

“離”的简化字和古字是完全不同的两个字。離，離黄，仓庚也。鸣则蚕生。从隹，离声。指离黄，仓庚鸟。而分离的“离”在《说文解字注·十四篇下·内（róu）部》：离，山神也，兽形。从禽头，从厹从屮。欧阳乔说：离，猛兽也。段注：《左传》：螭魅罔两。杜注：螭，山神，兽形。……《上林赋》：蛟龙赤螭。

于是，“分离”这个词就有点意思了。分，指用刀割裂事物；离，原意指山神、怪兽。我一直好奇上古之人要把哪种怪兽割裂开呢？有一种传说，说最原始的大神是雌雄合抱的，犹如伏羲、女娲在一个葫芦当中，属混沌不分之阴阳，所以，一旦劈开，一旦分出阴阳，二元便产生了，最原始的痛苦也就此产生。分离的结果就是孤独，是相互寻找，永远渴望合二为一。于是恍然大悟：“分离”，分开就是“由神而人”；找到另一半，就是“由人向神”。分离就是分开这个叫“离”的怪兽。

为什么非得把阴阳和合的东西分成两半呢？大概原本阴阳和合的人是完整的，故能量很大，常与天神对抗，于是神就把人劈成两半，让人把精力花在寻找自己另一半身上。有多少人由此而重新完整不得而知。但我猜想，对那些天生就雌雄同体般完整的伟大心灵而言，上天要么派个人来照顾他；要么派个魔来折磨他，再把他折磨成两半，好完成神都完不成的任务。于是，结论是，这个怪兽的另一个名字就是“人”。

也就是说，伟大的心灵（魂）都是知道恰如其分地运用雌雄同体的能量的。这才可能成就一个伟大的灵魂——这个伟大的灵魂也有名字，就是“神”。也就是，人终生追寻的，就是阴阳和合为一，从人再变成“神”。也就是当我们知道一些字的原始意义后，再去联想它引申出的词汇，会感觉妙意无穷。

好，咱们接着说说“隹部”的小鸟。

隹　甲骨文

隹部。《说文解字注・四篇上・隹部》：隹，鸟之短尾总名也。象形。凡隹之属皆从隹。甲骨文的

“隹”就是一只活灵活现的、尾巴整齐短小的小鸟。《说文解字》没有收“焦”这个字，但从字形上分析，就是小火烤小鸟，所以中医所言三焦，就是温熏“少阳”的状态，就是“少火之气壮，大火之气衰”。

雅，楚乌也。一名鸒，一名卑居。秦谓之雅。从隹，牙声。段注：按《小尔雅》，纯黑返哺谓之慈乌，小而腹下白不返哺者谓之雅乌。所以有人说“雅”就是乌鸦。“乌”在“乌部”，乌，孝鸟也。象形。孔子曰：“乌，亏（各本作“盱”）呼也（闭目哀叫）。”取其助气，故以为“乌呼”。凡乌之属皆从乌。段注：鸟字点睛，乌则不，以纯黑故不见其睛也。这个前面讲过。

只（隻），鸟一枚也。从又持隹。持一隹曰隻（只），二隹曰雙（双）。就是手里抓着一只小鸟的意思。段注：造字之意，隻与雙皆谓在手者。

“只”与“隻”后来都简化为“只”，实际上，《说文解字》中也有“只”字，《说文解字注・三篇上・只部》：只，语巳（已）词也。从口，象气下引之形。凡只之属皆从只。矣、亦、只，都是语气停顿之词。段注：语止则气下引也。

雀，依人小鸟也。从小、隹。段注：今俗云麻雀者是也。其色褐。其鸣节节足足。……又有似雀而色纯黄者曰黄雀。

雁，雁鸟也。从隹，从人，厂（ān）声。段注：《毛传》曰：“大曰鸿。小曰鴈。”按：鸿，大也。非鸟名。雁有人道。人以为挚。故从人。雁，又称知时鸟。同时又是恩爱鸟，夫妻情感真挚，所以古代婚礼上多用之，因其有人性，故其字从人。

雌，鸟母也。从隹，此声。小鸟之母。

雄，鸟父也。从隹，厷声。

鸡，古代写作“雞”，因此也在“隹部”：鸡，知时畜也。从隹，奚声。

雉，有十四种：卢诸雉，鷮雉，卜雉，鷩雉，秩秩海雉，翟山雉，翰雉，卓雉，伊雒而南曰翚，江淮而南曰摇，南方曰𠷎，东方曰甾，北方曰稀，西方曰蹲。从隹，矢声。鮷，古文雉从弟。指各种山鸡。

隹部之前是羽部，凡从“羽部”者，大多跟鸟儿飞翔的样子有关。

《说文解字注·四篇上·羽部》：羽，鸟长毛也。象形。凡羽之属皆从羽。段注：长毛，别于毛之细缛者。引伸为五音之羽。《晋书·乐志》云："羽，舒也。阳气将复。万物孳育而舒生。"

翔，回飞也。从羽，羊声。段注：翼上下曰翱，直刺不动曰翔。《曲礼》："室中不翔。"郑曰："行而张拱曰翔。"此引伸假借也。按：翱翔统言不别。析言则殊。

《曲礼》：堂上接武，堂下布武。室中不翔。并坐不横肱。即，在堂上要小步走，在堂下可迈大步走。在室内不要两臂伸直，也就是不要甩胳膊走路。与别人并坐时，不要横出胳膊。

翩，疾飞也。从羽，扁声。

翻，飞也。从羽，番声。或从飞。

翡，赤羽雀也。出郁林。从羽，非声。

翠，青羽雀也。出郁林。从羽，卒声。所以翡、翠原本指鸟。

翰，天鸡也。赤羽。从羽，倝声。段注：翰，高也。谓羽长飞高。此别一义。……翰，飞鸟之豪俊也。在各朝各代，翰林学士始终是社会中地位最高的士人群体，集中了当时知识分子中的精英，社会地位优越。唐朝的张九龄、白居易，宋朝的苏轼、欧阳修、王安石、司马光，明朝的宋濂、方孝孺、张居正，晚清的曾国藩、李鸿章等，皆是翰林中人，都是"羽长飞高"，人中之翘楚啊！

翁，颈毛也（鸟的颈毛）。从羽，公声。段注：《山海经》：天帝之山有鸟。黑文而赤翁。……按俗言老翁者，假翁为公也。

有关地上跑的，我们先前已说了很多，比如"犬部""豸部"等。

犬：象形字。孔颖达《礼记正义》：然通而言之，狗、犬通名；若分而言之，则大者为犬，小者为狗。甲骨文、金文中却有"犬"无"狗"。先有"犬"而后才有"狗"。《说文解字注·十篇上·犬部》：犬，狗之有县（悬）蹄者也。象形。孔子曰："视犬之字，如画狗也。"凡犬之属皆从犬。

2. 从动物看人性

用动物心性来造字，是国人的奇妙思维。比如狡、猝、独、默等。

先说狡猾的“狡”，《说文解字注・十篇上・犬部》：狡，少犬也，从犬，交声。指少壮的狗。少壮的狗最关键的是要夺取交配权，所以要智勇双全，也要有诡诈之性。其实，动物交配时用心眼，并不比人在恋爱时用心少，为了达到目的，无所不用其极，称之为“狡”。当然，《山海经》里也有“狡”“猾”两种动物，狡为吉祥的动物，猾为不吉祥的动物。“猾”这个字，《说文解字》没收，但古字形是两个犬，《康熙字典》引《扬子・方言》说：小儿多诈而狯（此狯盖本谓犬，假借之言人），或谓之猾。又引《正字通》说：海兽名，猾无骨，入虎口，虎不能噬。处虎腹中，自内齧（niè，噬也）之。猾，真是能吃老虎的可怕动物。

猝，犬从草暴出逐人也。从犬，卒声。后引申为“快”“突然”，比如“猝死”。

独，犬相得而斗也。从犬，蜀声。羊为群，犬为独也。犬相遇时总是互相争斗。段注：犬好斗。好斗则独而不群。引伸假借之为专一之称。……独，单也。《孟子》曰：“老而无子曰独。”《周礼・大司寇》注曰：“无子孙曰独。”《中庸》《大学》皆曰：“慎其独。”

默，犬暂逐人也。从犬，黑声。指犬突然追逐人之前的静默状态。段注：假借为人静穆之称。

猛，健犬也。从犬，孟声。段注：假借为凡健之称。

狐，妖兽也。鬼所乘之。有三德：其色中和，小前大后，死则丘首。从犬，瓜声。为什么是妖兽呢？因为是鬼骑的怪兽。狐有三德：毛色中和，体形前小后大，死则头朝出生时的山丘。狐狸性多疑，所以人多疑为“狐疑”。

从动物特性造字的有：臭、类（類）、狱等。

臭，《说文解字注・十篇上・犬部》：臭（xiù，嗅），禽走臭而知其迹者，犬也。从犬自。自，古鼻字。犬走以鼻知臭，故从自。段注：走臭犹言逐气，犬能行路踪迹前犬之所至，于其气知之也。

类（類），种类相似，唯犬为甚。从犬，頪声。段注：类本谓犬相似，引伸假借为凡相似之称。用狗的相类似来比喻人的类似。

“狱”字，繁体作“獄”，由两条犬和“言”构成。两条狗相互厮咬争斗，“言”字表明要准确断案，判明是非。所以这个字的本义是诉讼，俗称打官司。《说文解字注・十篇上・㹜（yín）部》：狱，确也。从㹜，从言。《说文解字注》解释“狱”为“确”，其重点在于“言”，也就是诉讼。诉讼结果是罪人进监狱，所以后来又指狱牢拘罪之所。

用人对兽施加的动作造字，如狩、猎、献等。

狩，火田也。从犬，守声。段注：“火”各本作“犬”，不可通。……《释天》曰：冬猎为狩。

猎，放猎逐禽也。从犬，巤声。段注引《白虎通》曰：四时之田总名为猎。

献，宗庙犬名羹献。犬肥者以献之。从犬，鬳声。段注：《曲礼》曰：“凡祭宗庙之礼，犬曰羹献。”按：羹之言良也。献本祭祀奉犬牲之称。

以上所有字都在《说文解字注・十篇上・犬部》。

从下一章开始，我们就要讲世上最奇妙的“人”啦。

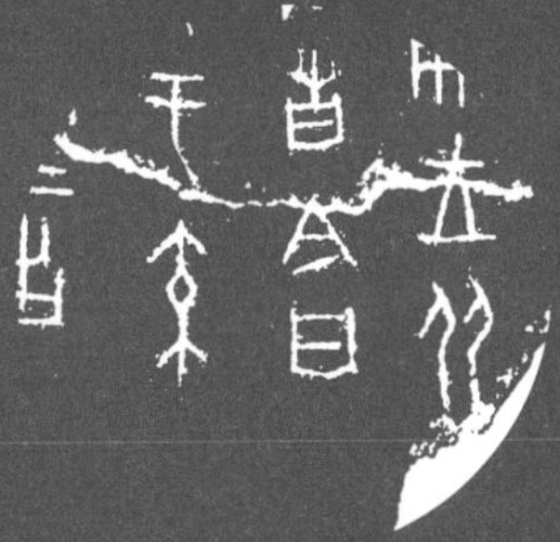

第六章　人，天地之性最贵者也

一、“人”字解

细看“人”这个字，就会发现，古人在造字之初，就已经暗示了许多生命哲理。

关于人的造字，有多种说法：

一种是，左一撇，右一撇，一阴一阳之谓人；

一种是，两两支撑、互相搀扶，共同前行；

再有一种是，“人”字，就像两个棍子在打架，以示人和人之间，会发生矛盾、冲突。

其实，甲骨文的人字就是一个人侧面垂臂直立的样子，篆文“人”字则突出了人弯腰垂臂、脸朝黄土背朝天的劳作形象，隶书将“人”字线条化变成笔画化，一撇一捺。

《说文解字注 · 八篇上 · 人部》：人，天地之性最贵者也。象臂胫之形。凡人之属皆从人。段玉裁认为，这个“性”字当为“生”，也就是人是天地生命中最尊贵的。这个定义高度赞美了人，只是很少有人活出这份高贵。那么，这份高贵体现在哪里呢？体现在万物之中只有人能够认知自己，用

人　甲骨文

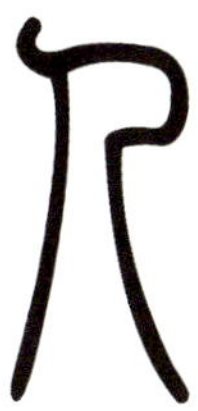

人　篆书

人　隶书

语言文字来重塑自己（动物可能也有语言，但它们没有文字，可见文字也是人独有的创举）。唯有“人”，可以说明自己，重新创造自己，并能够认知世界，甚至去探索宇宙，并且能够利用万物、掌控万物，也就是，“人”为万物之中最灵者。

所以，许慎关于“人”是“天地之性最贵者”这个定义太了不起啦！段注进一步解释这句：《礼运》曰：“人者，其天地之德，阴阳之交，鬼神之会，五行之秀气也。”所以“天地之性最贵者”是指：人是天地之德行的体现，是阴阳相交而成，是阴阳精魂之交会，是五行中最有灵气的……这还不够，他又说：“人者，天地之心也（天地虽无穷，但其心最灵），五行之端也……”按，禽兽草木皆天地所生，而不得为天地之心，惟人为天地之心，故天地之生此为极贵。天地之心谓之人，能与天地合德。那么这个“德”合在何处呢？段玉裁接着说：仁者，人之德也。就此，也解释了“人”为何发音为“仁”。《释名》也说：人，仁也，仁生物也。即万物之灵的人，能用仁爱来关照万物，如此，才有了这个世界的美好。再借用《荀子》的一段文字：水火有气而无生，草木有生而无知，禽兽有知而无义，人有气有生有知亦且有义，故最为天下贵也。人，之所以为天下最贵，就在于人有气、有生、有知、有义。

许慎在诠释“人”字时，还说了一句“象臂胫之形”，一下子把人和动物区别开来。人的自我认知能力来源于人的直立，来源于与动物四肢的不同。直立，不仅放开了人的手脚，可以创造和使用工具，更关键的是放开了人的视野和头脑，使人能看得更高更远，甚至超越自我……段注：人以从（纵）生贵于横生（动物多横生），故象其上臂下胫。从许慎和段玉裁关于人字的解释里，我们看到了两个哲学家。

当然了，人的直立也给人的身体带来了致命伤，人类的大部分疾病都跟直立有关。比如最需要气血的大脑最重，而又置顶；最细小的脚腕要支撑整个身体，五脏六腑悬挂在身体里，要靠更多的三焦气来支撑……

还有一个难解的问题，就是“人”这个字为什么选择的是人体侧面像？是想表现“人”的行色匆匆、四处奔波，还是表现人不愿直面人生？那表现直面人生的“人”是哪个字呢？是“大”字。我们看看甲骨文的“大”

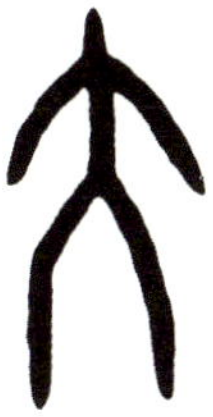
大　甲骨文

大　隶书

儿　篆文

字，是一个张开手脚顶天立地的人的形象。到隶书里，人的两手变成一横，头颈和双脚变为一撇一捺，最终发展成为今天的楷书“大”字。大，就是人的正面像。

《说文解字注·十篇下·大部》：大，天大，地大，人亦大焉。象人形。凡大之属皆从大。这个定义超越了“人，天地之性最贵者”，把“人”和天地并行了。段注的解释，引述了老子之说：道大，天大，地大，人亦大。人法地，地法天，天法道。因为“人法地，地法天，天法道”，人得了天地之道，所以人亦大。段玉裁接着说：按，天之文，从一大，则先造大字也。人、儿之文，但象臂胫，大文则首手足皆具，而可以参天地，是为大。即，从造字上说，是先造“大”字，然后造“天”字，“天”指人之上。“人”与“儿”字都是指“人”，但这两个字只是从四肢来描述“人”，唯有“大”字，首、手、足皆具，有了头脑，就可以参天地，所以“人”亦大。

也就是说，人可以通过认识你自己，而超越万物。在对万物的认知中，人也逐渐自大起来，而把自己放到与天地同高的境地。最初人们诚惶诚恐地祭天拜地，信奉神明，渐渐地，人开始崇拜自我，迷恋自我，于是，人的一切问题也由此而生了，破“我执”则又成了人觉悟之初的首要努力。

“儿”字也代表“人”。《说文解字注·八篇下·儿部》：儿，古文奇字人也。象形。孔子曰：“儿在下，故诘诎。”凡儿之属皆从儿。段注认为古人造了“人”字、“大”字代表“人”，再造个“儿”字就属于添足。这个字之所以“奇”，在于这个字只是画了“人”的腿和脚，是腿脚弯曲的形。在“儿部”字中，另有一个“兒”字才是我们现在理解的“儿”字。兒，孺子也。从儿，象小儿头囟未合。这个字才代表小孩儿。段注：小儿初生，脑盖未合，故象其形。

儿部字不多，有：

兀，高而上平也。

允，信也。

兑，说也。

充，长也，高也。

亮，明也。从儿，高省。

“兄”不在儿部，而自己就是个部首，兄部字就一个“兢”字。兢，敬也。

二、“仁”是生机和种子

人部字我们先前讲了一些，比如“伯”“俊”“何”“企”等。

这次主要讲“仁”。在中国道德体系中，“仁”居于核心地位。仁、义、礼、智、信，这“五德”也把“仁”字放在首要位置，所以这个字值得深究。

《说文解字注·八篇上·人部》：仁，亲也。从人、二。忎，古文仁，从千心作。𡰥，古文仁，或从尸。这里说，“仁”有三种写法：仁、忎、𡰥。后两种写法好奇怪。

先说“仁”这个字的右边“二”，到底是“上”还是“二”？因为古代的“上”就写作“二”，在《说文解字注》的“一篇上”，而“二”在“十三篇下”。如果理解成“上”，就是“人”指“高级的或高等的人”，唯有高级的人才懂“仁”与“不仁”的微妙平衡啊！而理解成“二”，就是两个人、人与人的亲密，是两个完全不同的概念。从段注的理解看，是后者，是人与人。他引《中庸》曰：仁者，人也。注：“人也读如相人偶之人，以人意相存问之言。”……人偶者，谓以人意尊偶之也。……独则无耦，耦则相亲，故其字从人二。“相人偶”是什么意思呢？就是互相致意，表示相亲相敬。耦则相亲，指人与人相互问候，才觉相亲，不问候，人就不亲。所以“仁”的本义不过是人与人相互之间的善意问候。

看来，彼此问候在生活中是很重要的，时光再匆促，我们也别遗忘了深情。出门，道一句“平安”；进门，笑盈盈相迎，人心就是温暖的。为什么在孝道最怕“色难（甩脸子）”？给老人钱、物，都不如给老人“和颜悦色”。无论为人之道，还是孝道，都是“爱”的能力的体现，而非道德责任。

再解释“仁，亲也”。段注：亲者，密至也。会意。先看“亲”，《说文解字注·八篇下·见部》：亲，至也。段注：情意恳到曰至，父母者情之最至者也，故谓之亲。可见，关系紧密情最深，为“亲”，那许慎把“仁”解释为“亲”，就是“爱”了。这大概也是《墨子·经说下》所言：仁，仁爱也。

《释名》：仁，忍也。《释名》的这个解释蛮有意思的。“亲”是人的一面，它的反面就是“不亲”，天天见，不见得就亲，一地鸡毛的生活，天天亲人之间的怨怼，会把那一点仁爱消磨光的，会形成仁爱的反面，会引发仇恨。所以“忍”也可以用来解释“仁”，不忍则不能“仁”。

其实，“仁”不过就是本心和平常心，不必那么高级，就是你好我好大家好，谁有那么大劲儿，天天施与恩爱与他人啊。能捡起地上的香蕉皮以防路过的老人滑倒，就已然是本心的善芽和种子了。所以，《礼记·礼运》说：仁者，义之本也，顺之体也，得之者尊。《康熙字典》引程颢曰：心如谷种。生之性，便是仁。又引《六书正讹》曰：人所以灵于万物者，仁也。就是人之所以是万物之灵，不过就是这点“仁心”。但我们不能说动物没有仁心，只是动物的“仁心”不像人类那样表现得更细腻、更多样罢了。

“仁”是人与人关系的基本诉求，人性的柔弱处在于都渴望爱，而害怕不爱，或伤害。所以，“仁”是人道，是弱者对这个冷酷世界的祈求。

再者，不仁是一种罪恶吗？为什么《老子》说：天地不仁，以万物为刍狗；圣人不仁，以百姓为刍狗。王弼的注释是：天地任自然，无为无造，万物自相治理，故不仁也。这个解释多好啊！自然而然的宇宙自有其生灭之道，犯不着人用善恶来操持。即，不仁是天道。天道不会屈从于可怜的人道，但它也有“好生之德”，哪怕是洪水时代，也会留下伏羲、女娲，也要有葫芦或方舟，把最好的种留下来。

《庄子·天地》也说：爱人利物之谓仁。无非也是在说“仁”不过是人与物本性的自然，无须刻意对人或物表示亲爱以示“仁”。

《礼记·乡饮酒义》里也说得好：养之，长之，假之，仁也。对万事万物长养它，给它放假，就是“仁”。我们总觉得长养万物是“仁”，但我们很少知道不管它、给它放假、让它自由自在也是“仁”。如果只学儒家，而不知老庄，我们就会在一个“仁”字上用力过猛，进而也约束了自己。

世上的事啊，都怕用力过猛。比如果核中的“核儿”也称“果仁儿”，也用这个“仁”字，为什么呢？果仁儿是种子，就必须“小”，种子没有大的，但它蕴含着“生气”和“生机”，小小的，蛰伏着，等待着春发的时机……所以，“爱”不是“仁”的真实内涵，“爱”只是“仁”的外在表现，“爱”就好比种子发出的枝芽。什么是“仁”的内在呢？生机。有这点小小的“生机”，人心和宇宙才朝气蓬勃。所以，不必用力过猛，人心中那点“仁”秘藏着、蛰伏着，就成，非得泛滥出来，非得爱得死去活来，同时也要求别人爱得死去活来。可惜，太少人懂得这个了。母子之间，夫妻之间，情侣之间，人与人之间，不用夸张地言说，悄悄而细腻地爱着，彼此温暖着，就是“仁”，就是“心”。

人生，唯有不用心太过，才有长远。

用心太过，就是情深不寿。

关于“仁”的论述，孔子最多。而且孔子的“仁”有多样性。

子曰：巧言令色，鲜矣仁！看来孔子也认为夸张的言语和伪装的和善，就没有“仁”。

子曰：君子无终食之间违仁，造次必于是，颠沛必于是。仓促之时，颠沛流离之时，也不可乱了本心，不可须臾离开此“仁”。而人生在世，最容易丢掉的就是本心，一旦固守了本心，就好比大树有了根基，以后就是枝繁叶茂地自然生长了。所以孔子赞叹颜回：回也，其心三月不违仁，其余则日月至焉而已矣。是说颜回的心能够三个月不违背“仁”，这就是三个月筑基，当人与“仁”合一的时候，以后一切就像日升月降那么自然而然了！

“仁”的外在表现是什么样子呢？子曰：居处恭，执事敬，与人忠。即平时端庄恭顺，办事严肃认真，与人交往忠心诚意。这三点要都做到，还真不容易。守住这三点，就守住了一个“厚”字。但现在人太自诩聪明了，唯独不愿守住这个“厚”字。长远看，就是聪明反被聪明误。

在《子路篇》里，子曰：刚、毅、木、讷，近仁。刚强、果敢、朴实、谨慎，这四种品德接近于仁。

关于“仁”，不同的学生问孔子，孔子会针对不同学生的问题而有不同的回答。

比如，司马牛问仁。子曰：仁者，其言也讱。讱，指说话谨慎，别轻易说话。这是针对司马牛“多言而躁”这个特性说的。

樊迟问仁。子曰：爱人。这大概是针对樊迟未能处理好兄弟关系。所以，从来都是老师因材施教，而学生听话听声，而不是教条主义。只有明晓答案背后的道理，反省自身的不足，才能不断完善自我。

三、真善美

上一讲说到“仁”是生机，生什么呢？生真、善、美。咱们就此说下“真善美”三个字。首先，排序，“真”是第一位的。善与美还有主观之分别，比如，你认为美的，我不见得认为美。但“真”，必须客观。没有“真”，就没有善，也没有美。

“真”字在人部后面的“匕（huà）部”。《说文解字注・八篇上・匕部》：真（眞），仙人变形而登天也。从匕、目、乚。八，所以乘载之。𡇒，古文真。“真”是“仙人变形而登天”，这个定义真是出人意料。真，真者，本来不过是纯一不杂之称，在这里却指仙人变形而登天。自《庄子》《列子》书开始有真人之名，并有长生不死而登云天之说，而《黄帝内经》的开篇《上古天真论》最后也讲到真人。真人有几个特点：提挈天地、呼吸精气、独立守神、肌肉若一。也就是真人之所以能变化，就源于以上四点的修为。

真　篆文

这个字上面一个“匕”（变也。就是变化，人是正立的，而匕是一个倒着的人），下面一个“目”，大概是天眼。段注解释“从匕、目”说：变形，故从匕目。独言目者，《道书》云：“养生之道，耳目为先，耳目为寻真之梯级。”中间有个“乚”，这个字本义是“玄鸟”，段注：匿也，读若隐。指仙人能隐形，应该也指仙人能飞。最下面是个“八”，许慎说：八，所以乘载之。指仙人离去还要有乘载工具。

匕　篆文

段注：此真之本义也。经典但言诚实，无言真实者，诸子百家乃有真字耳。然其字古矣，古文作帍，非仓颉以前已有真人乎。引伸为真诚，凡稹、镇、瞋、謓、瞋、填、窴、阗、嗔、滇、鬒、瑱……慎字，皆以真为声，多取充实之意。其颠、槙字以顶为义者，亦充实上升之意也。在这里，段玉裁指出了“真”的内涵：充实和上升。“真”之充实，源于元气充足；“真”之上升，源于“炼精化气”。而这两点，既是“真”纯一不杂的源泉，也是“真”变化无穷的根源。真者无求，和光同尘——也就是说，光来了你是光，尘来了你是尘。万事万物都在最本然的光芒之中，再也没有分别心。所以，“真”绝非眼见为实，精粹的神气是看不见摸不着的，但没有这精粹的神气，人成不了仙，也没有自身无穷变化的能力。孙悟空能变化，因为他就是炼丹炉里的真丹。

也就是说，作为人，善和美还是可以通过努力达到的，但“真”未必能达到。人，越活越有漏，就越难以充实和上升，难以变化无穷。所以，真，最难得。

善　金文

善，最早见于金文，上面一只“羊”，下面两个“言”，其本义是像羊一样说话，有吉祥美好之义。《说文解字注·三篇上·誩（dàn）部》：善（譱），吉也。从誩、羊。此与义美同意。加“誩”，意为用语言连连称美。《正字通》：与人交欢曰友善。不友善就是交恶。

《说文解字注·四篇上·羊部》：美，甘也。从羊、大。羊在六畜主给膳也。美与善同意。

美　篆文

善、美、祥等表示吉祥的字为什么都从“羊”？都说羊有五德：一曰温顺，乳必跪而受之；二曰不争，不争夺他羊口中之食；三曰仁义，执之不鸣，杀之不啼；四曰奉献，羊肉、羊皮统统奉献；五曰舍己。

义字的古文写作“義”，也从羊，上部是“羊”，下部是“我”。“我”原指一种长柄的兵器。“义”的本义指头羊，为捍卫族群而搏斗。《说文解字注·十二篇下·我部》：义，己之威义也。从我，从羊。段注：仁者，人也；义者，我也。说的是：“仁”是对他人的态度；“义”是对自己的要求。《易·说卦》：立人之道，曰仁与义。利他，也能捍卫自己的正义，有这两条就够了。

关于真善美，孔子有个故事，说孔子听完《韶》乐，说“尽美矣又尽善也”！即《韶》乐是美（形式）、善（内容）高度统一的典范。而对于歌颂以武力取天下的《武》乐，孔子说“尽美矣，未尽善也”。所以，在美与善的关系上，孔子是将“善”放在前面的。但要使“善”能够深入人心，传播久远，还必须具有美的形式，给人以美感。

这，就是真善美三个字的正确排序。

四、从、比、北、化

二人为“仁”。还有四个字，也是两个人字的组合：从、比、北、化。有趣的是，它们都不在“人部”，而是分属不同的部首：从部、比部、北部、匕部。但这几个字都在“人部”后，是“人”字的变形，把这几个字理解好了，也能更懂人类。

从 甲骨文

甲骨文的“从”字，由两个面朝左侧立的“人”构成，就是一个人跟随着另一个人。注意，是朝左跟随。因为还有一个“比”字是二人向右。中国文化有以左为尊的传统。一个人朝左跟着另一个人就是学好（左为贵），就叫“从”，即“从善”。荀子云“从道不从君，从义不从父”，不从君，可，不从父，难。只从道义，更难。这，就是中国人的生存困境。

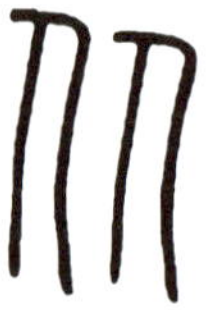

从 篆文

《说文解字注・八篇上・从部》：从，相听也。从二人。凡从之属皆从从。段注：听者，聆也，引伸为相许之称（相许，就是相互赞许）。言部曰：“许，听也。”……以类相与曰从。金文是左边加

从　金文

“彳”、下部加“止”，即“從”，表示行动。“从”字写成“從”，是说学好是要有行动的，但简化字后又回到了“从”。

向右为“比”，左贵右贱。“比”就是攀比、比较、攀缘，这些都是人生之烦恼的根源。所以，我们要先修无分别心，无善恶心，无贵贱心，众生普同一等，才算是入了修行门径少许。今人不明此道，一入了某教门，先在心里就觉得高出别人不少，先以差别自诩，故而愈走愈远。

比　甲骨文

“比”字，在甲骨文和钟鼎文里，是两个亲近的人，紧靠相依，并肩向前，本义像夫妇并肩匹合，但与“从”字正好相反，是向右跟随。古人曰：二人向阳为从，向阴为比。士之趋向，不可不慎。就是人生选择，有向阳、向阴方向之别，不可不慎重。

《说文解字注·八篇上·比部》：比，密也。二人为从，反从为比（反写“从”字遂成“比”）。凡比之属皆从比。夶，古文比。段注：其本义谓相亲密也，……及也、次也、校也、例也、类也、频也、择善而从之也，阿党也，皆其所引伸。朋比为奸就是不学好，互相勾结干坏事。

汉字的造字，显示出古人高超的智慧，同样还是两个“人”，把顺序、方向、位置一变，就可以表示出完全不同的又极具精微的新含义。从，二人向左；比，二人向右；“北”，就是两人背靠背的样子。

《说文解字注·八篇上·北部》：北，乖也。从二人相背。凡北之属皆从北。北者，古之“背”字，又引申为北方。北方，又称伏方，指阳气在下，万

北 甲骨文

物伏藏之意。段注：乖者，戾也。此于其形得其义也。军奔曰北，其引伸之义也，谓背而走也。军队逃逸就是“败北”之意。两个人相逆（意见、观点相反）就为“北”。

古代打仗时打输了叫“败北”，就是背对着敌人逃跑。古代对战死的兵将如何论功行赏呢？那就要看死者身上的伤口位置了。如果伤口是从前面刺进去的，那就是英雄；如果伤口是从后背刺进去的，那就意味着你是逃跑者，就是懦夫。

北部字只有一个“冀”字。冀，北方州也。从北，異声。

两个人，左侧的“人”上下颠倒，就是“化”字。甲骨文字形是由一个头朝上的人和一个头朝下的人组成，本义是变化，也就是把人彻头彻尾地颠覆、改变。但这个字不在“人部”，而在“匕部”，段注：化篆不入人部而入匕部者，不主谓匕于人者，主谓匕人者也。也就是“化”字的内涵不在被化的人，而在于化人的人。

化 甲骨文

《说文解字注・八篇上・匕部》：化，教行也。从匕、人，匕亦声。段注：教行于上，则化成于下（凡以道业诲人谓之教，躬行于上，风动于下，谓之化，这就是“教”与“化”的不同——“教化”之后会形成一定的风气、风教，于是就有了“风化”）。……《老子》曰：“我无为而民自化。”此话是说：天地阴阳运行，自有而无，自无而有，万物生息则为化。即风化高于教化，教化还在用力，而风化、自化则要靠高度的觉知。

这世上，没有比改变一个人更难的，而彻头彻尾地改变一个人就更难了。没有自我与觉知，被洗脑引起的“化”，是最可怕的“化”。恐怕老子强调“我无为而民自化”，就是要避开这种洗脑的“化”。“自化”比“他化”要真实而高级。

匕，《说文解字注·八篇上·匕部》：匕，变也，从到人。段注：《大宗伯》：“以礼乐合天地之化，百物之产。”注曰：“能生非类曰化，生其种曰产。”这句话太有意思了，就是天地能量太大了，能生出跟自己不同的物种，叫“化”；而只能生出跟自己相同的物种，叫“产”。由此可见“化”的厉害。就“变化”二字，段注：分别天变地化、阳变阴化，析言之也；许以匕释变者，浑言之也。也就是说，天主变，地主化；阳主变，阴主化。就是“变”是看得见的，属阳；“化”是看不见的，属阴。

1. 文化与文明有何不同？

不知大家思索过没有，文化与文明到底有什么区别？

“文”不过是原始状态的本真的花纹、鸟兽足印等，“化”则是一正一倒立的两个人。早期甲骨文中的“明”字由“日”“夕（月）”组成，表示日月交辉而大放光明。后期甲骨文中的“明”字将“日”改写为类似“囧”的窗格子形状，表示月亮照窗。也是，白天就是“明”，无须说明，夜里明月照窗才凸显“明”的意思。《说文解字注·七篇上·明部》：明（朙），照也。从月、囧。凡明之属皆从明。段注引《礼记》“大学之道在明明德”——夫由微而著，由著而极，光被四表，是谓明明德于天下。

文化与文明，首先，概念不同。文化指人类实践活动所创造的一切物质和精神成果，而文明是指历史沉淀的一切。文化，指看不见但刻在基因里的、深刻影响我们的意识形态和生活方式的东西，比如艺术、信仰、风俗、

文　甲骨文

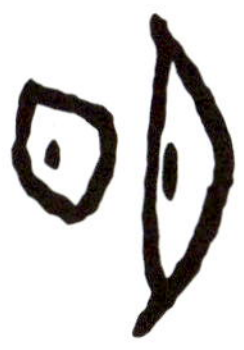

明　甲骨文（早期）

明　甲骨文（后期）

传统、道德、节日、价值观等。文明，指看得见的东西，如建筑、文字、典章、制度等。所以，文化的概念大于文明。其中，文字的产生是文明的重要标志，同时文字也是文化的重要载体。但没有文字的部族，不见得没有文化、没有信仰或价值观。只是说，有文字的民族进入了文明时期。

其次，文化和文明是属性不同的两个部分。文化偏重精神文化和社会文化，文明则一般指物质文明和技术。文化则黏性巨大，不容易变化，也不见得总在进步，文明则可以日新月异。也就是说，文化的改变需要几代人的努力，文明的变化却飞快。比如你让年轻人改变传统的忠孝观念很难，但接受智能手机、元宇宙很容易。现代年轻人虽然可以接受西方的情人节、圣诞节等，但只是流于表面，内心深处总觉得春节、端午节、中秋节等才是自己民族的节日。

再者，文化，如信仰、艺术和文学等，会给人们带来直接的身心满足，并潜移默化影响我们的心灵，进而改变我们；而文明，如汽车、计算机、智能手机等只是工具，我们只是可以通过利用它们而感到愉悦而已。所以，文化像是软件，而文明更像是硬件。

总之，那个“化”字太厉害了。一方面，文化是我们冲动本性的急刹车或红绿灯；另一方面，它可能有非常大的缺憾，不见得是完全正确的，它可以通过教化来完成对我们精神的压抑或驯化，正如“圈养”会使动物的本性退化。所以，现代教育有几个要点是我们应该努力去实践的：

（1）教育不是灌输，而是启发。

（2）保持争议，因为单一信息会使人麻木。

（3）培养自己的分析能力和直透事物本质的能力。就说一个让小孩子背书的事吧，背诵《弟子规》可能约束了孩子活泼率真的天性，而背诵《笠翁对韵》——“天对地，雨对风，大陆对长空。山花对海树，赤日对苍穹……”于胸襟、于胸怀，都大有益处。所以，对文化的选择至关重要。

2. 众与寡

二人之后，便是三人为“众”。众，这个字也不在“人部”，而在“㐺部”，这个“㐺”字就是由三个“人”构成。

《说文解字注·八篇上·㐺部》：众（眾），多也。从㐺、目，众意。

众　甲骨文

众　金文

甲骨文的“众”上部为“日”，即烈日，下部为三个人（部分字形作二人），“三”在古代表示多数，三个“人”即为众人。此字原本表示许多人在烈日下从事劳动。周人将甲骨文“众”字上的“日”字换成了“目”字，就成了监督众人劳作。是，人多了就需要管理，但同样是管理，也有境界之差别。用宗教神明管理，每个人都害怕“神”的惩罚，都用教条自我管束，所以管理成本最低；用统一思想管理，可人心多变，思想亦不稳定，就不好管；用人管理，人还分等级，管不好还会出人命，这个成本最高。

古人认为：寡者，为人上者也；众者，为人下者也。古代诸侯为什么喜欢以“孤”“寡人”“不穀”作为谦称呢？现在的解释是说中国古代讲究“以德治国”“以德配天”，即君主、诸侯王的权位是上天赋予的，但上天只会把天下给予有德的人，君主、诸侯王如果失德就会失去尊贵的权位，所以君主、诸侯王就谦称自己是“寡人”，意为少德无助之人。到底是不是这样呢？我们接着往下看。

《说文解字注·七篇下·宀部》：寡，少也。从宀、颁。颁，分也。宀分故为少也。段注：先郑注《周礼》曰：“颁读为班布之班，谓分赐也。”按，颁之本训大头也，此云：“颁，分也。”谓假借。……宀分者，合于上而分于下也，故始多而终少。寡，是孤苦伶仃的状态。我认为古代君王自称“寡人”，一是觉得自己是天选的少数人，二是觉得自己处在一种孤独状态。

孤，《说文解字注·十四篇下·子部》：孤，无父也。从子，瓜声。按母系氏族说“圣人无父”，所以敢称孤、寡者，心中也有一段傲娇。再者，大凡诸侯只有死了父亲，才能够继承爵位，所以确实是无父的“孤”。段注引孟子曰：幼而无父曰孤（“孤”原本仅指死了父亲的儿子，死了母亲的孩子不叫“孤”而叫“哀子”。由此可见父亲于孩子的意义）。引申之，凡单独皆曰孤。孤则不相酬应，故背恩者曰孤负。孤则人轻贱之。显然，段玉裁的解释与帝王自谦孤、寡无关。

五、人之自称与谦称

1. 人之自称

古代皇帝自称“朕”。《说文解字注·八篇下·舟部》：朕，我也。《尔雅·释诂》也说：朕，我也。《尔雅·注疏》曰：古者贵贱皆自称朕。也就是在先秦时代，“朕”本是第一人称代词，不分尊卑贵贱，人人都可以自称“朕”。司马迁《史记·秦始皇本纪》记载：秦始皇统一天下后，规定“天子自称曰朕”。从此，一般人不能自称“朕”了。段注还讲了个故事：赵高之于二世，乃曰天子所以贵者，但以闻声，群臣莫得见其面，故号曰朕。就是天子之贵，在于只能听到他的声音、命令，不得见其真容。赵高是真坏啊。

普通百姓的第一人称就是我、吾等，《尔雅·释诂》曰：卬、吾、台、予、朕、身、甫、余、言，我也。也就是，这些字在古代都属于第一人称。卬（áng），就是“俺”，《诗经》有“卬须我友”，就是俺等俺的好朋友。段玉裁在“我”字注里说：吾，我自称也。……《毛诗传》曰：言，我也。卬，我也。《论语》二句而我、吾互用。《毛诗》一句而卬、我杂称。盖同一“我”义，而语音轻重缓急不同，施之于文若自其口出。也就是这些不同的自称只是语气轻重缓急的不同。

甲骨文里的“我”字，是个象形字，像把有柄有钩的古代武器——大斧，斧口有一排锋利的锯齿。这是奴隶社会里一种用来行刑杀人和肢解牲口的凶器。它是怎样从“杀伐之器”变成第一人称的呢？

我　甲骨文

《说文解字注·十二篇下·我部》：我，施身自谓也。或说我，顷顿也（段注：顷，头不正也。顿，下首也。……然则古文以我为俄也。“俄”也是“我”的俗语）。从戈、𠂇。𠂇，古文垂也。一曰古文杀字。凡我之属皆从我。所以，“我”不仅是自称，还是个部首。

“我”部有一个“义（義）”字。义，己之威义也。从我，从羊。段注：言己者，以字之从我也。己，中宫，象人腹，故谓身曰己。义，各本作“仪”，今正。古者威仪字作义，今仁义字用之。仪者，度也，今威仪字用之。……威仪出于己，故从我。

从“杀伐之器”变成第一人称“我”，最初大概是炫耀自己武器精良，可以捍卫私有财产的意味，比如讲的“義”字，上“羊”下“我”，指头羊为捍卫族群而搏斗。义（義），己之威仪也。没有武器，哪里有自己的威仪呢？后世这种威仪渐渐弱了，人们的自称变成直呼自己的名，比如诸葛亮，名亮，字孔明（孔，意思是特别、大，所以孔明就是特别亮的意思），诸葛亮谦称自己为“亮”，别人尊称他的字“孔明”。

吾，这个字的关键在“五”。《说文解字注·十四篇下·五部》：五，五行也，从二。阴阳在天地间交午也。㐅，古文五如此。代表阴阳相交，或忤逆。所以段注解释“阴阳在天地间交午”说：此谓㐅也。相对于“你”而言，我与你也是阴阳相逆的，所以

“吾”属于自称。

吾 篆文

《说文解字注·二篇上·口部》：吾，我，自称也。从口，五声。也有人认为，此字源于孩子行为或语言越轨，大人发出禁止之声，“吾”就类似于我们让别人住嘴时用手指在嘴上比画捂嘴的样子。

余 甲骨文

余，予，两个字也是第一人称。

“余”字的甲骨文上像屋顶，下像屋柱，本义应该是“房舍”，怎么就有了“我”的意味了呢？段注：《释诂》云：“余，我也。余，身也。”孙炎曰：“余，舒迟之身也。”然则余之引伸训为我。也就是古人也自呼为“身”，自身就是“余”。古人甚至认为“余平而吾倨也”（朱熹《梦辞集注》），即，用“余”自称，语气舒缓平和；用“吾”自称，态度倨傲。可见，人首先有个如何看待“我”的问题，把自我推向社会，先要有个自我的姿态。是傲慢亮相，还是谦和亮相，用第一人称的不同说法就清楚了。也有人认为“余”和“咱”意思相同，如果说用“余”代表语气谦卑，那用“咱”就更加亲近了。咱（《说文》无此字），就是把我等同于“你”，你我不分，会增加彼此的认同感，比如说“我和百姓亲如一家”，还是分了我和你；但如果说“咱老百姓亲如一家”，真不真是一家不知道，至少百姓听着这话心里舒服了。

《说文解字注·二篇上·八部》：余，语之舒也（表示语气舒缓的助词）。从八（表示气之分散），舍省声。段注：《诗》《书》用予不用余，《左传》用余不用予。段玉裁接着解释：余、予古今字。凡言古今字者，主谓同音，而古用彼，今用此异字。若

《礼经》古文用“余一人”，《礼记》用“予一人”，余、予本异字异义，非谓予、余本即一字也。这里谈到“古今字”，就是古代用“余”字，今人用“予”字。但余和予并不是一个字，而是各有含义。

予　篆文

《说文解字注·四篇下·予部》：予，推予也（字形像用手托着他人的样子）。象相予之形。凡予之属皆从予。小篆中的“予”字是由两个三角相互交叠和下面一撇组成，整个字像两个人互相给予什么东西，表示“予”字和“与”字同义，都是“给予”的意思。段注：予、与古今字。因为“予”是我给别人的，所以“予”又引申为“我”，和“余”又是古今字。

2. 人之谦称

谦称大多跟“奴性”相关，甚至很多字的原始本义就是奴隶。奴隶有什么标志呢？就是很多字都从“辛（qiān，罪，犯法也）”，也就是刑具加身。自谦之语都是戴罪之人，这倒是有趣了，西方讲究“原罪”，中国人没这种说法，却用“罪人”来自谦，活得如此卑微，这种心理值得探究。

古代男子的谦称：臣、仆、童、愚等。

臣　甲骨文

臣，甲骨文中绝大多数字形像一只竖立的眼睛，多是无眼珠的，应该是被剜去双眼。古代的奴隶有很大一部分是来自战俘，因此在古文中“臣”又指战俘。依我看，此字倒转九十度，就是一个人匍匐跪在地的形象，比如《广韵》：臣，伏也。男子贱称。《说文解字注·三篇下·臣部》：臣，牵也。事君者，象屈服之形。凡臣之属皆从臣。

《礼记》说：仕于公曰臣，仕于家曰僕。注意："仆"与"僕"在古代是完全不同的两个字。前者是扑倒的意思，后者才是奴僕，简化后都是"仆"。

《说文解字注·八篇上·人部》：仆，顿也。从人，卜声。段注：仆，顿也，谓前覆也。偃谓却偃，仆谓前覆。即往前趴下叩首叫"仆"，向后倒下叫"偃"。

僕 甲骨文

僕，甲骨文字形像一个头上有"辛（刑具）"，背后带尾饰，双手捧簸箕劳作的人。《说文解字注·三篇上·菐部》：僕，给事者（干活儿的人）。从人、菐。菐亦声。䑑，古文从臣。这个才是仆人的"僕"。

童 甲骨文

《说文解字注·三篇上·辛部》还有个"童"字，也是个自称，比如《论语》：夫人自称曰小童。此字在甲骨文中，上边是刀形（辛或辛），下部是突出了眼睛的形状，整个字像用刀刺瞎人的眼睛。看上去像一个被刑具束缚着的人的样子，即奴仆。故《说文解字注》说：童，男有罪曰奴，奴曰童。女曰妾。从辛，重省声。𥫅，籀文童。段注：今人童仆字作"僮"。

这个字是怎么有了"儿童"之意的呢？古代有一种刑罚叫髡（kūn）刑（髡，剃发也），就是将罪犯的头发剃光。"童"字核心义为"表面无所生之物"，《释名》说：十五曰童。……牛羊之无角者曰童，山无草木曰童，言未巾冠似之也。所以，童有"秃"的意思。古代男孩儿头顶留下两团头发不剪，如牛羊之有角，故谓之角，其余头发都要剪光。女孩儿头顶只留下一个十字形不剪，其余头发也要全部剪掉。与成年人的蓄发不剪相比，孩童的头是秃的，故谓之“童”。所谓“童首”“童颠”都有秃的意思。韩愈《进学解》中“头童齿豁”就是说头顶秃了，牙齿也豁了。

禺　篆文

愚，也是谦称。臣、仆、童等谦称还有人模样，到了“愚”字，就是“猴样”了。贬低自己以尊重别人，也到了极致。《说文解字注・十篇下・心部》：愚，戆也。从心、禺。禺，母猴属。兽之愚者。要想弄明白“愚”的意思，就得先明白“禺”的意思。《说文解字注・九篇上・甶部》：禺，母猴属。头似鬼。从甶，从内。段注：禺似猕猴而大，赤目长尾。这个“禺”字，上面是个大头鬼，下面是个大尾巴。“愚”下段注：愚者，智之反也（即反智为愚）。会意。禺亦声。是个形声兼会意字。

禺　金文

《荀子・脩身》说：非是是非谓之愚。指不谙人情世事、又不辨是非的人就是“愚”。为什么会这样呢？因为这种人常年野居，很少和世人接触，不仅消息闭塞，还性格孤僻，所以愚昧无知。

古代女子的谦称：妾、卑、婢等。

妾　甲骨文

妾，古字形从辛，“辛”是给有罪者或异族俘虏行黥刑时所用的刀、凿一类的刑具，妾，从辛，从女，本义指有罪的女人，即女奴。后指妻妾的妾。《说文解字注・三篇上・辛部》：妾，有罪女子，给事之得接于君者。从辛、女。《春秋传》云：“女为人妾。”妾，不娉也。“得接于君者”就是做性奴。即，女奴不仅要干活儿，还得做性奴。娉（pìn），指古代婚礼“六礼”之一，即男方请媒人问女方名字和出生年月日。正妻都是明媒正娶，要有婚礼，娶妾就不必走这些程序了。段注：《内则》曰：聘则为

婢 甲骨文

卑 甲骨文

妻，奔则为妾。这个“奔”，不是私奔，而是不必有聘礼，没有聘礼就没有法律保护。甚至《春秋》有条法律“毋以妾为妻”，这是要保住嫡长子的继承权。而且古代“以妻为妾、以婢为妻者，徒二年”，徒，指因犯罪而服劳役，“以妻为妾、以婢为妻者”是要服劳役的。所以说，古代也挺保护妇女权益的，至少保护正妻的权益。“妾”字下段注：有罪女子给事（侍奉），若《周礼》女酒、女浆、女笾、女醢、女醯、女监、女幂、女祝、女史、内司服、女御、缝人、女御、女工、女舂抌、女饎、女稾各若干人，各有奚若干人是也。[①]可见古代女奴干很多事。这些都是女奴负责的工作，比如“女酒，女奴晓酒者”。

甲骨文“婢”字从“妾”。“妾”与“女”用作义符可通。也就是“妾”与“女”字看上去差不多，只是“妾”的头部是平的，好像有刑具。卑，甲骨文像执酒器为尊者斟酒的人，也是卑微低下之人。《说文解字注·三篇下·𠂇部》：卑，贱也。执事者。从𠂇、甲。所以，卑，也是人的谦称。

《说文解字注·十二篇下·女部》：婢，女之卑者也。从女、卑，卑亦声。段注：郑曰：“所通贱人之子。”是婢为贱人也（这个可以理解，主子与奴隶所生之女，为婢女）。而《曲礼》：“自世妇以下，自称曰婢子。”……是贵者以婢子自谦（这个不好理解，你自称可以，但有侮辱父母之嫌疑）。所以，自谦太过，确实有失尊仪。

①此段引文含两处“女御”，为直接引用，保留原文。——编者注

第七章　玄之又玄　有脐之始

一、脐带与丝线

生育关系着人类的生息与传承，也是古人眼中最为神圣、奥妙的事情。从女人生孩子这事儿，就衍生出了许多相关的部首与汉字，比如与脐带相关的就有玄部、幺部、系部、糸（sī）部等。

先说“玄”。玄，最初就是脐带的样子，刚开始是酱紫色，干了后变成深黑色，因此有“幽远”之义。但有人把这个字理解为“悬挂的丝线”，就失却了它的原始意味。

《说文解字注・四篇下・玄部》：玄，幽远也。黑而有赤色者为玄。凡玄之属皆从玄。段注：老子曰：“玄之又玄，众妙之门。”道，幽远又幽远。老子还有一句：玄牝之门，是谓天地根。

关于“黑而有赤色者为玄”，段注专门解释了下古代的“染法”。很显然，段玉裁认为“玄”是丝线：凡染一入谓之縓（quán，帛赤黄色也），再入谓之赪（chēng，赤色也），三入谓之纁（xūn，浅绛也），五入为緅（zōu，帛青赤色也），七入为缁（zī，帛黑色）……“玄色者，在緅缁之间，其六入者与。”……又染则更黑，而赤尚隐隐可见也。故曰黑而有赤色，至七入则赤不见矣。缁与玄通称，故《礼》家谓缁布衣为玄端。看来古代染法很是精妙。

玄 篆文

玄，又指天色。《易·坤卦》：天玄而地黄。古人在大的礼仪上都要天人相应，所以，上衣为玄色，下衣为黄色。

兹 篆文

玄部还有一个字“兹（玈）”，《说文解字注·四篇下·玄部》：黑也。从二玄。这个字到楷书里把上面的两横相连，变成“兹”。《说文解字注·一篇下·艸部》：兹（玈），草木多益。从草，丝省声。段注：兹从二玄，音玄，字或作滋。所以有“滋生”“生育”“繁殖”的意味。《康熙字典》引《尔雅》：兹，此也。就像母亲生育后指着婴儿说：就是这个宝贝啊。

幺 篆文

再说“幺”。《说文解字注·四篇下·幺部》：幺，小也。象子初生之形。凡幺之属皆从幺。其实，“幺”也是脐带，所以许慎“象子初生之形”应该是像子初生之脐带。段注：《通俗文》曰：“不长曰幺，细小曰麼。”许无麼字（但后人在“幺部”加了这个字：麼，细也。从幺，麻声）。象子初生之形。子初生甚小也。俗谓一为幺，亦谓晚生子为幺，皆谓其小也。

幽 甲骨文

幽，甲骨文像两束丝相并之形，可用于表物体之色度。后来又在下面追加火盆，孳乳出“幽”字。许慎把火盆看成了山，所以《说文解字注·四篇下·丝（yōu）部》：幽，隐也。从山、丝，丝亦声。段注：幽从山，犹隐从阜，取遮蔽之意。从丝者，微则隐也。丝亦声。这里许慎和段玉裁都把火盆看成了“山”，有遮蔽、隐幽之义。其实，幽字的原始意义应该是把脐带烧断隐藏起来的意思。古人有脐带迷信。因为这是一个人的命根子，所以得藏起来。

“幽”字的后面是“幾”。“幾”与“几”完全是

几　甲骨文

两个字。几是茶几，《说文解字注·十四篇上·几部》：几，踞几也。象形。段注：古人坐而凭几。所以就是炕上的茶桌。

而“幾”字上面是“丝”，下面“戍”是兵器，那这个字就是用兵器割掉脐带，或捍卫种族血脉。这件事必须当机立断，所以这个字有微妙之意，《说文解字注·四篇下·丝部》：幾，微也。殆也。从丝，从戍。戍，兵守也。丝而兵守者，危也。为什么有危险的意思呢？因为“幾”是指对种族血脉的捍卫。如果种族血脉出问题了，就是危险的大事。所以段注引《易·系辞》曰：“幾者，动之微。吉凶之先见也。”……虞曰：“幾，神妙也。”

而“機”与“机”在古代也不同。“机”只是一种木头，《说文解字注·六篇上·木部》：机，机木也。从木，几声。段注：机木，似榆。可烧以粪稻田。而“機”则指弓弩发机。《说文解字注·六篇上·木部》：機，主发谓之機。从木，幾声。段注：下文云：“機持经者”“機持纬者”，则機谓织具也。機之用主于发，故凡主发者皆谓之機。段注解释“機”是织布的工具，又指机弩，是杀人的机关和关键。所以中医所用“气机”“时机”等都应该是这个“機”。

再说两个和脐带相关的字。

孪（孿），《说文解字注·十四篇下·子部》：孪，一乳两子也。从子，䜌（luán）声。段注：孪之言连也。《说文解字注·三篇上·言部》：䜌，乱也。一曰，治也。一曰，不绝也。从言、丝。

“乱（亂）”这个字在金文里很简单，左侧上面“爪”表示手，下部“又”也表示手，中部像脐带或

乱　金文

一束丝。所以有人认为这个字是上下两只手在捆扎脐带，或理解为在梳理乱的丝线。后来在右侧添加“乙”旁，就使得这个“乱”字形成了一边乱一边整齐的样子，所以，关于这个字就有了两个解读，一个是“乱”，一个是“治”，也是后人所说“天下大乱，方能天下大治”，就是一个字具有了相反的两个意思。《说文解字注·十四篇下·乙部》：乱（亂），不治也。从乙、𤔔。乙，治之也。段注：各本作“治也。从乙，乙，治之也。从𤔔。”文理不可通。今更正。乱本训不治，不治则欲其治，故其字从乙。乙以治之，……乃训乱为治。……𠬪（biào）部“𤔔，不治也。幺子相乱，𠬪治之也。”文法正同。也就是，乱，先是不治、混乱，由混乱而导致整理混乱，最后出现安定、稳定的状态。所以，一个“乱”字，既表示混乱，又表示有序。

乱　篆文

其实古人把一个字写那么麻烦，肯定有独特的记忆法，他们肯定是先理解字义才会写这个字，比如“乱（亂）”这个字在教给蒙童时，会拿出乱丝两手比画，然后再写个“乙”表示理顺的意思。

“系”这个部首也与脐带有关。

“系”字，在甲骨文中，𦃟，上面是“爪”，代表手，下面提溜着两串或三串丝“糸”，所以有“悬挂”和“捆绑”之义。比如我们现在所说的“系鞋带”等。《说文解字注·十二篇下·系部》：系，县（縣，古同“悬”）也。从糸，厂声。凡系之属皆从系。段注：𥄉部曰：“县者，系也。”引申为凡总持之称，故系与县二篆为转注。就是系与悬两个字同源。系者，垂统于上而承于下也。系与係可通用。……

系　甲骨文

引申为世系。……从糸。糸，细丝也。县物者不必粗也。

孙（孫），子之子曰孙。从系、子。系，续也。(《说文解字注·十二篇下·系部》)取其后代连续不断之义。最初这个字左边是“子”，代表襁褓里的小孩儿，右边是脐带之形。在甲骨文和金文中右边不是从“系”，而是从子、从糸。后来“孙”字简化就用了“糸”下的“小”字，成了“孙”。

孙　甲骨文

二、何谓“经典”？

与脐带有关的还有糸部。以这个“糸”字为部首的字相当多，后简化为“纟”，也就是现在的绞丝旁，用糸作意符的字大多与丝、织物和纺织有关，比如线、纲、经、缕、纱、素、绢、约、绝、练；还有些是与丝线颜色有关的字，如红、绿、紫、绯、缁等。其实，“糸”与“丝（絲）”同义，指蚕丝。“糸”在字形上是一束丝，“丝”在字形上是两束丝。但实际上，“丝”“糸”“幺”原是同一字，它们的原始意象都源于脐带。

“糸”是个象形字，到底像什么形呢？甲骨文字形像一束缠绕的丝，上下两端的叉为丝头。楷书字形则在秦篆基础上，进一步把下面丝头变成“小”字，成为“糸”。

糸　甲骨文

《说文解字注·十三篇上·糸部》：糸，细丝也。象束丝之形。段注：丝者，蚕所吐也。细者，微也。细丝曰糸。徐锴《说文解字系传》：一蚕所吐为忽，十忽为丝。糸，五忽也。这一句让我们明白了两件事：

（1）“忽”的意思。因为太细小而被人忘记，比如忽视、轻忽。《说文解字注・十篇上・心部》：忽，忘也。从心，勿声。本义是因太细小而让人忘记。

（2）糸，五忽也。也就是跟“丝”在一起时，糸读mì。丝是糸的两倍。用丝的细小来表示时间：忽然。

经，《说文解字注・十三篇上・糸部》：经，织从丝也。这个直接道出了经典为何是经典。所谓“经”有两个深刻的内涵：

（1）从糸。“经”字的“纟”部代表脐带。脐带是生命的根本。中国造字的第一原则是“近取诸身”，没有比婴儿出生时的脐带更让古人惊异的了，后来人们认识到它是连接人先天和后天的根本，于是把脐带剪断后留下的肚脐称作“神阙”，即先天神明自此缺失。所以“经”的第一个意义是“根本”。

（2）经，不变。“经”的第二个含义，就是织布过程中“经线”之义。“经线”一旦固定，便不能变动，而纬线是可以变的，所以，“经”的第二个含义就是永恒不变。段注：古谓横直为衡从。……织之从丝谓之经，必先有经而后有纬。也就是织布时先拉好的纵线是不变的线，所以“经”亘古不变。是故三纲五常六艺谓之天地之常经。《大戴礼》曰：“南北曰经，东西曰纬。”相对于不变的“经”，纬线永远在变。所以古代的谶纬之书就是讲变化的书。

典 篆文

而“典”字，《说文解字注・五篇上・丌（jī）部》：典，五帝之书也。从冊在丌（荐物之丌，平而有足，就是书架）上，尊阁之也。典，就是三皇五帝赖以成功治国的书籍。字形上，上面是竹简大册，下面是架子，放置在高架上以示尊贵。

下面是一系列“糸部”字。

纲（綱），《说文解字注·十三篇上·糸部》：网纮也。从糸，冈声。段注：纮者，冠维也。引申之为凡维系之称。……张之为纲。理之为纪。

纪（紀），《说文解字注·十三篇上·糸部》：纪，别丝也。从糸，己声。段注：别丝者，一丝必有其首，别之是为纪，众丝皆得其首，是为统。统与纪义互相足也，……注曰：“纪者，丝缕之数有纪也。”此纪之本义也。这里解释了“纪”，也解释了“统”：纪，是一丝之首；统，是众丝之首。

约　甲骨文

“约”，是用绳捆绑、缠束。甲骨文是会意字，像人将绳子缠绕在草木上，故有约束义。金文是由糸、刀（后变形为“勺”）组成，隶化后的楷书将篆文字形中的“糸”写成纟，将篆文字形中的“刀”写成勺。《说文解字注·十三篇上·糸部》：约，缠束也。从糸，勺声。段注：束者，缚也。引申为俭约。

约　金文

《论语》：子曰：不仁者不可以久处约，不可以长处乐。仁者安仁，知者利仁。约，在这里引申为困窘。孔子说：没有仁德的人不能长久地处在贫困中，也不能长久地处在安乐中。即，不仁之人长久地处在贫困或安乐之中，他们会更加堕落，唯有仁者才能安于仁，智者才会行仁。即，安于本心，按本心去行事，在任何环境下都能矢志不移、保持节操的，才是仁者。

绝，断丝也。从刀、糸，卩声。右下部的“卩

绝 篆文

(jié)”是声旁（段玉裁说）。篆文中，“绝”的右旁是“刀”和“卩”，不是“色”。绞丝旁加一个“色”字，汉代已经出现。段注：断之则为二，是曰绝。引申之，凡横越之曰绝，如绝河而渡是也。又绝则穷，故引申为极，如言绝美、绝妙是也。为什么许慎和段玉裁都愿意从“丝线”的角度去理解呢？因为他们都是经学家、理学家，故不愿从生理的角度去解释。当然后来“糸”确实有“丝线”的意思了，所以他们的理解也没有错。而我们必须从一个字的原始意象去看汉字，汉字首先“近取诸身”，如果“绝”字的原始意象还不明显，那下面的“继”字就明显有脐带的意味了。

继（繼），续也。从糸、㡭。绝，是“断丝也”，继是把断丝接上。

屯 甲骨文

纯，丝也。从糸，屯声。“屯”，甲骨文字形像豆类植物发芽时艰难屈曲地拱出地面，表示“初生”。一色成体谓之纯，白黑杂合谓之驳。其中大概也指血脉之纯粹。段注：不杂曰纯，不变曰粹，其意一也。美丝美酒，其不杂同也。不杂则一，一则大。这个解释多好啊，不杂叫作“纯”，不变叫作“粹”，最美的丝线和美酒，都不与他者相混同，不杂就是“一”，“一”就大。纯粹就是抱一守一。能抱一守一，就元气饱满而壮大。

细，《说文解字注 · 十三篇上 · 糸部》：细，微也。从糸，囟声。段注：微者，眇也。眇，今之妙字。

细 篆文

“糸部”其余的字，在“人之衣”部分再讲。

第八章　人之心

一、何谓“思虑”?

《说文解字注·十篇下·心部》这一页除“心部”，还有“思部”。“思部”只有两个字：一个“思”，一个“虑（慮）”。先讲下这两个字。

《说文解字注·十篇下·思部》：思，䜭也。从心，从囟。凡思之属皆从思。段注：《韵会》曰：“自囟至心，如丝相贯不绝也。”然则会意，非形声。字形的解释是从囟门到心相贯不绝为“思”。西方人认为，人是用脑思维的，而中国的汉字从造字之初，就认定思维是脑和心的连贯作用。《黄帝内经》说：心者，君主之官也，神明出来。即由心而出，产生人的思考的能力。中国人认为，精神强大的标志，不仅是脑力强大，更是心力强大。记忆力衰退，逻辑性减退，反应力下降，其实根底是心力不足。《黄帝内经》还说：因志而存变谓之思，即为了实现志向而反复考虑应该做些什么的过程，叫作“思”。生命沉淀的东西升华了，就是“存变”。你能够坚持，同时能够升华、生发，就叫作“思”。

“思”字，上面是囟门，下面是心，就是心脑相通。心里明白了，再把这明白逻辑化，让沉淀的东西发光，就是“思”。背诵知识，不叫“思”，只过脑子的，不叫“思”，必须过“心”，必须落地，才叫思。所以，思，解释为“䜭”，段玉裁认为是引申义：凡深通皆曰䜭。……谓之思者，以其能深通也。

思，就是“才下眉头，却上心头”。一下一上之间，一蹙一笑之间，思之绵绵，如缕不绝。中国汉字内涵太丰富了，画幅画可以解释它，写首诗可以解释它，讲个故事也可以解释它。

在“思”的注释里，段玉裁又指出了人之“五德”：貌曰恭，言曰从，视曰明，听曰聪，思心曰容，谓五者之德。看一个人，不仅要看其体貌，还要听其言，看其见识是否广博，心思是否通融、圆融。

虑，本写作“慮”，所以也在“思部”。《说文解字注·十篇下·思部》：虑（慮），谋思也。从思，虍（hū，指老虎的花纹）声。段注：心部曰：“念，常思也。惟，凡思也。怀，念思也。想，覬思也。𢛳（䚡），同思之和也。”同一思，而分别如此。言部曰：“虑难曰谋。”……皆谓计画之纤悉必周。按段玉裁的说法，念、惟、怀、想等，都是“思”的意思的不同表达。而“虑”，是谋划、计划之纤悉周到。

我们常说：深思远虑，《黄帝内经》说：因志而存变谓之思，因思而远慕谓之虑，因虑而处物谓之智。此句翻译过来就是：肾精足而且能生发就是思索（光有心思，没有肾精，思虑就不长远）；能够思虑长远就是远虑；因远虑而能落到生活的实处叫作智慧。凡事，过心、过脑子，还不行，还要有长远性，才叫作“虑”。

远慕，指因思升华出来的事物，没有长远性，就没有意义。光，持续地照耀，才能使生命发生变化。提前消费，就是没有长远性。不爱护地球，不爱护森林、湖泊，就没有孩子们的未来。生命不懂自保，就是没有长远性，不爱护自己，就没有家族的生生不息。

所以，虑，就是远虑，而不是当下。活在当下当然好，享受春光，享受花朵，享受夏土，享受秋收……但圣人不光讲究当下，更讲究千秋万代。这个千秋万代，不是一个人的千秋万代，而是人类的千秋万代。

那“焦虑”又是什么意思呢？“焦”字，上面是“隹（zhuī）”，短尾鸟，下面是“火”，小火烤小鸟，属于慢慢地煎熬。《说文解字注·十篇上·火部》：焦（燋），火所伤也。从火，隹声。古文的“焦”上面是三只小鸟，所以烧起来更加煎熬。而且这是个会意字，不是许慎所言的形声字。“虑”为远虑。所以，一切焦虑，都源于对未来的不确定和难以把握。因为这些而产生的煎熬的感觉会过分地消耗生命之火，所以会伤害人的生命。

讲完思、虑，下面我们进入“心部”的讲解。

二、一个心，三个写法

心　甲骨文

心，甲骨文字形就像心脏。《说文解字注·十篇下·心部》：心，人心，土藏也，在身之中。象形。博士说以为火藏。凡心之属皆从心。段注：土臧者，古文《尚书》说，火臧者，今文家说。现在中医一致认为“心”为火藏。甲骨文“心”古字形，就是人或鸟兽的心脏，本义即心脏。

如果用字谜的方式来说心，就是“灵台方寸山，斜月三星洞”。灵台方寸就是“心”，因为心就方寸大，但充满灵性，故称“灵台”；而一个斜月，加三个点，不正是“心”字嘛，出处就在《西游记》第一回——灵根育孕源流出，心性修持大道生。说孙悟空一心求道，历尽千辛万苦，跨过两个大洋，终于找到菩提老祖隐居的洞府，而洞府的名称就是“灵台方寸山，斜月三星洞”。找到这里，孙悟空就得了入道的正门，因为万法归心，只有从此门入，才得正果。所以说，《西游记》是本绝妙的修道书啊！

心虽方寸，但也可以如无边良田，藏善恶种子，随缘滋长，而生善恶之果。所以要以静、以纯、以润养护心田，种善弃恶，结智慧果，得大圆满。

《康熙字典·卯集上·心部》云：《荀子·解蔽篇》：“心者，形之君也，而神明之主也。”《礼·大学疏》：“总包万虑谓之心。”《释名》：“心，纤也。所识纤微无不贯也。”此外，《黄帝内经》曰：心者，君主之官也，神明出焉。就是说我们脑子清楚不清楚，是由心决定的，而不是脑子决定的。心定，则脑明；心不定，则脑子乱。无此神明，则不能统摄全身。所以后面有言曰：主不明则十二官危。神明一乱，全身都不得好。所谓“君主之官”，不是管具体事情的，而是负责神明的安定的，心悠然，身悠然。所以，养生第一要务是养“心”。

一个“心”字，有三个写法。“心”在字的左半边时，写作“忄”，如恨、慎、怀等。在字的下半部时，有的写作“心”，如应（现在的“应”是无心的，所以大家随便答应事，全无信用，古代的“應”可是有心的，有心应答才是讲信用）、想等，有的写作“⺗”，如恭、慕、忝。之所以会有三种写法，大概跟“心”的不同用法有关。

1. 忄

发出来的都是情，所以凡是“忄”旁的字，心都竖起来了，就表示心意往外宣散的各种心情、表情，比如愉、惟、怕、恐等字。

惟，凡思也。从心，隹声。段注：凡思，谓浮泛之思。

愉，薄也。从心，俞声。指浅浅的快乐。段注：而假为浅泊字。《礼记》曰：“有和气者必有愉色。”此愉之本义也。为什么是浅薄的快乐呢？段注：郑注：“愉谓朝不谋夕。”此引申之义也。即，只顾早上高兴，不管晚上是否高兴。也就是只顾当下，而无远虑。

怕，无伪也。从心，白声。段注：伪各本作“为”。今按，许以为训母猴，伪训作也。原本是“怕，无为也”，段注把许慎的“为”改作“伪”，伪有“作”的含义，翻译过来就是：因畏惧而无所作为。其实，人，会因为明白而怕，无知者才不怕，或因为畏惧而怕。总之，怕，是心的畏缩，心精不足，肾又主恐，所以，怕与恐，都是身体的寒战。

恤，忧也。收也。从心，血声。指因忧虑而收容救济。

怡，龢（hé，同“和”）也。从心，台声。段注：各本作“和”，今正。龢者，调也。《玉篇》曰：“怡者，悦也，乐也。”怡，就是恰到好处的愉悦、快乐。

快，喜也。从心，夬（guài）声。夬，分决也。从又，中象决形。比

快　篆文

喻万事能够快速分决，不拖沓，自然心生欢喜吧。所以，快，后来又引申为快速、痛快等义，虽然决绝会带来撕痛，但“痛”中有“快”，人心情也会爽一下。

夬　篆文

慢，惰也。从心，曼声。一曰，慢不畏也。慢，一是怠惰，凡怠惰，都是“心”的怠惰，比如拖延症。二是不畏，指态度高傲不妥协，源自内心的轻慢。

悸，心动也。从心，季声。指心脏因恐慌而失控地跳动。中医认为，心跳不宁称心悸，脐下搏动称脐下悸。段注：此未知以悸为何字之假借。凡若此类思而未得者，可姑置之。就是段注不知此字之来路出处，暂且姑置。

悔，悔恨也。从心，每声。段注：悔者，自恨之意。段玉裁的这个“自恨”用得好！所有的“悔”，都是自啮其心。

艮　篆文

恨，怨也。从心，艮声。其中，“心”当然是心情，而篆文“艮”，上面是“目”，下面是“匕”，好似两目相匕（怒目相视）的样子。所以，恨，是从眼神里表达出来的。

忧，心动也。从心，尤声，读若祐。还有另一个“憂”，《说文解字注·五篇下·夊部》：憂，和之行也。从夊，㥑声。指和缓行走的样子。

惴，忧惧也。从心，耑声。《诗》曰：“惴惴其栗。”惴惴，就是担忧恐惧甚至战栗。段注：许意惧不足以尽之，故增㥑字。是说光恐惧不足以表达“惴惴”的心情，所以加了个“㥑”字。《说文解字注·十篇下·心部》：㥑，愁也。从心，从页。但这个字很少用，反而经常与忧、憂混用，比如忡忡的

“忡”，《说文解字注·十篇下·心部》：忡，忧也。从心，中声。《诗》曰：“忧心忡忡。”

悼，惧也。陈楚谓惧曰悼。从心，卓声。段注：《方言》：“惨、忯、矜、悼、怜，哀也。齐鲁之间曰矜，陈楚之间曰悼，赵魏燕代之间曰惨，自楚之北郊曰忯，秦晋之间或曰矜，或曰悼。……《方言》又曰：“悼，伤也。秦谓之悼。”所以，悼，有恐惧并哀伤之义。

怀（懷），念思也。从心，褱声。段注：念思者，不忘之思也。这个字得看繁体字，是个形声兼会意字。其声部“褱”，在“衣”部：腋有所持，褱藏之义也。在衣曰褱，在手曰握。即，把你揣在怀中、念念不忘，为“怀”。

悟，觉也。从心，吾声。𢘑，古文悟。看到这个古文，真是感叹古人造字的精妙，两个“五”一个心。五，就是阴阳相逆，所以，悟就是不断地自我否定，否定再否定，不断地在心里自我抗争，直到最后的觉醒。这才是“悟”！无所觉之谓迷，有所觉之谓悟。中国字，确实不如西方字母好记、好学，但它是哲学，从汉字看中国人的思维方式，每个字里都暗含九曲，玩味不尽。

2. 心

“忄”旁大多写在字的左边，而凡是以“心”为偏旁的字，大都写在字的下部。心明明在上部，却都写在下面，就表示这个心沉下去了，心就变重了，人会往深处想。比如想、忠、悲、怨等。

心部的第一个字是“息”，这是典型的会意字，上面是代表鼻子的“自”，下面是“心”，所以“息”是指人心与宇宙能量的自由交换。一呼一吸谓之“息”。呼吸对生命、对人与宇宙能量的交换都至关重要。正是通过呼吸，人们在共享，在交换。所以，人可以自私，但身体不能自私。

呼吸如果被觉知时，便是病态，只有无觉知的状态下的呼吸才是正常的，无阻碍的。

《说文解字注·十篇下·心部》：息，喘也。从心、自。显然，这是个会意字，而不是许慎所言形声字。段注：口部曰：“喘，疾息也。”喘为息之疾者（喘是呼吸加速），析言之。此云息者、喘也，浑言之。人之气，急曰喘，舒曰息。引伸为休息之称，又引伸为生长之称。引伸之义行，而鼻息之义废矣。……自者，鼻也。心气必从鼻出，故从心、自，如心思上凝于囟，故从心、囟，皆会意也。段玉裁的结论也是此字为会意字。

意，志也。从心、音。察言而知意也。段注：志即识，心所识也。意之训为测度，为记。训测者，如《论语》“毋意毋必”，“不逆诈，不亿（億，通“臆”）不信”，“亿则屡中”，其字俗作亿。训记者，如今人云“记忆（憶）是也，其字俗作忆。也就是“意”引申有两个变体，引申为猜测，是“臆”，引申为记忆，是“忆（憶）”。《黄帝内经》：意为脾神，志为肾神。脾神、肾神强大，则人之意志力强大。

怨，恚也。从心，夗声。《说文解字注·七篇上·夕部》：夗（yuān），转卧也。从夕、卪。卧有卪也。所以，怨的本义从“夗”来，指心思辗转反侧无所交接。当是形声兼会意字。

怼，怨也。从心，对声。

忌，憎恶也。从心，己声。

恶，过也。从心，亚声。段注：人有过曰恶，有过而人憎之亦曰恶。

惑，乱也。从心，或声。段注：乱者，治也，疑则当治之。

忍，能也。从心，刃声。段注：凡敢于行曰能，……敢于止亦曰能，今俗所谓“能耐”也。能、耐本一字，俗殊其音。忍之义亦兼行止，敢于杀人谓之忍，俗所谓“忍害”也；敢于不杀人亦谓之忍，俗所谓“忍耐”也，其为能一也。仁义本无二事，先王不忍人之心、不忍人之政中，皆必兼斯二者。

这段解释大有意味，什么叫“能耐”？敢于行曰能，敢于止亦曰能。即敢于做事叫“能”；敢于不做事也叫“能”。什么叫“忍耐”？敢于杀人谓之忍，敢于不杀人亦谓之忍。所谓“仁义”也是一回事，“仁”是对你好，“义”是以武力捍卫自我权益。“不忍人之心”与“不忍人之政”都一样，“杀”与“不杀”都在其中。看来“忍”是心上一把刀，用不用全在一心。

忠，敬也。尽心曰忠。从心，中声。段注：敬者，肃也。未有尽心而不敬者。此与训谨同义。各本无此四字，今依《孝经疏》补。段注所言

“未有尽心而不敬者”，甚是！

患，忧（慐）也。从心上贯吅（xuān，古同“喧”），吅亦声。段注：《春秋繁露》曰：“心止于一中者，谓之忠；持二中者，谓之患，患人之中不一者也。”这个解释太有意思了，心中有一人谓之“忠”，有二人谓之“患”。难怪后来有“害病”之义！对一人尽心尚可，对两人尽心，身体顶不住啊！

想，觊思也。从心，相声。段注：觊望之思也。其实就是想象。《韩非子·解老》说：人希见生象也（人们很少看见活着的大象），而得死象之骨，案其图而想其生也。后由想象引申为思索，由想象、思索引申为希望。

忽，忘也。从心，勿声。前文讲过“一蚕所吐为忽”，因为太细小而被忘记。

忘，不识也。从心，亡声。段注：识者，意也，今所谓知识、所谓记忆也。所以“忘”是记忆衰退。而“忙”字，从心从亡，但《说文》里没收这个字。亡，乃迷失、走失，所以“忙”是“失心症”，忙，就是没了心，没了感知，就是浑浑噩噩熬日子，而不是生活。《集韵·唐韵》：忙，心迫也。《广韵》：忙，怖也。心情过于匆忙，就会惶恐、害怕。所以，同样是“心”和“亡”的组合，“忙”是在外的迷失，“忘”是内在的迷失；“忙”是心的妄动，“忘”是心的不动。“忘”比“忙”更狠、更深沉。

感，动人心也。从心，咸声。段注：许书有感无憾。《左传》《汉书》憾多作感。盖憾浅于怨怒，才有动于心而已。也就是遗憾这种情绪比怨怒浅，只是内心有所动而已。

恩，惠也。从心，因声。因，是一个人摊开手脚躺在一张草席上，其本义是依靠的意思，它与“心”结合在一起形成的“恩”字则表示心中有依靠，因心为恩。得人恩惠而心生感激，为“恩”。但“惠”字不在“心部”，《说文解字注·四篇下·叀部》：惠，仁也。从心、叀。蕙，古文惠从芔。段注：经传或假惠为“慧”。从心、叀。为惠者必谨也。

恕，仁也。从心，如声。恣，古文省。恕，就是仁慈。古文的“恣”

有意思，大概女人的心最容易宽恕吧。段注：孟子曰："强恕而行，求仁莫近焉。"由此知为仁不外于忠恕之道。

慈，悉也。从心，兹声。段注：悉，各本作"爱"。今正。下文曰："悉，惠也。"叀部曰："惠，仁也。"人部曰："仁，亲也。"悉，就是古文的"爱"。爱，是惠；惠，是仁；仁，是亲，所以有慈惠、仁慈、慈爱这些词。兹，我们前面讲过，在"玄部"，像两根脐带缠绕。一根脐带是一个孤独的生命，两根脐带就代表生命的相亲相爱和相互温暖，所以，慈"从心兹声"不应该只是形声字，这个"兹"也是有意味的，所以，慈，应该是形声兼会意字。

3. ⺗

心写成"⺗"的，比如慕、恭、忝（tiǎn，辱也），都是下面多了一个心，意味在"心"之外还要用"心"，是赔着"小心"的意思。

恭　篆文

《说文解字注・十篇下・心部》：恭，肃也。从心，共声。这个字像一个人高举两手的样子，所以又有"奉"之义。我们原先也说过"肃"有因为害怕而拿手帕擦汗的意味。可见恭、肃都是小心得不得了。从元代起，科举考场中设有"出恭""入敬"牌，以防士子擅离座位。士子如厕须先领此牌。因此俗称如厕为"出恭"。并谓大便为出大恭，小便为出小恭。古代在如厕问题上，无论是王公大臣还是底层贫民，基本上都是在同一个水平线上，基本都是蹲坑。古代厕所叫"图（hùn）"，就是在猪圈的顶棚之上，放上两块木板并在中间留出空隙，环境危险且肮脏，稍有疏忽一脚踩空，轻则满身污秽，重则身残或死亡，所以如厕之后一般都得“更衣（换衣服）”。你说，这种情况下能不万分小心吗？必须毕恭毕敬啊。

忝，辱也。从心，天声。段注：《小雅·小宛》曰：“无忝尔所生。”这句出自《诗经·小雅·小宛》：夙兴夜寐，无忝尔所生。就是我辛勤劳作，不要辱没父母的英名。

这里边我非常喜欢那个“慕”字，上“莫”下“心”。《说文解字注·十篇下·心部》：慕，习也。从心，莫声。段注：习其事者，必中心好之。即，不断地习练此事，一定是因为万般喜爱。

三、情与性的不同

心部里面很多字牵涉到对自我的认知，比如心部的第二个字是情。我们总问“情为何物”，那就看看文字大家是怎样为我们解读的吧！

《说文解字注·十篇下·心部》：情，人之阴气有欲者。从心，青声。情，属阴，跟欲望相关。凡是跟欲望有关的，基本靠不住，因为欲望总是在变化。段注：董仲舒曰：“情者，人之欲也。人欲之谓情，情非制度不节。”《礼记》曰：“何谓人情？喜、怒、哀、惧、爱、恶、欲，七者不学而能（这七种情感不需要通过学习便得到，随情欲而发）。”《左传》曰：“民有好、恶、喜、怒、哀、乐，生于六气。”是说这些情绪也跟天地六气相关。六气（风寒暑湿燥火）影响人身五脏六腑，人之情绪就从五脏六腑而发。

第三个字是“性”。性，人之阳气性。善者也。从心，生声。段注：《论语》曰：“性相近也。”《孟子》曰：“人性之善也，犹水之就下也。”董仲舒曰：“性者，生之质也，质朴之谓性。”情，生于阴；性，生于阳。《孝经·援神契》曰：性生于阳以理执，情生于阴以系念。在这里，性，属于理性，情，属于欲望。

朱子曰：“古人制字，先制得心字，性与情皆从心。”又曰：“性即心之理，情即心之用。”要理解性情，先要问“心”，心性既正，用情亦正。

所以，性是天性，情是后天所发，那结婚对象是找多情的还是找生性质朴的，就明白了吧。我认识个把“情、性”二字把握得最好的女孩儿，恋爱时找缠绵多情的，体验过后也就罢了。一旦打算结婚了，她却找了个性情端正的大丈夫，直接先结婚后恋爱。她说：跟这种人婚前恋爱肯定没啥意思，婚后的恩爱却非同寻常，能让你感受到什么是天空的大和明亮，能让你感受到大地的温暖与安全……而这些，才是婚姻于每个人的意义。所以，这种女孩儿真是大明白人。

性情离不开人身，都是从身体里发出来的。一切好与坏，一切善恶，我们通通本性具足，也就是，所谓“好人”，是只用了善而没有用恶的人，但并不是他没有恶。这也是为什么不可逼人至绝路而引发其恶。

在中医学看来，性属阳，其对应着五藏之德性：仁、义、礼、智、信。仁就是不忍之心，对应肝德，对治嗔怒；义是心德，对治痴念妄想；礼是肺德，对治轻慢无礼；智是肾德，对治贪欲，有智慧的人就不会贪；信是脾德，对治疑虑。有五藏就有六腑，有六腑就有喜、怒、哀、乐、爱、恶六情。

可以这样说，本性是根，情绪是枝杈。本性隐而不显，情绪则时时流露。因此，对治情绪，要比对治本性简单多了。比如，怒伤肝，喜伤心，思伤脾，忧伤肺，恐伤肾。其对治法，就是采取相克法：悲胜怒，恐胜喜，怒胜思，喜胜忧，思胜恐。就是凡事想明白了，人就不恐惧了。

《中庸》曰：天命之谓性。性，为阳；情，为阴。天性指你出生时的宇宙能量与你自身的契合。比如你出生在正月，此时天乍暖还寒，你的天性与之相符，也是在沉郁与活跃之间摆动相。此相融于“情”中，便是在生活中不甚主动，总是欲言又止，易冲动，又易颓丧。

那就解释下悲、怒、惧、忧、恐这几个心部字。

悲，痛也。从心，非声。段注：按，憯（cǎn，同“惨”）者，痛之深者也。恫者，痛之专者也。悲者，痛之上腾者也。各从其声而得之。看来古人把痛苦也分级了，惨，毒也。犹如中毒般痛苦。恫，痛也，一曰，呻吟也。因为痛有定处，人痛苦地呻吟。悲，此字“非”声，应该也兼意。

非，含有背离之义，当事与愿违时，人就会伤心。“非”又是鸟儿飞的样子，所以“悲”是痛苦上腾的样子。

惧 金文

怒，恚也。从心，奴声。形声兼会意字，其中“奴”也有意义。奴，是手擒女俘迫其为奴之义。心如奴隶样被奴役、压抑，自然生嗔恨、愤怒，一种被憋而贲张的状态。

惧（懼），恐也。从心，瞿声。这个字还得看繁体字。金文的“惧”字，字形上部为“瞿（jù）”，作声旁，表示读音。其实，这个声符“瞿”本指鸟睁大眼睛惊恐的样子，这是用鸟儿的惊恐描绘人的惊恐。所以，惧应该是形声兼会意字。

尤 甲骨文

忧，心动也。从心，尤声。段注：各本作不动也。到底是心不动还是动呢？今人有躁郁症，一般都有动与不动双相表现，躁，是动，因肾精不足、虚阳外越为“躁”；郁，是不动，因阳气提拉不起来而滞闷不动。其中，《说文解字注·十四篇下·乙部》：尤，异。甲骨文中的“尤”字主体为手形（作“又”字），手上多出一短横，是指事符号。这一短横代表的形象，有两说。一说像多指症患者多出的手指；一说像手上生出的赘疣，总之，是指一种特异的、不正常的状态，而“尤物”也指人物之中最为特殊的。因此，“忧”指心态的不正常，其人的过动与停滞不动都不是正常状态，俗谓之：有病。

恐，惧也。从心，巩声。忎，古文。这个字恐怕只有看这个古文忎才能理解一二。“工”在古代指“圆规”“直尺”两个器具，一个画圆、一个成方，所以是天地大秘密，只有大巫师可以掌握，比如伏羲女娲交尾图就是拿着这两个工具。后来“工”就特指从事巫术的人，而普通百姓是很畏惧这些“巫”的，比如有“恐惧”一词，一定是“恐”在前，人一定最怕看不见的东西，比如神灵附体等，这时为“恐”；然后才会惧怕看得见的东西，为“惧”。

《黄帝内经》说：肾在志为恐，即真正的恐惧都源于人体底部，恐惧是人体底部的暗涛，先是慌乱、怵惕，然后就如同黑洞，把一切都吸了进去，我们的生命渐渐就因恐惧而飘忽枯萎了……

四、爱的真意

有人说老师你还没有说“爱”字呢！繁体的“愛”不是有个“心”字吗？简化后的“爱”字无“心”了，还是爱吗？

于是我在心部找了一圈，没有这个“愛”字。但惊异地找到一个“愛”的异体字——炁（ài）。所谓异体字就是一个字的不同写法。此“炁”为“爱”：炁，惠也。从心，旡（jì）声。段注：叀部曰：惠，仁也。仁者，亲也。……饮食逆（屰）气不得息曰旡，古文作旡。此用古文为声也。就是“打嗝儿”。

还有“慈”字。慈，炁也。从心，兹声。段注：炁各本作愛。今正。这个字倒让我们对“爱”的理解有了遽然而惊的升华。

道家修行里有个字“炁”，同“气”，关尹子曰：以一炁生万物。炁是一种形而上的神秘能量，也就是真气。下面四点水代表“火”，因为有火这个能量之源，自身有了创造的能量，你就可以永远自强不息、厚德载物。以这个思路去理解“炁”，爱从心发，产生能量，是一种强烈的、积极的情感状态和心理状态。“心”有了自我创造的能量，可以源源不断地供给众生！它不仅让人克服了寂寞感和孤独感，还扩展为一种给予，给予尊敬和宽恕，给予无条件的爱。这种爱，是仁爱，是基于真理的神圣。而人心，因为有限性，因为匮乏，因为弱，因为缺乏这种永不止息的能量，所以，人类所谓的爱，很难成为生活的源泉。为什么有人总感叹爱的消失？因为它缺乏源源不断的能量。情人之间所重在情，跟荷尔蒙的进退相关；夫妇之间所重在恩，就是要用恩情来接续那消失的爱，使生活可以平稳地前行……只要我们为爱跌落尘埃，爱，就是致命的危险。

爱 金文

爱 篆文

《说文解字注》里到底有没有“爱”字呢？有。《说文解字注·五篇下·夊（suī）部》：愛，行皃也。从夊，㤅声。行皃，就是行走的样子。夊，行不举足。走路脚提不起的样子，看着就累。段注：心部曰：“㤅，惠也。”今字假“㤅（爱）”为“㤅”，而“㤅”废矣。㤅，行皃也，故从夊。

看下这个字是怎么演化的。甲骨文中无此字，战国时有。“爱”字由“欠”（或“旡”）和“心”两部分构成。“欠”字的口朝左，“旡”字的口朝右。这个张口的人，用手抚心，大概是表示“张口告人，心里喜欢”，也由此有了“㤅”这个字。小篆“爱”字，下面多出了一只向下的足（夊），于是有了“行皃”这个概念，表示“爱”是一种行为和行动能力。简体楷书则将字形中的“心”和“夊”简化成“友”，“友”就是两人“手拉手”，所以简化字的“爱”里面有了三只手（上面还有个爪，下面手拉手），这种“爱”真是有点用力过猛、有点撕扯，人们是多么想抓住“爱”啊，因为抓不住，渐渐地，心就落入虚空了。年轻时我看着这个“爱”字，很悲伤地想：这是双手捧着心献出去吧！潜台词是：请爱惜它，请留住它，不是谁都会对你这么好。

第九章　良言暖心　恶语伤人

言为心声，说完了心部，就得说说人的言语了。言语是人心的外化。人一说话，就露馅，露心里的馅。

人，到底说的是不是心里话呢？要都是心里话，怎么还有谎、诞、诽、谤这些字呢?!

一、发音器官，拜天所赐

人区别于动物的一点，在于人不仅妙语连珠，还能长篇大论。人类言语的发展，看婴儿就能明白些许。最初，人类可以通过动作、手势、面部表情、声音等来表达，到了彼此间有些什么非说不可的时候，言语就产生了。可言语的产生需要多少机缘巧合啊！倘若没有最初人类的直立，恐怕言语都不能产生。小孩子也是先学走路，囟门合住，会阴打开，然后才有连贯的言语。

嘴唇是人类独有的，嘴唇使人类的语言更为丰富，比如发出轻唇音（b、p、m、f）。人类的直立行走使肺部和声带的压力减少，可以自由地加以调节发音。此外，熟食的出现也导致咀嚼器退化，加速了下腭后缩的过程，结果出现了嘴唇，声道得到改变，使得口腔适于共鸣并发出唇音；而头颅垂直又减少了对鼻腔的压力，使它得以发展并形成理想的共鸣器。如此，发音器官的日益发展，终于使分节语（区别于“单音节”）的产生成为可能。我们由此知道，语言的发音机制有呼吸器官、喉头和声带、口腔、嘴唇、鼻腔和咽腔。反过来想一下，人若常年地出言不逊、傲慢或畏缩、忍气吞声、欲言又止等，会不会也会造成相关器官的病痛呢？结论是肯定的，比如人际交往的紧张和焦虑会造成声音嘶哑和甲状腺疾病，长期的压抑和郁闷会造成鼻炎等鼻咽疾患等。

同时，不可忽略的一点是：人类的思维与语言一定是同时产生并同步发展的。本来我们每个人的话语都是即刻消失于空中的，但语音、词汇和语法结构，使得个人信息可以转化为群体的记忆，并且通过口头传说世代相传。

由此，人成了喋喋不休的动物。有了文字后，语言得以记录，人类就此有了历史。

《说文解字注》没收“嘴”字。嘴，本义应该是指长毛的鸟的嘴，后引申为人的嘴。但在《说文解字注·二篇上·口部》有“唇”字。唇，惊也。从口，辰声。从“辰”有振动的意思，所以，唇，指震惊时嘴巴发抖。这个描述非常符合西医生理和中医原理。西医认为心脏的神经末梢延伸到下巴里面，这就是我们一旦紧张、受惊吓，下巴和嘴唇就会抖动，或合拢不上，牙齿打战，同时口干舌燥的原因。中医讲“舌为心之苗”，比如舌歪、舌抖等都是心精不足所致。脾经“系舌本散舌下”，由脾经导致的心下急痛也应该属于心脏重症，但常常被误诊为胃痛。

在现实生活中，有的人就是嘴笨，有的人就是口若悬河，这到底跟什么有关呢？肯定跟脑子和思维力有关。研究证实语言活动主要是大脑左半球的功能，但大脑右半球在语言理解中也有重要作用。一般左脑具有语言、概念、数字、分析、逻辑推理等功能。左脑损伤者可导致失语症。但左脑的记忆回路是低速记忆，而右脑则是高速记忆。右脑擅长创造性思维，信息处理偏重感官，是属于图像式的思考模式，它负责掌管想象、直觉、韵律、空间等，着重感性思维，具艺术鉴赏能力。甚至有研究发现：损伤或失去右脑的人，他在处理相关问题时，情绪表现为冷漠，并且不会骂人。反而失去左脑的人，骂起人来不受任何影响，甚至会不重样地“口出狂言”，毫不词穷。如此说来，左右脑真是太奇妙了。

就此说说“左”“右”。在古代，分左史和右史。左史记行动，左为阳，故记录人的活动；右史记语言，右为阴，故记录言语。怎么表示左右呢？左右手。右手最初就是“又”。

《说文解字注·三篇下·又部》：又，手也。象形。三指者，手之列多

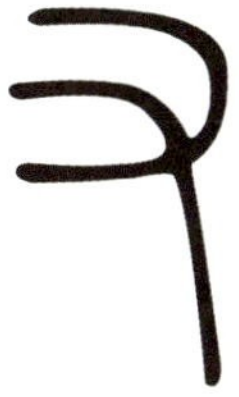
又 篆文

略不过三也。段注：此即今之右字。

《说文解字注·三篇下·𠂇部》：𠂇（zuǒ），左手也。象形。段注：反又（右）为𠂇（左）……又手得𠂇手则不孤，故曰左助之手。

“𠂇部”字就一个“卑”字。卑，贱也。执事也。从𠂇甲。指地位低贱，被迫劳作。

𠂇 《说文·𠂇部》

真正的“左”字在《说文解字注·五篇上·左部》：左，𠂇手相左也。从𠂇（左手）、工。凡左之属皆从左。段注：左者，今之佐字。《说文》无佐也。……𠂇部曰：“左手也。”谓左助之手也。以手助手，是曰左；以口助手，是曰右。段注这句解释了为什么“左”字有“工”、“右”字有“口”。做工时，人们都以右手为主，以左手为辅，左手是协助右手做工的，所以左下从“工”，“左”的本义便是“辅助”“相帮”。左，佐也，左为工，代表劳作。

春秋以前以“左”为尊，《老子》三十一章：吉事尚左，凶事尚右。后来又有以“右”为尊的习俗，所以“左迁”即降职。左部字就一个“差”字，《说文解字注·五篇上·左部》：差，貣（tè，通“忒”，差错）也。左不相值也。（段注：貣，各本作“贰”。左各本作“差”。）从左、𠂹（垂）（段注：𠂹者，乖也）。我们现在常说“差品”“次品”，就是说此物与价值不符，就是“左不相值也”之义。《释言》曰：爽，差也。所以《老子》说“五味令人口爽”，就是口味错乱。

差 篆文

“右”字在《说文》中出现了两次，一次在口部，一次在又部，属“异部重出”。《说文解字注·二篇上·口部》：右，助也。从口、又。《说文解字注·三篇下·又部》：右，助也。从又，从口。

二、古代注释读音的方法

一定是先有语言，再有文字，而有些部族只有语言，没有文字，可见，从语言到文字的飞跃，又是人类精神的一次大飞跃。

段玉裁曾经指出一个秘密：圣人之制字，有义而后有音，有音而后有形。学者之考字，因形以得其音，因音以得其义。治经莫重于得义，得义莫切于得音。这句话里有几个重要见解：

（1）造字者是圣人。

（2）圣人造字的原则是先有“义”，然后有“音（语音）”，然后有“形（字）”。

（3）学者，他们研究圣人造出的汉字的顺序是：形—音—义。许慎就是从字“形”入手。

（4）研究者都认为字义最重要，而很少有人知道，要想真正地理解字义，重要在于“得其音”。

即，语音、语言才是文字产生的土壤，可见刘熙《释名》用声音解释汉字的做法是一个重要的思路。人都是先说话、后识字，也可以不识字。但每个字发的音是怎么来的，始终是个无解的谜。

段玉裁很重视发音的问题，并且认为音与义同源，即，古音相同或相近的字多数意义上有相关性。例如鸿、宏、弘、洪这几个字的古音相近，发声部位是喉音（气流直接从喉发出，发音器官的其他部位不形成任何阻碍），可以很容易发出大的声音，所以这几个字都有“大”的含义。再如钱、浅、栈、贱、笺等以“戋”为声符，“戋”字音“jian”，发声部位属于齿音。齿音即气流通过牙齿阻碍而产生的声音，相对喉音，其音量不大，所以这几个字都带“小”的意思。再比如，“唇”的发音主要是动嘴唇；“牙”的发音主要在齿；“喉”的发音重点在喉咙。这些，都不能让人忽视音与义同源的问题。

当然了，我们现在识字是通过拼音知道的读音，所以很少有人去追究每个字为什么有自己的读音。

古代没有汉语拼音，是怎么给文字注音的呢?

古人早期给文字注音的方法，就是描绘法、读若法、直音法、反切法等。比如刘熙用描绘法标注了一些字的发音方法：天，豫、司、兖、冀以舌腹言之，天，显也，在上高显也。青徐以舌头言之，天，坦也，坦然高而远也。也就是“天”为什么有高显、高远的意味，跟它的发音是有关的。再比如：风，兖、豫、司、冀横口合唇言之，风，氾也，其气博氾而动物也。青徐言风，踧口开唇推气言之。风，放也，气放散也。这就是描绘读音的方法。

还有读若法，就是用同音字或近音字来注音。这个在《说文解字注》中常见，比如：义，己之威义也。段注：义各本作仪。但读若法有时并不十分准确，比如：珣（xún），读若宣。这也可能是古今发音不同。

直音法，指的是用一个同音字来注音。这种注音方法比读若法更简易、更真确，因为直音法必须同音。比如：拾，音十。诞，音但。但以上两种方法还是需要事先认识一些字，否则你还是读不出来。

三国时期的一部著作《尔雅音义》首次采用“反切法”注音，也就是用两个字给一个字注音的方法。大致方法是，上字取声母，下字取韵母兼声调。比如，“冬，都宗切”，用上一个字“都”的声母d，用下一个字“宗”的韵母ōng，就拼出正确读音，d（u）+（z）ōng=dōng。再比如：葬，则浪切。因为这种方法使注音的灵活性、科学性和准确性大大提高，由此，流行使用了1700多年。但这个方法也有问题，比如汉字古今音不同的问题，致使我们用古人的反切往往切不出来正确的读音，同时也还会有方言问题，以方言反切，可能会切出不同的音来。比如：母，莫后切（mou）。弓，居戎切（jong）。这些就跟我们现在的发音差别很大。

1958年《汉语拼音方案》颁布，汉字拼音彻底音素化。人们只要先学习拼音字母，就可以给任何字注音了。我们认字的数量就快速增加了。

但还是有些原始问题是无解的。比如有一个比较奇特的现象，据不完全统计，世界上绝大部分的语言和民族，幼儿开口发出的第一个完整音节都是“ma”，汉字写作“妈”，英语既是mother，也是mom，有时候还会出

母 篆文

父 篆文

巴 甲骨文

现mum、mommy、mummy、mama，法语是mère。语言学家认为，这与婴儿的自然发音和条件反射有关，而且从人体结构而言，“ma”属于唇音，也最容易发，所以，可以认为“妈”是婴儿学会的第一个音节，而且“ma”也属于唇音。《说文》没收“妈”“爸”这两个字，但《博雅》有：妈，母也。一曰牝马（也就是母马）；《广雅·释亲》：爸，父也。《说文》收了“母”和“父”，其中，《说文解字注·十二篇下·女部》：母，牧也。从女，象怀子形。一曰，象乳子也。段注：引伸之，凡能生之以启后者，皆曰母。《说文解字注·三篇下·又部》：父，巨也。家长率教者。从又举杖。是举着棍子教训人的形象。而“爸”字，上“父”下“巴”，《说文解字注·十四篇下·巴部》：巴，蟲也。或曰食象它。象形。所以，“爸”这个字有举杖打蛇的意思。“父”和“爸”都有举杖教训人的动作，看来自古人们就把父权界定在权势范围内了。

这大概也可以解释另外一个奇怪现象：全世界的人使用不文明用语时统一都是骂“妈”，而很少骂“爸”。“脏话”的标准是什么？标准就是使用文明社会中人类禁忌的词语，比如带有性、排泄物、动物、鬼神这类的词语。天下血缘最真确的就是母亲和孩子的关系，用攻击对方最亲近的母亲来撒野，最侮辱人，最犯人类禁忌，也间接伤害了父权，污染了血统，所以是最狠毒的做法。如此看来，全世界的江湖都一样，都知道人的致命伤是什么。

而且还有研究发现，在说话时出口成“脏”的人更不容易说谎话。因为脏话与情绪相关，而撒谎则与逻辑相关。这倒是个有趣的、值得深究的话题。

三、言语能杀人

回到语言的话题上，说几个“言部”字。

《说文解字注·三篇上·言部》：言，直言曰言，论难曰语。从口，辛声。凡言之属皆从言。也就是：言是自己跟自己说，所以后来有“自言自语”一词；语是跟别人谈话。跟自己说什么都行，跟别人谈什么都要谨慎。段注：发端曰言，答难曰语。……言，言己事；为人说为语。……语，论也。论，议也。议，语也。

《说文解字注·三篇上·言部》：语，论也。从言，吾声。“五”有相逆意，就是对话交流。段注：语者，御也。如毛说，一人辩论是非谓之语；如郑说，与人相答问、辩难谓之语。这个“语者，御也”有意思，所谓听话听音、锣鼓听声，听人言语，不仅要听他辩论什么，也要听他在防御什么，要听明白他肚子里的九九回肠。

说话，是人生大事，不可不慎。话，可以好好说，也可以不好好说。

说，说释也。从言，兑声。一曰，谈说。段注：说释即悦怿。说、悦，释、怿皆古今字。许书无悦、怿二字也。说释者，开解之意，故为喜悦。“说”古同“悦”，话说明白了，人自然喜悦。

话，会合善言也。从言，𠯑声。段注：《大雅》：“慎尔出话。”毛曰：“话，善言也。”记住，一定要慎尔出话，一定要口出善言。未经他人苦，莫劝他人善——此句甚是。不妄自揣度他人，也少对别人的事儿参与意见。安静地过自己的生活，就像星辰，保持自己的节奏和韵律，只走自己的轨道，凡事太近了，不仅看不清楚，还危险。更别轻易指责别人。总用道德绑架别人的人，是最令人生厌的。

诞，词诞也。从言，延声。这种注释就不好，解释的语言里最好不要出现原字。段注：此三字盖有误。《释诂》、毛传皆云。诞，大也。诞，指说毫无根据的大话。

谬，狂者之妄言也。从言，翏声。那什么是“狂”呢？《说文解字注·十篇上·犬部》：狂，狾（zhì）犬也。从犬，㞷（huáng）声。忹，古文从心。为什么后来“狂”不从“心”而从“犬”了呢？就是已经狂妄到没有了“心”，已经“丧心病狂”了。《玉篇》：谬，乱也，诈也。

谀，谄也。从言，臾声。人为什么特别讨厌阿谀的人？一是正直的人做不到，也不屑于做。二是没有一定语言天赋也说不出口。三是脸皮一定要足够厚，而且心眼坏，才能阿谀奉承。《庄子·渔夫》说：不择是非而言谓之谀。有是非观的人做不到阿谀。《荀子·修身》说：以不善和人者谓之谀。这就是心怀叵测，凡阿谀者，必心怀鬼胎。刘向《说苑·臣术》：从命病君谓之谀。这就是“腹黑”，表面从命，暗中使坏。所以，要想人生平安，一定要远离阿谀奉承的人。听到赞美之词，笑笑就得了，千万别当真。就这一点，好多人做不到。

谑（xuè），戏也。从言，虐声。《诗》曰：“善戏谑兮。”这是指说话要有幽默感，说话有幽默感是情商高的表现，让人舒服、开心，才是体贴的人。人生这么短，假作真时真亦假，正经说话可以表达意思，而不正经说话可以表达情绪，所以别活得那么累，在一起，幽默着点，偶尔自嘲一下，开心就好。

世界上最可怕的可能不是武器，而是人的言语和行为。有的语言饱含恶意，所以要小心。

诬，加也。从言，巫声。段注：毁誉不以实皆曰诬也。诋毁别人和赞誉别人，都没有实据，就是诬陷，也就是以莫须有的罪责指责他人，所以有“诬告”“诬陷”这些词。

讪，谤也。从言，山声。段注：《论语》：“恶居下而讪上者。”《论语》原句是：子贡曰：“君子亦有恶乎？”子曰：“有恶。恶称人之恶者，恶居下流而讪上者，恶勇而无礼者，恶果敢而窒者。”翻译过来就是：君子厌恶宣扬别人的坏处，厌恶身居下位而诽谤地位在他之上的人，厌恶勇猛却不识礼节的人，厌恶果敢却顽固不化的人。

诽，谤也。从言，非声。段注：诽之言非也，言非其实。

谤，毁也。从言，旁声。段注：谤之言旁也。旁，溥也。大言之过其实。《论语》："子贡方人。"假方为谤。这句是说"方"通"谤"。"子贡方人"就是子贡言过其实地议论别人。子曰："赐也贤乎哉？夫我则不暇。"子贡妄议他人，孔子说：难道你子贡就贤德吗？反正我是没有闲工夫做这事。估计子贡闻听此言会羞愧万分吧。一个真正有修为的人，是没工夫去议论诽谤别人的。

关于说话这事，《黄帝内经》有种说法很有趣。捷疾辞语者，可使传论；语徐而安静、手巧而心审谛者，可使行针艾；……疾毒言语轻人者，可使唾痈咒病。

捷疾辞语者，可使传论。——思维敏捷、反应快、口齿伶俐的人，可以让他传讲理论。讲课这事，也不是人人能做的。知识结构越好，越能融会贯通，且能够清晰表达的人，才能做讲师。有一种教师呢，是把简单问题复杂化，以炫耀自己。真正的好老师是大道至简，直指人心。

语徐而安静、手巧而心审谛者，可使行针艾。——语速和缓、行动安静沉稳、手巧而且心细的人，可以让他从事针灸和艾灸工作。语速和缓，知道"良言一句三冬暖"，有体谅病人之心。安静，就是不能心浮气躁，针法、灸法都是要循气的，如果不安静，就根本无法知道气的存在和走向。心浮气躁，则针法乱、灸法也乱。

疾毒言语轻人者，可使唾痈咒病。——嘴又快又毒的人，说话都能杀人。这种人"言语轻人"，刻薄傲慢。所谓"唾痈咒病"，就是哪怕有痈毒，只要他一开口，病邪就跑掉了或都被杀死了。据说有过实验，生过大气的人的唾液能够杀死一朵花儿，所以语言之毒也绝对能杀人。

四、言语也有情感温度

言语有毒，言语也有情感温度。

请，谒也。从言，青声。段注：周礼春朝秋觐，汉改为春朝秋请。拜谒，指下级拜见上级，晚辈拜见长辈。说话用个"请"字，至少用心。人生在世，还是有点界限感好，一见面就称兄道弟，就勾肩搭背，这种没有界限的亲近，是令人生厌和危险的。

谦，敬也。从言，兼声。段注：敬，肃也。谦与敬，义相成。谦虚不是虚伪的低调，而是表达敬意。

信，不在人部在言部。信，诚也（指语言的真实不虚）。从人、言。仙，古文信省也。訫，古文信。这应该是信誉来自内心的厚道。段注：人言则无不信者。故从人言。

诚，信也。从言，成声。就是人要说实话。

谅，信也。从言，京声。古代有“谅直”一词，指诚信正直。

许，听言也。从言，午声。段注：听从之言也。耳与声相入曰听，引伸之凡顺从曰听。许，就是顺从之义。

谏，证也。从言，柬声。向朝廷进言。

论，议也。从言，仑声。前面说过，凡从仑者，都有次序、次第意。段注：论以仑会意。（仑属亼部）亼部曰：“仑，思也。”龠部曰：“仑，理也。”……凡言语循其理得其宜谓之论，故孔门师弟子之言谓之《论语》。

议（議），语也。从言，义声。段注：……论、议、语三字为与人言之称。……议者，谊也。谊者，人所宜也。言得其宜之谓议。言论结果适宜叫作“议”，不适宜，则天下大乱。

谊，人所宜也。从言、宜。宜亦声也。段注：谊、义古今字。周时作谊，汉时作义。关于古今字，段注在此处曰：凡读经传者，不可不知古今字。古今无定时，周为古，则汉为今，汉为古，则晋宋为今。随时异用者谓之古今字，非如今人所言古文、籀文为古字，小篆、隶书为今字也。云谊者，人所宜，则许谓谊为仁义字……《中庸》云：“仁者，人也。义者，宜也。”是古训也。——大凡读古代经典，一定要了解古今字。所谓“古今字”，并没有时间的规定，周代为古，汉代则为今；汉代为古，晋宋就为今。随时异用的字就叫作古今字。所以，仁和人是古今字，义和宜也是古今字。

诲，晓教也。从言，每声。段注：晓教者，明晓而教之也。训以柔克，诲以刚克。……晓之以破其晦是曰诲。这里面谈到“教诲”和“教训”的不同，到底哪种更严厉呢？首先，教育的目的都是使受教育者明晓是非。训，是以柔克之。

训，说教也。从言，川声。段注：说教者，说释而教之，必顺其理。引伸之凡顺皆曰训。即反复说教使其随顺明理，所以其字从“川”，即因循着一定的规则来使之明理。诲，是以刚克之，即诲是破其晦昧而使其豁然知晓，有点棒喝的意味。所以，教诲更严厉。

每　甲骨文

其中，“诲”字有“每”，“每”也不单指声音，也是有某种意义的。“每”字的本义是指头上戴有笄饰的成年女子。我在《生命沉思录》里曾说，在家庭教育中，母严父慈最好。母严，是让孩子知道底线；父慈，是让孩子知道生命的宽度。

谚，传言也。从言，彦声。段注：谚传叠韵。传言者，古语也。古字从十口，识前言。凡经传所称之谚，无非前代故训。而宋人作注乃以俗语俗谕当之。误矣。即，谚语本是前代的训示，宋朝以后当作俗语了。

五、词典还是辞典？

中国语言属于情感语言，多依仗言语个体的情绪、想象、直觉、心理意象，是一种更接近人心灵的语言，一种诗的语言。它是我们理解中国文化、中华民族心理的根基。

《说文解字注·三篇上·言部》：诗，志也。从言，寺声。诗言志，为什么有“寺”呢？《说文解字注·三篇下·寸部》：寺，廷也。有法度者也。从寸，之声。所以“寺”指祭祀中伴随着某种动作、音乐、歌诗和舞蹈的一种特定行为。按理说，诗是心中最波涛汹涌的表现，但全世界的诗都强调音律与节奏，都是法度的极致。所以“寺”在此不全代表“发音”，而是另有深意。是个形声兼会意字。段注：《毛诗序》曰：“诗者，志之所之也。在心为志，发言为诗。”

《说文解字注·三篇上·言部》：咏（詠），歌也。从言，永声。段注：《乐记》曰：“歌之为言也，长言之也。说之，故言之，言之不足，故长言之。”后文还有：长言之不足，故嗟叹之；嗟叹之不足，故不知手之舞之足之蹈之也。意思是说“事”用简短的话语，说“情”就情绪丰富些，言语多一些，再不行，就手臂和双足皆挥舞、跳动起来。看来古人也认识到，肢体语言真的比语言、歌咏更意味深长。一个静默的拥抱，胜过说一句“我爱你”。

《说文解字注·八篇下·欠部》：歌，咏也。从欠，哥声。段注：言部曰：“咏，歌也。”二字为转注。也就是“歌”与“咏”属于同源字。

《说文解字注·二篇下·口部》：呼，外息也。从口，乎声。向外吐气。

《说文解字注·八篇下·欠部》：欢（歡），喜乐也。从欠，雚声。

词（詞），不在“言部”，在“司部”。《说文解字注·九篇上·司部》：词，意内而言外也。从司、言。段注：有是意于内，因有是言于外，谓之词。此语为全书之凡例。……意者，文字之义也；言者，文字之声也。词者，文字形声之合也。凡许之说字义，皆意内也；凡许之说形、说声，皆言外也，有义而后有声，有声而后有形，造字之本也。形在而声在焉，形声在而义在焉，六艺之学也。

段注又解释了“辞”与“词”的不同：词与辛部之辞，其义迥别。辞（辭）者，说也，从𤔔、辛，𤔔、辛犹理事，谓文辞足以排难解纷也，然则辞谓篇章也。词者，意内而言外，从司、言。此谓摹绘物状及发声助语之文字也。积文字而为篇章，积词而为辞。

以上是说“词”与“辞”不同。“辞”，是篇章，可以排难解纷。而“词”，是描摹物状的文字。积累词汇而做成文辞。段注：《孟子》曰：“不以文害辞，不以词害辞也。”就是不能只图词汇的华美而损坏了文章的立意。讼辞中常常为求无罪而找借口，故又可引申为借口。所以“辞”又有推辞、辞却等引申义。

在此，“辞”与“词”的不同有三：

（1）辞，指诉讼，文辞足以排难解纷。词，就是词语、词汇，是摹绘物状及发声助语之文字。

（2）两种不同的文体。辞是篇章，诗词、宋词的“词”不写作“辞”，楚辞的“辞”不写作“词”。

（3）“辞”有告别、不接受、解聘等义，不写作“词”。

我们已经知道字典与词典的区别，比如《说文》释字、《尔雅》释词。但词典与辞典到底有无差别？现在人一般认为无差别。怎么能无差别呢？至少，“词”仅指词语，字数不会太多，即便是成语，最多也不超过七八个字。而“辞”不仅包括词语，还包括短语、句子和歇后语等，字数可多可少。也就是段注所言“积文字而为篇章，积词而为辞”。段玉裁为了解释“词”与“辞”的不同，又引用《左传》之言：言以足志，文以足言。不言，谁知其志。言之无文，行而不远。言以足志，指的是“词”；文以足言，指的是“辞”。即，语言是用来充分表达作者心志的，文采是用来充分发挥语言功能的。不说话，就没人知道你的志向；文章没有文采，就不能流传于世。在现实中，我们发现有人会说不会写，而会写的人一般也能说。这也是“词”与“辞”的区别。所以，词典和辞典还是有所区别的。

六、声、音、乐的不同

音，《说文解字注・三篇上・音部》：音，声，生于心，有节于外，谓之音。宫、商、角、徵、羽，声也；丝、竹、金、石、匏、土、革、木，音也。从言含一。凡音之属皆从音。

声，《说文解字注・十二篇上・耳部》：声（聲），音也。从耳，殸声。殸，籀文磬。段注：音下曰：“声也。”二篆为转注。此浑言之也，析言之则曰："生于心有节于外谓之音。宫、商、角、徵、羽，声也。丝、竹、金、石、匏、土、革、木，音也。

音，人声。生于内心，在外形成节奏旋律，称之为"音"。宫、商、角、徵、羽，表示的是五个声调；丝、竹、金、石、匏、土、革、木等不同质地乐器发出的，叫作"音"。段注：《乐记》曰："声成文谓之音。"宫、商、角、徵、羽，声也。宋本无也。丝、竹、金、石、匏、土、革、木，音也。从言含一。有节之意也。他认为，音和声是有差别的。音，是内心节律的表达，而"声"只是本能的叫声。所以《乐记》曰：知声而不知音者，禽兽是也。

乐，《说文解字注·六篇上·木部》：乐（樂），五声八音总名。象鼓鞞（pí）。木，虡（jù）也。五声八音的总称。像鼓鞞的样子。木，表示鼓鞞的支架。段注：《乐记》曰："感于物而动，故形于声。声相应，故生变。变成方，谓之音。比音而乐之，及干戚羽旄，谓之乐。"

关于声、音、乐，《乐记》总结得最好：知声而不知音者，禽兽是也；知音而不知乐者，众庶是也；唯君子为能知乐。

声，是本能的号叫，只是简单地传递信息。比如，屋里突然闯进来一群强盗，我们一害怕发出"啊"就是本能的"声"，代表心受到了震动，因为"啊"为心音。

音，是调子，是情绪的表达。凡情绪，就有可能走极端。凡不知节制、不知约束自己情感者为众庶，为百姓。

乐，是有情感的层次和起伏，发乎情，止乎礼义。能战胜自己情欲的才是君子。"乐"就是调子组合在一起好听了，和谐了，有韵律了，和谐之道叫作"乐"。"唯君子为能知乐"，意思是只有君子才能守和谐之道。

"乐"既可以念"yuè"，也可以念"lè"，音乐和快乐是一回事。"药"（藥）讲究和谐配伍，与音乐同；讲究"通利"，与快乐同。

宫音为何称"宫"？《说文解字注·七篇下·宫部》：宫，室也。从宀，躬（躳）省声。凡宫之属皆从宫。《黄帝内经》认为，宫对应脾，为中宫之声。段注：宫自其围绕言之，则居中谓之宫。五音宫、商、角、徵、羽，刘歆云："宫，中也。居中央，唱四方。唱始施生，为四声纲也。"从宀，躬省声。按，说宫谓从宀吕会意，亦无不合。宀绕其外，吕居其中也。吕者，脊骨也，居人身之中者也。

商，《说文解字注·三篇上·㕯（nè）部》：商，从外知内也。从㕯，章省声。段注：《汉·律历志》云："商之为言章也。物成孰可章度也。"……"商之为言章也。章其远近，度其有亡，通四方之物，故谓之商也。"最后这句，也让我们明白了为什么做生意的人叫"商人"。

角　甲骨文

角　篆文

角，《说文解字注·四篇下·角部》：角，兽角也。象形，角与刀、鱼相似。凡角之属皆从角。段注：人体有称角者，如"日月角""角犀丰盈"之类。

徵，意指古代五声音阶的第四音时，读zhǐ。《正字通·彳部》：徵，五声之一，弦用五十四丝，其声清。后古人用"征"同音假借"徵"表示，今据此将"徵"读zhēng音。《说文解字注·八篇上·壬部》：征（徵），召也。从壬，从微省。壬微为征，行于微而文达者，即征之。表此字义时简化为"征"。

羽　篆文

羽，《说文解字注·四篇上·羽部》：羽，鸟长毛也。象形。凡羽之属皆从羽。段注：长毛，别于毛之细缛者。引伸为五音之羽。《晋书·乐志》云："羽，舒也。阳气将复，万物孕育而舒生。"《汉·志》曰："羽，宇也。物聚臧宇覆之。"《尔雅》："羽谓之柳（杨之细茎小叶者曰柳）。"

第十章 人之衣食住行

这一章讲人的衣食住行。衣服，用来遮羞；食，用来果腹；住，用来避寒热和行隐秘之事；行，用来和外界关联。为什么“衣”排在第一位呢？对社会人而言，衣服比食物重要。动物皆为食谋，而唯独人，不仅要为食谋，还要为衣裳谋。俗话说：人靠衣裳马靠鞍。衣服有保暖的功能，而且衣着光鲜，满足了人之为人的特有的虚荣。人穿衣服给人看，动物才不管你穿不穿衣服呢。总之，衣服使人摆脱了自然人以食物为第一、以果腹为第一的需求，使人完成了从野蛮到文明的过渡。

一、人之衣

1. 上为“衣”，下为“裳”

衣，甲骨文字形像上衣，上部的“人”字形部分就是衣领；两侧的开口处就是衣袖；下端像衣服的下摆护住肚子。先秦时，“衣”本指上衣，“裳”本指下衣（即裙裳），“衣裳”连用泛指衣服。“服”本指穿着，也指衣服，又特指丧服。

衣　甲骨文

《说文解字注·八篇上·衣部》：衣，依也。上曰衣，下曰常。象覆二人之形。凡衣之属皆从衣。段注：衣者，人所倚以蔽体者也。《易·系辞》云：黄帝、尧、舜垂衣裳，而天下治，盖取诸乾、坤。即，衣服是黄帝们创制的。他们以乾坤取象而造衣：

上为乾，下为坤。上为玄色，下为黄色，以应天玄地黄。所以，在古代最正式的场合，上衣当为玄色，下裳当为黄色。《说文解字注·七篇下·巾部》将“裳”作为异体字附于“常”后：常，下裙也。从巾，尚声。裳，常或从衣。段注：今字裳行而常废矣。

《释名·释衣服》：凡服，上曰衣，衣，依也。人所以依以避寒暑也。下曰裳，裳，障也，所以自障蔽也。

关于“衣”字“象覆二人之形”这句，段注：下文表、袋、衺、裔四古文皆从亽，则知古文从二人也。今人作卒字，亦从二人。何以云覆二人也？云覆二人则贵贱皆覆，上下有服而覆同也。覆二人，则是说衣服贵贱皆覆，不分贵贱，都要穿衣。

表、袋、衺、裔、卒这五个字都在“衣部”。

表 战国文字

表，上衣也。从衣、毛。古者衣裘，故以毛为表。古人用兽皮制衣，战国文字里“表”字中部有个“毛”字，表示野兽的皮毛，“表”与“裘”同源，本义是用野兽毛皮制成的外衣。后“表”中的“毛”消失了，引申为表示外面、外表、表亲等意义。段注：上衣者，衣之在外者也。古代是这样的，若在家，则裘葛之上不另外加衣。若出行接宾客，都要有外套，以示尊重、礼貌。只有大热天可以不加。段注接着解释“古者衣裘”：谓未有麻丝，衣羽皮也。衣皮时，毛在外，故裘之制，毛在外。以衣毛制为表字，示不忘古。

裘 甲骨文

袭，左衽袍。甲骨文就像毛茸茸的皮衣，本义表示死者穿的衣襟在左边的内衣。这是古代重要的丧礼风俗。考古发掘证明，明朝以前墓葬中出土的衣服，均没有纽扣，几乎全是“结带式”互相连接，古人称之为“结缨”。而且活着的人和死去的人，穿衣结带还有左右的不同，也就是有右衽和左衽的不同。衽，本义衣襟。汉服的领最典型的是“交领右衽”，就是衣领直接与衣襟相连，衣襟在胸前相交叉，左侧的衣襟压住右侧的衣襟，为右衽；反之称左衽。孔颖达疏曰：生乡右手解抽带，便也。死则襟向左，示不复解也。也就是活人右衽，是方便右手抽解衣带，而逝者的左衽，不用布钮，而是使用细布带系死结，以示再也不打开。所以“左衽”用于死者，以示阴阳有别。段注：小敛大敛之前衣死者谓之袭。……凡衣死者，左衽不纽。……皆左衽，结绞不纽。袭亦左衽不纽也。

袭，还指穿衣加服，专指古代盛礼时掩上敞开的外服。孔颖达说：凡衣，近体有袍襗（zé）之属；其外有裘，夏月则衣葛；其上有裼（xī）衣；裼衣上有袭衣；袭衣之上有常着之服，则皮弁（biàn，冕也）之属也，掩而不开则谓之袭。

袤，衣带以上。从衣，矛声。一曰，南北曰袤，东西曰广。段注：带者，上衣下常之介也。《说文解字注・七篇下・巾部》：带，绅也。男子鞶（pán）带，妇人带丝。象系佩之形。佩必有巾，从重巾。段注：系部曰：“绅，大带也。”……《内则》曰：“男鞶革，女鞶丝。”就是古代男子的腰带用皮革，女子的腰带用丝带。

裔，《说文解字注・八篇上・衣部》：裔，衣裾也。从衣冏声。㐻，古文裔。段注：裔，衣裾也。以子孙为苗裔者，取下垂义也。按，帔曰裙，裳曰下裙，此衣裙谓下裙。……此字衣在上，正谓其末下垂。裔指衣裙下摆之边缘。

卒，隸（lì，同“隶”）人给事者为卒。是说隶役听差者为卒。古以染衣题识，故从衣、一。段注：徽字下云：“若今救火衣。”就是在衣服上写符号以提示工作性质，即制服。

衣部还有一个字：褊（biǎn），衣小也。从衣，扁声。有个常用字跟“褊”有关，就是“急”，《说文解字注・十篇下・心部》：急，褊也。从心，及声。“急”字下段注：褊者，衣小也。故凡窄狭谓之褊。《释言》曰：“褊，急也。”就是指衣服穿小了，拘在身上不舒服、扯不开的样子，让人心里起急。“急”字的写法是上面一个“及”，下面一个“心”。“及”的古

急 篆文

及 甲骨文

字形像一个人的手（“又”）抓住另一个“人”，所以段玉裁的解释真是形象啊！

其他衣部字：

裁，制衣也。从衣，𢦏声。段注：《韩非子》曰：“管仲善制割，宾胥无善削缝，隰（xí）朋善纯缘。”制割者，前裁之谓也。裁者，衣之始也。是说管仲擅长设计、画图；宾胥无擅长裁剪和缝制衣服；隰朋擅长上衣服的包边。看来古代男子也是制衣高手。管仲擅长服装设计，大家还是头回听说吧。

杂（雜），五彩相合也。从衣，集声。段注：所谓五采彰施于五色作服也。引伸为凡参错之称。亦借为聚集字。所以，杂，就是五彩衣。

衰，草雨衣。秦谓之萆（同“蓑”）。从衣，象形。其实就是现在的蓑衣。段注：若今油布衣。艸部曰：“萆，雨衣。一曰，衰衣。”……《小雅》：“何蓑何笠。”传曰：“蓑所以备雨，笠所以御暑。”

补（補），完衣也。从衣，甫声。缝钉，使破衣服完好。

练（湅），湅缯（liànzēng）也。《释名》：练，烂也。煮使委烂也。缯是丝织品，古代叫“帛”，汉代一般称为缯。湅缯就是把丝绢漂洗、煮熟，使之柔软洁白，这就是“练”的本义。

2.《释名·释衣服》

《释名·卷三》专门有“释衣服”。

领，颈也。以壅颈也，亦言总领衣体为端首也。这就是“领”发音的由来。

襟，禁也。交于前所以禁御风寒也。

袂（mèi），掣也。掣，开也，开张之以受臂屈伸也。《说文》：袂，袖也。从衣，夬声。

袖，由也。手所由出入也，亦言受也，以受手也。

中衣，言在小衣之外，大衣之中也。

祢裆，其一当胸、其一当背也。这个是最早的背心。

衫，芟（shān，除草曰芟）也。衫末无袖端也。指无袖衫，便于劳作。

妇人上服曰袿，其下垂者，上广下狭，如刀圭也。

帔，披也。披之肩背不及下也。自古人就知道保护肩背，而且美观，古代称贵妇所用为“霞帔”。

袍，丈夫着下至跗者也。袍，苞也。苞，内衣也。妇人以绛作衣裳，上下连，四起施缘。亦曰袍。《说文》：袍，襺（jiǎn）也。从衣，包声。

襺，袍衣也。从衣，茧（繭）声。以絮（棉絮）曰襺，以缊（乱麻）曰袍。所以，袍子，就是夹层里填有棉絮的保暖长衣。段注：古者袍必有表，后代为外衣之称。

然后是内衣。

汗衣，近身受汗垢之衣也。……作之用六尺。裁足覆胸背，言羞鄙于袒而衣此耳。这个就是睡衣，又称寝衣。

裈（kūn），贯也。贯两脚上系腰中也。这个就是裤衩，合裆谓之裈。古人有个骂人的词：裈虱，指裤裆里的虱子——比喻虚伪腐臭、假装守礼而求荣的“伪君子”，这骂人话真形象。

衾，广也，其下广大如广受人也。则衾是大被。《说文解字注·八篇上·衣部》：衾，大被。从衣，今声。段注：寝衣为小被，则衾是大被。

被，被也，被覆人也。《说文解字注·八篇上·衣部》：被，寝衣，长一身有半。从衣，皮声。睡觉时穿的衣物，规格是一个半身高的长度。段注：《论语·乡党》篇曰：“必有寝衣。长一身有半。”这是为了护住脚。

帕腹，横帕其腹也。这个是肚兜。

心衣，抱腹而施钩肩，钩肩之间，施一裆以奄心也。这个应该也是肚兜。

王后之上服曰袆衣，画翚（huī，雉五采皆备曰翚）雉之文于衣也。

《说文解字注·八篇上·衣部》：袆（褘，huī），蔽膝也。从衣，韦声。《周礼》曰“王后之服袆衣”，谓画袍。

《说文解字》中相关字还有亵（褻，xiè）、袢（pàn）等。

《说文解字注·八篇上·衣部》：亵（褻），私服也。从衣，埶（yì）声。指居家睡服。段注：《论语》曰：“红紫不以为亵服。”引伸为凡昵狎之称。昵狎，亲近而不庄重。亵器，指大小便所用的器具；亵语，指污秽的语言。

《说文解字注·八篇上·衣部》：袢，衣无色也。从衣，半声。段注：言是当暑袢延之服也。……汉时有此语，揩摩之意。外展衣中，用绉絺（chī，细葛也）为衣，可以揩摩汗泽，故曰亵袢。

有人说外衣是政治，而内衣则是情感。中国古代内衣都是情和艺的完美结合，属于女性私密空间的情话。每个古代女子缝制自己的内衣时，都将万千情愫倾注于上：求子绣石榴，求财绣牡丹，避邪绣猛兽，思念心上人就绣花草……而在外衣上，除了帝王将相的服饰，没有人敢在服饰上体现人生理想和个人欲念。

绣（繡），五采备也。从糸，肃声。（《说文解字注·十三篇上·糸部》）段注：《考工记》：“画绘之事杂（襍）五采，五采备谓之绣（五彩完备叫作‘绣’）。”……按，今人以针缕所紩者谓之绣（今人针缕针刺叫作“绣”），与画为二事（刺绣与画画是两件事），如《考工记》则绣亦系之画绘（而《考工记》所言“绣”，包括彩绘），同为设色之工也。画绘与文字，又为一事，故许以观古人之象，说遵修旧文也。

3.缘分还是缘份？

跟衣服相关的部首，有“衣部”，还有“糸部”。

再讲一个“缘”字。《说文解字注·十三篇上·糸部》：缘，衣纯也。从糸，彖（tuàn）声。“彖”本义指猪嘴，它上吻部比下吻部大，而能半包住下吻部。引申为“包边”。“糸”指布帛。“糸”与“彖”联合起来表示“用狭长的布帛作包边，包住衣服的边”，所以是衣服的装饰。段注：缘者，沿其边而饰之也。《礼记·深衣》：纯袂缘，纯边，广各寸半。

由是，“缘”只是衣服主体的一个边饰、包边。在后来的佛教教义里，将“缘”比喻为命运纠缠的丝线。那到底是“缘分”还是“缘份”呢？缘，在随机里隐藏着天定，在你选择用什么来包边时，其中必有“因”，跟你的价值观、审美、眼缘等都有关。缘，重要不重要呢？又重要又不重要。它可以使衣服的主体不散架，可以添彩，可以减分。但，也可以没有。

“分”与“份”两字是有差异的。分，《说文解字注·二篇上·八部》：分，别也。从八、刀。刀以分别物也。“分”，就是切断、分割的意思，切断包边的丝线，“缘”就没了。断“缘”甚至可以用“刀”。“份”，《说文解字注·八篇上·人部》：份，文质备也。从人，分声。段注：……二者皆有之矣。《论语·雍也》篇“文质彬彬，然后君子”。由此看来，作为佛教的一个基本语汇，当写作“缘分”，因缘而和，缘尽则分，缘分尽了就要分开，不需要解释。而靠“文质彬彬”维系的“缘份”，就会难受，而且虚伪。

懂得了“缘”字，就知道结缘是包边与衣服用丝线连缀上了，丝线如果断了，缘分就尽了，没那么重要，所以别太纠缠不休。若重缘分，不若重因果。若要身心清净，还是要少结缘。

而且，人与人之间有恶缘、有善缘。若你和某人结缘，诸事顺畅，身轻体健，心情愉悦，那就是“补”，是结了善缘。善缘，就是不耗对方。《说文解字注·八篇上·衣部》：补，完衣也。从衣，甫声。段注：引伸为凡相益之称。也就是相互补益为“补”。若你和某人结缘，诸事不顺，身病心累，那就是“损”，这时就要小心行事。《说文解字注·十二篇上·手部》：损，减也，从手，员声。

人生一路走来，走着走着，人就散了。就像衣服，长大了也不能再穿小时候的衣服，“缘”也就变了。所以，关于缘分最重要的一点就是：必须同时成长，才有长久的钟情。

二、人之食

佛经言：一切众生皆因食而存在。食物，对人类而言，不仅可以满足肉体，更能带来精神的愉悦。食物是我们每天必需的，所以食物就是百姓的天。

食物变成“精”是个缓慢的过程，制作、火候、熏蒸、咀嚼、运化、沤、蒸腾、氤氲……犹如炼金，其间充满了劳作、折磨、等待和变化。从“人”变“人精”亦如是。

人的一生，要“饮之食之，教之诲之”——吃饱了喝足了，再受点教育，做个堂堂正正的人，就可以了。难道不做大事业吗？其实，做个堂堂正正的人也是大事业啊，至少可以家族兴旺。

所谓文明古国，首先是美食、美服。这背后自然包含着精神的审美，没有精神的恬淡，人，是无法享受美食、美服的。再者，《周礼》把“食医”列于众医之首，也说明了当时对食养、食疗的重视。

《说文解字注·五篇下·食部》：食（𩚁），亼（jí，同“集”）米也。从皀（bī），亼声。或说，亼皀也。凡食之属皆从食。段注：亼，集也，集众米而成食也。引伸之，人用供口腹亦谓之食。其中，《说文解字注·五篇下·皀部》：皀，谷之馨香也。象嘉谷在裹中之形。底下的“匕”代表盛饭的器具。《说文解字注·五篇下·亼部》：亼，三合也。

“皀部”还有两个字，“即”和“既”。很多人还经常分不清这两个字的区别，其实这两个字都跟“食”相关。只要看一下这两个字的甲骨文，就明白它们的区别了。

《说文解字注·五篇下·皀部》：即，即食也。从皀，卩声。这个字段玉裁解释错了，他说：即，当作节。……节食者，检制之使不过。“即”字的甲骨文，左边的“皀（象嘉谷在裹中之形）”，是一个食器，代表饭；右边是一个人跪坐在那里面朝着饭，意思就是这个人将要吃饭。所以，“即”是尚未发生，表示立刻、就。“即将”，就是将要、就要。

即　甲骨文

既　甲骨文

再来看一下“既”字的甲骨文，左边同样是个食器，而右边跪坐的人却把头扭过去了，意思就是吃饱了，准备掉头离开了，所以“既”就表示“已经”的意思。既，小食也。从皀，旡（jì）声。小食易尽，故引申为尽、已。

汉代刘熙所著《释名》则从另外一个角度解释“食”字：食，殖也，所以自生殖也。这是用声训的方法解释“食”。“食”与“殖”字同声，故而“食”有“生殖”的意思。此处的“生殖”是指没有饮食则没有生命，也就没有生命的延续。

食部字还有：饭（飯），食也。从食，反声。本来这个“饭”是动词“吃”的意思，后来有了主食的意味。食和饭还是有细微差异的：食，是食物，人与猪狗都可以吃，但“人食之曰饭”，即只有人吃的叫作“饭”。

“吃”可不是吃饭的意思，而是说话不利索的意思。《说文解字注・二篇上・口部》：吃，言蹇难也。从口，气声。指口吃，说话受阻。一般口吃的孩子都过于内向，甚至被暴力对待过。

餐，吞也。从食，𣦼声。段注：是则餐犹食也。……飧（sūn）与餐，其义异。老百姓一般一日两餐，上午叫“朝食”，傍晚叫“飧食”，故“飧”字从“夕”。百姓的晚饭基本以豆饭、霍羹为主，一般就是面饼一类。饼（餅），面餈（cí，稻饼也）也。从食，并声。指用面粉或米粉做成的扁圆状干粮，用水泡泡就成了。

而贵族的饮食就不一样了，《白虎通》：王者平旦食、昼食、晡食、暮食，凡四饭，诸侯三饭，大夫再饭。就是诸侯王一般一天吃四顿，是按照一天之阴阳就食：平旦食，少阳之始也；昼食，太阳之始也；哺食，少阴之始也；暮食，太阴之始也。诸侯一天三顿，大夫一天两顿。

饥，在“食部”有两个字。第一个，饑，谷不孰（熟）为饑。从食，幾声。指饥荒之年。第二个，飢，饿也。现今都简化为“饥”。

飨（饗），乡（鄉）人饮酒也。从乡，从食。乡亦声。段注：传曰：“飨，乡人饮酒也。其牲，乡人以狗。大夫加以羔羊。”……凡食其献曰飨。这个字按说是现在的“享”的意思，但《说文》没有收“享”字，有个“亯（xiǎng，同‘享’）”，《说文解字注·五篇下·亯部》：亯，献也。从高省，曰象进孰（熟）物形。《孝经》曰：“祭则鬼亯之。”段注：凡祭亯用“亯”字，凡飨燕用“飨”字。……其形荐神作亨，亦作享。就是祭神的食物为“亯”字，人们自己吃喝用“飨”字。

饕，贪也。从食，号声。贪财为饕，贪食为餮。今有“饕餮”一词。

饥，是饥饿状态；飨，是享受食物的状态；饕餮，是贪食状态。这是人们对待食物的三种状态。

要想知道古人都吃什么，看《周礼·天官·食医》就可以了。

1.《周礼·天官·食医》

古代贵族的饮食不仅讲究，而且追求极致。春夏秋冬各有配伍。

《周礼·天官·食医》：食医，掌和王之六食、六饮、六膳、百羞、百酱、八珍之齐（剂）。

这些到底是什么东西呢？这是说：食医掌管调和王的六种饭食、六种饮料、六种牲肉、各种美味、各种酱类、八种珍肴。

先说六饮，也称“六清”，周代宫廷中的六种饮料，其名为水、浆、醴、凉、医、酏（yǐ），由浆人专门管理。《周礼·天官·浆人》：共（供）宾客之稍礼，共夫人致饮于宾客之礼，清醴、医、酏糟而奉之。

水，是饮料中的极品和餐桌上的必备。凡味之本，水最为始。

浆，《说文》没收此字。大概是指浆水吧，以料汁为之，微酸。

醴，酒一宿孰也。段注：成而汁滓相将，如今恬酒矣。（《说文解字注·十四篇下·酉部》）应该就是现在的醪糟。

凉（涼），薄也。从水，京声。段注：凉，以水和酒也。今寒粥若糗饭杂水也。（《说文解字注·十一篇上二·水部》）以发酵的饭水加水及冰制成的冷饮。

医，盛弓弩矢器也。从匚（xì）、矢。（《说文解字注·十二篇下·匚部》）这个是放弓弩的袋子，可不是"医生"的"医"。医生的"医"《说文解字》写作"醫"。这个"醫"有"酉"。作为饮料的"医"，应该是指煮粥而加酒后酿成的饮料，清于醴酒。

酏，黍酒也。从酉，也声。一曰，甜也。贾侍中说：酏为鬻（yù，粥）清。（《说文解字注·十四篇下·酉部》）应该就是"粥油"。可《玉篇》又说：米酒也，甜也，清酒也。

以上是六饮。基本上是淡酒。因为是淡酒，所以古人豪饮。

六膳，指六种牲肉：牛、羊、豕、犬、雁、鱼。《说文解字注·四篇下·肉部》：膳，具食也。从肉，善声。段注：膳之言善也。又云，膳羞之膳，牲肉也。

羞　篆文

百羞。羞，进献也。从羊、丑，羊，所进也，丑亦声。段注：宗庙犬名羹献，犬肥者献之。犬羊一也，故从羊。引申之，凡进皆曰羞。……说从羊之意。从丑者，谓手持以进也。（《说文解字注·十四篇·丑部》）这里的"丑"指手，用手捧着的羊肉是"羞"。

百酱。《说文》未收"酱"字。但段玉裁认为：酱，醢（hǎi）也。从肉、酉。从肉者，醢无不用肉也。酒以和酱也。此说从酉之故。《说文解字注·十四篇下·酉部》：醢，肉酱也。从酉，𥁕（yòu）声。段注：《周礼·醢人》："掌醓（tǎn，肉酱）醢。" 麋臡（ní，带骨的肉酱）、鹿臡、麇臡、蠃醢、蜃醢、蚳醢、鱼醢、兔醢、鴈醢，凡醢皆肉也。酱怎么制作呢？段注：郑曰："作醢及臡者，必先膊干其肉，乃复莝（cuò，剁碎）之，杂以粱𪌉（qǔ，酒）及盐，渍以美酒，涂置甀（zhuì，瓦罐）中，百日则成矣。" 此酱从肉，从酉之恉也。就是先把各种肉做成肉干，然后剁碎，用谷曲和盐以及美酒浸泡，封存在瓦罐中，百天以后就成酱了。

八珍，指八种食品，或者八种烹调法。《说文解字注·一篇上·玉部》：珍，宝也。从玉，㐱声。《礼记·内则》所列八珍是：淳熬（肉酱油浇饭）、淳母（肉酱油浇黄米饭）、炮（煨烤炸炖）、捣珍（烧牛、羊、鹿里脊）、渍（酒浸牛羊肉）、熬（类似做五香牛肉干）、糁（稻米与肉合以为饵煎之）和肝膋（liáo，网油烤狗肝）。这些都强调"三日三夜毋绝火"，小火慢熬，然后用酱调制。

到了清代，则有"参翅八珍"，海产品占半数。指参（海参）、翅（鱼翅）、骨（鱼明骨，也称鱼脆）、肚（鱼肚）、窝（燕窝）、掌（熊掌）、筋（鹿筋）、蟆（蛤士蟆）。

这些怎么和季节配伍呢？《礼记·内则》接着说：凡食齐视春时，羹齐视夏时，酱齐视秋时，饮齐视冬时。大致规律是：春天，多吃粮食，补精；夏天，多羹汤，补液；秋天，多酱类，助消化；冬天，多饮酒，活血保暖。

凡和，春多酸，夏多苦，秋多辛，冬多咸，调以滑甘。这句就是说，凡调和食物的滋味，春天应多一些酸味，夏天应多一些苦味，秋天应多一些辛味，冬天应多一些咸味，四季的饮食都要调和一些能使之变得柔滑和甘甜的食品，这不仅能增加口感，也能增进食欲。

凡会膳食之宜，牛宜稌（tú），羊宜黍，豕宜稷，犬宜粱，雁宜麦，鱼宜苽（gū）。凡君子之食，恒放（通"仿"，仿照）焉。这是讲肉和饭食的配伍：凡调配牲肉和饭食，牛肉宜配合稻饭，羊肉宜配合黍饭，猪肉宜配合稷饭，狗肉宜配合粱饭，鹅肉宜配合麦饭，鱼肉宜配合菇米饭。只要是君子的膳食，都仿照这种调配原则。

所以，这里还说了六食，就是六种粮食：稻、黍、稷、麦等。

至此，就不得不说到一位了不起的人物——伊尹。他一生有四个职称：厨师、宰相、食医，还有一个就是教师（商汤的老师）。所以，此人是中国古代立德、立功、立言的大人物。食物是众生，身体里的五脏六腑也是众生，社会人群也是众生，它们的核心是一样的。也正因此，食医被认为是最高等的医生。

《汤液经》“以鼎调羹”“调和五味”，首先强调要知道原料的自然属性：夫三群之虫，水居者腥，肉玃（jué）者臊（豕膏臭也），草食者膻（肉膻也）。所有的食物味道都是有原因的。而美味的烹调，就是要知道水和火的使用，“凡味之本，水最为始”，强调水的重要性。

然后是用火要适度，不得违背用火的道理：五味三材，九沸九变，火为之纪，时疾时徐。灭腥去臊除膻，必以其胜，无失其理。就是灭腥、去臊、除膻，不仅要用水和火，还要用五味相克的道理。

调和之事，必以甘酸苦辛咸。先后多少，其齐甚微，皆有自起。指出甘酸苦辛咸五味的微调是非常细微奥妙的。鼎中之变，精妙微纤，口弗能言，志弗能喻。若射御之微，阴阳之化，四时之数。说明这种精微奥妙是用语言不好表达的，但其中一定符合天地阴阳四时的规律。

2.酸辛甘苦咸五味

《汤液经》里最重要的观念是《黄帝内经》所言的“谨和五味”，就是五脏接收的最自然的东西，不是饭，而是“味”，这个五味就是肝喜酸、肺喜辛、脾喜甘、心喜苦、肾喜咸，而且储藏阴精的五藏，会因五味的过用或失调而受伤。比如味过于酸，肝气就会往外泄，肝木克脾土，肝气太过的话它就会克制脾胃，多食酸以后就会伤脾气，叫“脾气乃绝”。所以，伊尹在调和五味时候，不仅强调食物的搭配，而且注重水和火对食物的影响，比如水可以把五味里边特别强烈的东西给淡化掉，而火候不单纯是大火小火的问题，食物材质的搭配也叫火候，在中药里剂量的问题是火候，每个人，多少当归配多少白芍，也属于火候。

经过精心烹饪而成的美味之品，应该达到这样的高水平：久而不弊，熟而不烂，甘而不哝，酸而不酷，咸而不减，辛而不烈，淡而不薄，肥而不腻。即，什么都得有，而什么都不能太过。所以，伊尹所制《汤液经》，作为最早的方剂书，之所以能治病，就在于他对五味、阴阳的使用到了极致。

《黄帝内经》中说："天食人以五气，地食人以五味。""食"字有两种发音，意思也不相同：一个读作"shí"，给自己吃的意思；另一个读作"sì"，给别人吃的意思。即，老天给人的是"气"，大地给人的是"味"。

味 篆文

《说文解字注·二篇上·口部》：味，滋味也。从口，未声。即舌头尝东西得到的感觉。"未"不只是声音，因为"未"指树冠枝条向上翘曲而生的枝叶，这种枝叶都带咸味，所以"未"当是"味"的本字。"未"在地支中属"土"，也是"地食人以五味"的一个来源，所以，"味"应该是形声兼会意字。

中医认为，五味与人体的五脏、自然界的五行、空间中的五方相对应。酸对应五脏中的肝、五行中的木、五方中的东方，苦对应五脏中的心、五行中的火、五方中的南方，甘对应五脏中的脾、五行中的土、五方中的中，辛对应五脏中的肺、五行中的金、五方中的西方，咸对应五脏中的肾、五行中的水、五方中的北方。中国人注重饮食的味道其实质就是人体与大地的相应。这种撇开事物表象，直指事物本质的理论体系，正是古人的高明之处，所以，"味"也有"道"。比如，"酸"行走的方向就是"收"，"辛"行走的方向就是"散"，"苦"行走的方向就是"降"，等等。

《说文解字注・十四篇下・酉部》：酸，酢（醋）也。从酉，夋声。关东谓酢曰酸。段注：《月令》："春三月，其味酸。"《鸿范》："曲直作酸。"

从"酉部"的字：

《说文解字注・十四篇下・酉部》：酷，酒厚味也。从酉，告声。段注：引申为已甚之义。《白虎通》曰："酷，极也。教令穷极也。"后来又有酷刑一词。

醪，汁滓酒也。从酉，翏声。段注：醴为一宿孰（熟）之酒。

辛，秋时万物成而孰；金刚，味辛，辛痛即泣出。从一、辛。辛，罪也。辛承庚，象人股。凡辛之属皆从辛。（《说文解字注・十四篇下・辛部》）这里边有三层意思：

（1）辛味。是一种刺激性的味道，包括麻味、辣味、辛香味等。

（2）辛，罪也。本义指刑刀，或指罪恶。

（3）十天干之一。对应人的大腿。中药的辛味药都有辛润的作用，比如细辛、生姜、干姜等。日常生活中的辛菜，指葱、蒜、韭、蓼、蒿、芥等，最好元旦至立春，多杂和食之，以助春气的生发。

甘，美也。从口含一。一，道也（指味道的主旨）。凡甘之属皆从甘。（《说文解字注・五篇上・甘部》）段注：甘为五味之一，而五味之可口皆曰甘。食物不一，而道则一，所谓味道之腴也。

甘与甜不同，它是淡淡的对甜蜜的回味，没有甜的腻歪劲儿，而保持着高雅的疏离。

苦，大苦，苓也。从艸，古声。（《说文解字注・一篇下・艸部》）段注：此大苦断非苓耳，……然则大苦何物？曰：沈括《笔谈》（即《梦溪笔谈》）云："《尔雅》'蘦（líng），大苦'注云：蔓延生，叶似荷青，茎赤。此乃黄药也。其味极苦，谓之大苦。"苦草，应该指大寒药黄柏。苦为五味之一，引申为劳苦。其气沉降、绵长、浓郁、滞涩。挥之不去，并销蚀你的热情。因无法摆脱而痛苦。还有人正是因为苦涩的强烈，而沉醉其中。

咸，与它的繁体字"鹹"本是不同的字。五味当指"鹹"，本义为盐的味道。鹹在《说文解字注・十二篇上・卤部》：鹹，衔也。北方味也。

卤 甲骨文

从卤，咸声。“卤”是个象形字，像把盐撒到容器之中。《说文解字注·十二篇上·卤部》：卤，西方咸地也。从西省，口象盐形。鹹字若没有“卤”字，就失去了本义，所以此字不应该简化。凡物之味咸者，皆水气之所生也。《尔雅·释言》：鹹，苦也。

而“咸”在《说文解字注·二篇上·口部》：咸，皆也，悉也。从口，从戌。戌，悉也。“咸”就是“都”“全部”的意思。所以，“咸”和“鹹”是两个完全不同的字。

食物走的都是平性，药都走偏性。所谓“平”，《说文解字注·五篇上·亏部》：平，语平舒也。从亏、八。八，分也。指语调平舒。气息分散适中就语气平缓。段注：引伸为凡安舒之称。说从八之意。分之而匀适，则平舒矣。

偏，《说文解字注·八篇上·人部》：偏，颇也。从人，扁声。段注：颇，头偏也。引伸为凡偏之称，故以颇释偏。所以，中药就是用药性的偏性来纠正人体阴阳的不平衡，而食物就是用平性来充实身体。

3. 口部常用字

《说文解字注·二篇上·口部》：口，人所以言、食也。象形。凡口之属皆从口。口，是用来说话、吃饭的器官。段注：言语、饮食者，口之两大端。舌下亦曰：“口，所以言别味也。”《颐》象传曰：“君子以慎言语，节饮食。”因为嘴的存在，人要谨慎言语，节制饮食。说话和进食，一个是耗散，一个是补给。有的人说个不停，其实，说的是孤独；有的人吃个不停，其实，吃的是寂寞。总之，口唇是接收现实、沟通现实的大门。如果人不能消化和吸收现实，不能完美表达或适当控制，人就会受挫，或生病。

吻，口边也。从口，勿声。脗，吻或从肉，从昏。一个亲吻，只是“人中”之下、“承浆”之上的一个轻触，就掀动了人经脉的核心，一圈圈地弥漫开来，透彻、麻酥了全身……亲吻和爱抚，哪个更能打动恋人呢？据说嘴唇的敏感度是手指的200倍，那应该是亲吻吧。而且亲吻还有一个重要的特点，就是它比爱抚有更多的分享和付出——唾为肾液，这可是人体真阳之雾化蒸腾，是驱邪的灵物，是提升免疫力和安抚灵魂的秘药。

吞，咽也。从口，天声。段注：今人以吞、吐对举，据此则咽喉本名吞。吞、吐两字发音仿佛一阴一阳，应该同源。

咽，嗌也。从口，因声。段注：咽者，因也。言食因于是以上下也。因，在《说文解字注·六篇下·囗（wéi）部》：因，就也。从囗、大。像人躺在席子上的样子，所以有就近、依凭的意思。段注：为高必因丘陵。为大必就基阯（zhǐ，同“址”）。故因从囗大。就其区域而扩充之也。《中庸》曰：天之生物，必因其材而笃焉。这句原话是：天之生物必因其材而笃焉。故栽者培之，倾者覆之。即上天生养万物，必定根据它们的资质而厚待它们——能成材的，就培育它；不能成材的，就淘汰它。

因　甲骨文

呱，小儿号声。从口，瓜声。应该是婴儿第一声哭声，呱呱落地。

喑，宋齐谓儿泣不止曰喑。从口，音声。属于方言。段注：谓啼极无声。现在有万马齐喑、喑哑。

咳，小儿笑也。从口，亥声。孩，古文咳从子。就是古代的“孩”字。段注：《内则》云：“孩而名之”，为作小儿笑而名之也。即小儿笑时，大人给孩子起名。大概小儿会笑时，意味着喜欢人世间了，才可以起个人间的名字了。

咀，含味也。从口，且声。段注：含而味之。凡汤酒膏药，旧方皆云：“㕮（fǔ）咀。”㕮咀，就是“嚼”，也是切碎的意思。

啜，尝也。从口，叕声。一曰，喙也。

吮，欶也。从口，允声。

唾，口液也。从口，垂声。涶，唾或从水。

呼，外息也。从口，乎声。向外吐气。

吸，内息也。从口，及声。段注：内息，纳其息也。

吹，嘘也。从口、欠。

喟（kuì），大息也。从口，胃声。就是太息，长叹气。

嚏，悟解气也。从口，疐声。段注：悟，觉也。解，散也。《通俗文》曰：“张口运气谓之欠故（qù）。”……嚏与欠异音同义。玉裁按：许说嚏义非是。不必曲徇（xùn）。这是说段玉裁认为许慎的说法不对，不必一定要曲意逢迎许慎的说法。段注：郑氏《终风》笺曰：“疐读当为不敢嚏咳之嚏。……”《月令》“民多鼽（qiú，鼻塞）嚏”，谓鼻塞而妨嚏。《说文》……而释嚏为欠，直以其字从口不从鼻故耳。殊不思《内则》既云“不敢嚏”，又云“不敢欠”，其为二事憭然。也就是“嚏”和“欠”不是一回事，按《黄帝内经》的说法，打喷嚏是肾气鼓荡邪气外出，打哈欠为舒胃气。

噤，口闭也。从口，禁声。段注：《史·淮阴侯传》（即《史记·列传·淮阴侯列传》）：“虽有舜禹之智，吟而不言。”此假吟为噤也。闭嘴这事太难了。哪怕你有尧舜之智，也要学会闭嘴。

名，自命也。从口、夕。夕者，冥也。冥不相见，故以口自名。这个前面讲过。天黑了人们彼此看不见，只能报名号。

吾，我自称也。从口，五声。

君，尊也。从尹、口，口以发号。𠱾，古文象君坐形。段注：此“羊，祥也”，“门，闻也”，“户，护也”，“发，拔也”之例。尹，治也。

命，使也。从口令。即“使令”。段注：令者，发号也。君，事也，非君而口使之，是亦令也。故曰命者，天之令也。人的命，是上天的使令。有人就是来做事的，有人就是来玩儿的，有人就是来受苦的，等等。这些，佛教谓之“业”。

问，讯也。从口，门声。段注：言部曰：“讯，问也。”引伸为礼之聘问。

唱，道也。从口，昌声。

哑，笑也。从口，亚声。《易》曰：“笑言哑哑。”

唏，笑也。从口，希声。一曰，哀痛不泣曰唏。现在有“唏嘘”一词。

唉，应也。从口，矣声。读若尘埃。人们发“唉”和“喏”时都会点下头，这表示真听进去了。

台，说（yuè，同“悦”）也。从口，以声。段注：与之切。从反切看，此字读“yí”，就是“怡”，表示快乐。段注：台说者，今之怡悦字。……唐尧逊位，虞舜不台。就是尧逊位，让舜不高兴。而表示高台的“台”写作“臺”，在《说文解字注·十二篇上·至部》：臺，观四方而高者也。从至，从高省，与室屋同意。段注：四方独出而高者，则谓之臺。……《释名》曰：臺，持也。……”古壹读同持。心曰灵臺，谓能持物。……“臺上有屋谓之谢（同“榭”）。”然则无屋者谓之臺，筑高而已。

周，密也。从用、口。段注：按，忠信为周，谓忠信之人无不周密者。善用其口则密，不密者皆由于口。

唐，大言也。从口，庚声。

哰，哰呶（náo），欢也。从口，劳声。

吁，惊也。从口，于声。惊呼。

叫，呼（号也）也。从口，丩声。高呼。

各，异辞也。从口、夂。夂者，有行而止之，不相听也。夂，表示有人要行进，有人要阻止，两两不相听从，各干各的。

否，不也。从口、不。不赞同。

哮，豕惊声也。从口，孝声。猪受惊发出的叫声。

吉 甲骨文

吉，善也。从士、口。甲骨文中其古字形构形说法不一，一说像神座上陈列的祭品，一说像把兵器收入鞘中。古人认为，兵，凶器也；战，危事也。所以收刀入鞘，自有吉善之义。也有人说上部为“圭”字，下部是放置圭的器具。“圭”是玉制礼器，有祛邪求吉的象征意义。我倒认为，古代所谓吉祥是阴阳和合，上“士”下“口”，即阴阳和合之象。“吉”与“凶”相对。凶在《说文解字注·七篇上·凶部》：凶，恶也。象地穿交陷其中也。凡凶之属皆从凶。

哇，谄声也。从口，圭声。就是为献谄而惊呼。

4.“和”的精神

最后咱们说“和”，在《说文解字注·二篇上·口部》。

和，相应也。从口，禾声。就是相呼应，所以应该读hè。这个字的异体字有咊、惒、鉌、龢、龢等。这几个异体字，要么从“口”，要么从“心”，要么从“言”，要么从“龠”。

其中，龢在《说文解字注·二篇下·龠部》：龢（hé），调也。从龠，禾声。读与咊同。段注：此与口部“和”音同、义别。但简化后，都是“和”。

“和谐”到底是“和谐”还是“龢谐”呢？依我看，应该是后者。《说文解字》将“和”与“龢”分成不同意义的两个字，《说文解字注·二篇上·口部》：和（hè），相应也。从口，禾声。《说文解字注·二篇下·龠部》：龢，调（tiáo）也。就是把事物调到一个最佳的状态。所以，所谓中华民族的“和”的精神，就是如音乐般和谐、自律，而又谦逊、低调。“龢”字的左边是一个“龠”字。龠，乐之竹管三孔，以和众声也。“龠”最初可能以陶土制成，类似于埙（xūn），用来调和六音。中医认为：土为中央也，“龠”即为音乐之土，是音乐中的中央之音，用以调和、引导各种音乐。就是说，在整个乐队中，它不显山不露水，但如同长老般淡定，并不露声色地指挥着全局。右边是“禾”字，甲骨文的“禾”像一株成熟了的谷子：上部下垂的是沉甸甸的谷穗，中部像叶，下部像根，是个象形字。这禾谷成熟低垂的样子，既代表收获，又代表谦逊。所以，我们现在所谓的“和谐”，在一个“龢”字上得到了完美的表达。

有两种人最懂调和之道：一为乐师，二为厨师。

他们都被称为师。“师”就是来定规则、定原则的人。

师，《说文解字注·六篇下·帀部》：师，二千五百人为师。从帀，从𠂤（duī，段注：今俗作“堆”）。𠂤，四帀，众意也。段注：《小司徒》曰：“五人为伍，五伍为两，五两为卒，五卒为旅，五旅为师。”师，众也。京师者，大众之称。众则必有主之者，《周礼·师氏》注曰：“师教人以道者之称也。”又解释，𠂤下曰：“小𠂤也。”小𠂤而四围有之，是众意也。古代《玉篇》说：师，范也。教人以道者之称也。这就是“师范”一词的由来。

我们现在所说代表“和”的精神到底指什么呢？

首先是身心和谐，即自身阴阳的和谐。佛教里总讲遂顺众生，而“和”，就是一种遂顺众生的能量。“众生”不单纯指百姓，五脏六腑也是众生。身心要“和”，就要先知道身之“本性”。所谓“本性”，不是脑子里想出来的，也不是以意志为转移的。比如心气的本性是向上宣散的；肾水的本性是往下行的，起润下的作用；胃气也要下行；脾气则要上升；等等。弄明白了五脏六腑的本性，才能知道我们既要顺应本性，又要遏制本性。五脏六腑最初肯定是和合的，但我们的种种坏习惯、各种想当然的任性胡为，加上恶化的生存环境，最终导致了生命的失和与无序发展。

“和”的第二层境界是家国之和。所谓家庭和谐，其实就是男女阴阳的和谐。每个小家能够和睦，其乐融融，才有社会安定与和谐。所以古语有“家国同构”“家和万事兴”。“家国同构”就是一个家就像一个国家一样，国家其实就是一个更大的家罢了。

最后还要求同存异。只有求同存异，才符合和合之道。《论语》说：君子和而不同，小人同而不和。其中，“和”是应和、调和；而“同”在《说文解字注·七篇下·冃（mǎo）部》：同，合会也。从冃、口。冃，重覆也。从冂、一。这句的解释是：君子可以与他周围的人保持和谐融洽的关系，但他对待任何事情都必须有自己的独立思考，从不愿人云亦云，盲目附和；但小人则没有自己独立的见解，只求与别人一致，只是单纯地重复附和，因为缺失原则，重利不重义，则不能与他人保持融洽的关系。

大智者共事，常常能够求大同，存小异。做君子既要有胸怀，又要能坚持原则。胸怀宽阔，就善于与人沟通、交流，就听得进各种意见。但坚持原则，保持差异性，尊重世界文化的多样性，是非常重要的。我甚至认为中西医要求异存同，让差异性大放异彩。比如西医不讲“五藏神”，而中医恰恰强调五藏神的损害会给我们生命以重创，这正是中医对人性的深刻认知。甚至我认为，差异性才是拯救医学、保持中西医学进步共同的要点。

总之，“和”是一种状态，一种原则，就像和面一样。粉末状的面粉，配以适当比例的水，以一定的力道和技巧就能和成松软适度的面团。中药的方剂也是通过配属追求一种“和”的状态。

中华民族为什么讲究以和为贵、家和万事兴？就是因为“和”可以为我们的生活提供安全、平稳、快乐和富足。而“争（引也）”是两只手抢棍子，“斗（两士相对，兵杖在后）”是拳头的对打，这些都是对生命的重耗，其结果只能是两败俱伤。人生苦短，守“和之道”是养；守“斗之道”是损。

三、人之居住

关于人的住处，最多在“宀部”，在《说文解字注·七篇下·宀部》，我们先前讲了很多，比如家、室、宣、安、害、宇、宙等。

1.穴部、广部

宀部的后面是“穴部”。人刚开始是“穴”居，所以有“穴部”。

穴，《说文解字注·七篇下·穴部》：穴，土室也。从宀，八声。凡穴之属皆从穴。段注：引伸之，凡空窍皆为穴。从“孔窍”义引申为经络穴道。

穴部常见字有：

穿，通也。从牙在穴中。这个最初应该指野兽以犬齿挖掘洞穴。

寮，穿也。从穴，尞声。段注：《仓颉篇》曰：“寮，小空也。”……“寮，小窗。”……《左传》曰：“同官为寮。”……如俗云同学一处为同窗也。亦假僚字为之。同窗、同僚、官僚即从此来。

突　甲骨文

突，犬从穴中暂出也。从犬在穴中。一曰，滑也。段注：引伸为凡猝乍之称。甲骨文古字形像犬从洞中冲出，所以有“急速”“突然”的意思。《方言》：江湘之间凡卒相见……曰突。

空，窍也。从穴，工声。段注：今俗语所谓孔也。天地之间亦一孔耳。古者司空主土，……是则司空以治水土为职。《尔雅·释诂》：空，尽也。

穷　甲骨文

穷（窮），极也。从穴，躳（躬）声。见甲骨文，造字本义为身居洞穴，身体被迫弯曲，不自由。所以“躬（gōng）”，不只是声音，也有意义，《说文解字注·七篇下·吕部》：躳，身也。从吕，从身。段注：从吕者，身以吕为柱也。……鞠躳者，敛曲之貌也。吕是脊柱，躳是弯曲脊柱。因为洞穴是不可行进的终极处，所以有“穷尽”意。

贫和穷不是一个意思。“贫”字上“分”下“贝”，钱一分就贫，所以古代不主张分家。“穷”字是人被憋而无法出头，是躬身入于穴，穷途末路之意味。“贫者”指家少财物，“穷者”指无出路、无事业。“贫”对“富”，“穷”对“通达”。君子在世，不怕“贫”，就怕“穷”。孟子教育我们：穷则独善其身，达则兼济天下。古语说：穷寇勿追——对穷困潦倒的人不要再施压，他已到绝路，追之必急眼，就剩玩命了。所以救济“贫者”可以临时捐款，对“穷者”，要给予生路，要传授技能给他，让他有出路，有希望。

屋，《说文解字注·八篇上·尸部》：屋，居也。从尸。尸，所主也。一曰，尸象屋形。从至。至，所至止。室、屋皆从至。此字用“尸”，“尸”表示房屋的主人。另一种说法认为，“尸”像房屋的形状（上像覆，旁像壁）。段注：凡居处，于尸得几之字引伸，不当用蹲居字也。屋者，室之覆也。引伸之凡覆于上者皆曰屋。天子车有黄屋，《诗笺》：“屋，小帐也。”

下面讲几个“广部”字。

广，《说文解字注·九篇下·广部》：广，因厂为屋也。从厂，象对刺高屋之形。凡广之属皆从广。读若俨然之俨。像依山崖建造的房屋，或为“庵”的初文。

但作为部首的“广”和我们用于“广大”的“广（廣）”古代不是一个字。廣，殿之大屋也。从广，黄声。段注：殿谓堂无四壁。……“无四壁曰堂皇”，是也。覆乎上者曰屋，无四壁而上有大覆盖，其所通者宏远矣，是曰廣。引伸之为凡大之称。也就是有顶而没四壁的大殿。

府，文书藏也。从广，付声。原本金文是广下有“贝”字，意味着藏宝。段注：文书所藏之处曰府。引伸之为府史、胥徒之府，《周礼》：“府六人，史十有二人。”注云：“府，治藏史掌书者。”……注曰：“百官所居曰府。”

序，东西墙也。从广，予声。原指堂上东厢西厢之墙，后指“次第”。

府　金文

《孟子·滕文公上》：序者，射也。所以“序”起初是教射的场所，后来发展成为奴隶主贵族一切公共活动如议政、祭祀、养老的场所，也是奴隶主贵族教育子弟的场所。段注：按，堂上以东西墙为介。《礼经》谓阶上序端之南曰序南，谓正堂近序之处曰东序、西序。……郑注云：“墙谓之庸，杼亦墙也。”

庠（xiáng），礼官养老，夏曰校，殷曰庠，周曰序。从广，羊声。这是古代养老的地方，又指乡学，可见古代把养老和教育小孩儿同等对待，甚至把其放在一起。古代上庠，右学，大学也，在西郊。下庠，左学，小学也，在国中王宫之东。《孟子》曰：庠者，养也，校者，教也，序者，射也。有养、有教、有运动，真是美好生活啊。

有个地方比较有趣，就是小孩子上学的地方，过去叫“私塾”。《尔雅·释宫》：门侧之堂谓之塾。就是家族大门内侧建一个学堂，叫作“塾”。《说文解字》：塾，门侧堂也。从土，孰声。虽说“孰”是声音，但“孰”其实是有意味的，《说文解字注·三篇下·丮部》：孰（䰞，通“熟”），食饪也。就是把东西做熟。这个字再拆解，其中“享”指“享用”，“丸”指圆形的瓜果。所以“孰”含义为“享用成熟的瓜果”。“土”指“园地”，所以“土”与“孰”联合起来表示“享用成熟瓜果的地方”。周礼百里之内二十五家为一闾，共用一巷，巷首有门，门边有塾。民在家之时，朝夕出入，恒就教于塾。也就是说，塾，平时用作书堂，但也是人们偶尔聚集集体尝鲜的地方。《汉书·食货志上》说：春将出民，里胥平旦于右塾，邻长坐于左塾，毕出然后归，夕亦如之。那时的生活真是简单有趣，春天的风俗是：早晚大家聚一起，一边吃着新鲜蔬果，一边听长辈絮叨、做总结，然后各回各家。

庖，厨也。从广，包声。段注：庖之言苞也，苞裹肉曰苞苴。

库，兵车藏也。从车在广下。段注：引伸之，凡贮物舍皆曰库。

廉，仄（逼仄、窄小的屋子）也。从广，兼声。本指堂屋的侧边和墙角，因为有棱角，所以喻品行端方，有气节、廉正。段注：廉之言敛也，堂之边曰廉，……廉，隅也。又曰：廉，棱也。引伸之为清也、俭也、严利也。

底，山居也。一曰，下也。从广，氐声。段注：《释诂》曰："底，止也。"……"底，滞也。"……下为底，上为盖，今俗语如是。指房屋最下近于地之部位。

庶，屋下众也。从广、炗。炗，古文"光"字。聚集在屋下的群众。从"众多"，又衍义为宗法制度下与"嫡"相对的家庭旁支，庶子（非正妻所生的孩子），庶母（嫡出子女称父亲的妾）。

废，屋顿也。从广，发声。指房屋倒塌。段注：子贡好废居。与时转货。原话是"子贡好废举，与时转货赀"。即，子贡物贱则买而停贮，值贵即逐时转易，货卖取资利也。

庙（廟），尊先祖貌也。从广，朝声。段注：古者庙以祀先祖。凡神不为庙也。为神立庙者，始三代以后，此句是说：在夏商周三代以前，庙里面供奉的只是先祖，并没有神佛。因为佛教是汉代才传入的，两汉时期，有庙、寺、观之分别——庙主要是供奉神灵，寺是佛教建筑，观专指道教建筑。

庭，宫中也。从广，廷声。段注：凡经有谓堂下为庭者，如"三分庭，一在南"，……"庭，直也。"引伸之义也。庭者，正直之处也。所以，"庭"要干净整洁，《周礼·天官·阍（hūn）人》讲到阍人专门负责"掌埽门庭"和关门闭户。

2. 门当户对

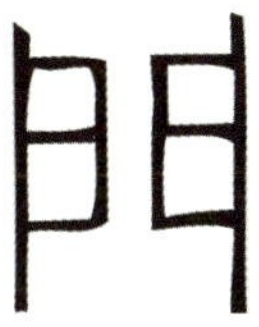

门 甲骨文

“门”字在甲骨文中由两扇门构成，或由两扇门上面加一横木构成。《说文解字注・十二篇上・门部》：门（門），闻也。从二户。象形。段注：闻者，谓外可闻于内，内可闻于外也。《说文解字注・十二篇上・户部》：户，护也，半门曰户。象形。一般大门称为“门”，而小屋的门称为“户”。古代，双扇为门，单扇为户。何谓“门当户对”？所谓“门当”原指大宅门前的一对石鼓，有圆形与方形之分，文官的家用圆形的“门当”，武官的家用方形的“门当”。而“户对”，指置于门楣上或门楣双侧的砖雕、木雕，且取双数，因此叫“户对”。后来就用这一词指联姻男女双方家庭的地位、财势要相当。

《说文》没有收“窗”字。但表示窗户的另有几个字。

比如：向。《说文解字注・七篇下・宀部》：向，北出牖（yǒu）也。从宀（mián），从口。即朝北开的窗子。牖在《说文解字注・七篇上・片部》：牖，穿壁以木为交窗也。从片、户，甫声。段注：交窗者，以木横直为之，即今之窗也。在墙曰牖，在屋曰窗。上古的“窗”专指开在屋顶上的天窗，开在墙壁上的窗叫“牖”，秦多用牖，窗少见。段注：必言以木者，字从片也。古者室必有户、有牖（内室一定有单扇门和窗户，而且窗在东边，小门在西边）。牖东户西，皆南乡。……牖所以通明。而且，通常内室与堂之间有窗子，叫“牖”，多用木片装饰。

《说文解字注・七篇下・穴部》：窗（窻），通孔也。从穴，悤声。段注：……“在墙曰牖，在屋曰囱。”囱或从穴作窗。可见这个字就是“窗”字的古字。

囧在《说文解字注·七篇下·囧部》：囧，窗牖丽廔（lóu）闿明也。象形。凡囧之属皆从囧。其实就是古代的花棂窗。段注：谓象窗牖玲珑形。但现在人认为这个字很像人尴尬、困窘的表情，索性就假借过来了。

关 金文

《说文解字注·十二篇上·门部》：关（關），以木横持门户也。就是用木栓横穿两扇门的栓孔，使两扇门板牢牢紧闭。所以“关”字的本义就是门闩。引申为关门。由关门的关，引申为关口。

我们解读下“关系”一词。门，连接内外，可进可出，门闩却断绝了这种进出的自由；系，有捆绑之义，捆绑后人就丧失了自由。所以，“关系”特指人间的一种存在——人因为孤独，一定依赖关系而自愿放弃一些自由；又因为渴望自由，而因此愤恨关系的联结，并因为关系的复杂性而烦恼。

所以，中国人既讲究关系，又烦恼关系。而且中国人的关系学不是纵向的人与神的关系，而是横向的人与人的关系。人若与神关联了，自然不敢抱怨神，一切只能当作原罪；人若与人关联了，就有无数怨怼和仇恨。

那怎么办呢？怎么在人际关系中减少精神损耗呢？其实“关系”这两个字已经告诉我们答案了。关，是门闩，就是我们有拒绝的权利；关，又是机关，所以我们也可以选择打开大门和关闭大门的时机，迎接贵人（所谓贵人不是指有权有势的人，而是在你饥渴时能给你几滴水的人）、摒弃小人。系，既是束缚，又“垂统于上而承于下也”，如果仅仅把某种关系看作束缚，那就会痛苦，如果将这种关系改变为承上启下的联系，我们就会走出这段关系，重获自由。

四、人之行动

跟行走有关的部首有彳部、辵部、走部、足部、行部、止部等，描述了各种走路的样子。难道人还不会走路吗？人会走路，但走路的规矩未必知道。

1. 彳部、辵部、走部

《尔雅·释宫》说：室中，谓之时；堂上，谓之行；堂下，谓之步；门外，谓之趋；中庭，谓之走；大路，谓之奔。这是讲究在不同环境下要有不同的生活节奏和行走方式。

行　甲骨文

室中，谓之时。在睡觉的“室”内，步伐要轻、要小。这个“时”应该是指“迟”或“踟”，有“踟蹰”之义。“迟”，《说文解字注·二篇下·辵部》：迟，徐行也。段注：今人谓稽延为迟。就是在卧室内要舒缓和轻巧。

堂上，谓之行。指在客厅也就是堂上这种肃穆的地方，走路要有规矩、平稳。行，《说文解字注·二篇下·行部》：行，人之步趋也。从彳（chì）、亍（chù）。段注：彳，小步也。亍，步止也。《韵会》说：从彳，左步；从亍，右步也。左右步俱举，而后为行者也。左右步合则为行，这就是此字甲骨文的意思。在堂上行走的重点在左右平稳，有张有弛，

彳　篆文

不能慌张。

堂下，谓之步。步在《说文解字注·二篇上·步部》：步，行也。从止、少（tà）相背。凡步之属皆从步。其实，就是一脚前一脚后叫作“步”。这里说到了堂下还是要慢走，没走出大门前，还须脚踏实地。

门外，谓之趋。出了大门，天地宽阔了，人就要加快步伐了。趋（趨），《说文解字注·二篇上·走部》：趋，走也。从走，刍声。段注：《曲礼》注曰：“行而张足曰趋。”就是快走。“走”字下段注引《释名》曰：徐行曰步，疾行曰趋，疾趋曰走。所以“趋”是快走。

中庭，谓之走。走，《说文解字注·二篇上·走部》：走，趋也。从夭、止。夭者，屈也。凡走之属皆从走。古代的“走”就是“跑”，上面的“夭”字就是人甩开两臂跑起来的样子。段注：从夭止者，安步则足胻（héng）较直，趋则屈多。也就是行走时，人的腿还是直的，但跑时人必须收腹弯腰屈背屈腿。

大路，谓之奔。奔，《说文解字注·十篇下·夭部》：奔，走也。从夭，卉声。与走同意，俱从夭。段注：浑言之，则奔、走、趋不别也。引申之，凡赴急曰奔，凡出亡曰奔。还有一个字“犇”也读bēn，意思是像几头牛那样追逐狂奔。

其实，以上所言何尝不是我们人生的写照？当我们在局促的环境里时，乱跑必然受伤；在宽阔的路上小步慢行，也会被奔跑的人挤倒或踩死。所以，在不同的环境里走什么步伐，还真是人生重要的一课。

下面分别说下彳、辵、走、足部首的字。

彳，《说文解字注·二篇下·彳部》：彳，小步也。象人胫三属相连也。凡彳之属皆从彳。段注：三属者，上为股，中为胫，下为足也。单举胫者，举中以该上下也。胫动而股与足随之。这句是说许慎所说单独用胫举例，是以中间这段来概括上和下，只要胫动而股与足都会随之而动。

彳部的第一个字是“德”。德，升也。从彳，悳声。段注：升当作“登”。辵部曰：“迁，登也。”此当同之。……今俗谓用力徙前曰德。德，从彳，跟行动有关。悳（𢛳），外得于人，内得于己也。从直、心。所以“悳（𢛳）”不只是声音，也具有某种意义。上面是“直”字，其字形像一只眼睛上面有一条直线，表示眼睛要看正；下面有个“心”，如此，行正、目正、心正，才有“德”。所以此字是会意兼形声字。

《洪范》有三德：一曰正直，二曰刚克，三曰柔克。即中正不邪曲，以刚强制人，以柔弱胜人。人，首先要正直，正直就是行正、目正、心正。不正直，就是“无德”，一切免谈。

得 金文

得，行有所得也。金文“得”字右下方是一只手（又）的象形，右上方是个贝壳的象形，加上“彳部”，就是远行探索而有所获利。

复（復），往来也。从彳，复声。段注：辵部曰：“返，还也。还，复也。”皆训往而仍来。这个字简化去掉“彳部”显然不对。

后（後），迟也。从彳、幺、夊。幺夊者，后也。逡，古文後，从辵。段注：幺者，小也。小而行迟，后可知矣。故从幺、夊会意。像小娃娃走路迟缓笨拙的样子。

由这个字可以联想下“傻”字。这两个字右上角不一样，“後”右上角是“幺”，是因为“小”而行动迟缓；而“傻”右上角是“囟门”的“囟”，是因为脑子有问题而行动有问题。虽然《说文》没收这个“傻”字，但我们也能看到造此字的意识流。

再者，先後的“後”也不应该简化成“后”。古代的“后”只有一个意思，《说文解字注 · 九篇上 · 后部》：后，继体君也。象人之形。从口。《易》曰：“后以施令告四方。”就是指君，或王后。两个字完全不是一个意思。

表示行走的还有“辵部”，也就是现在的偏旁“走之儿”。

《说文解字注·二篇下·辵部》：辵，乍行乍止也。从彳、止。凡辵之属皆从辵。走走停停。字形采用“彳、止”来表示会意。段注：……“不拾级而下曰辵。”郑意不拾级而上曰栗阶，亦曰历阶。不拾级下曰辵阶也。《广雅》：“辵，奔也。”

道，所行道也。从辵、首。一达谓之道。段注：道者，人所行，故亦谓之行。道之引伸为道理，亦为引道。古代，一达谓之道，四达谓之衢，九达谓之馗（kuí，九达道也。似龟背，故谓之馗）。

迷，惑也。从米，辵声。因失去方向而困惑。

适（kuò），疾也。从辵，昏声。適（shì），之也。从辵，啻声。適，宋鲁语。这两个字现在简化为“适”，“到……去”的意思。

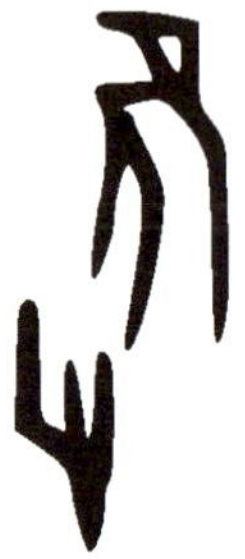
进 甲骨文

进（進），登也。从辵，閵（lìn）省声。看繁体字就清楚了，甲骨文古字形从隹、辵会意，隹指鸟，辵表示与行动相关。“进”的本义指像鸟儿向上移动，或向前移动。引申为去朝廷当官。

止部有个“前”字，古文写作“上止下舟”（歬），像人脚趾踩在船上的样子。所以，前，不行而进谓之歬。从止，在舟上。（《说文解字注·二篇上·止部》）不用走路却能前进，是脚站在船上不动，船行。所以。“前进”，指的是乘船飞速前行。

前 篆文

迫，近也。从辵，白声。段注：《释言》曰：“逼，迫也。”逼，本又作偪。许无逼、偪字，盖只用畐。

还（還），复也。从辵，瞏声。段注：《释言》："还、复：返也。"今人还绕字用环（環），古经传只用还（還）字。

《方言》说：逢、逆，迎也。自关而西或曰迎，自关而东曰逆或曰逢。《说文》：逢，遇也。逆，迎也。关东曰逆，关西曰迎。这里许慎用了扬雄的说法。迎，逢也。这三个字都从"辵部"，都有相逢的意思。

遁，迁也。一曰，逃也。从辵，盾声。就是迁徙隐居。

逊，遁也。从辵，孙声。段注：按，"六经"有"孙"无"逊"，……《释言》云："孙，遁也。"《释名》曰："孙，逊也。逊、遁在后生也。"……古就孙义引伸，卑下如儿孙。就是在古代六经中用的都是"孙（孫）"，逊（遜）与遁字都是后产生的，其意义都是"孙"的引申，表示谦逊。

送，遣也。从辵，倂（yìng，送也）省。选派使者。

逮，唐逮，及也。从辵，隶声。段注：唐、逮双声，盖古语也。这里说"唐逮"是"逮"的古语。逮，就是"及"。及，逮也。从又、人。乁，古文及。（《说文解字注・三篇下・又部》）此字有"人"有"手"，就是从背后追上并抓捕。

迟（遲），徐行也。从辵，犀声。《诗》曰："行道迟迟。"段注：今人谓稽延为迟，……毛曰：迟迟，舒行貌。就是慢慢走的样子。

逗，止也。从辵，豆声。就是停留、逗留。

避，回也。从辵，辟声。就是迂回绕开，所以说回避还是有技巧的。

达（達），行不相遇也。从辵，羍声。《诗》曰："挑兮达兮。"行路而不相遇。

连，负车也。从辵，从车。段注：负车者，人挽车而行，车在后如负也。字从辵、车会意。……人与车相属不绝，故引申为连属字。

近，附也。从辵，斤声。岓，古文近。古文像脚踩在斧子上。可见攀附别人是件危险的事儿。

辵部字太多了，就讲到这儿。

走，《说文解字注·二篇上·走部》：走，趋也。从夭、止。夭者，屈也。凡走之属皆从走。是大步跑的样子。

赶，举尾走也。从走，干声。指兽、畜翘着尾巴奔跑。

赴，趋也。从走，卜声。跑过去。

趣，疾也。从走，取声。段注：……疾释趣马也。取，既是声旁也是形旁，表示割下死敌的耳朵以示战功。所以，趣，表示奔跑追击残败的敌军，以求扩大战果。

赳，轻劲有才力也。从走，丩声。赳赳，威武的样子。

越，度也。从走，戉声。

赵（趙），趋赵也。从走，肖声。就是快跑。

起，能立也。从走，巳声。段注：起本发步之称，引伸之，训为"立"，又引伸之，为凡始事，凡兴作之称。就是大凡"起事""开始"，叫作"起"。

2. 步部、足部、止部、行部

《说文解字注·二篇上·步部》：步，行也。从止少相背。凡步之属皆从步。《释名》曰：徐行曰步。甲骨文就是一前一后两个脚掌，一个"止"，一个"少"（反写的"止"），表示走路。所谓"步人后尘"，就是踩着别人的脚印走。前脚跨出，与后脚形成的距离，称为"跬（kuǐ）"（《扬子·方言》：半步为跬）；两脚各跨出一次，又称为"步"。所以《荀子·劝学》中说"不积跬步，无以至千里"。

步 甲骨文

史传大禹治水，生偏枯之疾，步不相过，人曰

“禹步”。即，大禹得风湿痹症，走路一瘸一拐，只能拖着脚走，出现了一种奇怪的步伐，叫作禹步。人们因为太崇尚他了，觉得圣人的步伐一定大有讲究，便跟随着他一起这样走。这属于最早的追星吧。

“步部”只有一个“岁”字。岁（歲），木星也。越历二十八宿，宣徧（biàn）阴阳，十二月一次。从步，戌声。《律历书》名五星为五步。段注：……“岁星一日行十二分度之一，十二岁而周天。行于天有常，故从步。”

《说文解字注·二篇下·足部》：足，人之足也，在体下。从口、止。凡足之属皆从足。上面的“口”在甲骨文里其实是小腿骨的样子。徐锴曰：口象股胫之形。

跟，足踵也。从足，艮声。段注：《释名》曰：“足后曰跟，……一体任之，象本根也。”

踝，足踝也。从足，果声。段注：《释名》曰：“踝，确也。居足两旁硗确然也。”按，踝者，人足左右骨隆然圆者也。在外者谓之外踝，在内谓之内踝。

跪，拜也。从足，危声。段注：手部曰：“拜，首至手也。”按，跪与拜二事，不当一之。是说“跪”与“拜”是两回事。跪，是双膝接地，身体危倾。而“拜”，应该有两手捧至额前的动作。

足 甲骨文

跽，长跽也。从足，忌声。段注：按，系于拜曰跪，不系于拜曰跽。……人安坐则形弛，敬则小跪耸体，若加长焉，故曰长跽。这段把跪拜之事说明白了：连拜带跪叫作“跪拜”，只是跪坐而无拜就叫作“跽”。也就是人安坐则身体放松，如果恭敬就会小跪耸起身体，身体就好像加长了一样，就叫作“长跽”。

踽（jǔ），疏行貌。从足，禹声。《诗》曰：独行踽踽。段注：《唐风》：“独行踽踽。”毛曰：“踽踽，无所亲也。”好一副孤独的样子。

跨，渡也。从足，夸声。段注：谓大其两股间以有所越也，因之两股间谓之跨下。

跳，蹶也。从足，兆声。一曰，跃也。段注：《方言》：“自关而西，秦晋之间曰跳。”“兆”本义是古人占卜用的龟甲上的裂纹，与“跳”的本义无关，只表音。

践，履也。从足，戋声。段注：履之箸地曰履。履，足所依也。

跛（bǒ），行不正也。……从足，皮声。一曰，足排之。

蹇，跛也。从足，寒省声。段注：《易》曰：“蹇，难也。”行难谓之蹇，言难亦谓之蹇。口吃也是“蹇”，蹇涩不能语。

蹻（qiāo，同“跷”），举足小高也。从足，乔声。诗曰：“小子蹻（jiǎo）蹻。”段注：蹻犹翘也。……毛曰：“蹻蹻，骄貌。”此引伸之义。

路，道也。从足，各声。段注：《释宫》：“一达谓之道路。”此统言也。《周礼》：“浍（kuài）上有道，川上有路。”此析言也。《尔雅》、毛传：“路，大也。”此引伸之义也。此处我有言曰：道，是车跑的路；路，是脚走的路。所以，相较而言，道，比路大。

《说文解字注・二篇上・止部》：止，下基也。象草木出有址，故以止为足。凡止之属皆从止。段注：许书无趾字，止即趾是也。止，就是脚趾。

“止部”有“前”字。上面讲过了。

归（歸），也在“止部”。归，女嫁也。从止，妇（婦）省，自声。段注：《公羊传》、毛传皆云：“妇人谓嫁归。”

歱（同“踵”），跟也。从止，重声。段注：足部曰：“跟，足歱也。”跟、歱双声。《释名》曰：“足后曰跟，或曰踵。锺，钟也，上体之所钟聚也。”现在统一写作“踵”。足跟，走肾精，青春期和更年期都会

止　甲骨文

历　甲骨文

出现足跟痛，前者因为营养跟不上，后者由于肾精亏虚。

止部还有个“历”字，古文写作“歷”，下面有个“止”。歷，过也。传也。从止，厤（lì）声。此字的甲骨文上部是两棵“禾”，表示一行一行的庄稼；下部是一只脚（止），脚趾朝上，脚后跟朝下，表示脚步从一行一行的庄稼中走过。而日历的“历”写作“曆”（《说文》没收此字），下面是“日”，以“日”代“止”，表示时间推移。现都简化为“历”了。

《说文解字注・二篇下・行部》：行，人之步趋也。从彳，从亍。凡行之属皆从行。

术（術），邑中道也。从行，术声。指大道之脉络，段注：引伸为技术。后来，思通造化，策谋奇妙，是为术士。

街，四通道也。从行，圭声。中间部分为“圭（guī）”字，在这里是声旁，指示读音，现在有“街溜子”，“街”方言读gāi，就是古音。街，是城中大路的通称，一般两旁有房屋、商店。“街溜子”指街市中狡诈、霸道、油滑的人。

衙，行貌。从行，吾声。段注：后人因以所治为衙。又称：衙门。

衡，不在“行部”，而在《说文解字注・四篇下・角部》：衡，牛触，横大木。从角、大，行声。指牛角上的横木，因为有些牛脾性暴倔，喜欢用尖角抵人或物，造成损失，所以在牛角上绑上比两角更宽的横木，使牛角不能直接抵到人或物。

又 甲骨文

右 金文

父 甲骨文

叔 金文

取 甲骨文

3. 手的部首

人除了腿脚部的行动，还有手部的动作。跟手部动作相关的部首有又、手、爻、支等。

《说文解字注·三篇下·又部》：又，手也。象形。三指者，手之列多略不过三也。从“又”的字有右、父（右手举杖）、叔（拾也）、取、及等。讲几个常用字。

尹，治也。从又、丿。握事者也。所以，尹，在古代是官称。

友 甲骨文

及，逮也。从又、人。指从背后追上并抓捕。

反，覆也。从又、厂。翻转手掌。字形采用“又、厂”会意，“厂”像手掌翻转的样子。

友，同志为友。从二又相交。像两人手拉手。段注：《周礼》注曰：“同师曰朋，同志曰友。”

彗，下面也是“又”，所以，彗，扫竹也。从又，持甡（shēng，众生并立之貌。扫帚也并立）。

手 篆文

《说文解字注·十二篇上·手部》：手，拳也。象形。凡手之属皆从手。说是拳，字形却像五指张开的手。段注：今人舒之为手，卷之为拳，其实一也。故以手与拳二篆互训。现在偏旁叫“提手旁（扌）”。挑一些常用手部字讲。

掌，手中也。从手，尚声。段注：手有面有背，背在外则面在中，故曰手中。……掌谓捧之也。

拇，将指也。从手，母声。这个解释能把人逗笑。本来指大拇指无异议，但段玉裁另有新说：将指，谓手中指也。……“三者，食指、将指、无名指，小指短不用。……手以中指为将指，为拇；足以大指为将指，为拇。此手足不同称也。这真是有趣的说法。本来竖大拇指表示赞扬，若按段玉裁说的举了中指，那不是西方最著名的侮辱人的手势了吗？这可咋整？

指，手指也。从手，旨声。段注：手非指不为用。大指曰巨指，曰巨擘，次曰食指，曰啑（dié）盐指，中曰将指，次曰无名指，次曰小指。古代，足以大指为将，手以中指为将。

拳，手也。张之为掌，卷之为拳。段注：合掌指而为手，……卷之为拳。传统武术根据四指卷曲的程度与形状不同，可分为凤眼拳、螺形拳、瓦楞拳、透骨拳、端杯拳、猴手拳等，主要用于冲、架、挑、贯、劈、砸。

举（擧），对举也。从手，与声。两手相对，同时举起。

撮（cuō），四圭也。从手，最声。段注：《孙子算经》：“六粟为一圭，十圭为一撮，十撮为一抄，十抄为一勺，十勺为一合。……《本草序例》曰：“凡散药有云刀圭者，十分方寸匕之一，准如梧桐子大也。”

探，远取之也。伸长手臂够取较远的东西。

拙，不巧也。从手，出声。就是“笨”。《尚书·周官》说：作伪，心劳日拙。不踏实地做事，反而会弄巧成拙。

推，排也。从手，隹声。

捧，两手承托物件在齐眉处，古人以承至眉毛处为最高敬意，古多作“奉”。《说文》没收此字。《释名》：捧，逢也。两手相逢以执之也。

拾，掇也。从手，合声。段注引《史记·货殖列传》曰：俯有拾，仰有取。

捐，弃也。从手，肙（yuàn）声。“肙”引申义为细小的、小巧的。

“手”与“肙”联合起来表示“丢弃细小的东西”。

扔，因也。从手，乃声。段注：为之而莫之应，则攘臂而扔之。

抚，安也。从手，无声。一曰，循也。

搂，曳聚也。从手，娄声。

失，纵也。从手，乙声。放手、脱手而不能控制。段注：纵者，缓也。一曰，舍也。在手而逸去为失。

抒，挹（yì，舀取）也。从手，予声。段注：凡“挹彼注兹（zī，代词‘此’）”曰抒。就是从这里舀出来注入那里。抒情，就是把情舀出来给你。

𠬪部，上面是个爪，下面是手，一看就是两只手的动作。《说文解字注・四篇下・𠬪部》：𠬪，物落也。上下相付也。从爪、又。凡𠬪之属皆从𠬪。读若《诗》“摽有梅”。段注：草曰苓（同“零”）、木曰落。引伸之，凡物皆曰落。……以覆手与之，以手受之，象上下相付。凡物陊（duò，同“堕”）落皆如是观。爪，是一只手向下，“𠬪”这个字就是一手向下、一手向上渐渐合在一起接住落物的样子。这个字多有画面感啊，可惜现在不用了。

这个部首里有四个字我们常用：

爰 甲骨文

爰，引也。从𠬪，从亏。籀文以为车辕字。其甲骨文字形上面像一只手抓住棍棒的一头，下面像抓住另一头，表示拉、引。段注的解释有三点：

（1）此与手部“援”音、义皆同。

（2）凡言“於（于）”者，两物相于自此引而之彼。

（3）辕所以引车。故籀文车辕字只用“爰”，此又皆假辕为爰也。

受，相付也。从𠬪，舟省声。相付，相互交托之义。段注：𠬪者，自此言。受者，自彼言。其为相付一也。就是那边“𠬪”有落，这边“受”有接，为相互交托。所以此字有两层含义：一是交付东西（后另造一字“授”来表示），二是接受东西。

争，引也。从𠬪、厂。段注：凡言争者，皆谓引之使归于己。从𠬪犹从手。就是两只手在抢夺东西的样子。争持不下的静止状态就是“静”。《说文解字注·五篇上·青部》：静，审也。从青，争声。本义是自审内省。但“争”在此也不全是声音，也应该表达内省中挣扎后的突然明朗、安静。

寽（lǚ），五指持也。从𠬪，一声，读若律。上下两只手，中间一个东西。段注：凡今俗用五指持物引取之曰寽。……五指寽而落之，故从𠬪。就是现在的“捋”和五指揉搓的意思。这个字要比“撸”形象。

4. 夊、夂、攵

“夊”“夂”和“攵”三个字各有不同。首先是读音不同。“夊”读音为 suī，行不举足的样子。“夏”，就在夊部，代表两足。“夂”读音为 zhǐ 或 zhōng。“攵”读音为 pū。其次，三个字写法也有不同。夊最后一笔的捺穿过第一笔的撇。夂的笔画是“撇、横撇、捺”，撇和捺没有相互穿透。攵的笔画是“撇、横、撇、捺”，横、撇两笔不能连着写，撇和捺没有穿透。

夊　篆文

《说文解字注·五篇下·夊部》：夊，行迟曳夊夊也。象人两胫有所躧（xǐ）也。凡夊之属皆从夊。

段注：《曲礼》曰："行不举足，车轮曳踵。"……《通俗文》："履不箸跟曰屣。"屣同躧。躧、屣古今字也。行迟者如有所拕（tuō，同"拖"）曳然，故象之。一句话，就是趿拉着鞋走路。

夊部字有：

忧（憂），和之行也。从夊，𢝊声。

爱（愛），行貌也。从夊，㤅声。

夏，中国之人也。

夔（kuí），即魖也。如龙，一足，从夊，象有角手人面之形。段注：神魖，谓鬼之神者也。……若《大荒东经》云："有兽壮如牛，苍身而无角，一足，出入水则必风雨，其光如日月，其声如雷，名曰夔。黄帝得其皮为鼓。声闻五百里。"此兽也，非鬼也。这是一种神兽，不是鬼。

夊 篆文

夂，从后至也。象人两胫后有致之者。凡夂之属皆从夂。（《说文解字注·五篇下·夂部》）

夂部字有：

夆，啎（wǔ）也。从夂，丰声，读若缝。就是相遇。段注：犹逢、迎、逆、遇、遻互相为训。

攴 篆文

攵，古文"攴"，极少数字保留着"攴"的写法。从"攴"的字多与打、敲、击等手的动作有关，现在偏旁是"反文（攵）"。

《说文解字注·三篇下·攴部》：攴，小击也。从又，卜声。凡攴之属皆从攴。此字下面是手，上面是小棍敲打发出的"卜"声。段注：手部曰："击，攴也。"此云："小击也。"同义而微有别。……《豳（bīn）风》："八月剥枣。"假剥为攴。

攴部字很多。

简化字"启"在《说文》对应两个字：敄和启。

“啟”在《说文解字注·三篇下·攴部》：啟，教也。从攴，启声。《论语》曰：不愤不啟。就是“不到他想求通晓而不能、想说而说不出时，不去启发他”。看来古代的启发与动手有关。“启”在《说文解字注·二篇上·口部》：启，开也。从户、口。有开门引进日光之意义。现在都简化为“启”。

彻（徹），通也。从彳，从攴，从育。段注：从彳，从攴，从育。盖合三字会意。攴之，而养育之，而行之，则无不通矣。就是敲打他、养育他，并且让他行动起来，没有不明白的。

敏，疾也。从攴，每声。“每”字的本义是头上戴有笄饰的成年女子。女子及笄之后就要婚嫁，婚嫁后就会生下一个又一个孩子，由此比喻草木茂盛。每，草盛上出也。从屮，母声。“敏”字本义是女人迅速将头发梳理好，借以表示快捷。引申为勤勉努力、脑子反应快等。《释名》：敏，闵也。进叙无否滞之言也。《尚书·虞书·大禹谟》：黎民敏德。

牧 甲骨文

牧，养牛人也。从攴、牛。甲骨文字形像手持棍棒驱赶牲畜。

故，使为之也。从攴，古声。即有意使它变成这样。段注：今俗云“原故”是也。凡为之必有使之者，使之而为之则成故事矣。引伸之为故旧。

变（變），更也。从攴，䜌声。本义指弹琴时手指在不同琴弦间移动。

更 甲骨文

更（㪅），改也。从攴，丙声。也在攴部。“更”字本义，像手持马鞭驾驶马车。后作为夜间计时的单位，一夜分为五更。段注里引了一段列子的话：《列子》云：“五年之后，心庚念是非，口庚言利害；七年之后，从心之所念，庚无是非，从口之所言，庚无利害。”皆假庚为更。也就是随着时间的推移，人的心态和言语都会发生变化。从念叨是非利害到无是非利害。

敛，收也。从攴，佥声。

救，止也。从攴，求声。

“放”不在“攴部”，而在“放部”。《说文解字注·四篇下·放部》：放，逐也。从攴，方声。凡放之属皆从放。

“教”也不在攴部，而是在教部。《说文解字注·三篇下·教部》：教，上所施下所效也。从攴、孝。凡教之属皆从教。上面教，下面效仿。段注：上施故从攵，下效故从孝（jiào，放也。仿效）。

教部还有一字——“斅”，其实就是古文的“学”。斅（xiào），觉悟也。从教、冂。冂，尚蒙也。臼声。學，篆文斅省。段注：教然后知困。知困然后能自强也。故曰，教学相长也。《兑命》曰：“学学半（第一个学是教学，第二个学是教人后自己也有益处。好比我讲《说文解字》，在教学的过程中自己也大有收益）。其此之谓乎。按，《兑命》上学字谓教，言教人乃益己之学半。教人谓之学者，学所以自觉，下之效也。（这句是说教人的叫学者，而学习的人要有自觉，不能只是单纯的模仿）

五、人之用具

1. 生活用具

比如食具。《说文》收了很多祭祀用的礼器字，但没有收“锅”“碗”。

在《说文解字注·十二篇下·瓦部》收了一个近似蒸锅的字——甑（zèng）。甑，甗（yǎn，古代蒸锅）也。从瓦，曾声。鬵，籀文甑从䰜。段注：《考工记》：“陶人为甑，实二鬴，厚半寸，唇寸，七穿。”按甑所以炊烝米为饭者，其底七穿，故必以箅（bì）蔽甑底，而加米于上。古代蒸食用具，为甗的上半部分，底部有透蒸汽孔格与鬲（lì，古代炊具）相连，如同现代蒸锅。

看懂这个字，得先看“曾”，其甲骨文像古代蒸食物的炊具。甲骨文中的“田”并非土地之田，而是用于间隔的箅子，上部的“八”像散发出的蒸汽，整体像蒸熟食物的器皿，即甑之初文。古代的甑，底部有许多透蒸汽的小孔，置于鬲或鍑（fù，大口的釜）上蒸煮，如同现代的蒸笼。也有另外加箅子的。新石器时代已有陶甑，殷周时有用青铜铸成的。甑有箅，且因“甑”不能单用，须架在釜或鬲上，故“曾”字引申出“增加”义。

曾　甲骨文

再说个古人的洗手器。盘，古代写作“盘”或“槃”，又圆者为盘，方者为盂。《说文解字注·六篇上·木部》：槃，承槃也。从木，般声。鎜，古文从金。盘，籀文从皿。就是古代的盛水器。段注：《内则》曰：“进盥，少者奉槃，长者奉水，请沃盥。”……古之盥手者，以匜（yí）沃水，以槃承之，故曰承槃。……古者晨必洒手，日日皆然，至于沐浴颒（huì）面。则不必日日皆然。就是古人每天早晨都得洗手，但不必天天沐浴和洗脸。

再说个“镜”字。

《说文解字注·十四篇上·金部》：镜（鏡），景也。从金，竟声。段注：金有光可照物，谓之镜。此以叠韵为训也。镜亦曰鉴（鑒）。《说文解字》没有“鑒”，只有“鑑”。《说文解字注·十四篇上·金部》：鑑，大盆也。一曰，鑑诸，可以取明水于月。段注：注云：“鑑如甀（zhuì，瓦器），大口，以盛冰，置食物于中，以御温气（这可能是最早的冰箱），春而始治之。”……则鑑如今之甕（wèng）。许云大盆，……郑云“镜属”，……“鉴所以察形”。盖镜主于照形，……而镜亦可名鉴。古代有大盆，无足或圈足，两耳或四耳，用来盛水、盛冰、照容或沐浴。

铃（鈴），令丁也。从金，令声。段注：《广韵》曰："铃似钟而小。"然则镯、铃一物也。古谓之丁宁，汉谓之令丁，在旂（qí）上者亦曰铃。

几，居几也。象形。《周礼》五几：玉几、雕几、彤几、髹（xiū）几、素几。凡几之属皆从几。（《说文解字注·十四篇上·几部》）就是各种放在炕上的小桌子。段注：古人坐而凭几，蹲则未有倚几者也。……象其高而上平可倚，下有足。

此外，还有众多酒具，前面讲了太多。此不赘述。

2.人的穿戴

再说人的穿戴。古人喜欢把醒目的东西放在头上，来显示自己的身份地位。后来低调的人会把奢华放在腰带配饰上。

冠，《说文解字注·七篇下·冖（mì）部》：冠，絭（juàn）也。所以絭发，弁冕之总名也。从冖、元，元亦声。冠有法制，故从寸。段注：絭者，攘臂绳之名。就是手臂上举卷束头发的样子。冠，是用来卷束头发的饰物，是戴帽子这一动作的泛称，字形采用"冖、元、寸"会意。冖，覆也。从一下垂也。"元"就是头，也作声旁。因为戴帽子有尊卑等级制度，所以字形采用"寸"作偏旁。其中最华美的就是凤冠。其实凤冠未必都是皇后的专属，有钱人家嫁女儿时也会备一顶漂亮的冠。段注：冠以约束发，故曰絭发，引伸为凡覆盖之称。（弁冕之总名也）析言之，冕、弁、冠三者异制；浑言之，则冕、弁亦冠也。

弁，古时的一种官帽，通常配礼服用（吉礼之服用冕）。赤黑色布做的叫"爵弁"，是文冠；白鹿皮做的叫"皮弁"，是武冠。后泛指帽子。《说文解字注·八篇下·皃部》有"覍（biàn）"字，就是古文"弁"。覍，冕也。周曰覍，殷曰吁，夏曰收。从皃，象形。皇帝戴的弁则非常讲究，《大明诸司职掌》云：皇帝皮弁，用乌纱帽之，前后各十二缝，每缝各缀五采处十二，以为饰。玉簪导，红组缨。朔望朝，降诏、降香、进表、四夷朝贡、朝觐用之。

《说文解字注·七篇下·冃（mào）部》：冕，大夫以上冠也。从冃，免声。古者黄帝、初作冕。絻，冕或从系作。最初指大夫以上的官员所戴的礼帽，后专指帝王的皇冠。段玉裁“笄”下注：冕制：延前圆垂旒（liú），后方。古代皇帝的冠冕，头顶有块长方板，前圆后方，比喻天圆地方；悬挂在长方板前后的那个珠玉帘，一般用五彩丝线穿五彩珠玉而成，代表五行；前后各有十二串，代表二十四节气。总之，帝王是掌握了天地大秘密的人。同时，眼前有珠帘，就是“非礼勿视”；两耳有瑱，也就是有耳塞，就是“非礼勿听”。段注：此云“冕者，大夫以上冠”，析言之也。大夫以上有冕，则士无冕可知矣。即大夫以上有冠冕，普通人不可戴冕。

《说文解字注·五篇上·竹部》：笄，簪也。从竹，幵声。就是簪子，女人多用。段注：笄所以贯之于其左右，是以冠无之，凡无笄者，缨（不用簪子就得用辮绳）。冕制，延前圆垂旒，后方。

巾　甲骨文

再说“巾”。“巾”字是个象形字。其甲骨文字形像一条两头下垂的织物，最初就只是遮羞布。这也是一个被隐蔽了原意的字。后来指挂在腰间的布，用来擦汗或擦东西。再后来，就成了一种装饰品。因为古人的衣服没有口袋，所以随身携带的物品只得一律挂在腰间的带子上。挂在腰间的刀叫佩刀，挂在腰间的玉叫佩玉，挂在腰间的手巾叫佩巾。

《说文解字注·七篇下·巾部》：巾，佩巾也。从冂，丨象糸也。凡巾之属皆从巾。段注：带下云：“佩必有巾。”佩巾，《礼》之“纷帨（shuì，佩巾）”也。说明这是礼仪的一部分。段注还说：巾可覆物，故从冂。《周礼·幂人》注：以巾覆物曰幂。也就是说“巾”字最初就是遮蔽某物的东西。“幂”字下段注：覆之则四面下垂。在周礼里还专门有人负责料理此事，叫“幂人”。再往后，这个“巾”字的概念就通俗了，按以巾拭物曰巾，如以帨拭手曰帨。就是人们腰间有两块“巾”，一个用来擦东西，一个用来擦手。《诗·召南·野有死麕》里那害羞的女子说：无感我帨兮，无使龙（máng）也吠。就是求男生别解我腰带之意思。再往后，段注：《玉篇》曰：“本以拭物，后人着之于头。”称头巾。

“帅”这个字也在“巾部”，《说文解字注·七篇下·巾部》：帅（帥），佩巾也。从巾，自声。但现在基本没这个说法了，这能理解成头巾飘飘也挺帅吧。段注：“率”与“帅”古多通用。如《周礼·乐师》故书帅为率，《聘礼》古文帅皆作率……佩巾本字作帅，假借作率也。从这个角度说，先头部队高举旗帜在前，如此振作军威，就是我们所说的“帅”的意思。

佩，《说文解字注·八篇上·人部》：佩，大带佩也。从人、凡、巾。佩必有巾，故从巾。巾谓之饰。指系在衣带上的装饰品。段注：大带佩者，谓佩必系于大带也。古者有大带，有革带。佩系于革带，不在大带，……从人者，人所以利用也。从凡者，所谓无所不佩也。从巾者，其一端也。古代君子，必佩玉。君子无故，玉不去身。以玉之美好，来标榜自己的品德。

玉 篆文

玉，《说文解字注·一篇上·玉部》：玉，石之美有五德者：润泽以温，仁之方也；䚡理自外，可以知中，义之方也；其声舒扬，专以远闻，智之方也；不挠而折，勇之方也；锐廉而不忮（zhì），絜之方也。

象三玉之连，丨，其贯也。凡玉之属皆从玉。玉有五品：润泽而温和，是仁；从外部观察纹理，可知内部真性，这是义；玉声舒展飞扬，传播而远闻，是智；宁折不屈服，是勇；圆润而不奇巧，是廉洁。字形像三块玉片的串连贯。丨，像玉串的贯绳。段注：贯谓如璧有纽，杂佩有组，聘圭有系，璲有五采丝绳，荀偃以朱丝系玉二瑴（jué）之类。

碧，石之青美者。从玉、石，白声。

3.笔墨纸砚

文字书写最终要满足推广需求、提升书写速度，这点在汉字上就有问题。汉字不同于字母文字，即便已经有些符号性，但还是难以摆脱其图画象征性的原型。比如印刷技术就受到大量汉字的限制，印刷一份报纸可能需要几千个不同的活字。我们目前使用电脑利用拼音写作，尽管已经很快了，但还是受同音字、同音词的困扰，打出w、m两个字母，就会出现“我们”“文明”“我妈”“外面”“微妙”等一系列词语，这显然使我们的书写速度减缓下来，且容易出现失误。而英语26个字母的任意组合就轻巧多了，在印刷和书写上都很便利。

随着汉字使用范围的扩大和掌握文字人数的增多，专职从事书写的人，会对书写速度有要求。从篆文到隶书的转变，就使得笔画简洁很多，成为古今汉字的分界线。简化后，汉字极大地丰富了。

其实，汉字简化还同书写方式及书写材料的变化有关。比如，最初汉字可能只被祭祀集团掌握，只能刻写在龟甲、兽骨上，后来甚至写在青铜钟鼎上面（甚至现在也依旧有碑刻等），那时，汉字是一种至高无上的象征。后来出现了竹简，虽然有利于留存，但毕竟太笨重了，不利于携带和传播。随着行政、贸易、通信往来，以及祭祀文献和艺术的传播等，人们需要更便捷的书写材料。比如莎草纸的发明就对埃及古文明的发展有重大意义。公元前3世纪，中国发明了笔；公元2世纪，中国发明了墨，墨代替了漆。笔和墨的发明对书写文字有重大影响，比如线条的柔和性——点、撇、捺等更加丰富和艺术起来。随着丝绸的发明，人们也从竹简等硬材料转向软材料，书写成了一种生活艺术。公元2世纪，蔡伦发明了纸。

跟任何书写材料相比，纸质地轻、易携带、结实、可折叠、廉价等，其优越性非常突出。可以说，纸的发明也改变了人类历史！但纸也有缺点，比如容易湿，洇墨。所以，这也决定了它的书写方式，比如要从上到下、从右到左书写。

中国古人之所以喜欢用字简洁凝练的诗词，跟以上这些因素有关，也跟汉字的排版印刷难度大有关。11世纪，毕昇发明了活字印刷，但必须先烧制大量的活字，还得有复杂的排版，所以，凡长卷，比如许慎写的《说文解字》先要由其儿子许冲上之于朝廷，由皇家保存，至北宋雍熙三年（986），才进行校勘并雕版流布。像《史记》这样的长卷要想印刷成书，就更不容易了。无论如何，印刷术不仅使书价变得便宜，而且也促进了文字普及。

关于这些，我们讲几个字。

《庄子》中有“舐笔和墨”句，说明在春秋战国时代，已经开始用毛笔和墨水了。笔，“聿（yù）”是“笔”的本字，最早见于甲骨文，为手握由竹管和兽毛制成的软性书写工具。《说文解字注·三篇下·聿部》：聿，所以书也（书写的工具）。楚谓之聿，吴谓之不律，燕谓之弗。从聿、一。凡聿之属皆从聿。段注：一语而声字各异也。笔，也在聿部。笔，秦谓之笔。从聿、竹。《释名》：笔，述也。述事而书之也。段注：《释器》：“不律谓之笔。”郭云：“蜀人呼笔为不律也。”《古今注》：古之笔，不论以竹以木，但能染墨成字，即谓之笔。此外，还有蒙恬造笔之说——蒙恬造笔，即秦笔耳。以枯木为管，鹿毛为柱，羊毛为被，所谓苍毫也。

《说文解字注·十三篇下·土部》：墨，书墨也。从土、黑。段注：盖笔墨自古有之，不始于蒙恬也。著于竹帛谓之书，竹木以桼，帛必以墨。用帛亦必不起于秦汉也。周人用玺书印章必施于帛，而不可施于竹木，然则古不专用竹木，信矣。引申之为“晋于是始墨”。这里面讲了几件事：

（1）笔墨自古有之，不见得始于蒙恬。

（2）写在竹简上是用漆，写在丝帛上用墨。印章等都是用在丝帛上的。

（3）晋代才开始用墨。

古代的墨，最初是用漆烧烟、松煤和鱼皮胶做的，后来会用到一种中药“五倍子”的汁儿，或用铅丹做红墨。北魏贾思勰著《齐民要术》最早记述制墨的方法：用上好烟捣细，过筛；一斤烟末和上五两好胶，浸在梣（chén）树皮（青皮木，治目之药也）汁中，再加五个鸡蛋白，又将一两朱砂、二两麝香犀香捣细和入，放入铁臼，捣三万下。每锭墨不超过二三两，宁可小，不可大。如此做出来的墨汁还是一味中药啊，小儿若腮腺肿大，可以涂抹之。

《说文解字注·十三篇上·糸部》：纸，絮也；一曰箔（shān）也。从糸，氏声。段注：《后汉书》曰：“蔡伦造意，用树肤、麻头及敝布、鱼（“渔”的古字）网以为纸。元兴元年奏上之，自是莫不从用焉。天下咸称蔡侯纸。”按，造纸昉于漂絮。其初丝絮为之，以箔荐而成之。今用竹质、木皮为纸，亦有致密竹帘荐之是也。《通俗文》曰：“方絮曰纸。”《释名》曰：“纸、砥也。平滑如砥。”

《后汉书·宦者传·蔡伦》：自古书契多编以竹简，其用缣帛者谓之为纸。缣贵而简重，并不便于人。伦乃造意，用树肤、麻头及敝布、鱼网以为纸。也就是说，纸又便宜又方便。

砚，《说文解字注·九篇下·石部》：砚，石滑也。从石，见声。段注：今人研墨者曰砚。其引伸之义也。

笔、墨、纸、砚是中国独有的书法、绘画工具，是中国文人的心头好。其中，史前的彩陶纹饰、商周的甲骨文、竹木简牍、缣帛书画等到处留下了原始用墨的遗痕。文献记载，古代的墨刑（黥面）、墨绳（木工所用）、墨龟（占卜）也均曾用墨。而砚台，别名“润色先生”，是文房四宝中能传世最久的一宝。

4. 军队的配置

除了生活用具、文学艺术，军队的配置也是国家统治的要点。首先是武器，有弓部、刀部、戈部、戍部等。

《说文解字注·十二篇下·弓部》：弓，穷也。以近穷远也。象形。古者挥作弓。《周礼》六弓：“王弓、弧弓以射甲革甚质；夹弓、庾弓，以射干侯鸟兽；唐弓、大弓以授学射者。”凡弓之属皆从弓。弓是以近射远的武器，字形像弓的形象。古代名叫“挥”的人创制了弓。《周礼》上说的六弓是：王弓、弧弓用来射击铠甲或射击甲革制的靶子，夹弓、庾弓用来射击胡地野狗皮或其他鸟兽皮做的靶子，唐弓、大弓用来教练初学射箭的人。

弓部字有：

张（張），施弓弦也。从弓，长声。段注：《礼记》曰：“张而不弛，文武弗能也。弛而不张，文武弗为也。一张一弛，文武之道也。”

引，开弓也。从弓、丨。段注：施弦于弓曰张，钩弦使满以竟矢之长亦曰张，是谓之引。凡延长之称、开导之称，皆引申于此。

弓 甲骨文

弩，弓有臂者。从弓，奴声。《周礼》四弩：夹弩、庾弩、唐弩、大弩。

盛弓弩矢器的就是“医”，《说文解字注 · 十二篇下 · 匚部》：医，盛弓弩矢器也。从匚、矢，矢亦声。《春秋国语》曰：“兵不解医。”就是士兵不能在休息室解下盛弓弩矢器的“医”。

《说文解字注 · 四篇下 · 刀部》：刀，兵也。象形。凡刀之属皆从刀。

刀部字很多，大多跟武器有关。

削，鞞（bǐng）也。从刀，肖声。一曰，析也。段注：革部曰：“鞞，刀室也。”所以，削，应该是鞘，是套刀、套剑的皮壳。木部曰：“析，破木也。”析从斤，削从刀，皆训破木。凡侵削、削弱，皆其引伸之义也。削，还有“分割”的意思。

利 甲骨文

利，铦（xiān）也。刀和然后利，从刀，和省。《易》曰：“利者，义之和也。”本是一种农具，甲骨文的“利”字左部是禾，像成熟的庄稼；右部为“勿”字，勿是“刎”的初文，所以“利”就是用刀割庄稼。段注“刀和然后利”，即正确使用此物后各有所利。

刚（剛），强断也。从刀，岡声。段注：引伸凡有力曰刚。

列，分解也。从刀，𡿪声。指肢解极刑。同“裂”。段注：引伸为行列之义。切割整齐的意思。

副，判也。从刀，畐声。段注：副之则一物成二。因仍谓之副。因之凡分而合者皆谓之副。

刖（yuè），绝也。从刀，月声。段注：凡绝皆称刖，故劓下云：“刖鼻也。”刖足则为趴。指古代刑罚。

“刑”字不在“刀部”而在“井部”。《说文解字注·五篇下·井部》：刑（荆），罚罪也，从刀、井。《易》曰：井者，法也。段注：夫井上争水。不至用刀。至于詈骂当罚。五罚断不用刀也。故许以罚入刀部。谓持刀骂詈则应罚。所以，刑、罚在古代不同。刑，属于大罪。“罚”字在“刀部”。《说文解字注·四篇下·刀部》：罚（罰），罪之小者。从刀、詈。未以刀有所贼，但持刀骂詈，则应罚。段注：罚为犯法之小者……古五罚不用刀也。刑为罚罪之重者，五罚轻于五刑。比如，持刀劫掠杀人为大罪，但持刀骂人、威胁人，则属小罪，应当处罚。“罚”字由“罒”（法网）、“讠”（言）和“刂”（刀）组合而成，此字还真对应现代的网络时代呢，在网上叫骂者或语言暴力者，理应受处罚。

五罚是什么呢？对罪不当五刑者处以交相应五种赎金，称为五罚。凡不足墨刑（脸上刺字）者罚百锾；依次鼻（劓刑，割鼻），二百锾；剕（刖刑：砍掉罪犯的脚），五百锾；宫（腐刑：男子割势、妇人幽闭），六百锾；大辟（死刑：炮烙、车裂、腰斩等），千锾。《说文解字注·十四篇上·金部》：锾（鍰，huán），锊也。从金，爰声。段注：今文谓率六两，说古文者谓锾六两大半两。许用古文说者也。百锾为三斤。

券，契也。从刀，𢍏声。券别之书，以刀判契其旁，故曰契券。就是契据。

刺，君杀大夫曰刺。刺，直伤也。从刀、朿，朿亦声。段注：刺，杀也。讯而有罪则杀之。

兵，械也。从廾持斤，并力之貌。侀，古文兵，从人、廾、干。（《说文解字注·三篇上·収部》）军械。字形采用“廾、斤”会意，像双手持斧，使劲的样子。段注：械者，器之总名。器曰兵，用器之人亦曰兵。下文云：“从廾持斤。”则制字兵与戒同意也。兵，原指军械，后指士兵。

兵 甲骨文

《说文解字注·十二篇下·戈部》：戈，平头戟（jǐ）也。从弋，一衡之。象形。凡戈之属皆从戈。平头的戟类兵器，“一”表示横击。字形像戈的形状。段注：矛刺兵，殳击兵。殳专（zhuān）于击者也，矛专于刺者也，戟者兼刺与句者也，戈者兼句与击者也。用其横刃则为句兵，用横刃之喙以啄人则为击兵。击与句相因为用。也就是殳（长一丈二尺，竖立在兵车上），被车上的部队拿着作先锋。矛（建于兵车，长二丈）专用于刺。戟，不像戈之平头，而有三锋，兼刺与钩。戈，平头，兼钩与击。

矛，酋矛也。建于兵车，长二丈。象形。凡矛之属皆从矛。（《说文解字注·十四篇上·矛部》）段注：见《考工记》。记有酋矛、夷矛。酋矛常有四尺，夷矛三寻。……《鲁颂》笺云：“兵车之法，左人持弓，右人持矛，中人御。”……矛有英饰也。

戍，守边也。从人持戈。戍守边境。

车 甲骨文

车（車），舆轮之总名也。夏后时奚仲所造。象形。凡车之属皆从车。䡅，籀文车。（《说文解字注·十四篇上·车部》）据说，车是夏后时代叫奚仲的工匠创造的。奚仲为夏禹掌车服大夫。段注：车之事多矣，独言舆（yú，车舆也。车厢）轮者，以毂、辐、牙皆统于轮，轼、較、軫（jué）、轵、轛（duì）

皆统于舆，辀与轴则所以行此舆轮者也。故仓颉之制字，但象其一舆两轮一轴，许君之说字，谓之“舆轮之总名”，言轮而轴见矣。浑言之，则舆轮之总名。析言之，则惟舆称车，……《释名》曰：“古者曰车，声如居。言行所以居人也……”现在象棋里“车”就读“jū”。

车部还有“轼”。轼，车前也。段注：轼与较皆车阑上之木。登高可以望远，所以苏轼字子瞻。

军　篆文

军（軍），圜（huán）围也（环形围绕）。四千人为军。从包省，从车。车，兵车也。段注：于字形得环义，于字音得围义。……许书当作“万有二千五百人为军”，……“军之五百人为旅。”师篆下云：“二千五百人为师。”……百人为卒。所谓“辕门”，指仰起两车，车辕相向以表示门，称辕门。

鞭，殴也。从革，便声。（《说文解字注·三篇下·革部》）段注：《尚书》：“鞭作官刑。”……皆谓鞭所以殴人之物，以之殴人亦曰鞭。经典之鞭，皆施于人，不谓施于马。……非若今人竟谓以杖马之物杖人也。……击马之箠（棰）用竹，殴人之鞭用革。也就是，鞭策马匹的是“箠”，故其字亦从“竹”；打人的鞭子用皮革，所以从“革”。

作为军队，旗帜是最重要的。

《说文解字注·七篇上·㫃部》：㫃（yǎn），旌旗之游㫃蹇之貌。从屮曲而垂下㫃相出入也。读若偃，古人名㫃，字子游。凡㫃之属皆从㫃。就是旗帜飘动的样子。段注：游相出入者，谓从风往复如一出一入然，……晋有籍偃、荀偃，郑有公子偃、驷偃，孔子弟子有言偃，皆字游。

㫃　甲骨文

“㫃”是象形字。在甲骨文中，像一面飘扬的旗子：竖立的部分代表旗杆，旗杆顶端是一些装饰（多为羽毛），右边的曲线代表旗帜。

旗、旌、旄、旆是从㫃的形声字，其声旁分别是其、生、毛、市；族、旋、旅等是以“㫃”为意符的会意字。

旗，熊旗五游，以象伐星，士卒以为期。从㫃，其声。画着熊的图案的军旗上有五根飘带，用以象征征伐，士卒把军中飘起熊旗的时刻，当作部队集合、出征讨伐的标志。段注：注曰：“画熊虎者，乡遂出军赋，象其守猛莫敢犯也。”……《释名》曰：“熊虎为旗，军将所建，象其猛如虎，你也可以说它是图腾。

旋，周旋，旌旗之指麾也。从㫃、疋。疋，足也。就是挥转旌旗，表示将帅发出作战信号，人足随旌旗以周旋。

旄，幢也。从㫃，毛声。幡一类的旗帜。段注：旄是旌旗之名。汉之羽葆幢，以牦牛尾为之，如斗，在乘舆左騑马头上。

旅，军之五百人。从㫃，从从。从，俱也。段注：《大司徒》：“五人为伍，五伍为两，四两为卒，五卒为旅，五旅为师，五师为军，以起军旅。”

第十一章 人之生老病死

一、人之身体

跟躯体有关的部首：身部、肉部、骨部等。

身，在《说文解字注·八篇上·身部》：身，躳（同“躬”）也。从人，申省声。凡身之属皆从身。段注：躳谓身之伛，主于脊骨也。其中，“吕”就是脊柱。

身　甲骨文

“身”字的甲骨文是一个面朝左的人，肚子大大的，手臂向前伸，中间的椭圆形就是人的身体。有人好奇：这个大腹便便的人是怀孕了吗？答案是否定的。因为甲骨文中的“身”只用于男人。甲骨文卜辞中有“王疾身”的文字，意思是王的身体有病，这种病很有可能是大肚子病，即我们今天所说的血吸虫病。

身部还有“躯”。躯，体也。从身，区声。

体，《说文解字注·四篇下·骨部》：体（體），总十二属也。从骨，豊声。关于人体十二部分，段注：首之属有三：曰顶，曰面，曰颐；身之属三：曰肩，曰脊，曰尻（tún，髀也）；手之属三：曰厷（gōng，同“肱”），曰臂，曰手；足之属三：曰股，曰胫，曰足。合《说文》全书求之，以十二者统之，皆此十二者所分属也。人体外形大致是这十二部分。

1. 从头到脚说人体

头，《说文解字注·九篇上·页部》：头（頭），首也。从页，豆声。

耳，《说文解字注・十二篇上・耳部》：耳，主听者也。象形。凡耳之属皆从耳。

眉，《说文解字注・四篇上・眉部》：眉，目上毛也。从目，象眉之形。上象额理（抬头纹）也。凡眉之属皆从眉。段注：人老则有长眉。《豳风》《小雅》皆言“眉寿”，……《方言》：“眉、黎、耋、鲐，老也。东齐曰眉。”……谓冰在两眉上也，并二眉，则额理在眉间之上。

牙，《说文解字注・二篇下・牙部》：牙，壮齿也。象上下相错之形。凡牙之属皆从牙。段注：壮，各平讹作“牡”。……“壮，大也。”壮齿者，齿之大者也。统言之，皆称齿、称牙；析言之，则前当唇者称齿，后在辅车者称牙。牙较大于齿。即，门牙为齿，后槽牙为牙，唇齿相依。

嗌（yì），《说文解字注・二篇上・口部》：咽也。从口，益声。段注：嗌者，扼者，扼要之处也。

关于身体的字大部分在“肉部”。

《说文解字注・四篇下・肉部》：肉，胾（zì）肉。象形。凡肉之属皆从肉。段注：下文曰：“胾，大脔（切肉曰脔。脔之大者曰胾）也。”谓鸟兽之肉。胾肉就是大块的肉。段注：人曰肌，鸟兽曰肉，此其分别也。

肩，甲骨文像肩胛骨之形，后追加形符“肉”成为形声字“肩”，俗写作“肩”：肩，髆（bó，肩甲也）也。从肉，象形。字形采用“肉、户”会意，“户”像肩甲连臂的形状。俗体“肩”字，采用“户”作偏旁。段注：俗肩从户。是说肩膀就像门轴，现在人紧张时就会无意识耸肩，造成两肩高

肉 甲骨文

肩 甲骨文

肩 篆文

耸，阻隔了气血上头，所以平时要多做肩膀运动，前后摇动。

背，脊也。从肉，北声。段注：脊，背吕（脊骨）也。然则脊者背之一端，背不止于脊。是说脊柱只是后背的一部分，放松脊柱的关键在于放松后背。

肘，臂节也。从肉、寸。寸，手寸口。段注：厷（肱）与臂之节曰肘，股与胫之节曰膝。……按，上谓厷，下谓臂也。

臂，手上也。从肉，辟声。从手至肘的部分。段注：又部曰："厷，臂上也。"此皆析言之。亦（腋）下云："人之臂亦"，浑言之也。浑言则厷、臂互称。

胃　金文

胃，穀府也。从肉，囷象形。段注：《白虎通》曰："胃者，脾之府也。脾主禀气，胃者穀之委也，故脾禀气于胃也。"《素问》："脾胃者，仓廪之官，五味出焉。"

腹，厚也。从肉，复声。段注：谓腹之取名，以其厚大。《释名》曰："腹，复也。富也。"

肾，水藏也。从肉，臤声。肺，金藏也。

脾，土藏也。

肝，木藏也。

五藏只有心不在肉部。心，在"心部"。

胆（膽），连肝之府也。从肉，詹声。段注：《白虎通》曰："……胆者，肝之府也。肝主仁，仁者不忍，故以胆断，仁者必有勇也。"《素问》曰："胆者，中正之官，决断出焉。"肝主仁，需要胆为之决断。

肠（腸），大小肠也。从肉，昜声。段注：《白虎通》曰："大肠小肠，心之府也。心者，主礼。礼者，有分理，肠之大小相承受也。肠为胃纪，胃为脾府，……"《黄帝内经》：心与小肠相表里，肺与大肠相表里。

脬（pāo），旁光（膀胱）也。从肉，孚声。段注：《白虎通》曰："旁光者，肺之府也。肺者，断决，胆、旁光亦常张有势，故先决难也。"《素问》曰："旁光者，州都之官，津液藏焉。"脬，俗作胞。

要 篆文

《说文》没有收"腰"字，因为"要"就是"腰"。《说文解字注·三篇上·臼部》：要，身中也。象人要自臼之形。从臼。像人用两手叉着腰部的样子。段注：上象人首，下象人足，中象人腰，而自臼持之故从臼。必从臼者，象形犹未显。人多护惜其腰故也。

膜，肉间胲膜也。从肉，莫声。肉里分隔两部分组织的薄膜。段注：《释名》：膜，幕也。幕络一体也。……膜在肉里也。

胯，股也。从肉，夸声。段注：胯，两股之间也。

脚，胫也。从肉，却声。

这一页有个"肖"字，肖，骨肉相似也。从肉，小声。不似其先，故曰"不肖"也。也就是"不肖子孙"。段注：骨肉相似者，谓此人骨肉与彼人骨肉状貌略同也。故字从肉。

足，《说文解字注·二篇下·足部》：足，人之足也。在体下。从口、止。凡足之属皆从足。

跟，足踵也。从足，艮声。䟫，跟或从止。段注：足后曰跟。一体任之。象本根也。

再说“骨部”。

《说文解字注·四篇下·骨部》：骨，肉之覈（hé，通“核”）也。从冎（guǎ）有肉。凡骨之属皆从骨。肉之核，即肌肉所依附的坚硬组织。段注：梅李谓之核者，亦肉中有骨也。比喻果实以果核为骨。又曰：去肉为冎，在肉中为骨。

骨部的字有：

髋，髀上也。从骨，宽声。段注：髋者，其骨最宽大也。……《释名》云：“枢，机也。要髀股动摇如枢机也。”正谓此髋与髀相接处。此处出问题属脾病。同时，肾主骨。

髌，膝端也。从骨，髌声。就是膝盖。此处出问题病在胃和肾。

骾，食骨留咽中也。从骨，更声。段注：忠言逆耳，如食骨在喉，故云骨骾之臣。忠言逆耳，能说正确的硬话的人，称骨骾之臣。

骼，禽兽之骨曰骼。从骨，各声。

“尸部”字也表示人体。

《说文解字注·八篇上·尸部》：尻（kāo），脽（同“臀”）也。从尸，九声。但尻不是臀部。段注：按，《释名》以尻（“脽”下注：尻乃近秽处）与臀别为二。《汉书》“结股脚，连脽尻”，每句皆合二物也。尻，今俗云沟子是也，脽，今俗云屁股是也。析言是二，统言是一。故许云：“尻，脽也。”也就是“尻”指屁股沟子，臀指屁股蛋。

2. 人的体态

还有一些描绘体态的字，非常有趣。比如，古人胖不称“胖”，而称“肥”，并以肥为美。

胖，《说文解字注·二篇上·半部》：半体也。一曰，广肉。从半、肉，半亦声。指屠宰后对半剖开的畜生的肉，读作pàn。由于选用的祭牲都是最肥的，故引申出表胖大、肥胖，又指肿胀、浮肿，以上义读pàng。“心宽体胖”之“胖”义读pán，为舒坦、宽适意。

《说文解字注·四篇下·肉部》：肥，多肉也。从肉、卪（jié）。卪，是“节”的古今字。段注：肉不可过多，故从卪。

古代有一个胖子不容易，所以古代人认为肥特别美，比如汉朝的宰相陈平年轻时就很肥美，《史记·陈丞相世家》说：平为人长大美色。人或谓陈平曰："贫，何食而肥若是？"其嫂曰："亦食糠覈（核）耳。"可见吃糠咽菜（多吃粗粮）也能肥硕，但毕竟穷，穷到家里只能用破席子当门，也娶不上媳妇。当时有个有钱人叫张负，有个孙女"五嫁而夫辄死，人莫敢娶"。张负就决定把这个克夫的孙女嫁给陈平，并且说："人固有好美如陈平而长贫贱者乎？"你看世界上有谁肥美如陈平而常年运气差、处于贫贱境遇的呢？果然，陈平后来的人生平步青云，被司马迁称为"平竟自脱，定宗庙，以荣名终，称贤相，岂不善始善终哉"。这世上，善始的人多，但能善终，才是高人。

腴，腹下肥也。从肉，臾声。段注：《论衡》"《传》语曰：尧若腊（肉干），舜若腒（jū，鸟类的干肉），桀纣之君垂腴尺余"是也。腴，专门指大肚子。看来尧舜都很瘦，而桀纣则大腹便便，《黄帝内经》形容这类人"腹若垂囊"，十分形象。

腻，上肥也。从肉，贰声。指脸部肉墩墩。看来油腻男自古有之。

脂，戴角者脂，无角者膏。从肉，旨声。即："戴角"动物的脂肪叫"脂"，无角动物的脂肪叫"膏"。段注：《大戴·易本命》曰："戴角者无上齿。"谓牛无上齿，触而不噬也。"无角者膏而无前齿。"谓豕属也。无前齿者，齿盛于后不用前。"有羽者脂而无后齿。"羽当为"角"，谓羊属也，齿盛于前不任后。此说有趣，没事时可以去观察下。

脱，消肉臞（qú）也。从肉，兑声。臞，少肉也。段注：消肉之臞，臞之甚者也。今俗语谓瘦太甚者曰脱形，言其形象如解蜕也。

胡，也在肉部。胡，牛顙（古同"额"）垂也。从肉，古声。段注：牛自颐至颈下垂肥者也。引伸之，凡物皆曰胡。就是指下巴上的肥肉。有一个成语叫"跋胡疐（zhì）尾"，是什么意思呢？此句出于《诗·豳风·狼跋》："狼跋其胡，载疐其尾。"疐，碍不行也。从叀，引而止之也。这句意思是说肥狼向前进就踩着它的胡（下巴下面下垂的肉），往后退就绊着尾巴而跌倒。比喻陷入困境，进退两难。

夭，《说文解字注·十篇下·夭部》：夭，屈也。从大，象形。凡夭之属皆从夭。段注：此皆谓物初长可观也。物初长者，尚屈而未申。指万物初生妖娆的样子。假如最终没有长成，就是夭折。段注：假令不成，遂则终于夭而已矣。故《左传》《国语》注曰："短折曰夭。"

什么是好的体态呢?《论语》：子之燕居，申申如也，夭夭如也。段注：上句谓其申，下句谓其屈。不屈不申之间，其斯为圣人之容乎。即为人不卑不亢，不屈不申，就是自在从容。

形容女子体态的两个字就是窈窕。窈、窕二字在"穴部"。窈，深远也。从穴，幼声。窕，深肆极也。从穴，兆声。因为都在穴部，所以都有幽静深远的意思。女孩子幽静深远，就是美。《方言》曰：美心为窈，美状为窕。

3. 人的表情

这一节说说人的各种表情。

有些字意美，有些字意恶，比如"笑"字和"哭"字。许慎《说文》未收"笑"字，唐朝李阳冰解释"竹得风，其体夭屈如人之笑"。把"笑"解释为竹枝在风中轻快地摇曳，由此，笑具有竹之功能，笑可使人关节、气血等畅通，为健康之妙方。也有人认为："笑"从"竹"字的理由是"竹为乐器，君子乐然后笑"。

哭，《说文解字注·二篇上·哭部》：哭，哀声也。从吅（xuān，同"喧"，大声惊呼），从狱省声。凡哭之属皆从哭。关于"哭"字"从狱省声"，段玉裁提出自己的见解，认为此字应该从"犬"，认为人的哭声犹如犬嚎。他说：窃谓从犬之字，如狡、獪、狂、默、猝、猥、㹘、狠、犷、状、獳、狎、狃、犯、猜、猛、犺、狤（同"怯"）、狟、戾、独、狩、臭、獘、献、类（類）、犹卅字，皆从犬（就是以上这些字都从犬，是把犬性移到人性的一种表达）而移以言人，安见非哭本谓犬嗥（同"嗥"），而移以言人也？他最后总结说：凡造字之本意有不可得者，如禿之从禾；用字之本义亦有不可知者，如家之从豕，哭之从犬。愚以为家入豕部，从豕、宀，哭入犬部，从犬、吅，皆会意而移以言人。就是大凡造字本意有不可得时，就以会意来理解，比如"家"字有"豕"，"哭"字从"犬"，无非是把动物性比拟为人性。比如"狡"是用犬性之狡猾比喻人性，用犬之狠毒比喻人心之狠。

段玉裁认为，哭原指狗的哀嚎声，用狗的嚎号来代表人的哀号。古代这种用狗的某种品性与动作移用于人的例子很多，比如“狂”，《说文解字注·十篇上·犬部》：狂，狾（zhì）犬也。原本指患狂犬病的狗。段注：假借之为人病之称。《韩非子·解老》：心不能审得失之地则谓之狂也。这个解释很好，狂病是疯心病，源于心不能守住界限，不知得失、不知好坏，像狗一样乱咬。

再比如：默，犬暂逐人也。从犬，黑声。读若墨。（《说文解字注·十篇上·犬部》）指狗突然追逐人使人受到惊吓而不敢出声。后来就假借为“静穆”。

独（獨），犬相得而斗也。从犬，蜀声。羊为群，犬为独。（《说文解字注·十篇上·犬部》）狗相遇时总是互相争斗。字形采用“犬”作偏旁，“蜀”作声旁。羊的品性乐于合群，狗的特性倾向独处。段注：犬好斗，好斗则独而不群。引伸假借之，为专一之称。……《孟子》曰：“老而无子曰独。”其实此字所谓声旁“蜀”也并非没有意义，蜀，葵中蚕也。从虫，上目象蜀头形，中象其身蜎蜎。（《说文解字注·十三篇上·虫部》）蚕宝宝蛄蛹的样子也很孤独无助啊！所以孤独不只是内心的事儿，也挂相。

喜 甲骨文

泣，无声出涕者曰泣。从水，立声（《说文解字注·十一篇上二·水部》）。这是比“哭”还难过的表情。段注：哭下曰：“哀声也。”其出涕不待言，其无声出涕者为泣，此哭、泣之别也。

喜，乐也。从壴（zhù），从口。凡喜之属皆从喜。歖，古文喜，从欠，与欢同。（《说文解字注·五篇上·喜部》）壴，陈乐立而上见也。从屮、豆。

（《说文解字注・五篇上・壴部》）是将鼓架立起，上端的装饰物就可以看见的意思，表示人听到鼓声而高兴。“喜”字下段注：从口者，笑下曰：“喜也。”闻乐则笑，故从壴、从口会意。

欢（歡），《说文解字注・八篇下・欠部》：欢，喜乐也。从欠，雚声。

欣，《说文解字注・八篇下・欠部》：欣，笑喜也。从欠，斤声。

窘，《说文解字注・七篇下・穴部》：迫也。从穴，君声。段注：窘，困也。

凶，《说文解字注・七篇上・凶部》：凶，恶也。象地穿交陷其中也。凡凶之属皆从凶。

凶部就一个字，“兇”（同“凶”）。兇，扰恐也。从儿在凶下。像人陷入大坑里而恐惧万分的样子。段注：兇，恐惧声。

蔑，《说文解字注・四篇上・𥄕（mò）部》：蔑，劳目无精也。从𥄕，从戍。人劳则蔑然也。就是人没有精神、茫然的样子。段注：目劳则精光茫然。通作眛。……引伸之义为细，如木细枝谓之蔑是也。又引伸之义为无。

狠，《说文解字注・十篇上・犬部》：狠，犬斗声。从犬，艮声。群狗打架的叫声。

艮　战国文字

恨，《说文解字注・十篇下・心部》：恨，怨也。从心，艮声。有怒目相视的意味。这个怒目从“艮”字来。艮，在战国文字中由上下两部分组成，上面是一只大眼睛，下面是一个站立的人的形状。《说文解字注・八篇上・匕部》：艮（𥃩），很也。从匕、目。匕、目，犹目相匕，不相下也。段注：若怒目相视也。

冤，《说文解字注·十篇上·兔部》：冤，屈也。从冂（jiōng）、兔。兔在冂下，不得走，益屈折也。兔在冂（此指边界）下，不得逃跑，更加觉得屈侮挫败。

睽，《说文解字注·四篇上·目部》：目不相听也。从目，癸声。相互瞪眼，彼此不从。段注：听，犹顺也。二女志不同行，犹二目不同视也。

傲，《说文解字注·八篇上·人部》：傲，倨也。从人，敖声。倨傲不逊。

装，《说文解字注·八篇上·衣部》：装，裹也。从衣，壮声。段注：束其外曰装。故著絮于衣亦曰装。整个字的意思是往衣服里填东西，后来便引申为“装样子”。

贪，《说文解字注·六篇下·贝部》：贪，欲物也。从贝，今声。段注：女部“婪”皆训贪。

嗔，《说文解字注·二篇上·口部》：盛气也。从口，真声。段注：盛身中之气使之阗满。

《黄帝内经》讲心“之华在面”，所以人的表情多是心情的外化。

憨（黝），憨者忘而息也。从黑，敢声。表情蠢蠢的样子。

怂，惊也。从心，从声。读若悚。段注：悚当作竦。

忻，闿（开也）也。从心，斤声。段注：忻谓心之开发。与欠部欣谓笑喜也异义。《司马法》：谓开其善心，闭其恶心，是为最善。

忼，忼慨也。忼慨，壮士不得志于心也。从心，亢声。一曰，《易》“忼（通“亢”）龙有悔”。忼慨，今写作“慷慨”。壮士不得志于心这事使得很多人一生愤懑感慨。

惆，失意也。从心，周声。段注：《广雅》曰：“惆，痛也。”

怅，望恨也。从心，长声。段注：望其还而不至为恨也。

忾，大息貌。从心，气声。太息的样子。是个形声字。段注：大息者，呼吸之大者也。

怜（憐），哀也。从心，粦声。哀怜、怜悯。

愁，忧也。从心，秋声。忧心忡忡的样子。

4. 人的睡梦

梦（夢），《说文解字注・七篇上・夕部》：梦，不明也。从夕，㝱省声。指不明不白的混乱意识。其中，瞢，目不明也。从苜（mò），从旬（xuàn）。旬，目数摇也。（《说文解字注・四篇上・苜部》）所以，这是个形声兼会意字。“梦”字下段注：《释训》曰：“梦梦，乱也。”按，故训释为乱，许云“不明”者，由不明而乱也。以其字从夕，故释为不明也，梦之本义为不明，今字假为㝱、寐字，夢行而㝱废矣。

原始的“㝱”字在《说文解字注・七篇下・㝱部》：㝱，寐而有觉也。从宀，从爿，夢声。《周礼》：“以日月星辰占六㝱之吉凶。一曰，正㝱；二曰，罗（通“愕”）㝱；三曰，思㝱；四曰，悟㝱；五曰，喜㝱；六曰，惧㝱。”凡㝱之属皆从㝱。段注：寐而觉、与醒字下“醉而觉”同意。今字假夢为之，夢行而㝱废矣。

这里提到“占梦”，指古代以梦境占卜吉凶的迷信活动。占卜的方法很多，但西周认为梦为最大，西周设有圆梦之官。一曰正梦——无所感动，平安自梦也。正梦，是指没有内外因素刺激的情境下，心无杂念、无忧无虑的自然之梦。这种梦因无明显的刺激因素，醒后也没有什么心理影响（大凡也没有记忆），有时候倒比较接近“至人无梦”的境界。二曰噩梦——谓惊愕为梦也。噩梦又多指梦魇，常常由梦中焦虑发作引起，典型情况是在下半夜发生危及生命与安全的恐怖梦境，梦者往往惊恐万状，动弹不了，醒后又久久不能平静。三曰思梦——觉时所思念之而梦也。思梦，一般认为这是由思念、追忆引起的梦。四曰寤梦——觉时所道之而梦也。五曰喜梦——喜悦而梦也。六曰惧梦——恐惧而梦也。

明代陈士元写了本《梦占逸旨》，将梦分成九种：气盛之梦、气虚之梦、邪寓之梦、体滞之梦、情溢之梦、直叶之梦、比象之梦、反极之梦、厉妖之梦。这大大深化了对梦的研究。比如“情溢”的意思就是七情过度，“情溢之梦”就是因心理感情因素而招致的梦。“直叶之梦”就是说你做的这个梦得到了应验。比如梦见某人，你当真就见到某人；梦到一只小鹿，果真见到了小鹿；等等。“比象之梦”就是因象比类而有应验之梦。比如，某人将要当官，会梦见棺材；某人将要人前显贵，就会梦见自己登高；等等。“反极之梦”就是我们常说的“梦都是反着的”，指梦后所见之事实与梦中截然相反。比如梦见歌舞，反倒是有哭泣、口舌或诉讼之事；梦见大鱼大肉，做梦者实际上可能是饥肠辘辘；梦见温暖的东西，做梦者可能十分寒冷。“厉妖之梦”，实际上就是出现妖魔鬼怪的梦。一般说来，人之所以梦见妖魔鬼怪，是因为“志虑疑猜，神奇昏乱”所致。

而《黄帝内经》则从阴阳邪气的角度分析梦境：阴气盛，则梦涉大水而恐惧；阳气盛，则梦大火而燔焫；阴阳俱盛，则梦相杀。上盛则梦飞，下盛则梦堕；甚饥则梦取，甚饱则梦予；肝气盛，则梦怒，肺气盛，则梦恐惧、哭泣、飞扬；心气盛，则梦善笑、恐畏；脾气盛，则梦歌乐、身体重不举；肾气盛，则梦腰脊两解不属。即：如果阴邪亢盛，人会梦见渡涉大水而感到恐惧；阳邪亢盛，人就会梦见大火烧灼的景象，表现在身体上也可能是高烧；阴气和阳气都亢盛，会梦见相互厮杀。人体上部邪气亢盛，梦见身体在天空飞腾，人体下部邪气亢盛，梦见身体向下坠堕；过度饥饿的时候，会梦见向人索取东西，过饱的时候，会梦见给予别人东西；肝邪亢盛，人做愤怒的梦，肺邪亢盛，人会做恐惧、哭泣和飞扬腾越的梦；心气亢盛，人会梦见好喜笑或恐惧畏怯；脾气亢盛，人会梦见歌唱奏乐或身体沉重不能举动；肾气亢盛，人会梦见腰脊分离而不相连接。

㝱部字有寐、寤。

寐，卧也。从㝱省，未声。段注：俗所谓睡著（着）也。《周南》、毛传曰：“寐，寝也。”

寤，寐觉而有言曰寤。从㝱省，吾声。一曰，昼见而夜㝱也。段注：《仓颉篇》“觉而有言曰寤”，……按，《周南》、毛传曰：“寤（wù，同“寤”），觉也。”《卫风》郑笺同。言其大略而已。郑释《周礼》寤梦云“觉时道之而梦”，亦与《仓颉篇》同也。古书多假寤为悟。

觉（覺），《说文解字注・八篇下・见部》：觉，悟也。从见，学省声。一曰，发也。段注：悟，各本作“寤”，今正。心部曰：“悟者，觉也。”二字为转注。

睡，《说文解字注・四篇上・目部》：睡，坐寐也。从目、垂。这是什么意思呢？“睡”字左边是一个“目”字边，右边是个“垂”字。“垂”字本义是人坐土上，《说文》：垂，远边也。后写作“陲”。段注：坐而假寐。“睡”就是坐着打盹。

《说文》没有收“眠”字，本字为“瞑”。《说文解字注·四篇上·目部》：瞑，翕目也。从目、冥。翕，合也。就是闭目合眼的意思。

“醒”在《说文解字注》中未收，但有“酲（chéng）”字：酲，病酒也。一曰，醉而觉也。从酉，呈声。段注：《小雅》曰：“忧心如酲。”传曰：“病酒曰酲。”……许无醒字，醉中有所觉悟，即是酲也。故酲足以兼之。《字林》始有醒字。

二、人之疾病

表示疾病的多在疒（nè）部、肉部等。

先说疒部，现在叫作“病字旁”，有人说这个偏旁应该读作chuáng，但拼音里还是在“nè”里能打出这个字。《说文解字注·七篇下·疒部》：疒（𤕫），倚也。人有疾痛也。象倚箸之形。凡疒之属皆从疒。段注：倚与疒音相近。把这个字倒转90度，就是个有靠背的、可以倚靠的床。又曰：或谓即爿（床）、狀（状）、牆（墙）、戕之左旁。有病或受伤了先要倚床休息。

疾　甲骨文

床（牀），安身之几坐也。从木，爿声。（《说文解字注·六篇上·木部》）段注：古人坐于床，而又不似今人垂足而坐之证也。床亦可卧，古人之卧，隐几而已。床前有几，孟子“隐几而卧”是也。

几，炕上小桌子，几上有琴。

疾，病也。从疒，矢声。𤵸，古文疾。甲骨文是一个人被箭射伤的样子。所以，“疾”是外伤，是小病。段注：析言之，则病为疾加，浑言之，则疾亦病也。按，经传多训为急也，速也。此引伸之义，如病之来多无期无迹也。指有些病发作很急，又无期无迹，所以“疾”引申为急速。

病，疾加也。从疒，丙声。疾病加重叫作“病”。《释名》：病，并也。（邪气）并与正气在肤体中也。病字从“丙”，丙对应心火，属于内伤，这大概也是“病”比“疾”重的原因。

其实，如果只把“病”视作身体之病，而不了悟疾病大多源于人性之病，此病还是得不到根本解决的。

比如说人生有十二种病：

（1）随恶人言是病。

（2）邪妄谄曲是病。

（3）言语伤人是病。

（4）贪爱色欲是病。

（5）杀害众生是病。

（6）不敬父母是病。

（7）作恶不悔是病。

（8）愚痴颠倒是病。

（9）侵占他人是病。

（10）好觅人过是病。

（11）无惭无愧是病。

（12）我慢贡高是病。

其实这些都是导致人生病的根源。

比如《孔子家语》记述孔子的弟子“原宪衣弊衣冠，并日蔬食（两天才能吃顿饭），衎然有自得之志”。子贡曰：“甚矣！子如何之病也。”子贡嘲笑原宪贫困潦倒。原宪曰：“吾闻无财者谓之贫，学道不能行者谓之病。吾贫也，非病也。”即，原宪说：我只是穷困，却能学道并践道，所以我没病。子贡听了原宪的话感到很惭愧，终身都为说过这样错误的话而羞愧。

十二种病如何得治，世尊答言，有十二种药，可令此病得痊：

（1）慈悲喜舍是药。

（2）谦让作小是药。

（3）赞叹大乘是药。

（4）有恶能改是药。

（5）有过能悔是药。

（6）毁骂不动是药。

（7）敬上念下是药。

（8）爱念他人是药。

（9）敬老怜贫是药。

（10）低声软语是药。

（11）具足正见是药。

（12）誓度众生是药。

下面我们看下古人都有什么病。

痕，胝（zhì）瘢（bān）也。从疒，艮声。指瘢疤。

痛，病也。从疒，甬声。《释名》：痛，通也。通在肤脉中也。中医认为，不通则痛。

疴（kē），病也。从疒，可声。《汉书·五行传》曰：时即有口疴。指口舌之疾。

痒，疡也。从疒，羊声。这个《释名》解释得好，《释名》：痒，扬也。其气在皮中欲得发扬，使人搔发之而扬出也。痒，是人体最细微的感觉，只有心能感知。“诸痛疮痒，皆属于心。”当气血不能到肌肤表层，则痒。一抓一挠，气血一过来就不痒了。

疕（bǐ），头疡也。从疒，匕声。段注：头疡。亦谓秃也。

疡（yáng），头创也。从疒，昜声。段注：郑注《周礼》云：“身伤曰疡。”以别于“头疡曰疕”。

瘀，积血也。从疒，於声。段注：血积于中之病也。顺便说一下“血”，在《说文解字注·五篇上·血部》。血，祭所荐牲血也。从皿，一象血形。凡血之属皆从血。原本指祭祀时敬献给神灵的牲畜的鲜血。段注：

按，不言人血者，为其字从皿，人血不可入于皿，故言祭所荐牲血。也就是说，最初血不指人血，因为人血不可以入器皿当中，只有献祭用的动物血可以放在器皿中。但后来怎么又指“人血”了呢？段注：然则人何以亦名血也？以物之名加之人。不过是用事物的名称放在人体上罢了。

疝（shàn），腹痛也。从疒，山声。段注：《释名》曰：“心痛曰疝。疝，诜（shēn）也。气诜诜然（众多）上而痛也。”“阴肿曰隤（tuí，坠下），气下隤也。又曰疝，亦言诜也，诜诜引小腹急痛也。”疝气指患者腹股沟区有一个突出的可复性肿块，肿块有时会坠入阴囊。

痱，风病也。从疒，非声。本指痱子、汗疹、风疹等，都跟汗腺受阻发炎有关，在中医就属于血虚造成的经脉病。

痤，小肿也。从疒，坐声。一曰，族累病。也就是累疬。段注：《春秋经》：“宋公杀其世子痤。”……以隐疾名子也。是说古人会因为孩子有这类病，以此给孩子命名。

疽，久痈也。从疒，且声。段注：痈久而溃沮。

癣（xuǎn），干（乾）疡也。从疒，鲜声。段注：乾音干。疡之乾者也。（那些干性的疮痒叫作“癣”）《释名》曰：“癣，徙也。浸淫移徙处日广也。”刘熙认为：那些不断扩散迁移的疮痒叫作“癣”。以上说法都符合牛皮癣的症状。

疥，搔也。从疒，介声。段注：疥急于搔，因谓之搔。疥疮急于抓搔的样子。

瘕（jiǎ），女病也。从疒，叚声。段注：按，女字必是衍字。……《仓公传》曰：“潘满如小腹痛，臣意诊其脉曰：遗积瘕也。……”汉代医家仓公诊断女子小腹痛，按其脉，断定其内有淤血、积瘕。

痔，后病也。从疒，寺声。看来痔疮自古有之。

痿，痹也。从疒，委声。段注：病两足不能相过曰痿。比如我们原先讲的“禹步”。

痹，湿病也。从疒，畀声。段注引岐伯曰：风寒湿三气杂至，合而为痹也。

瘿，颈瘤也。从疒，婴声。段注：下文曰：“瘤，肿也。”此以颈瘤与颈肿别言者。颈瘤则如囊者也，颈肿则谓暂时肿胀之疾，故异其辞。这里段玉裁指出颈瘤和颈肿的不同：颈瘤如囊，有实物，不易消散；颈肿则是暂时肿胀的毛病。《释名》曰："瘿，婴也。婴在颐缨理之中也。"看来自古就有甲状腺疾病。

瘤，肿也。从疒，留声。段注：《释名》曰："瘤，流也。流聚而生肿也。"瘤子，都是慢慢结聚而成。

痈（癰），肿也。从疒，雝声。段注：肉部曰："肿，痈也。"按，肿之本义谓痈，引伸之为凡坟起（长大、隆起）之名，如上文"瘤，肿也""痤，小肿也"，则非谓痈也。《释名》曰："痈，壅也。气壅（堵塞）否结里而溃也。"痈，指结聚溃散流脓的状态。

痉，强急也。从疒，巠声。段注：体强急难用屈伸也。指突发的肌肉僵硬、失去收缩弹性。

疲，劳也。从疒，皮声。

疫，民皆疾也。从疒，役省声。百姓一起患同样的病，就是厉疫。

瘛（chì），小儿瘛疭（zòng）病也。从疒，恝声。段注：师古云："即今痫病。"按，今小儿惊病也。瘛之言掣也，疭之言纵也。就是小儿惊风，或癫痫。以手足抽搐为特征。

痨，朝鲜谓药毒曰痨。从疒，劳声。朝鲜将用药产生毒性反应称作"痨"。看来许慎时期与朝鲜就有通关。

瘳（chōu），疾愈也。从疒，翏声。就是病愈。

痴（癡），不慧也。从疒，疑声。段注：痴者，迟钝之意，故与慧正相反。此非疾病也，而亦疾病之类也，故以是终焉。用这个字给人类的疾病结尾真是奇思妙想。即"痴病"是病又不是病，比伤病难治。

还有些病不在疒部，而在肉部、口部、目部等。

《说文解字注·四篇下·肉部》：肿（腫），痈也。从肉，重声。段注：疒部曰："痈，肿也。"《疡医》注曰："肿，疡痈而上生创者。"按，凡膨胀粗大者谓之雍肿。

胗，唇疡也。从肉，㐱声。

腥，星见食豕，令肉中生小息肉也。从肉、星，星亦声。指天黑星现之时喂猪，会让猪肉里面长出小息肉。这真是个奇怪的说法。段注：肉有如米者似星。……豕不可食者当作星。

《说文解字注・二篇上・口部》：喘，疾息也。从口，耑声。《释名》：喘，湍也。湍疾也，气出入湍疾也。

哮，豕惊声也。从口，孝声。原本指猪受惊发出的叫声。

哕（huì），气牾（wǔ）也。从口，岁声。段注：牾，逆也。《通俗文》曰："气逆曰哕。"《内则》曰："不敢哕噫。"《灵枢经》说六府气，"胃为气逆哕"。

《说文解字注・四篇上・目部》：盲，目无牟子也。从目，亡声。段注：牟，俗作"眸"。……"眸子，目瞳子也。"……无牟子者，白黑不分是也，《释名》：盲，茫也。茫茫无所见也。

眩，目无常主也。从目，玄声。段注：凡饮药而毒，东齐谓之瞑眩。古人又说：药不瞑眩，厥疾弗瘳。《释名》：眩，悬也。目视动乱，如悬物遥遥然不定也。

瞥，过目也。又，目翳也。从目，敝声。一曰财见也。段注：倏忽之意。……障蔽之意。目翳，眼球长斑。

眛，目不明也。从目，未声。

瞽（gǔ），目但有眹也。从目，鼓声。段注：引伸之凡缝皆曰眹。但有眹者，才有缝而已。《释名》曰：瞽，鼓也。瞑瞑然目平合如鼓皮也。眄者目合而有见，瞽者目合而无见。

眄（miǎn），目偏合也。从目，丏声。一曰，邪视也。秦语。段注：眄为目病。人有目眥全合而短视者，今眄字此义废矣。

《说文解字注・四篇上・鼻部》：鼾，卧息也。从鼻，干声。读若汗。《广韵》："卧气激声。"其实，这也是脾病。

鼽（qiú），病寒鼻窒也。从鼻，九声。《释名》：鼻塞曰鼽。鼽，久也。涕久不通遂至窒塞也。鼻炎自古有之，而且明确指出鼻炎是寒症。

三、人之医（醫）药（藥）

1. 医（醫）药（藥）二字解

《说文解字注・十四篇下・酉部》：医（醫），治病工也。从殹，从酉。殹（yì），恶姿也。医之性然，得酒而使，故从酉。王育说。一曰，殹，病声。酒所以治病也。《周礼》有医酒。古者巫彭初作医。这里说了三点：

（1）医生，是治病的工种。

（2）殹，病态的样子，或病态的声音。

（3）酒可以治病。

段注：《周礼》有医师、食医、疾医、疡医、兽医。从殹。从酉。……殹，恶姿也。此说从殹之故。殳（shū）部曰："殹，击中声也。"……医之性然，得酒而使。谓医工之性多如是。故从酉。……酒所以治病也。

关于"醫"字的解读，"醫"可以分成三部分：医、殳、酉。其中，"医"为盛弓箭的器具，其外框写作"匸（xì）"，就是私藏东西的意思，在《说文解字注・十二篇下・匸部》。比如匸部字还有"匿"，是逃亡、藏匿的意思。而其后还有个"匚（fāng）部"，这两个字太相像了，我认为"医"应该在匚部，而不是许慎所说的匸（xì）部。《说文解字注・十二篇下・匚部》：匚，受物之器。象形。凡匚之属皆从匚。读若方。而医为"盛弓弩矢器也"，其中，矢，"弓弩矢也"，表示箭，借代作战。医正是"受物之器"。段注：匚有距形，固可假作方也。医为治病工，要守方正之道，所以，我认为"医"字用"匚"才是正道。"匚部"有哪些字呢？有"匠"：匠，木工也。从匚、斤。斤，所以作器也。段注：工者，巧饬（chì）也。百工皆称工、称匠。医生和木匠都应该是最守规矩又最有创意的智者。

殳，《说文解字注・三篇下・殳部》：殳，以杖殊人也。《周礼》："殳以积竹，八觚，长丈二尺，建于兵车，旅贲以先驱。"从又，几声。凡殳之属皆从殳。是一种八棱、长一丈二尺、竖立在兵车上的武器，"殳"在"醫"

字中意味着像驱赶敌人一样来驱赶病魔，或代表针刺。

酉 甲骨文

酉，《说文解字注 · 十四篇下 · 酉部》：酉，就也。八月黍成，可为酎（zhòu）酒。象古文酉之形巴。凡酉之属皆从酉。“酉”本义为酒，从酉的字多与酒或因发酵而制成的食物有关。酒，就也，所以就人性之善恶。从水、酉，酉亦声。一曰，造也，吉凶所造起也。古者仪狄作酒醪，禹尝之而美，遂疏仪狄。杜康作秫（shú）酒。古人认为酒所以治病者，药非酒不散也。酒“少饮有节，养脾扶肝，驻颜色，荣肌肤，通血脉，厚肠胃，……此酒之功也”。故《汉书 · 食货志》说酒是百药之长。

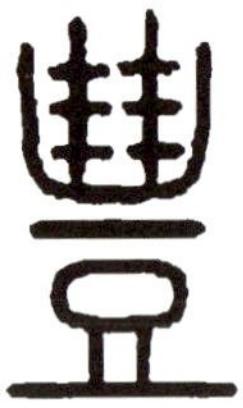
豊 篆文

古代的酒一般指醪醴，也就是淡酒。其中醪酒指我们常食用的醪糟，把醪糟汁放到中药里，就是药酒。醴，从酉，豊声。“豊”字上“曲”下“豆”，曲，原本也是一个大碗，可用于放五谷，发酵食物，后来指发酵物；下面的“豆”字是古代器皿，上面的一横代表锅盖，而且是祭祀时的器皿，所以古代礼物的“礼”写作“豊”，也就是摆在祭台上的美酒。看来中国人送礼选择酒素有渊源。而繁体的“醫”字下面有“酉”，就是酒坛子，所以，醪醴，指祭祀用的、献给上天神明的美酒，又是治病救人的最早的药。

上古，酒能治病，不只是因为古人单纯，还因为当时一般人喝不到酒，酒都要献祭用，给上天神明喝。古代有一个说法，叫作“药不玄冥，其疾不瘳”，就是如果这个药你吃下去，没有让人玄冥昏倒，你这病好不了。而最容易达到玄冥昏倒的，就是用酒了。昏倒在中医里意味着什么呢？昏倒的一刹那，属于心肾相交，恍兮惚兮的那种状态，类似开悟，这是求也求不来的一种状态，很难得。那种状态，又类似于晕针。我见过晕针的人，一针下去，人就软绵绵地栽倒了，说实在的，这真是针刺的最佳状态。那种精神紧张又不晕针的人最麻烦，因为整个肌肉束会把针缠死在那里，拔都拔不出来，有的人甚至能把针缠弯了，除非在旁边再扎一针，才能起针。

为什么吃药后晕倒了，病就容易好呢？因为人在无意识的状态下，病邪去得最快。有意识，有时候你就想我一定要赶走它，我一定要战胜它，记住，有些东西只要你不想它，它也许会消失于无形。比如有病人说：我爷爷死于肝癌，老爸死于肝癌，我的肝一定有问题，我总是对自己的肝提心吊胆……那你就没有好日子过了。天天提防着这个肝，气也就凝聚于此，关键你这是忧伤、恐惧的气啊，所以早晚会出事儿。你为什么不想着：一切都从我这里结束吧！好好养护自己的肝，不愠怒，不生气，不酗酒，为了后代不再出现这种恐惧，从我这里让一切改变！所以啊，有时候一念之转，可能会救一个家族！

张仲景所著的《伤寒论》中，用到酒的方子有炙甘草汤、瓜蒌薤白白酒汤、当归四逆加吴茱萸生姜汤等。其中，当归四逆汤主要治的是厥阴肝经的病变，而酒是走肝经的，所以酒是引经药，通过酒把药带过去，酒在这里起的作用非常重要。

清朝陈士铎写的《本草新编》中讲道：酒“少饮有节，养脾扶肝，驻颜色，荣肌肤，通血脉，厚肠胃，……此酒之功也”。这里就说了饮酒有诸多好处，但也再一次强调了饮酒要有节制。

酒要“少饮有节”，每天稍微喝一点点，对脾胃是有好处的，因为酒可以通血脉、厚肠胃、御风寒，同时还可以消愁，因为酒有宣散的作用。但如果喝得太多，就成了借酒消愁愁更愁，那就会加重情志的问题。

而“医”还有个异体字“毉”，二字的不同在于“巫”“酉”之别。上古医巫不分，大巫都是大医，巫者，事鬼神祷解以治病请福者也。《山海经·海内西经》：开明东有巫彭、巫抵、巫阳、巫履、巫凡、巫相，郭璞云：皆神医也。巫，《说文解字注·五篇上·巫部》：巫，巫祝也。女能事无形以舞降神者也。象人两袖舞形，与工同意。古者巫咸初作巫。凡巫之

巫 甲骨文

属皆从巫。巫，就是向神祝祷的人。女人能侍奉无形奥秘的事物，能够用魅力歌舞使神灵降临现场。“巫”字像一个人挥动两袖起舞的样子。“巫”和“工”字形相似，可以通用。段注：示部曰：“祝，祭主赞辞者。《周礼》祝与巫分职，二者虽相须为用，不得以祝释巫也。巫，甲骨文由两个“工”字形的构件交叉组合而成，两工，即是规和矩。规以成圆，矩以成方，圆以测天，方以测地，如此，掌握了规与矩的人就是掌握天地的专家，就是最早的大巫。最初的大巫，是远古时代最重要、最全能的百科全书式的人物，就像《伏羲女娲交尾图》表现的那样，伏羲女娲各持规矩，表明他们既是人类的始祖，又是持矩持规的先知；既是人神交流的沟通者，又是文化经验的创造者和传播者。巫部只有一个“觋”字：觋，能斋肃事神明者。在男曰觋，在女曰巫。从巫、见。段注：此析言之耳，统言则《周礼》男亦曰巫，女非不可曰觋也。

“醫”字是匚、矢、殳、酉（巫）几个字的结合，从文化的视角体现了古代医学手段的多样性和对疾病的态度，可谓独具匠心。

药（藥），《说文解字注·一篇下·艸部》：药，治病草。从艸，乐声。其中“乐”表声，也表义，有使人快乐的含义。草药治人性命，而音乐赋人能量，可以说是医疗的高级境界。所以，二者的组合指可以医治疾病、消除病痛并使人舒适快乐的东西，如果单指草药的话，就不能表达古人造此字的良苦用心。

总之，医药两个字的繁体“醫藥”体现了远古圣贤对中国医学的深刻认知和期许——有医理、有针药及酒，有巫祝对人心灵的震慑和抚慰，又有作用于神明的音乐。她神秘而又不失方正，手段多样而又重视神明对我们肉身的影响。为什么古人如此强调神明对我们生命的意义呢？还是那句话：如果医药能救人于水火，世上何须哲学与宗教！妙哉妙哉！

2.《周礼·天官·冢宰》

《周礼·天官·冢宰》记载当时有：医师，上士二人、下士四人、府二人、史二人、徒二十人。食医，中士二人。疾医，中士八人。疡医，下士八人。兽医，下士四人。这说明，上古之时，我国的医学就已经分科细化，不是说是个医生就能掌握所有的医术，事实上那种精通各种医术的医生罕见，很多医生只擅长医治某一类的病症。

医师掌医之政令，聚毒药以共医事。凡邦之有疾病者，疕疡者，造（造，就也。从辵，告声。即到来之意）焉，则使医分而治之。岁终，则稽（稽，留止也。从禾，从尤。旨声。这里是“考核”的意思）其医事，以制（制，裁也。从刀、未。未，物成有滋味可裁断。一曰，止也。这里是“裁定”之意）其食。十全为上，十失一次之，十失二次之，十失三次之，十失四为下。

医师掌管有关医药方面的政令，收集药物以供医疗所用。凡王国中有患疾病的，有头上长疮或身上有创伤的，都到医师这里来看病，医师派医者对他们分别进行治疗。年终，考核医者医疗的成绩，以确定给予他们俸禄。凡病都能准确诊断的为上等，有十分之一不能诊断准确的为次等，有十分之二不能诊断准确的又次一等，有十分之三不能诊断准确的再次一等，有十分之四不能诊断准确的为下等。

食医掌和王之六食，六饮、六膳、百羞、百酱、八珍之齐。凡食齐（jì，通“剂”）视春时，羹齐视夏时，酱齐视秋时，饮齐视冬时。凡和，春多酸，夏多苦，秋多辛，冬多咸，调以滑甘。凡会膳食之宜，牛宜稌（tú），羊宜黍，豕宜稷，犬宜粱，雁宜麦，鱼宜苽。凡君子之食恒放（效仿、模仿）焉。

食医掌管调和王的六种饭食、六种饮料、六种牲肉、各种美味、各种酱类、八种珍肴。凡调和饭食应比照春天，羹汤应比照夏天，酱类应比照秋天，饮料应比照冬天。凡调和食物的滋味，春天多一些酸味，夏天多一些苦味，秋天多一些辛味，冬天多一些咸味，（四季的食物中都要）调和一些能使之变得柔滑和甘甜的食品。凡调配牲肉和饭食，牛肉宜配合稻饭，羊肉宜配合黍饭，猪肉宜配合稷饭，狗肉宜配合粱饭，鹅肉宜配合麦饭，鱼肉宜配合菇米饭。凡君子的膳食都效仿这种调配原则。

疾医掌养万民之疾病。四时皆有疠疾：春时有痟首疾，夏时有痒疥疾，秋时有疟寒疾，冬时有嗽上气疾。以五味、五谷、五药，养其病；以五气、五声、五色视其死生。两之以九窍之变，参之以九藏之动。凡民之有疾病者，分而治之。死终，则各书其所以，而入于医师。

疾医是给老百姓看病治病的医生。一年四季都有疾病流行：比如春天，最容易得的病是头上长疥癣，因为春主生发，头上的病邪就容易生发出来；夏天容易得瘙痒、疥疮类的病；秋天容易出现忽冷忽热的疟寒病；冬天容易出现咳嗽等病症。那么“疾医”要做的就是：观察五气、五声、五色，看其轻重，同时应用各种食物、药物来应对这些疾病；根据患者的五气、五声和五色来观察患者是生是死。同时观察患者九窍的变化，再参考诊断患者九脏的活动情况来判断病情。凡百姓有疾病的，就分别加以治疗。患者死了就分别记载死亡的原因，上报给医师。

疡医：掌肿疡、溃疡、金疡、折疡之祝（通“注”）药刮（劀，guā，刮去恶创肉也。从刀，矞声）杀之齐。凡疗疡，以五毒攻之。以五气养之，以五药疗之，以五味节之。凡药，以酸养骨，以辛养筋，以咸养脉，以苦养气，以甘养肉，以滑养窍。凡有疡者，受其药焉。

疡医掌管按一定剂量和分寸为肿疡、溃疡、金疡和折疡患者敷药，以及刮去脓血、销蚀腐肉。凡治疗疡疮，用五种药性酷烈的药来敷治。用五谷（郑《注》曰：“五气，当为‘五谷’，字之误也。”）来调养，用五药来治疗，用五味来调节药效。凡用药，用酸味药补养骨骼，用辛味药补养筋脉，以咸味药补养血脉，以苦味药补养精气，以甘味药补养肌肉，以滑润药通利孔窍。凡是患疡病的人，都可以接受疡医的药物治疗。

兽医掌疗兽病，疗兽疡。凡疗兽病，灌而行之以节之，以动其气，观其所发而养之。凡疗兽疡，灌而刮之，以发其恶，然后药之、养之、食之。凡兽之有病者、有疡者，使疗之；死则计其数以讲退之。

兽医掌管治疗家畜的疾病，治疗家畜的疡疮。凡治疗畜病，先灌药使它行走，节制它行走的快慢，以发动它的脉气，再观察所发的症状而加以治疗。凡治疗家畜的疡疮，先灌药而后刮去脓血和腐肉，挖出患处的坏死部分，然后敷上药，加以疗养，喂以饲料。凡家畜有疾病的、有疡疮的，就使兽医进行治疗；死了就统计死畜的数量，以决定兽医俸禄的增减。

中医诊治疾病在于望闻问切。

诊，视也。从言，㐱声。段注：《仓公传》“诊脉”，视脉也。从言者，医家先问而后切也。

望，出亡在外，望其还也。从亡，望省声。

闻，知闻也。从耳，门声。䎽，古文从昏。段注：往曰听，来曰闻。《大学》曰：“心不在焉，听而不闻。”

问，讯也。从口，门声。段注：言部曰：“讯，问也。”引伸为礼之聘问。

切，刌（cǔn）也。从刀，七声。刌，切也。从刀，寸声。段注：凡断物必合法度，故从寸。《周礼》：“昌本切之四寸为菹。”陆续之母“断葱以寸为度”是也。比如陆续之母切葱，一定切一寸长短。所以，切脉这件事，一是守寸口，二是一定要守法度。

四、人之年龄

1.《释名·释长幼》

《释名·释长幼》，把人的一生说尽了。

人始生曰婴儿，胸前曰婴，抱之婴前，乳养之也。

七年曰悼。悼，逃也。如有廉耻隐逃其情也，亦言是时而死可伤悼也。

这时的少年已经有廉耻之心，所以大人说话要谨慎了。这个年龄如果活下来的话，就要上学啦！

《周礼》说：八岁入小学，专门从文字学起。所以，“学习”这两个字的内涵是，“学”是学六书、术数，“习”是练习洒扫、应对、进退，掌握人生基本技能。

现代强调早教，但古代是“八岁入小学”。为什么要等到八岁呢？这跟《黄帝内经》中提到的“女七男八”有关，小孩子在七八岁时肾气开始外显，脾胃也强健了，脾神为意，肾神为志，此时识字读书就记得住了。在此之前，小儿“憨嘻跳跃是其本性，拘坐则伤脊骨，尤损天柱。如若蒙师，五体皆病”。是说小孩儿纯阳好动，一时不得歇息，所以“憨嘻跳跃是其本性”，过早学习还坐不住，“拘坐则伤脊骨，尤损天柱”，就是伤阳气，还会被老师冠以多动症。其实呢，小孩儿不蹦跳，必定有病闹。一旦违背了小孩儿“憨嘻跳跃”的本性，就会伤脾胃，婴幼儿脾胃本来就脆弱，此时再强迫孩子读书学习，是不合适的做法。现在孩子多脾胃病，甚至长大厌学，可能就有这方面原因。

毁齿曰龀（chèn）。《说文解字注·二篇下·齿部》：龀，毁齿也。男八月生齿，八岁而龀；女七月生齿，七岁而龀。这是指换牙阶段，也是《黄帝内经》“女七男八”说法的依据之一吧。女孩儿比男孩儿发育早，可以早上学。

幼，少也，言生日少也。《说文解字注·四篇下·幺（yāo）部》：幼，少也。从幺、力。段注：《释言》曰：“幼、鞠，稚也。”又曰：“冥，幼也。”幼同幽。一作窈。过去小孩儿存活率低，所以幼时很令人担心。

古代小儿科，又名幼科、哑科，见《医学正传》。《太平圣惠方》说：襁褓至一岁，曰牙儿。二岁曰婴儿，三岁曰奶童，四岁曰奶腥，五岁曰孩儿，六岁曰小儿，以至十五岁，皆以小方脉治。古代对小孩子真是关爱备至啊。

十五曰童，……牛羊之无角者曰童。山无草木曰童，言未巾冠似之也。女子之未笄（jī，簪子）者亦称之也。童有“秃”的意思。古代男孩儿头顶留下两团头发不剪，如牛羊之有角，故谓之角，其余头发都要剪去。《说文解字注·三篇上·辛部》：童，男有罪曰奴，奴曰童。女曰妾。从辛，重省声。孔子说“吾十有五而志于学”，青春期的教育最难，一方面十五岁时要自己为自己确立目标，另一方面，家长如果管不了孩子，要观其才能志向，为其择师而教。

弱　篆文

二十曰弱，言柔弱也。《说文解字注·九篇上·彡部》：弱，桡也。上象桡曲，彡象毛牦桡弱也。弱物并，故从二弓。就是“柔曲”意。字形上部的“弓”像柔曲的形状；而“彡”，像毛发柔弱的样子。柔弱的事物往往相连相存，因此字形并列写了两个。段注：直者多强，曲者多弱。……不能独立。虽说柔弱，也算成人了，古代男子一律到20岁时，行“弱冠礼”，就是古代男孩子的成人礼。女孩子初潮一来，就要把头发从少女的两个小抓揪盘起来，插上簪子，叫“及笄之年”，从此便可谈婚论嫁。

古代另有一个字——廿(niàn)，表示二十。《说文解字注·三篇上·十部》：廿，二十并也。即两个“十”相合并。段注：十与上二合为廿，此可证周时凡言二十可作廿也。

三十曰壮，言丁壮也。《说文解字注·一篇上·士部》：壮，大也。从士，爿声。段注：《方言》曰：“凡人之大谓之奘，或谓之壮。”丁壮则有子。所谓“三十而立”，一是成家，二是立业。成家这件事是很考验男人的，所谓独立，就是有勇气和一个陌生人开始人类亘古的生活，一切不再是传说和遐想，一切都将细碎而真实。不壮都担不起这些，更无法立。

古代三十年为一世，也就是一代。《说文解字注·八篇上·人部》：代，更也。从人，弋声。段注：凡以此易彼谓之代，次第相易谓之递代，……假代字为世字，起于唐人避讳。因为有李世民，所以，唐讳言世，故有代宗。

其实，“代”和“世”还是有所不同的，“世”明确是三十年。《说文解字注·三篇上·卅部》：世，三十年为一世。从卅而曳长之。亦取其声。段注：按，父子相继曰世。即年代更替有一个三十年的界限，每一代人有每一代人的使命，所以父亲不必为子发愁，儿子也不必羡慕父辈，明白自己该做的事就可以了。《论语》说“如有王者，必世而后仁”，即，如果有王者兴起，也一定要三十年才能实现仁政。可见政通人和有多么难。

四十曰强，言坚强也。《说文解字注·十三篇上·虫部》：强，蚚也。从虫，弘声。彊，籀文强。从䖵（kūn），从畺（qiáng，同“强”）。即蜥蜴类大昆虫。所谓“四十而不惑”，就是成熟而稳定，要为自己的生命做一些主。

五十曰艾。艾，治也。治事能断割芟（shān）刈（yì）无所疑也。所谓“五十而知天命”，就是要活明白，该断则断，不能让生命杂草丛生。

六十曰耆（qí）。耆，指也，不从力役指事使人也。《说文解字注·八篇上·老部》：耆，老也。从老省，旨声。段注：耆、耋，皆老也。所谓“六十而耳顺”，这时不是只有耳顺了，而是眼、耳、鼻、舌、身、意都顺了。有能力就给年轻人指点下江山，没能力就自娱自乐吧。

七十曰耄（mào）。头发白耄耄然也。所谓“七十而从心所欲，不逾矩”，就是到七十岁的时候，连眼、耳、鼻、舌、身、意都不依靠了，依靠什么呢？依靠“心”。从心所欲，为圆融之道；不逾矩，为方正之道，如此，便是自由境界，便是大自在。

八十曰耋（dié）。耋，铁也。皮肤变黑色如铁也。《说文解字注·八篇上·老部》：耋，年八十曰耋。

九十曰鲐（tái）背。背有鲐文也。或曰黄耇（gǒu，老人面冻黎若垢。从老省，句声。段注：“冻黎”谓冻而黑色），鬓发变黄也。耇，垢也。皮色骊悴，恒如有垢者也。或曰胡耇咽皮如鸡胡也。或曰冻梨皮有斑黑如冻梨色也。或曰齯（ní），齯大齿落尽更生细者如小儿齿也。这一连串的形容，真让人觉得老了以后很难堪。

百年曰期颐。颐，养也。老昏不复知服味善恶，孝子期于尽养道而已也。是说百岁老人已经无法自理，唯愿孝子尽孝道而已。

老，朽也。老而不死曰仙。仙，迁也；迁，入山也，故其制字人旁作山也。

《说文解字注 · 八篇上 · 老部》：老，考也。七十曰老。从人、毛、匕(huà)。言须发变白也。凡老之属皆从老。段注：戴先生曰："老下云：考也；考下云：老也。此许氏之指，为异字同义举例也。一其义类，所谓建类一首也；互其训诂，所谓同意相受也。"即，老和考是转注字。

老部有考、寿、孝等。

考，老也。从老省，丂声。段注：凡言寿考者，此字之本义也。引伸之为成也。

寿（壽），久也。从老省，𠷎（chóu）声。段注：久者，从后灸之也。引伸为长久，此用长久之义也。

孝，善事父母者。从老省，从子，子承老也。

2. 古人一生怎么过?

用《礼记 · 内则》一段说一下古代男女怎么度过这一生。

子能食食，教以右手。幼儿能够自己吃饭，要教他用右手。能言，男唯女俞。幼儿会说话了，就要教他们学习答话，男孩儿用"唯（诺也）"，女孩儿用"俞"。唯、俞皆应答辞，"唯"之声直，故教给男孩儿；"俞"之声婉，故教给女孩儿。

男鞶（pán）革，女鞶丝。《说文解字注 · 三篇下 · 革部》：鞶，大带也。《易》曰："或锡之鞶带。"男子带鞶，妇人带丝。从革，般声。段注：鞶，小囊盛帨（shuì）巾者。男用韦。女用缯。男孩儿身上带的荷包是用皮革做的，寓意长大之后将从事勇武之事；女孩儿身上带的荷包是用丝帛制成，表示长大将从事女红之事。

六年教之数与方名。等到六岁时，要教授他们识数，并辨别东南西北四个方向。

七年男女不同席，不共食。七岁开始教以男女有别，男孩儿和女孩儿吃饭的时候要坐不同的位置。

八年出入门户及即席饮食，必后长者，始教之让。八岁的时候，出门进门，坐桌吃饭，应让长者为先，教他们礼让的礼数。

九年教之数日。九岁时，要教他们知道朔望和会用干支记日。

十年出就外傅，居宿于外，学书计。十岁时，男孩儿就要离开家庭跟随老师去学习了，住在学馆里，学习识字和算术。十岁的孩子真不好管，送到学馆里确实是好办法。类军事化管理对男孩子的成长的确有益处。衣不帛襦袴，礼帅初，朝夕学幼仪，请肄简谅。这时候穿的衣裤都不用帛来做，以防产生骄奢之心；之前学习的礼数，要遵守不能懈怠。早晚学习洒扫进退的礼节，勤习简策，学习以诚待人。

十有三年学乐，诵《诗》，舞《勺》。十三岁，学习乐器，背诵诗歌，学习《勺》舞。所谓礼乐文化，乐舞是重要的一部分，是贵族子弟年幼时的必修课程。现在青少年没有这部分的学习内容，真是遗憾。古代有文舞、武舞，总称雅乐。“文以昭德”“武以象功”，借以表现一个国家的文化和武力。“勺”就是“籥”，舞勺是文舞，即学习礼仪节奏。

成童舞《象》，学射御。十五岁为“成”，要学习《象》舞，舞“象”，是武舞，手持干戈兵器以锻炼身体。正如荀子《乐论》所说：听其雅颂之声，而志意得广焉；执其干戚，习其俯、仰、屈、伸，而容貌得庄焉；行其缀兆，要其节奏，而行列得正焉，进退得齐焉。即，听雅颂之声，人的心胸就宽阔了；习武、锻炼身体，人就容貌庄严；遵守秩序，行列整齐，人就知进退了。同时，要学习骑射和驾车。

二十而冠，始学礼，可以衣裘帛，舞《大夏》，惇行孝弟，博学不教，内而不出。男人二十岁，举办加冠之礼，寓意已经长大成人，就应学习五礼。这时可以穿皮制或者帛制的衣服。舞《大夏》之舞，《大夏》相传为夏禹时的乐舞，用以祭祀山川。要笃行孝悌，广泛学习各种知识。“博学不教，内而不出”是说：这时还没有资格去教育别人，要努力地积累德行，不要随便炫耀自己。

三十而有室，始理男事，博学无方，孙友视志。三十岁，娶妻成家，开始受田服役，要学无常师，广泛讨教，交友要谦虚，要与胸有大志的人交往。这时指出交友的重要性，跟什么人交往会影响人的一生。

四十始仕，方物出谋发虑，道合则服从，不可则去。《说文解字注·八篇上·人部》：仕，学也。段注：训仕为入官，……学者，觉悟也。事其事则日就于觉悟也。不干事怎么能觉悟呢?！方物，指辨别事理。四十岁时，开始为官，斟酌再三之后才出谋划策，如果君臣道合则就职任事，不然就离去。《说文解字注·五篇上·去部》：去，人相违也。段注：违，离也。就是“离开”之意。这也应该是“四十不惑”的内涵之一。

五十命为大夫，服官政。五十岁，受命为大夫，参与邦国大事。《说文解字注·十四篇上·𠂤（duī）部》：官，史，事君也。从宀、𠂤（𠂤，小阜也。象形）。𠂤，就是小土堆。

七十致事。《说文解字注·三篇下·史部》：事，职也。从史，之省声。就是“当差”。致事，指不当差了。即七十岁时，年老体衰，就应告老还乡。以上是男子的一生。

女子十年不出，姆教婉娩听从，执麻枲（xǐ），治丝茧，织纴组紃（xún），学女事以共衣服，观于祭祀，纳酒浆、笾（biān）豆、菹（zū）醢（hǎi），礼相助奠。女孩子十岁后就不能像男孩子那样外出，待在家里由女师教授她们委婉的话语，学习贞静和温婉，同时学习绩麻缫丝，织布织缯，编织丝带等女红，以供制作衣服。还要观摩祭祀活动，学习传递酒浆、笾豆、菹醢等祭品祭器，按照礼节规定帮助长者安放祭品。

十有五年而笄（jī）。《说文解字注·五篇上·竹部》：笄，簪也。段注：笄所以贯之于其左右。十五岁举行笄礼，表示已经成年。

二十而嫁；有故，二十三年而嫁。聘则为妻，奔则为妾。女子二十岁时，可以出嫁；如果有特殊原因可以等到二十三岁再出嫁。“聘则为妻，奔则为妾”指如果是明媒正娶，六礼齐备，就成为与丈夫平等之妻；如果无媒自通，六礼不备，那就是贱妾。

再补充两个字：归、妇。

《说文解字注·二篇上·止部》：归（歸），女嫁也。从止（脚趾，代表行走），妇省，𠂤声。本义是妇女出嫁，因出嫁后有回娘家省亲的风俗，所

妇　甲骨文

妇　金文

以女子回娘家省亲为“归”，也叫“归宁”。

《说文解字注・十二篇下・女部》：妇（婦），服也。从女持帚洒扫也。段注：妇，主服事人者也。《大戴礼・本命》曰：“女子者，言如男子之教而长其义理者也，故谓之妇人。妇人，伏于人也，是故无专制之义，有三从之道。”妇，繁体作“婦”。甲骨文和金文的左边是一把笤帚，右边是一个女人，意思是一个女人拿着笤帚在扫地。

五、人之死丧

跟伤残、死亡有关的部首有歺（dǎi）部、冎（guǎ）部、死部、尸部等。

歹部，古文写作“歺”。《说文解字注・四篇下・歺部》：歺，列（劙，古同“裂”）骨之残也。从半、冎。凡歺之属皆从歺。《说文解字注・四篇下・冎部》：冎，剔人肉置其骨也。象形，头隆骨也。凡冎之属皆从冎。歺，段注：刀部曰：“列，分解也。”……冎，剔人肉置其骨也。半冎，则骨残矣。

《说文解字注・四篇下・歺部》：殇，不成人也。人年十九至十六死，为长殇；十五至十二死，为中殇；十一至八岁死，为下殇。从歺，伤省声。段注：殇者，男女未冠笄而死，可伤者也。

殃，凶也。从歺，央声。指神降的惩罚。

残，贼也。从歺，戋声。

殊，死也。从歺，朱声。一曰断也。汉令曰：蛮夷长有罪当殊之。段注：死罪者首身分离。故曰殊死。引伸为殊异。

殛（jí），殊也。从歺，从亟声。《虞书》曰："殛鲧（gǔn）于羽山。"段注：殊，谓死也。……此殊杀也。……殛本殊杀之名，故其字厕于殇、殂（cú）、殪（yì）、募（mò）之间。关于"尧典殛鲧"之事，段注：《尧典》"殛鲧"，则为极之假借，非殊杀也。他认为"殛"为"极"之假借，非诛杀，而是放逐的意思。也就是大禹的父亲治水不力，被放逐到不毛之地。段玉裁的说法算是给尧杀鲧的事情翻了案，只是把鲧放逐羽山而已。

殡，死在棺，将迁葬柩，宾遇之。从歺、宾，宾亦声。夏后殡于胙（zuò，通"阼"）阶，殷人殡于两楹之间，周人殡于宾阶。尸体在棺材中，将要移送野外埋葬前的礼仪，也叫"柩"。此间所有宾客向等葬之棺行丧礼。夏后氏时代，丧礼是停棺待葬在东阶之上；殷人的丧礼是停棺待葬在殿堂前的两根大柱之间；周人的丧礼则是停棺待葬在西阶之上。孔子是殷人之后，他的高祖即是商纣的哥哥微仲，当他"梦坐奠于两楹之间"，即对子贡说：自己是殷人之后，做这样的梦，恐怕是要死了。

《说文解字注·四篇下·死部》：死，澌也，人所离也。从歺、人。凡死之属皆从死。𠘧，古文死如此。指形体与魂魄相离。故其字从歺人。段注：《方言》："澌，索也。尽也。"是澌为凡尽之称。人尽曰死。《礼记》：天子死曰崩；诸侯曰薨；大夫曰卒；士曰不禄；庶人曰死。

薨，公侯卒也。从死，瞢省声。段注：《曲礼》又曰："寿考曰卒，短折曰不禄。"

丧　篆文

丧（喪），《说文解字注·二篇上·哭部》：丧，亡也。从哭、亡，亡亦声。段注：亡部曰："亡，逃也。"亡非死之谓，故《中庸》曰："事死如事生，事亡如事存。"……皆存亡与生死分别言之。凶礼谓之丧者，……"不忍言死而言丧。丧者，弃亡之辞。"

世上各民族几乎都有下列三种习俗：一是他们都信仰某种宗教，二是他们都举行隆重的结婚仪式，三是都埋葬死者。其中宗教关涉到我们灵魂的去处，我们必须敬畏神明，并归顺于职责；结婚仪式呢，关系到对我们人类本性的约束和重构；而埋葬死者则与人类关于灵魂不朽的观念相关，它如同契约，将人类的过去与未来相连。一定是有一种共同的心理基础支配了一切民族，指使我们以最虔诚的态度去遵守这三种制度。这些仪式是人类区别于野兽的标志，而对这些仪式的继承与保存，并将之视为传统，则免使世界重回到野兽般的野蛮状态。

中国古代丧葬习俗中，将珠、玉、贝、谷物、金属货币等置于死者口中，称为"饭含"。《礼记·檀弓下》说"饭用米贝，弗忍虚也"，意思是说，用米、贝来饭含，是不忍心让死者饿着肚子去阴间。《说文解字注·一篇上·玉部》：琀，送死口中玉也。从王（玉）、含，含亦声。段注：《典瑞》曰："大丧共饭玉、含玉。"注："……柱左右颠及在口中者。"按，琀，士用贝。见《士丧礼》；诸侯用璧，见《杂记》；天子用玉。一般雕琢成"蝉"的样子，表示可以死而复生，也可以撑住死者凹陷的嘴巴。

吊 篆文

《说文解字注·二篇上·口部》：唁，吊生也。从口，言声。吊丧，对死者默哀，对生者慰问。段注：吊亡国曰唁。吊死曰吊。"《说文解字注·八篇上·人部》：吊（弔），问终也。从人、弓。古之葬者，厚衣之以薪。故人持弓会驱禽也。段注：古者人民朴质，饥食鸟兽，渴饮雾露，死则裹以白茅，投于中野。孝子不忍见父母为禽兽所食，故作弹以守之。

哀，闵也。从口，衣声。是心怀伤念以衣掩口的样子，所以，这个字里“衣”也是有意味的。段注：闵，吊者在门也。引伸之，凡哀皆曰闵。

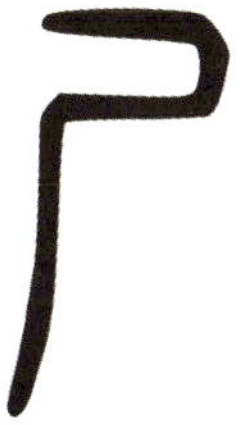

尸　篆文

此外还有“尸部”。《说文解字注·八篇上·尸部》：尸，陈也。象卧之形。凡尸之属皆从尸。陈列、陈放，像人僵卧的样子。段注：玉裁谓，祭祀之尸，本象神而陈之，而祭者因主之，二义实相因而生也，故许但言陈。至于在床曰屍，其字从尸、从死，别为一字，而经籍多借尸为之。卧下曰：“伏也。”此字象首俯而曲背之形。也就是尸体的“尸”写作“屍”，而祭祀的神像称“尸”。

尸部字有：居，蹲也。从尸，古声。这个我们先前有讲，古人有坐、有跪、有蹲、有箕踞。坐与跪皆膝盖著于席。其中，坐是臀坐在脚后跟上，跪则是耸其上身。箕踞，是两脚前伸，是最无礼的表现。

展，转也。从尸，㠭（zhàn）省声。段注：展布四体之意。

屆（屆），行不便也。一曰，极也。从尸，凷声。

尼，从后近之。从尸，匕（ní）声。段注：尼训近，故古以为亲暱字。

尾　篆文

屏，蔽也。从尸，并声。段注：引伸为屏除。

尾，不在尸部，而在尾部。《说文解字注·八篇下·尾部》：尾，微也。从到毛在尸后。古人或饰系尾，西南夷皆然。凡尾之属皆从尾。字形采用“尸”和倒垂的“毛”会意，表示毛在尸后。古人有的在身后装饰尾巴，当时西南少数民族也这样。段注：《方言》曰：“尾，尽也。尾，梢也。”引伸训为后，……“古者佃（tián）渔而食之，衣其皮，先知蔽前，后知蔽后，后王易之以布帛，而独存其蔽前者，不忘本也。”按，“蔽后”即或饰系尾之说也。《后汉书·西南夷列传》曰：“槃瓠（hù）之后，好五色衣服，制裁皆有尾形。”按，尾为禽兽之尾，此甚易解耳，而许必以尾系之人者，以其字从尸，人可言尸，禽兽不得言尸也。是说，古人先知用皮毛遮蔽身体前面，后来知道用皮毛遮蔽身体后面（臀部），再往后，就用布帛代替皮毛了。

尿，居然也在尾部。尿，人小便也，从尾、水。

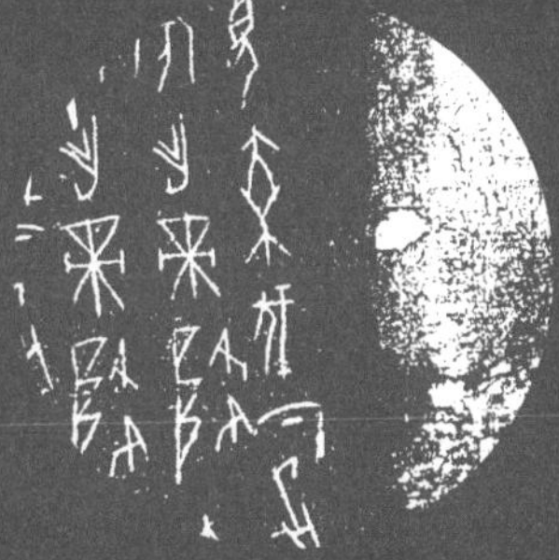

第十二章　天干地支

许慎在《说文》正文最后一卷——十四篇下，专门解读十天干和十二地支，这二十二个字也基本都自成部首。而十天干和十二地支又是中国文化中重要的概念，所以，在这里专门讲一下。

一、十天干

古人用干支来表示年、月、日、时的序号，周而复始，不断循环，由此组成一个顺序符号系统，就是干支历。干，犯也。从一，从反入，直之属皆从干。（《说文解字注・三篇上・干部》）支，去竹之枝也。从手持半竹。凡支之属皆从支。（《说文解字注・三篇下・支部》）干支就字面意义来说，就相当于树干和枝叶。我国古代以天为主，以地为从，天和干相连叫天干，地和支相连叫地支，合起来叫天干地支，简称干支。天干有十个，就是甲、乙、丙、丁、戊、己、庚、辛、壬、癸。地支有十二个，依次是子、丑、寅、卯、辰、巳、午、未、申、酉、戌、亥。古人把它们按照甲子、乙丑、丙寅等的顺序而不重复地搭配起来，从甲子到癸亥共六十对，叫作一甲子。

天干地支，在日常生活中，最常见的，除了纪年，就是八字了。

天干、地支概念是每个学习传统文化的人必须熟知的常识。古人用天干来表述太阳对地球引力的影响周期，用木、火、土、金、水五行的运动来表示其阶段性特征；用十二地支来表述月亮对地球接受太阳光辐射的影响周期，用三阴三阳六气表示其阶段性特征。

干支的五行属性来自干支的方位分布。十天干分出五个属性，自然是每个属性占两个天干。它们是东方甲木乙木，南方丙火丁火，西方庚金辛金，北方壬水癸水，中央戊土己土。

接下来，系统看一下许慎和段玉裁如何解释天干的。

甲 甲骨文

甲，《说文解字注·十四篇下·甲部》：东方之孟，阳气萌动。从木戴孚甲之象。人头空为甲。凡甲之属皆从甲。命，古文甲。始于一，见于十，岁成于木之象。这里面有几个要点：

（1）甲，代表阳气萌动的春天。所谓孚甲，孚，《说文解字注·三篇下·爪部》：孚，卵即孚也。从爪、子。一曰，信也。比喻鸟之孵育皆如其期，不失信也。“孚”就是孵化；甲，就是“壳”。所以孚甲指谷壳生发。甲，就是春天万物破壳而出。所以，段注：凡草木初生，或戴穜于颠，或先见其叶，故其字像之。下像木之有茎，上像孚甲下覆也。

甲 篆文

（2）甲像人头，曰“人头空为甲”，段注：人头空，谓髑髅也。由此，给了我们一个思路：十天干十个字也是人体从头到脚的比拟，一切，不过是“人”的学问，理解了人，也就理解了这十个字的由来。比如甲，是头；乙，是脖子；丙，是平直的肩膀……庚，则是肚脐，与两胯平行，盆骨，代表人体上下之转换、变化，由此，庚子年就代表转换之年、变化之年。

《释名·释天》说十天干：甲，孚也，万物解孚甲而生也。

乙，《说文解字注·十四篇下·乙部》：乙，象春草木冤曲而出，阴气尚强，其出乙乙也。与丨（qǔn）同意。乙承甲，像人颈。凡乙之属皆从乙。其中：

（1）乙像草木弯曲而出，此时阴气尚强，所以

乙　甲骨文

草木只能艰难地破土冒出。段注：《月令》郑注云："乙之言轧（zhá）也。时万物皆抽轧而出。"物之出土艰屯，如车之辗地涩滞。

（2）段注：谓与自下通上之丨同意也。《说文解字注·一篇上·丨部》：丨，上下通也。

（3）乙承甲，象人颈。接承"甲"字，像人的颈部。

乙部有"干（乾）"字，有"乱"字，还有"尤"字。

《释名》：乙，轧也，自抽轧而出也。

丙　篆文

入　甲骨文

丙，位南方。万物成，炳然。阴气初起，阳气将亏。从一、入、冂（jiōng）。一者阳也。丙承乙，象人肩。凡丙之属皆从丙。在十天干中，丙代表南方，代表四季中的夏天，这时万物长成，一派光明的样子。阴气初起，阳气将亏。字形采用"一、入、冂"三形会意。这里的"一"，表示阳气。入，在《说文解字注·五篇下·入部》：入，内也。象从上俱下也。凡入之属皆从入。字形像什么东西一齐从上面落下的样子。"丙"承接"乙"，像人两肩。

《释名》：丙，炳也。物生炳然，皆著见也。

丁　甲骨文

丁　篆文

丁，夏时万物皆丁实。象形。丁承丙，象人心。凡丁之属皆从丁。丁，甲骨文就是钉子之形，后来加了"金"旁，为"钉"。后引申为壮健，段注：丁者，言万物之丁壮也。丁承接"丙"，像人心。心，也确实在生命中是最强大的。

《释名》：丁，壮也，物体皆丁壮也。

戊 篆文

戊，中宫也。象六甲五龙相拘绞也。戊承丁，象人胁。凡戊之属皆从戊。在天干中位于中央。段注：戊之言茂也。万物皆枝叶茂盛。字形像六甲五龙相绞缠。段注：六甲者，《汉书》“日有六甲”是也。五龙者，五行也。戊承接“丁”，像人两肋。

戊部只有一个“成”字。成，就也。从戊，丁声。戚，古文成从午。

《释名》：戊，茂也，物皆茂盛也。

己 篆文

己，中宫也。象万物辟藏诎（qū）形也。己承戊，象人腹。凡己之属皆从己。段注：戊、己皆中宫。故“中央土，其日戊己”……《释名》曰：“己，皆有定形可纪识也。”段注：引申之义为人己，言己以别于人者，己在中，人在外，可纪识也。其字像“诘诎”之形，表示收敛避藏。“己”承接“戊”，像人的腹部。

庚 甲骨文

庚，位西方，象秋时万物庚庚有实也。庚承己，象人脐（qí）。凡庚之属皆从庚。庚代表西方，西方是代表秋天的方位，像秋收物产丰富、果实累累的样子。段注：《律书》曰：“庚者，言阴气更万物。”……万物皆肃然更改，秀实新成。在天干中，“庚”序承“己”，字形像人的肚脐。

《释名》：庚，犹更也，庚坚强貌也。

辛，秋时万物成而孰。金刚味辛。辛痛即泣出。从一、辛（qiān）。辛，罪也。辛承庚，象人股。凡辛之属皆从辛。辛，在四时中代表秋，入秋万物长

辛　甲骨文

成而熟落；辛在五行中代表金，金的特性刚硬；辛也代表辛味，辛辣痛苦就会流泪。字形采用“一”，会意。辛，表示罪行。在天干次序中，“辛”承续“庚”，字形像人的大腿。股，髀也。从肉，殳声。指大腿。段注：《律书》曰：“辛者，言万物之新生，故曰辛。”……谓成孰之味也。

《释名》：辛，新也，物初新者皆收成也。

壬　篆文

壬，位北方也。阴极阳生，故《易》曰：“龙战于野。”战者，接也。象人怀妊之形。承亥壬以子，生之叙也。壬与巫同意。壬承辛，象人胫，胫任体也。凡壬之属皆从壬。这里边有几个内涵：

（1）壬，方位代表北方，北方为水，壬癸，壬是阳水，阴极阳生；癸是阴水。

（2）像人怀孕的样子。这里许慎引用了《周易》“龙战于野”。战，是阴阳交接之意，阴阳交接才能怀孕。段注：许君以亥壬合德，亥壬包孕阳气，至子则滋生矣。

巫　篆文

（3）“承亥壬以子，生之叙也”这句是说：亥，是男女合抱而有孕，壬则是肚子变大，还有人说：亥者怀子咳咳也；壬即妊，渭身震动欲生也，生则为子矣。这就是关于生产次序的描述。段注：巫像人两袖舞，壬像人腹大也。

（4）“壬承辛，象人胫，胫任体也。”这句是说：“壬”承接“辛”的大腿，为小腿。小腿肚子不也是像人怀孕时的大肚子吗？“胫”字下段注：膝下踝上曰胫。胫之言茎也，如茎之载物。所以是腿部支撑着身体，为“任体”。

《释名》：壬，妊也，阴阳交，物怀妊也，至子而萌也。从声音上解释了壬与怀妊的关系。《说文解字注·十二篇下·女部》：妊，孕也。从女，从壬，壬亦声。

癸 篆文

癸，冬时水土平，可揆度也。象水从四方流入地中之形。癸承壬，象人足。凡癸之属皆从癸。

（1）癸，代表冬令，阴水。这时水土平整，可以度量。段注：癸之为言揆也。言万物可揆度。

（2）“癸”的篆文字形很奇怪，像四叶对生形。古人认为这是冬时水枯，“癸”像水从四方流入地中。

（3）在天干顺序中，“癸”跟在“壬”后面，像人的脚。

《释名》：癸，揆也，揆度而生，乃出之也。《说文解字注·十二篇上·手部》：揆，度也。段注：度者，法制也。

十天干，用人体来比拟，就是甲为头颅之圆，乙为颈之弯曲，丙为肩，丁为心，戊为两胁，己为腹部，庚为肚脐，辛为大腿，壬为小腿，癸为脚。

用五行来比拟，甲乙为木。甲木彰显“木曰曲直”中的“直”，乙木彰显“木曰曲直”中的“曲”。甲木，为阳木，高大笔直，乃栋梁之材。乙木为阴木，为花果之木，矮小弯曲。

丙丁同样是火，丙火属阳，乃太阳之正气，能生万物。丁火属阴，为灯烛之火，可制万物。金银铜铁，不得丁火之制，不能成器。同时，丁火又像烛火、灯火，默默地温暖着你。

戊己同样是土，戊土属阳，乃堤岸城墙之土，只能拒水，不能种养万物。己土属阴，为田地山园之土，可以种养万物。

庚辛同样是金，庚金就是阳金，庚金属阳，为斧钺之金，乃金银铜铁之类，禀太阳而成。庚金得见丁火制之，方能成器。如见丙火，则更利。辛金属阴，为首饰之金，乃水银朱砂赤碧珍珠之类，秉日精月华秀气结成。最要山清水秀、土气丰厚的地方，因为土生金。你若会看孩子的八字，如果他日主是辛金，你想把他捏成什么形状他都允许你捏，所以辛金是招人疼的。庚金你是惹不起的，但是他有一个好处，这个庚金是可以炼成宝剑的。但是辛金是永远炼不成宝剑的，只能做成腰带。

壬癸同为水，壬水属阳，为江河之水，能滋生草木，长养万物。癸水属阴，为雨露之水，可滋助万物。又有人认为癸水乃大海无涯之水，不能生长万物。

二、十二地支

十天干分出五行属性，比较容易，而十二地支要分出五行属性，则有些麻烦，古人的配属是这样的，先分四组：亥、子、丑为水，寅、卯、辰为木，巳、午、未为火，申、酉、戌为金。然后把每组最后一个地支分出来，属土，也就是说，丑、辰、未、戌四个地支一半属土，一半属各自的四个属性，在方位配置上，它们位于中央。由此，干支具备了各自的五行属性。这样，在干支搭配时候，年、月、日、时各干支称谓之间就出现了相互的制约关系——相生相克关系，这种制约关系就构成了我国传统的时间生物学——运气学说、子午流注、天人相应等理论的有力支柱。

如果说十天干的十个字，是人从头到脚之本象的描述，那十二地支的十二个字，则指人之后天，指从母腹中出来的次序，从会阴开始。子，是十二地支的第一个字，指人从母腹出来的大头像；丑，是小婴儿的握固像；寅，应该是羊水破了的象；卯，是剪脐带象，比喻婴儿与母体的分离……总之，人类把人出生时带给人们的所有惊奇都放在十二地支的每个字当中。也就是说，在中国人眼里，天不只是天，也是人的生命；地不只是地，还是人的生命。

继续看十二地支，也通过《说文解字注·十四篇下》了解。

子 《说文》古文

子，十一月阳气动，万物滋。人以为称。象形。凡子之属皆从子。孚，古文子。从巛，象髮也。𢀈，籀文子。囟有髮，臂、胫在几上也。在十二地支之中，“子”代表十一月，这时阳气发动，万物滋生，段注：《律书》：“子者，滋也。言万物滋于下也。”人假借“子”作称呼。段注：子本“阳气动，万物滋”之称，万物莫灵于人，故因假借以为人之称。字形像幼儿的形象。古文写法的“子”字，字形采用“巛”作偏旁，巛，像幼儿的头发。𢀈，这是籀文写法的“子”字，头顶有头发，手臂与小腿都放在几案上，段注：象人首与手足之形也。婴儿出生一般是头先出来，所以“子”字的重点在头部的毛发，和生发之始，表示婴儿从产门出来。也就此申明十二地支的每个字都跟人出生时的经历有关。

子部里有一些常用字：

孕，怀子也。从子，乃声。

字，乳也。从子在宀下，子亦声。段注：人及鸟生子曰乳，兽曰犍。引申之为抚字，亦引申之为文字。《叙》云：“字者，言孳乳而浸多也。”

孪，一乳两子也。

孺，乳子也。一曰，输孺也。输孺，尚小也。从子，需声。指乳臭未干的小孩儿。另一种说法认为，“孺”是“败输”的意思。“败输”是因为年纪尚小。

季，少称也。从子，稚省，稚亦声。对同辈中年纪最轻者的称呼。伯仲叔季，季，最小。

孟，长也。从子，皿声。同辈中年纪最大的。

存，恤问也。从子，在省。体恤而关切，比如“温存”。

疑，惑也。从子、止、匕，矢声。幼子多惑，所以此字从“子”。

《释名》解释十二地支：子，孳也。阳气始萌，孳生于下也。于《易》为坎。坎，险也。

丑　篆文

丑　甲骨文

丑，《说文解字注·十四篇下·丑部》：丑，纽也。十二月万物动，用事。象手之形。日加丑，亦举手时也。凡丑之属皆从丑。这个“丑”，指手的样子，与美丑之“醜（可恶也。《说文解字注·九篇上·鬼部》）”完全是不同的两个字。小婴儿出生的第二个令人惊异的地方是都是“握固”而生，就是大拇哥握在无名指指根处。《曲黎敏精讲〈黄帝内经〉》1中讲过，握，是手的样子；固，是为了“固魂”。这个手势是人天生的手印，是老天教给婴儿用于自保的手势。同时，婴儿出生时攥紧的小拳头也令先人惊讶。甲骨文中的“丑”字就是手指钩曲用力攥东西的形状。段注：《释名》曰：“丑，纽也。寒气自屈纽也。”指十二月寒气凛冽伸不出手的样子。段注：系部曰：“纽，系也。一曰，结而可解。”十二月阴气之固结已渐解，故曰纽也。段注的这个解释有点牵强。但他后来对字形的解释又对了，他说：人于是举手有为。又者，手也。从又而联缀其三指。像三根手指被联缀的样子。

《释名》：丑，纽也。寒气自屈纽也。于《易》为艮。艮，限也。时未可听物生，限止之也。

寅 《说文》古文

寅，髌也。正月阳气动，去黄泉，欲上出，阴尚强也。象宀不达，髌寅于下也。凡寅之属皆从寅。𡉏，古文寅。

先说许慎的解释：寅有摈弃排斥之意。寅代表正月，此时阳气发动，离开地底黄泉，想要向地上冒出，但地面的阴气还很强，就像屋盖一样压制着，使阳气不能通达地面，排斥在地下。

这个字的古文写法“𡉏”，下面是“土”，上面像人反复用双手小心翼翼地去接什么东西，到底接什么呢？寅，引，音义相通。接引什么呢？生孩子这件事，先是羊水流出，然后人们得接引孩子，之后还得接引胎盘，如果胎盘滞留妇人则有生命危险。所以，寅，实际上在说生孩子这个奇妙的过程。这么说到底有没有道理呢？我们看一下段注。

段注：髌，字之误也。（髌，膝端也。“寅”解释得有点莫名其妙）当作“濥”。《史记》《淮南王书》作“螾”。《律书》曰：“寅言万物始生螾然也。”《天文训》曰：“斗指寅则万物螾。”高注：“螾，动生貌。”《律历志》曰：“引达于寅。”《释名》曰：“寅，演也。演生物也。”《广雅》曰：“寅，演也。”《晋书·乐志》曰：“正月之辰谓之寅。寅，津也。谓物之津涂。”按，《汉志》《广雅》演字皆濥之误。段玉裁引用这么多史籍都在证明一件事：髌寅，字之误也。当作“濥濥”。或曰当作“螾螾”。总之，段玉裁就是说“寅”是水流，而不是“髌”。髌，《说文解字注·四篇下·骨部》：髌，膝端也。从骨，宾声。段注：盖膝之骨曰膝髌。《大戴礼》曰“人生朞而髌”，髌不备则人不能行。螾，

《说文解字注·十三篇上·虫部》：螾，侧行者。从虫，寅声。蚓，螾或从引。其实，段玉裁一会儿说“寅”是水流的“濥”，一会儿又说是蚯蚓的“蚓”，所有意象都有了，就是没说出最后那句话。寅，就是生产前羊水破了后，不仅要接引孩子，还要接引胎盘。为什么没说呢？大经学家，怎么能论“妇人事”?!

寅月为正月，正月是中国人最重要的月份，此时，虽有万般阻隔，但春天还是要来了，就像新生命，已经经历了最艰难的时刻，新生命已经降生，下面就要处理新生命的其他问题了。

卯　甲骨文

卯，冒也。二月，万物冒地而出。象开门之形。故二月为天门。凡卯之属皆从卯。𠁦，古文卯。此时，阳气从地下冒出。地支中“卯”代表农历二月，这时万物冒出地面长出新芽。“卯”的字形，像开门的形状。所以二月又叫“天门”。甲骨文中的“卯”字就是将一个物体从中间剖分的形状。其实，生命到了此时，便面临着切断或分离：比如母体与婴儿的分离，脐带与胎盘的切断。记得我先前讲的“刘（劉）”字吧，有金、有刀、有卯，就是“杀”意，就是用金和刀把什么东西分开。这里应该是指婴儿与母体的分离。有时候，分离是为了独立地成长和茂盛。段注：《律书》曰：“卯之为言茂也。言万物茂也。”《释名》：“卯，冒也。载冒土而出也。”于《易》为震，二月之时雷始震也。震，就是阳气已动，新生命的开始。

卯，对应一天的时间是早晨5点到7点，也是古时官员上朝的时间，也是杂役开始工作的时间，应名册而呼名，叫“点卯”。所以早醒也许有习性作怪，小孩子没个早醒的。

辰 甲骨文

辰，震也。三月阳气动，雷电振，民农时也，物皆生。从乙、匕，匕象芒达，厂声。辰，房星，天时也。从二，二，古文上字。凡辰之属皆从辰。𠨍，古文辰。辰，在甲骨文中像用东西切割蠕动的肉虫子（有人说是躯体蜷曲而有环节襞纹的蛴螬）的样子，所以表示“震动”。查询后，发现多个周期性的跳动、震动都是“辰”，比如娠（胎动）、振、震、晨等，都有震动的意思。

许慎说在十二地支中，“辰”代表农历三月，三月阳气已经发动，雷电振天，百姓开始忙于农务。此时万物已经生长，所以字形采用“乙、匕”会意，像草芒伸展；“厂”是声旁。另外，辰，也代表房星，房星是天时的指针，是春耕开展的时候。因此字形采用“二”作偏旁，“二”是古文写法的“上”字。段注：震、振，古通用。振，奋也。《律书》曰：“辰者，言万物之蜄（shèn，古同“蜃”，动也）也。”《律历志》曰：“振美于辰。”《释名》曰：“辰，伸也。物皆伸舒而出也。”季春之月，生气方盛，阳气发泄，句者毕出，萌者尽达。二月雷发声，始电，至三月而大振动。

辰部只有一个“辱”字。辱，耻（恥）也。从寸在辰下。失耕时，于封畺（jiāng，同“疆”）上戮之也。辰者，农之时也，故房星为辰。田候也。段注：心部曰：“耻，辱也。”此之谓转注。

巳，已也。四月阳气巳（已）出，阴气巳（已）

巳 篆文

巳 甲骨文

藏，万物见，成文章，故巳为它象形。凡巳之属皆从巳。用“巳”来解释“巳”，显然不是个好办法，段注：《序卦》传：“蒙者，蒙也。比者，比也。剥者，剥也。”《毛诗》传曰：“虚，虚也。”自古训故有此例，即用本字不假异字也。在十二地支中，“巳”排在地支第六位，代表四月，这时天地间阳气已出，阴气已藏，万物纷呈，形成众多色彩与花纹，所以“巳”代表的是蛇，字形像蛇的形状。段注：巳不可像也，故以蛇象之。蛇长而冤曲垂尾，其字像蛇，则象阳巳（已）出阴巳（已）藏矣。这个，恐怕许慎和段玉裁都看错了，并和十二生肖中的“蛇”产生了联想，所以认为是“蛇”的形状。其实，“巳”这个字在甲骨文中是婴儿形状，本义应该是襁褓中的“婴儿”，所以“祀”可能是一种求子之祭。如果没有现在的人口下降，今人很难理解古人求子的强烈愿望和对婴儿的过度关注。如此看来，十二地支中有两个“子”，第一个“子”突出的是胎儿头部从母腹中出来，突出大头和小婴儿的手臂；而“巳”，则是胎儿已脱离母体，已经完成了剪脐带等行为，被包裹起来了。

至此，生孩子这个过程已经结束，后面就应该是对婴儿是否存活的观察和喜悦了。许慎基本是以阴阳之气的变化来描述十二地支的。人对孩子出生这件事的惊讶确是自古有之。而用孩子的出生和成长，以及人丁兴旺来记录代表十二个月的地支，既是奇思妙想，也是极为方便的做法，还有比看孩子的出生和成长，更能让人记住岁月的吗？比如我总是忘记年龄，而记年岁的方法就是：我永远记得自己是35岁生子，于是以后的岁月就是35岁加上孩子

吕 篆文

的年龄。

《释名》：巳，已也，阳气毕布已也。于《易》为巽。巽，散也，物皆生布散也。所以，巽，在自然界的代表是风。

在巳部，只有一个“目”字。目，用也。从反巳。是“巳”字的反写。段注：巳主乎止，目主乎行，故形相反。二字古有通用者。

午 甲骨文

午，啎也。五月阴气啎逆阳，冒地而出也。象形。此与矢同意。凡午之属皆从午。午，是“逆反”之意。在地支中，“午”代表五月，这时阴气逆反阳气，从地面冒出。“午”字的造字方法与“矢”字的造字方法相同。

午，甲骨文像舂米的木杵，后来借作“五”指“纵横相交”和“阴阳相逆”，引申指抵触，就是“忤逆”之意。午部只有一个“啎”字：啎，逆也。从午，吾声。“午”字下段注：五月阴气啎逆阳，……《律书》曰：“午者，阴阳交，故曰午。”……故制字以象其形。古者横直交互谓之午。

《释名》：午，仵也，阴气从下上与阳相仵逆也。于《易》为离。离，丽也，物皆附丽阳气以茂也。

关于“午”，有人说指脐带从胎儿身体上脱落，这个一般需要一周或两周。看着婴儿一天天地活下来，是让人战战兢兢又喜悦的事啊！这种推测源于许慎的这句“此与矢同意”，段注：矢之首与午相似，皆象贯之而出也。

未，味也。六月滋味也。五行，木老于未。象木重枝叶也。凡未之属皆从未。未即“味”。六月，

未　甲骨文

是最富于滋味的时候。所谓“木老于未”，段注引《天文训》曰：木生于亥，壮于卯，死于未。甲骨文字形像树木枝叶重叠繁茂的形状。

这个字非常像小婴儿手脚挥舞踢踏的样子，小儿为纯阳之体，所以其动都在手脚。人们看到小孩儿这样子既喜悦又担忧，因为古代婴儿的存活率低，所以有“未然”一词，即还看不出将来能否存活。《释名》：未，昧也，日中则昃，向幽昧也。段注也有：未者，昧也。

申　甲骨文

申，神也。七月阴气成，体自申束。从臼，自持也。吏以餔（bū，申时食也）时听事，申旦政也。凡申之属皆从申。关于这个“申”字，有人认为甲骨文就是“闪电”的样子，所以许慎认为指“天神”。但段注不这么认为：或曰神当作身，下云“阴气成体”。《释名》《晋书·乐志》《玉篇》《广韵》皆云：“申，身也。”许说身字从申省声，皆其证。也就是“申”为“身”，或“伸”。比如《释名》说：申，身也，物皆成其身体，各申束之，使备成也。段玉裁进一步解释说：臼，叉手也。申与晨、要同意。当是从丨，以象其申；从臼，以象其束。“申”，就是人伸直身体叉腰的样子。

所以，“申”是指生命成长的神秘力量。雷电是神，孩子也是神，生孩子的女人也是神啊。在母系社会，生女孩儿就更是生了神了，所以有“坤”字。坤，“土”代表土地，“申”有伸展义，表示万物由土（阴气）伸展而出。《易·说卦》中说“坤为地，为母”。《说文解字注·十三篇下·土部》：坤，地也。《易》之卦也。从土、申。土位在申也。

酉 甲骨文

酉 《说文》古文

卯 篆文

酉，就也。八月黍成，可为酎（zhòu）酒。象古文酉之形也。凡酉之属皆从酉。丣，古文酉，从卯。卯为春门，万物巳（已）出。酉为秋门，万物巳（已）入。一，闭门象也。酉，甲骨文中就是尖底酒坛子形状。酉代表八月，这时黍子已成熟，可以酿制醇酒。所有与酒相关的字，都采用“酉”作偏旁。丣，像古文写法的“酉”字。有的字形采用“卯”作偏旁。“卯”表示春门已开，万物已从地下冒出。“酉”表示秋门已闭，万物已入门内，“酉”字内的“一”，是闭门的形象。段注：《律书》曰：“酉者，万物之老也。”这里当指生命的成熟。所以《释名》说：酉，秀也（抽穗）。秀者物皆成也。于《易》为兑。兑，悦也，物得备足皆喜悦也。至此，生命已经稳定并成熟，人们开始欢欣鼓舞并以酒来祝贺。

十二地支的十二个部首中，酉部字是最多。前面讲“酒”时讲过酒、醴、醪、酣、醉等。此外，还有：酌，盛酒行觞也。从酉，勺声。就是为客人盛酒，劝酒。酝（醖），酿也。从酉，昷声。段注：引申为酝藉。……道其宽博重厚也。今人多作蕴藉。

戌 甲骨文

戌，灭（威）也。九月阳气微，万物毕成，阳下入地也。五行，土生于戊，盛于戌。从戊、一。凡戌之属皆从戌。（《说文解字注·十四篇下·戌部》）戌，甲骨文由“人”和“戈”组成，像人执戈，本义是防守边疆。这大概是古人对男孩儿未来的期许吧，希望孩子长大后能保家卫国。“伐”字也由“人”和“戈”组成，但是甲骨文“伐”字戈

伐　甲骨文

刃与“人”头部交叉，以强调砍杀。伐在人部，伐，击也。从人持戈。一曰，败也。一击一刺曰伐。段玉裁“伐”下注曰：戍者，守也。故从人在戈下。入戈部。伐者，外击也。故从人杖戈。入人部。

许慎训“戌”为消灭。灭（威），尽也。即无一幸存之意。指生命进入死寂状态。段注：火死于戌，阳气至戌而尽，故威从火戌。在地支中“戌”代表九月，此时阳气已经变得很微弱，各种作物已经成熟，而阳气也下行转入地层。在五行之中，土生于位于中央的戊方位，而土气最旺盛时则在戌月。段注：故其字从土中含一。戊午合德。《天文训》曰：“土生于午，壮于戌，死于寅。”戊者，中宫，亦土也。一者，一阳也。戌中含一，会意也。因此“戌”字形采用“戊”作字根，像“戊”含“一”。

《释名》：戌，恤也。物当收敛，矜恤之也。亦言脱也，落也。

如果说“戌”是生命的死寂状态，那最后的“亥”字，则是生命的重生。

亥，荄（gāi，草根也）也。十月微阳起，接盛阴。从二，二，古文“上”字也。一人男，一人女也。从乚，象怀子咳咳之形也。《春秋传》曰：“亥有二首六身。”凡亥之属皆从亥。……亥而生子，复从一起。许慎说“亥”指草根，重点应在“根”而不在“草”。我认为《释名》解释得更准确：亥，核也。收藏百物，核取其好恶真伪也。亦言物成皆坚核也。“亥”字像一个男人搂着一个怀孕的女人的样子，指生命重新开始孕育。生命的种子就是“核”。字形采用“二”作偏旁，“二”，这是古文写法的“上”字，这里当指一阴一阳。“亥有二首六身”，就是上边代表头，下面代表身子。段注：此言始一终亥，亥终则复始一也。一，是《说文》的第一个字，代表混沌初始，而“亥”是《说文》的最后一个字，代表生命重新开始。

亥 篆文

亥，作为地支的末一位。段注：亥为豕，犹巳下云巳为蛇也。与豕同。谓二篆之古文实一字也。豕之古文，见九篇豕部，与亥古文无二字。在段玉裁眼里，亥与豕、巳与蛇，古代都是一个字。

阴历中，十二地支中的“亥”代表十月，这时大地尚有微弱的阳气产生，续接着越来越旺盛的阴气。段注：《律历志》曰：“该阂于亥。”《天文训》曰：“亥者，阂也。”阂，外闭也。从门，亥声。《律历志》所言“该合于亥”，是说一切都外闭于亥，这时的外闭不是关上生命的大门，而是重新凝聚力量，开始新的生命历程，就像一个小胎儿，在混沌中重启新的生命。从这一刻起，一切都是新的，每一个细胞都晶莹剔透，充满了创造力。

于是，天干与地支组成的年，不只是时光的记载，还是生命的刻痕，生命的记载，生命的重启。

其实，岂止天干地支暗含着生命的起承转合，整个一部《说文》，都饱含着许慎对世界的深刻理解和领悟。世界，就是一个活体；大千，就是生命，有生就有死，但有死还有生。汉字，不可能跳出生命的窠臼，始一终亥，其中万千，都是人对天地及自身的观照。由此，一本字典就有了灵魂。

第十三章 《说文解字·叙》

《说文》的第十五卷是一篇鸿篇巨制，是许慎专门为《说文》写的一篇“叙”。这篇叙，既是对《说文》提纲挈领的概述，也是对书法、传统文字学研究的重要解读。在段玉裁的《说文解字注》中，我们看到大一些的黑体字是许慎的原文，而小字都是段玉裁的注释。段玉裁的文字远远超出了原文，读起来也是酣畅淋漓。

这篇叙大致讲了五层意思：阐述文字的源流；文、字与六书；周代到秦文字的演变；汉以后文字的概况及其研究；表明自己著书的态度和体例。

一、文字的源流

叙曰：古者庖牺氏之王天下也，仰则观象于天，俯则观法于地，视鸟兽之文与地之宜，近取诸身，远取诸物，于是始作《易》八卦，以垂宪象。——叙说：往古的时候，伏羲氏治理天下，（他）仰观天象，俯察地理，观察鸟兽的迹象和大地的脉理，近的，取法自身；远的，取于他物，在这个基础上，创作了《易》和八卦，用来展示人的吉凶。

以上是说造字的原则：观天地之象，近取诸身，远取诸物。

及神农氏，结绳为治而统其事。庶业其繁，饰伪萌生。黄帝之史仓颉，见鸟兽蹄迒（hāng，鸟兽的脚印）之迹，知分理之可相别异也，初造书契。——到了神农氏的时代，使用结绳记事的办法治理社会，管理当时的事务，社会上的行业日益繁多，掩饰作伪的事儿也就多了起来。（到了黄帝的时代，）黄帝的史官仓颉看到鸟兽的足迹，悟出纹理有别而鸟兽各异，因而开始创制文字。

百工以乂（yì，芟草也。从丿乀相交。段注：引申之，乂训治也），万品以察，盖取诸夬。“夬，扬于王庭。”言文者宣教明化于王者朝廷。君子所以施禄及下，居德则忌也。——（文字用于社会之后，）百业得以治理，万类得以明晰，仓颉造字的本意，大概取意于《夬卦》。《夬卦》说：臣子应当辅佐君王，使王政畅行。这就是说，仓颉创造文字是为了宣扬教令、倡导风范，有助于君王的施政。君王运用文字工具，更便于向臣民施与恩泽，而臣民应以立德为本，不可自恃具有文字之工而去捞取爵禄。

二、文·字·六书

仓颉之初作书，盖依类象形，故谓之文。其后形声相益，即谓之字。文者，物象之本。字者，言孳乳而浸多也。著于竹帛谓之书。书者，如也。以迄五帝三王之世，改易殊体，封于泰山者，七十有二代，靡有同焉。——仓颉初造文字，是按照物类画出形体，所以叫作“文”。随后又造出合体的会意字、形声字，这些文字就叫作“字”。所谓“文”，是基于对物象的描绘。字，来自“文”的孳生，使文字越来越丰富。把文字写在竹简、丝帛上，叫作“书”。“书”意味着写事像其事。（文字）经历了“五帝”“三王”的漫长岁月，有的改动了笔画，有的造了异体，所以在泰山封禅祭天的七十二代君主留下的石刻，字体各不相同。

先说何为“文”、何为“字”。下面是说“六书”。

《周礼》：八岁入小学，保氏教国子，先以六书。一曰指事。指事者，视而可识，察而见意。上（二）下（二）是也。二曰象形。象形者，画成其物，随体诘诎。日月是也。三曰形声。形声者，以事为名，取譬相成。江河是也。四曰会意。会意者，比类合谊，以见指撝。武信是也。五曰转注。转注者，建类一首，同意相受。考老是也。六曰假借。假借者，本无其字，依声讬事。令长是也。——《周礼》规定八岁的士族子弟入小学，老师先教“六书”。所谓六书，第一叫“指事”。指事就是：字形、结构看起来认得，但须经过仔细观察才能知道它的字义。比如“上”“下”二字。第二叫“象形”。象形就是：画出那个物体，笔画曲折同自然物的状态相一致。比如“日”“月”二字。第三叫“形声”。形声就是：以事物的性质为偏旁，再挑选相近的声符组成文字。比如“江”“河”二字。第四叫“会意”。会意就是：把意义相关的字组合后，能得知新字的字义。比如“武”“信”二字。第五叫“转注”。转注就是：立一字为根，创制类属字，类属字跟根字的形音义有所承袭，字义、字音都与根字意义相通。比如“考”和“老”。第六叫“假借”。假借就是：没有为某事某物再造字，而按照某事某物的叫法，找一个同音字来代表它。比如“令”“长”二字。

关于“六书”，之前已有详细的解读。

三、周代到秦文字的演变

及宣王太史籀，著大篆十五篇，与古文或异。至孔氏书六经，左丘明述《春秋传》，皆以古文，厥意可得而说。其后诸侯力政，不统于王。恶礼乐之害己，而皆去其典籍。分为七国，田畴异亩，车涂异轨，律令异法，衣冠异制，言语异声，文字异形。——到了周宣王的太史籀整理出大篆十五篇，籀文同古文有了差异。一直到（春秋末年）孔子著述“六经”，左丘明著《左传》都还在使用古文。古文的形体、意义仍为学者们所通晓。再往后到了战国，诸侯各自为政。他们憎恶礼乐妨害了自己，都抛弃了典籍。直至中国分裂，七雄并峙，田亩的丈量方法相异，车轮的规格、尺码也不同，法令、制度也各有一套，衣服、帽子也各有规定，说起话来方言分歧，写的字也形状相异了。

秦始皇帝初兼天下，丞相李斯乃奏同之，罢其不与秦文合者。斯作《仓颉篇》，中车府令赵高作《爰历篇》，太史令胡毋敬作《博学篇》，皆取《史籀》大篆，或颇省改，所谓小篆者也。是时秦烧灭经书，涤除旧典，大发吏卒，兴戍役，官狱职务繁，初有隶书，以趣约易，而古文由此绝矣。——秦始皇初灭六国，丞相李斯就奏请统一制度，废除那些不与秦国文字相合的字。由此，李斯写了《仓颉篇》，中车府令赵高写了《爰历篇》，太史令胡毋敬写了《博学篇》。这些篇章都取用《史籀》大篆的字体，有些字还作了一些简化和改动，这些字体就是人们所说的“小篆”。这时，秦始皇又开始焚烧经书，除灭古籍，又征发吏卒，大兴戍卫、徭役，官府衙狱事务繁多，于是产生了隶书，以便书写趋于简易，古文字体便从此止绝了。

自尔秦书有八体：一曰大篆，二曰小篆，三曰刻符，四曰虫书，五曰摹印，六曰署书，七曰殳书，八曰隶书。汉兴有草书。——从这个时候起，秦代的书法有八种体式。第一叫大篆，第二叫小篆，第三叫刻符，第四叫虫书，第五叫摹印，第六叫署书，第七叫殳书，第八叫隶书。汉朝兴起以后有草书。

四、汉以后文字的概况及其研究

尉律，学僮十七已上，始试，讽（诵也。从言，风声）籀书九千字，乃得为史。又以八体试之，郡移太史并课，最者以为尚书史。书或不正，辄举劾之。今虽有《尉律》，不课，小学不修，莫达其说久矣。——汉朝法令规定，学童年满十七岁后方可参加考试。唯有能够熟练背诵并准确读写九千个汉字者，才有资格担任书史小吏。进一步朝廷会以八体书法对其进行更为严格的考核。经郡一级考试选拔后，合格者将被举荐至中央，由太史令再次主持考试，其中成绩最为优异者，被录用为尚书台的属吏 。若官吏所拟公文、奏章存在文字错误，这些属吏有权予以检举弹劾。如今条令虽在，考核制度却已废止。文字书写规范不再受到重视，士人对汉字的研习也荒废很久了。

以上讲汉字功夫由严苛到衰败。

孝宣皇帝时，召通《仓颉》读者，张敞从受之。凉州刺史杜业，沛人爰礼，讲学大夫秦近，亦能言之。孝平皇帝时，征礼等百余人，令说文字未央廷中，以礼为小学元士。黄门侍郎扬雄，采以作《训纂篇》。凡《仓颉》以下十四篇，凡五千三百四十字，群书所载，略存之矣。——汉宣帝时，征召到一位能够读识古文字《仓颉篇》的人（段玉裁说是一个齐人），宣帝派张敞跟着那人学习。其后，凉州刺史杜业、沛地人爰礼、讲学大夫秦近，也能读识古文字。汉平帝时，征召爰礼等一百多人，要他们在未央宫讲说文字，尊奉爰礼做“小学元士”。黄门侍郎扬雄采集大家的解说著了

《训纂篇》。《训纂篇》总括了《仓颉篇》以来的十四部字书，共计五千三百四十字，典籍所用的字，大都收入该书了。

看来扬雄作《方言》是有基础的，在此之前，他著《训纂篇》功劳更大。果然是千古大学问家。

及亡新居摄，使大司空甄丰等校文书之部，自以为应制作，颇改定古文。时有《六书》：一曰古文，孔子壁中书也。二曰奇字，即古文而异者也。三曰篆书，即小篆。四曰左书，即秦隶书。五曰缪篆，所以摹印也。六曰鸟虫书，所以书幡信也。——到了王莽执政摄行王事的时候，他要大司空甄丰等人检校书籍，以标榜自己尽力于制礼作乐之事，这期间对古文字有一些改动。那时有六种字体：第一叫古文，这种文字出自孔子住宅墙壁中收藏的一批古籍。第二叫奇字，它也是古文，不过字体又同古文有别。第三叫篆书，也就是小篆。第四叫左书，即秦朝的隶书。第五叫缪篆，是用在玺符印笺上的文字。第六叫鸟虫书，是写在旗幡等物上的。（鸟虫书又称鸟书，字中有笔画的起始、结尾，画饰为鸟头、虫身之形，一般用于旗帜。）

壁中书者，鲁恭王坏孔子宅，而得《礼》《记》《尚书》《春秋》《论语》《孝经》，又北平侯张仓献《春秋左氏传》。郡国亦往往于山川得鼎彝，其铭即前代之古文，皆自相似。虽叵复见远流，其详可得略说也。而世人大共非訾（zī），以为好奇者也，故诡更正文，乡壁虚造不可知之书，变乱常行，以耀于世。——当年，鲁恭王拆毁孔子住宅，（无意中）得到了《礼》《记》《尚书》《春秋》《论语》《孝经》等古文典籍。（古文典籍）还有北平侯张仓所献的《春秋左氏传》。一些郡县、诸侯国也往往从地下发掘出前代的宝鼎和器物，上面的铭文就是前代的古文，这些古文字资料彼此多相似。虽说不能再现远古文字的全貌，但是先秦古文字的情况能知道大概了。但世人无知，极力否定、诋毁古文，认为古文是好奇的人故意改变现行文字的写法，认为古文是扰乱常规的诡变正字；并假托出自孔子住宅墙壁，是伪造出来的不能知晓的文字，同时认为拥护古文的人不过是“变乱常行”，想借此炫耀于世。

诸生竞逐说字解经谊，称秦之隶书为仓颉时书，云父子相传，何得改易。乃猥曰：“马头人为长，人持十为斗，虫者，屈中也。”廷尉说律至以字断法，“苛人受钱，苛之字止句也”。若此者甚众，皆不合孔氏古文，谬于《史籀》。俗儒鄙夫，玩其所习，蔽所希闻，不见通学，未尝睹字例之条，怪旧埶（yì，同“艺”）而善野言，以其所知为秘妙，究洞圣人之微恉。又见《仓颉篇》中“幼子承诏”，因曰：“古帝之所作也，其辞有神仙之术焉。”其迷误不谕，岂不悖哉。——这些儒生争着解说文字和《经》义。他们把秦朝才有的隶书当作仓颉时代的文字，说文字是父子相传的，哪里会改变呢！他们还瞎说：“马字头上加个人字就是长，人握十（升）是斗，虫字是屈写中字的一竖。”掌刑官解说法令，竟至于凭着拆析字形来臆断刑律，比如苛人受钱（原义是禁止恐吓人犯，索取贿赂，“苛”是“诃”的假借字），有人说，“苛”字上为“止”，下为“句”，意思是“止句”。类似上文的例子多得不胜枚举，都不符合孔壁中收藏的古文字形，也同《史籀》大篆的字体相违。粗俗浅薄的人，欣赏自己习见的东西，遮蔽自己少见的事物，没有宏通的学识，从来不知道汉字的规律、法则，把古文典籍看成异端，把无稽之谈当作真理，把自己知道的那点东西看得神妙至极，他们探究圣人著述的深意。当看到《仓颉篇》中有“幼子承诏”一句，便说：“《仓颉篇》是黄帝时代写的，说那句话寓有黄帝仙去，让幼子承嗣的神仙术的意味。”如此迷误不通，岂不违背事理！

看来许慎对当时的今文、古文之争深感愤恨。后面就是讲自己为什么著《说文解字》，以及如何著书立说。

五、表明自己著书的态度和体例

《书》曰：“予欲观古人之象。”言必遵修旧文，而不穿凿。孔子曰：“吾犹及史之阙文，今亡矣夫！”盖非其不知而不问。人用己私，是非无正，巧说邪辞，使天下学者疑。——《尚书》记载有言，舜帝说：“我想看看古人绘制的图像。”这话表明舜帝制定制度，必按旧典行事，而不穿凿附会。孔子说：“我还能看到史书存疑的地方，但这种‘存疑精神’现在没有了啊！”所谓“存疑”，不是作者自己不懂就不闻不问。人不能凭一己之私去猜想和解释古史古事，那样就会弄得没有是非标准，巧言邪说，就会让后世研究者疑惑、困扰。

盖文字者，经艺之本，王政之始，前人所以垂后，后人所以识古。故曰：“本立而道生。知天下之至赜（zé，精微，深奥）而不可乱也。”——文字，是经史百家的根基，是推行王道的首要条件，前人用它记述自己的经验以传示后人，后人依靠它而认识古代的历史。因此，孔子说：“本立而道生。这是天下最根本的道理，不可以乱了‘文字’这个根本！”

今叙篆文，合以古籀，博采通人，至于小大，信而有证。稽撰其说，将以理群类，解谬误，晓学者，达神恉，分别部居，不相杂厕也。万物咸睹，靡不兼载。厥谊不昭，爰明以喻。其称《易》孟氏、《书》孔氏、《诗》毛氏、《礼》、《周官》、《春秋》左氏、《论语》、《孝经》，皆古文也。其于所不知，盖阙如也。——现在我叙列篆文，参照古文、籀文，博采诸家之说，做到出言无论大小，都确凿有证，考稽其具体解说。我想用这部书总编万物分类，剖辨谬误，使学习的人晓悟文字的本原，通达文字的妙意，我采用分立部首，用部首系联字头的办法编排文字，使它们不相错杂。万事万物都能从本书里见到，没有哪一样不涉及、不记载的。遇到读者不易明了的事物，我就援引可资说明的东西比喻它。书中提到孟喜的《易经》，孔安国的《尚书》，孟喜、孔安国、毛亨的所传《诗经》，以及《礼》《周官》《左传》《论语》《孝经》等，都指古文版本。遇到我不知道的事物，就告缺不论。

可以说，许慎按照最本分的手法来写作此书。懂的，认真解释；不懂的，就直接注明这地方我不懂。

结语：向古人敬礼

在这次有关《说文解字》讲解的最后，我想表达下对许慎和段玉裁这两位先贤的万般敬意。

古人写书着实不易，反复修改、誊写更是不容易。蔡伦的造纸术于元兴元年（105）受到汉和帝称赞，得到推广。而许慎完成《说文解字》那一年（121），恰逢蔡伦服毒自尽。许慎撰写《说文解字》历时约二十年，其间，可能没用上纸，而用漆在竹简上写作一定万般辛苦。直到宋代，《说文解字》才得以印刷。

《后汉书·儒林传·许慎传》说：少博学经籍，马融常推敬之，时人为之语曰："《五经》无双许叔重。"《说文解字》征引的经书古籍中不仅有《诗》《书》《礼》《易》《春秋》，还有《老子》《墨子》《韩非子》《国语》《逸周书》《楚辞》《史籀》《山海经》《司马法》《太乙经》等，涉及天地、鬼神、山川、草木、鸟兽、昆虫、杂物、奇怪、王制、礼仪等不同学科的知识。可见没有一定经学功底的人是无法写就这本中国历史上第一部字典的。其书内容共十五卷，以小篆为研究对象，前十四卷为文字解说，第十五卷为叙目；结构上按部首编排，共分540个部首，收字9353个，另有"重文"（即异体字）1163个，共10516字。但创作一本有灵魂的书光有学识是不够的，有学识的人太多了，有见地和风骨的人才能写下传世之作，并持久地感染人心。《许慎传》又说：许慎"性淳笃"。淳，渌也。也就是水清澈，段注：淳，沃也。笃，马行顿迟。段注：笃，固也。又曰：笃，厚也。许慎是一个干净、深厚、认真、有始有终的人，我们至少应该从《说文解字》的字里行间读出这些品德。用许慎自己的话说就是"言必遵修旧文而不穿凿”“信而有征，稽撰其说”“于所不知，盖阙如也”——就是对于自己不知道的东西，宁可让它缺着，也不自以为是，强作解释。在他的心目中，对文字的解说并不是“小学”，而是“盖文字者，经艺之本，王政之始”，是关涉五经正义的大事，不得有丝毫的懈怠和马虎。

有了《说文解字》这个底本，后世出了很多注释《说文解字》的大家，而其中的佼佼者就是清代乾隆年间的段玉裁。许慎为《说文解字》花了二十多年，段玉裁写《说文解字注》又花了三十多年，这才是跨越时空的两个学者的神交啊，所以清代语言学家王念孙评价说：盖千七百年来无此作矣！

段玉裁为《说文解字》作注有多辛苦呢？他一生贫寒，每每处理完公家事务至深更半夜，经常置灯于笼中，或以口气嘘物取暖，编著、修改文章。四十七岁告老还乡。潜心注释《说文解字》。乾隆五十九年（1794年）的四月，他不幸跌坏了右腿，从此成为残疾之人。当时的段玉裁曾对友人说：可谓左丘失明，厥有《国语》；孙子膑脚，《兵法》修列；段氏坏足，《说文注》成。其后健康每况愈下，盖春夏秋三季多不适，而春季尤甚，疮烂疥烦，两眼昏花，心脉甚虚，稍用心则夜间不能安宿，又左臂疼痛不可耐。此时段玉裁最为担心的事，是注释《说文解字》能否完成。到段玉裁注释《说文解字》完成时，他对自己的学生说，他已如春蚕一般，茧织成了，只待死矣。读到此处，猛然泪奔，恐怕无宏愿者无法理解此句。我也曾发愿要讲解《黄帝内经》原文，其实，人不畏死，而是畏不能完成自己的使命，待使命完成，人何惧之有……

嘉庆二十年（1815年）五月《说文解字注》全书刻成，为将此书刻成付印，段玉裁用去了全部积蓄。八月他就去世了。王念孙说：若膺死，天下无读书人矣！

段玉裁还有句话，颇令人感动，他说：夫人有心得之处超乎古人者，必恨古人不我见，抑余以为古人有言有为，未尝不思后人处此必有善于我者，未尝不恨后之人不可见也。即，每当人读书有心得或有超出古人见地时，一定遗憾古人没见到我；或我遐想古人有言语见地时，也会想后人于此处一定会赞赏我，也一定遗憾我与后人不得相见。说白了就是：追求真知，上可以神交古人，下可以神交后人，使人的生命可以超越时空限制，进入永恒的境界。人活一世，世道艰难，能潜心于一经典，便有了精神寄托。我总说：人啊，这一生，一定要跟高级的东西打交道，比如阅读经典、阅读名著，就是天天和最智慧的人在一起，这得多养自己啊！而最大的养，就是不怕死了。为什么不怕死呢？朝闻道，夕死足矣，早上明白了一个大道，晚上死了都高兴啊！

我们因为读了一本远古的书而延宕了时光，那些跳动的、活泼的、灵动的汉字，闪烁在我们的生命中，在惚兮恍兮中，仿佛又推开了一个陈旧的大门，只要推开大门，哪怕只是一条缝隙，饱满的阳光也会蜂拥而至，照亮我们生命的前程……

能把他们二位的心血公之于众，能让大家通过我的讲解喜欢上他们，并敬仰他们的治学精神，尤其是通过《说文解字注》而深刻地认知汉字，这是一次多么美好的旅程。

再次感谢大家！

后 记

写这本书，真是不易，尤其累眼睛。估计大家跟着学习的人，也累得够呛！但真学进去、看进去了，也乐趣无穷。

文化的基础就是语言文字，能及时地补上这一课，对我们每个人都至为关键。现在因为大量网络语言的出现，语言文字都出现了变异，所以我们一定要在变异前知道什么是正确的，也好摸索出其变异的规律，从而把握其变异的规律。比如我们现在通常把卑微的小人物称为“韭菜”，指那种总是被人忽悠还总不长记性的人。而忽悠“韭菜”的行为就叫“割韭菜”。那《说文解字》是怎么说韭菜的呢?《说文解字》：韭，韭菜也，一种而久生者也，故谓之韭。这个解释太妙了，反复割，反复长。可见天下的韭菜是割不完的。所以这个网络名词真是形象而生动地表现了小人物的可怜、愚昧而又有韧性。再比如年轻人点赞别人会用“弓虽”两个字，其实就是“强”字的拆分。

学《说文解字》的好处在于：

第一，我们可以了解文字的出处和本义。比如起名字时不乱用字，比如“亚”，我们现在只是把它理解为冠亚军的意思，而不知“亚”在《说文解字》里是“丑陋”的意思。亚，丑也。象人局背之形。段玉裁注说：“亚”与“恶”音义皆同。

第二，可以了解中华民族文化的渊源，知道远古的中国人是怎么看待世界的。比如世界的“世”，《说文解字》：世，三十年为一世。段玉裁《说文解字注》：按父子相继曰世。即年代更替有一个三十年的界限。而“界”，《说文解字》：界，境也。从田，介声。也就是田边谓之界。总之，古人都是从时空两方面来看世界的，世界虽大，但对于个人而言，每个人都有自己的时代，也都有自己要耕的那块地，守住这些，就守住了自己的世界。中国的道家总说不争不抢，就是把这事想明白了。争了抢了，也就那几十年的荣耀，最终还是要把一切交给后人。所以，我们索性活得坦然些吧，别再杞人忧天了。

第三，学习《说文解字》，可以增加想象力。因为汉字是以象形为主的，生活虽苦，生命虽短，但遨游于文字可以拓展我们审美的空间。虽然我们只活这一世，但汉字可以把我们带入千年和万年，这大概就是阅读带给我们的巨大快乐吧。

大家在此之前听过我的课，讲《诗经》《黄帝内经》和《伤寒论》，我们学会了好好吃饭、好好睡觉，明白了生命的大道。现在，又学了《说文解字》，我们也要好好说话、好好写字啦！从精神到肉体都美起来！

谢谢大家！

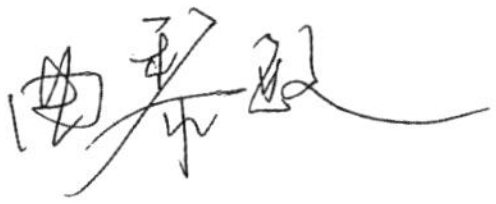

2023年冬

《说文解字》常用字的本义

曲黎敏 编著

河南文艺出版社
·郑州·

目　录

除了专业人士，普通人去翻阅《说文解字注》的机会很少。我按照《说文解字注》从头到尾捋一下没讲过、但会用到的常用字，这样就使得学习者可以一下子找到自己需要理解的字，并了解许慎和段玉裁对此字的理解。

再者，汉字会越来越多吗？不会。汉字有高度凝练性。兼之汉字还有四声，比如同一个“啊”字，声调不同，就有不同的意味。ɑ拼音四个声调是ā 、á、ǎ、à：一声平，二声扬，三声拐弯，四声降。ā，表示轻叹；á，表示疑惑；ǎ，表示惊疑；à，表示重叹。随着时代的发展，汉字组合和发散的含义会越来越多，但高频使用的汉字似乎越来越少，比如《说文解字》收录汉字9353个，可我们现在常用字不到4000字。《说文解字》里有大量我们不认识或已经不再使用的字。

所以，就捋一下常用字。

一、《说文解字注·一篇》常用字

《说文解字注·一篇上》

一部

一，惟初太极，道立于一。造分天地，化成万物。凡一之属皆从一。

元，始也。从一，兀声。最初的写法就是人头的样子。头位居人体最高处，因此引申表示首要的、第一的。“元”字，一个侧立的人形而突出强调其头部。“天”字，是正面而立的人形突出强调其头部，以示其头顶。段注：见《尔雅·释诂》。《九家易》曰：“元者，气之始也。”

天，颠也。至高无上，从一大。段注：元、始可互言之，天、颠不可倒言之。……颠者，人之顶也。以为凡高之称。始者，女之初也，以为凡起之称。

丕，大也。从一，不声。

吏，治人者也。从一，从史，史亦声。就是管治百姓的人。但段玉裁的注释有意思。段注：天下曰："从一大"，此不曰"从一史"者，吏必以一为体，以史为用，一与史二事，故异其词也。史者，记事者也。吏，就是个"记事"的人。

二(上)部

旁，溥也。从二，阙，方声。段注：《广雅》曰："旁，大也。"……与溥双声。

三部

三，数名。天地人之道也。……凡三之属皆从三。段注："……三兼阴阳之数言。"一下曰："道立于一。"二下曰："地之数。"王下曰："三者天地人也。"……三画而三才之道在焉，故谓之成数。

王部

王，天下所归往也。董仲舒曰："古之造文者，三画而连其中谓之王。三者，天地人也，而参通之者，王也。"孔子曰："一贯三为王。"凡王之属皆从王。段注：见《春秋繁露》，引之说字形也。

闰，余分之月，五岁再闰也。告朔之礼，天子居宗庙，闰月居门中。从王在门中。《周礼》："闰月，王居门中终月也。"闰月，由一年十二个月划分之后，将余下的时日组成的月份。每月初一行告祭礼时，天子居于庙堂之中，而轮闰月天子则居正室门中。段注：戴先生《原象》曰："日循黄道右旋，邪络乎赤道而南北。凡三百六十五日小余不满四分日之一，日发敛一终。月道邪交乎黄道，凡二十七日小余过日之半，月逡其道一终。日月之会，凡二十九日小余过日之半以起朔，十二朔凡三百五十四日有奇分而近岁终，积其差数置闰月，然后时序之从乎日行发敛者以正。故《尧典》

曰：期三百有六旬有六日，以闰月正四时成岁。”言六日者，举成数。玉裁按，五岁再闰，而无余日。……《周礼·大史》：“闰月诏王居门终月。”注：“谓路寝门也。郑司农云：《月令》，十二月分在青阳、明堂、总章、玄堂左右之位，惟闰月无所居，居于门。故于文：王在门谓之闰。”

皇，大也。从自王。自，始也。始王者，三皇，大君也。自，读若鼻。今俗以作始生子为鼻子是。看来“皇”字原来上面是“自”字。段注引《方言》曰：“鼻，始也。兽之初生谓之鼻，人之初生谓之首。”许谓始生子为鼻子，字本作鼻，……原来头胎还有叫“鼻子”的说法。关于“三皇”，段注：《尚书大传》：“燧人为燧皇，伏羲为羲皇，神农为农皇。”……皇本大君，因之凡大皆曰皇。

玉部

瑜，瑾瑜也。从王，俞声。《说文解字注》中玉部字皆作“从王”，实为“从玉”，“王”为“玉”的异体。

球，玉也。从王，求声。

琳，美玉也。从王，林声。

璧，瑞玉。圜也。从王，辟声。段注：瑞以玉为信也。《释器》：“肉倍好谓之璧。”边大孔小也。郑注《周礼》曰：“璧圜象天。”

琥，发兵瑞玉。为虎文。从王，虎声。《春秋传》曰：“赐子家子双琥。”发兵时用的兵符瑞玉，雕有虎的图案。段注：《周礼》：“牙璋以起军旅，以治兵守。”不以琥也。汉与郡国守相为铜虎符，铜虎符从第一至第五，国家当发兵，遣使者至郡国合符，符合乃听受之。

琬，圭有琬者。从王，宛声。段注：后郑云：“琬犹圜也，王使之瑞节也。”

璋，剡上为圭。半圭为璋。从王，章声。《礼》六币：圭以马，璋以皮，璧以帛，琮以锦，琥以绣，璜以黼（黼，白与黑相次文。从黹，甫声。一种绣品）。

莹，玉色也。从王，荧省声。一曰，石之次玉者。《逸论语》曰：“如玉之莹。”段注：谓玉光明之貌，引伸为磨莹。亦作鎣。

瑞，以玉为信也。从王，耑声。作为信物的吉祥美玉。段注：瑞为圭、璧、璋、琮之总称。

理，治玉也。从王，里声。段注：《战国策》："郑人谓玉之未理者为璞。是理为剖析也。玉虽至坚，而治之得其鰓理以成器不难，谓之理。凡天下一事一物，必推其情至于无憾，而后即安，是之谓天理，是之谓善治。此引伸之义也。

段玉裁又说：古人之言天理，何谓也？曰：理也者，情之不爽失也。未有情不得而理得者也。天理云者，言乎自然之分理也。自然之分理，以我之情絜人之情，而无不得其平是也。

玩，弄也。从王，元声。貦，玩或从贝。

玲，玉声也。从王，令声。

碧，石之青美者。从王石，白声。段注：从玉石者，似玉之石也。碧色青白，金克木之色也，故从白。这里讲了五行生克。

珠，蚌中阴精也。从王，朱声。《春秋国语》曰："珠足以御火灾"是也。因其阴气所化之阴精，珠可用以抵御火灾。这种说法，倒是头回听说。段注：《楚语》："左史倚相曰：珠足以御火灾则宝之。"

瑰，玟瑰也。从王，鬼声。一曰，圜好。"瑰"指玉珠浑圆漂亮。

琀，送死口中玉也。从王、含，含亦声。段注：《典瑞》曰："大丧共饭玉、含玉。"注："饭玉，碎玉以杂米也。含玉，柱左右颠及在口中者。"……按，琀，士用贝……诸侯用璧……天子用玉。

靈，巫也。

气部

气，云气也。象形。凡气之属皆从气。原本就是"三撇"。段注：气本云气。引伸为凡气之称。象云起之貌。三之者，列多不过三之意也。

另一个气，写作"氣"。《说文解字注・七篇上・米部》：氣，馈客之刍米也。从米，气声。

氛，祥气也。从气，分声。雰，氛或从雨。段注：谓吉凶先见之气。《左传》曰："非祭祥也，丧氛也。"杜注："氛，恶气也。"……玉裁按，统言则祥、氛二字皆兼吉凶，析言则祥吉、氛凶耳。就是许慎所言“祥气”是大致的说法，仔细分析则是：凶曰氛，吉曰祥。

士部

士，事也。数始于一，终于十，从一、十。孔子曰：“推十合一为士。”凡士之属皆从士。士，指善于办事的人。天地之数，从一开始，到十结束。字形采用一、十会意。段注：凡能事其事者称士。……学者由博返约，故云推十合一。博学、审问、慎思、明辨、笃行，惟以求其至是也。若一以贯之，则圣人之极致矣。士，应该具备博学、审问、慎思、明辨、笃行五种德行，还得求其极致。

壮（壯），大也。从士，爿声。段注：《方言》曰：“凡人之大谓之奘，或谓之壮。”寻《说文》之例，当云“大士也”，故下云“从士”，此盖浅人删士字。

《说文解字注·一篇下》

屮部

屮，草木初生也。象丨出形，有枝茎也。古文或以为艸字。读若彻。凡屮之属皆从屮。

屯，难也。象草木之初生，屯然而难。从屮贯一，屈曲之也。一，地也。《易》曰：“屯，刚柔始交而难生。”指生长艰难。字形像草木初生的样子。“屮”贯穿了“一”，这里的“一”，指大地。段注：《说文》多说一为地，或说为天，象形也。屮贯一者，木克土也。屈曲之者，未能申也。乙部曰：“春，草木冤曲而出，阴气尚彊，其出乙乙。”

每，草盛上出也。从屮，母声。这个字已看不出有“屮”字，指草叶茂盛，向上生长的样子。段注：《魏都赋》“兰渚每每”用此，俗改为“莓”。按，每是草盛，引伸为凡盛。

毒，厚也。害人之草，往往而生。从屮，毒声。䈉，古文毒，从刀、管。指到处生长的滋味厚涩苦烈的野草。段注：毒兼善恶之辞，犹祥兼吉凶、臭兼香臭也。即，一个字有时兼见两个相反的意思，比如：毒兼善恶之辞，祥兼吉凶，臭兼香臭。

熏，火烟上出也。从屮，从黑，屮黑熏象。火烟上蹿烤黑物品。段注：……此烟上出，而烟所到处成黑色之象也。

艸部

艸，百卉也。从二屮。凡艸之属皆从艸。段注："卉"下曰："草之总名也。"是谓转注。二屮、三屮一也。

艸部字讲过很多，下面就说几个常用字。

芋，大叶，实根，骇人，故谓之芌也。从艸亏（于）声。段注：口部曰："吁，惊也。"毛传曰："訏，大也。"凡于声字，多训大。芋之为物，叶大、根实，二者皆堪骇人，故谓之芋。

蓝，染青草也。从艸，监声。

茅，菅也。从艸矛声。可缩酒，为藉。段注：按统言则茅、菅是一。析言则菅与茅殊。许菅茅互训。此从统言也。陆玑曰：菅似茅而滑泽，无毛。茅，可缩酒，这个功能类似《易经》中的"蓍草"，把酒倒上去就好像被土地神喝了，犹如神享。

芹，楚葵也。从艸，斤声。

萧，艾蒿也。从艸肃声。段注：《大雅》："取萧祭脂。"《郊特牲》："焫萧合馨香。"故毛公曰："萧所以共祭祀。"

芪，芪母也。从艸，氏声。

荆，楚木也。从艸，刑声。荆，古文荊。

芽，萌也。从艸，牙声。

萌，草木芽也。从艸，明声。段注：《说文》以草木芽、草木榦，草木叶联缀成文。萌、芽析言则有别，《尚书大传》"周以至动，殷以萌，夏以牙"是也。统言则不别。即，萌芽这个意思，在周代叫"至动"，在殷代叫"萌"，在夏代叫"牙"。

苗，草生于田者。从艸、田。段注：何休曰："苗者，禾也。生曰苗，秀曰禾。”《仓颉篇》曰：“苗者，禾之未秀者也。”……苗本禾未秀之名，因以为凡草木初生之名。

菜，草之可食者。从艸，采声。

苑，所以养禽兽。从艸，夗声。苑是帝王权贵豢养禽兽以供游猎的庄园。所以，现在很多小区叫“××苑”是不合适的。段注：是古谓之囿，汉谓之苑也。

芳，香草也。从艸，方声。段注：香草，当作“草香”。

若，择菜也。从艸、右。右，手也。一曰，杜若，香草。是择拣菜蔬之意。字形采用“艸、右”会意，“右”表示“手”的动作。

卉，草之总名也。从艸、屮。

葱，菜也。从艸，悤声。

蒙，王女也。从艸，冡声。段注：《释草》云：“蒙，王女。”又云：“唐蒙，女萝。女萝，兔丝。”

荼，苦荼也。从艸，余声。《说文》没收“茶”字。有人认为“荼”就是“茶”。段注：荼，苦菜。

草，草斗，栎实也。一曰，象斗。从艸，早声。是包裹着籽实的植物壳斗，即栎树的籽实。另一种叫法为“象斗子”。有人说：草，别作“皂”字，为黑色之皂。栎树可以染帛，为黑色，故曰草。段注：按，草斗之字俗作皁、作皂。

二、《说文解字注·二篇》常用字

《说文解字注·二篇上》

小部

小，物之微也。从八，丨见而八分之。凡小之属皆从小。看来“小”字的两小撇原本是“八”，中间一竖代表细分。段注：八，别也。象分别之形，故解从八为分之，丨才见而辄分之。会意也。

少，不多也。从小，丿声。段注：不多则小，故古少小互训通用。

八部

八，别也。象分别相背之形。凡八之属皆从八。

分，别也。从八、刀。刀以分别物也。段注：此释从刀之意也。

尚，曾也，庶几也。从八，向声。曾，曾经。庶几，就是“大概”。段注：曾，重也。尚，上也。皆积累加高之意，义亦相通也。

余，语之舒也。从八，舍省声。段注：亏部曰：“亏（于），於（wū）也。象气之舒亏然。”则余、亏（于）异字而同音义。《释诂》云：“余，我也。余，身也。”……《诗》《书》用予不用余，《左传》用余不用予。

釆部

番，兽足谓之番。从釆，田象其掌。段注：下象掌，上象指爪，是为象形。……而为合体之象形也。其实，合体象形也属于会意字。

悉，详尽也。从心、釆。

释（釋），解也。从釆，釆取其分别，从睪声。

半部

半，物中分也。从八、牛。牛为物大，可以分也。凡半之属皆从半。牛是大物，故可以分割。

胖，半体也。一曰，广肉。从肉、半，半亦声。屠宰后对半剖开的牲肉。一种说法认为，“胖”是特别大块的肉。这里需要注意的是：胖，在“半部”，而不是在“肉部”。段注：《周官经·腊人》注曰：“郑大夫云，胖读为判。杜子春读胖为版。”又云：“膴胖皆谓夹脊肉。”……胖之言般也，般，大也。《大学》：“心广体胖。”其引伸之义也。

判，半反也。从半、反，半亦声。

牛部

牛，事也。理也。像角头三、封尾之形也。凡牛之属皆从牛。段注认为，牛解释为“事理”，是说牛耕地有纹理。段注：角头三者，谓上三岐者，象两角与头为三也，牛角与头而三，马足与尾而五。……封者，肩甲坟起之处。字亦作“犎”。尾者，谓直画下垂像尾也。

牡，畜父也。从牛，土声。段注：或曰：土当作士。士者，夫也。……从士则为会意兼形声。段玉裁这个说得对。

牝，畜母也。从牛，匕声。《易》曰：畜牝牛吉。即蓄养母牛，吉。段注：牝为凡畜母之称，而牝牛最（冣）吉。故其字从牛也。

牟，牛鸣也。从牛，象其声气从口出。段注：此合体象形。

𤛓，畜𤛓，畜牲也。从牛，产声。

牲，牛完全也。从牛，生声。指用于祭祀的全牛。段注：引伸为凡畜之称。《周礼·庖人》注：“始养之曰畜，将用之曰牲。”即刚养的动物叫“畜”，要用于祭祀的动物叫“牲”。

牵，引而前也。从牛，象引牛之縻也，玄声。像引牛的鼻绳。段注：引伸之，挽牛之具曰牵。《牛人》“牵徬”是也。牲，腥曰饩，生曰牵。

告部

告（吿），牛触人，角箸横木，所以告人也。从口，从牛。许慎解读“告”：牛用角撞人，古人在牛角上系横木，用它来告发罪人。横木撞到谁，谁就是罪人。段注：愚谓此许因“童牛之告”，而曲为之说，非字意。段玉裁并不认可许慎的观点。甲骨文“告”字上面部分就像是一个牛头，下面是一个盛放牛头的器皿，整体看起来就像是把牛头放到器皿中进行祭祀。整个字表示人用牛献祭，向神灵或祖先祝祷祈福的意义。段注：《广韵》：“告上曰告，发下曰诰。”

口部

口，人所以言、食也。象形。凡口之属皆从口。人们用来说话、吃饭的器官。段注：言语、饮食者，口之两大端。

吞，咽也。从口，天声。下咽的意思。

咽，嗌也。从口，因声。段注：咽者，因也。言食因于是以上下也。

呱，小儿啼声。从口，瓜声。《诗》曰："后稷呱矣。"

咳，小儿笑也。从口，亥声。孩，古文咳从子。

吮，欶也。从口，允声。

含，嗛也。从口，今声。指口有所衔。

味，滋味也。从口，未声。

吸，内息也。从口，及声。

吹，嘘也。从口、欠。

喟，大息也。从口，胃声。段注：谓大息而吟叹也。

嚏，悟解气也。从口，疐声。段注：悟，觉也。解，散也。《通俗文》曰："张口运气谓之欠故。"……许意嚏与欠异音同义。玉裁按，许说嚏意义非是。

名，自命也。从口、夕。夕者，冥也。冥不相见，故以口自名。

哲，知也。从口折声。悊，哲或从心。嚞，古文哲，从三吉。

君，尊也。从尹、口，口以发号。段注：尹，治也。

命，使也。从口、令。段注：令者，发号也。君，事也。非君而口使之，是亦令也。故曰命者，天之令也。

咨，谋事曰咨。从口，次声。即商议事情叫"咨"。

召，评（呼）也。从口，刀声。呼唤客人享用酒食。

问，讯也。从口，门声。段注：言部曰：讯，问也。引伸为礼之聘问。

唱，导也。从口，昌声。

和，相应也。从口，禾声。

哑，笑也。从口，亚声。《易》曰："笑言哑哑。"

听（yǐn），笑貌也。从口，斤声。与现在的"听（聽）"是不同的两个字。聽，聆也。从耳、悳，壬声。

唉，应也。从口，矣声。读若尘埃。

哉，言之间也。从口，𢦏声。表示言语间歇的语气词。

台，说也。从口，目声。今之怡悦字，当读“怡”。而现今的“台”，古代写作“臺”，臺，观四方而高者。

启，开也。从户、口。段注：按后人用啟字训开，乃废启不行矣。简化字又用回了“启”。

右，助也。从口、又。

吉，善也。从士、口。

吐，写也。从口，土声。就是“泻”。

哕，气啎也。从口，岁声。段注：啎，逆也。《通俗文》曰：气逆曰哕。

哇，谄声也。从口，圭声。读若医。古音读作“医”。献谄似的惊呼。

嗑，多言也。从口，盍声。

唠，唠呶，讙也。从口，劳声。就是喋喋不休。

呻，吟也。从口，申声。段注：按，呻者，吟之舒。吟者，呻之急，浑言则不别也。

吟，呻也。从口，今声。

各，异辞也。从口、夂。夂者，有行而止之，不相听意。就是谁也不听谁的。

否，不也。从口、不。

哀，闵也。从口，衣声。段注：闵，吊者在门也。引伸之，凡哀皆曰闵。

呦，鹿鸣声也。从口，幼声。

哭部

哭，哀声也。从吅，从狱省声。凡哭之属皆从哭。

丧，亡也。从哭亡。亡亦声。段注：亡部曰：“亡，逃也。”亡非死之谓。故《中庸》曰：“事死如事生。事亡如事存。”……丧者，弃亡之辞。……是则死曰丧之义也。

走部

走，趋也。从夭、止。夭者，屈也。凡走之属皆从走。段注：《释名》

曰："徐行曰步，疾行曰趋，疾趋曰走。"此析言之，许浑言不别也。

赳，轻劲有才力也。从走，丩声。段注：《周南》传曰："赳赳，武貌。"威武的样子。

起，能立也。从走巳声。段注：起本发步之称，引伸之，训为立，又引伸之，为凡始事、凡兴作之称。

止部

止，下基也。象草木出有阯（同"址"），故以止为足。凡止之属皆从止。段注：以止为人足之称，与以子为人之称正同。许书无趾字，止即趾也。就是脚趾。

归（歸），女嫁也。从止，妇省，自声。段注：《公羊传》、毛传皆云："妇人谓嫁归。"此非妇人假归名，乃凡还家者假妇嫁之名也。女子已嫁回门曰"归"。

此部

此，止也。从止、匕。匕，相比次也。凡此之属皆从此。就是脚趾踩着的地方。

《说文解字注·二篇下》

正部

正，是也。从一，一以止。凡正之属皆从正。𤴓，古文正。从二，二，古文上字。𤴔，古文正。从一、足，足亦止也。现在字形采用"止"作字根，指事符号"一"表示阻止错误。古代用"二"，表示由上苍来终止错误。看来有些错误是人类自身无法纠错的，只能靠上苍来解决。

正部的第二个字是"乏（𤴑）"，这个字与"正"左右相反。

乏，《春秋传》曰："反正为𤴑。"段注：此说字形而义在其中矣。不正则为匮乏。二字相乡（向）背也。礼：受矢者曰正，拒矢者曰𤴑。以其御矢谓之五。以获者所容身谓之容。

“正部”的第三个字也是常用字——是。

是，直也。从日、正。凡是之属皆从是。是，籀文是，从古文正。段注：直部曰：“正见也。”十目烛隐则曰直。以日为正则曰是。从日正，会意。天下之物莫正于日也。《左传》曰：“正直为正，正曲为直。”

辵部

过（過），度也。从辵，咼声。段注：引伸为有过之过。

进（進），登也。从辵，閵省声。

连，负车也。从辵车，会意。段注：负车者，人挽车而行，车在后如负也。

逢，遇也。从辵，夆声。

递（遞），更易也。从辵，虒声。

通，达也。从辵，甬声。

送，遣也。从辵，㑞省。

迟（遲），徐行也。从辵，犀声。《诗》曰：“行道迟迟。”段注：今人谓稽延为迟。

逗，止也。从辵，豆声。段注：逗遛。

彳部

彳，小步也。象人胫三属相连也。凡彳之属皆从彳。

径，步道也。从彳，巠声。可行人不可行车。段注：此云步道，谓人及牛马可步行而不容车也。

往，之也。从彳，㞷声。就是“到……去”。

微，隐行也。从彳，敚声。隐藏身份，悄悄行进。

很，不听从也。一曰，行难也。

得，行有所得也。从彳，㝵声。

齿部

齿，口断骨也。象口齿之形。止声。凡齿之属皆从齿。段注：郑注《周礼》曰：“人生齿而体备。男八月、女七月而生齿。”

牙部

牙，壮齿也。象上下相错之形。凡牙之属皆从牙。段注：壮齿者，齿之大者也。统言之，皆称齿，称牙；析言之，则前当唇者称齿。后在辅车者称牙。牙较大于齿。

足部

足，人之足也，在体下。从口、止。凡足之属皆从足。

品部

品，众庶也。从三、口。凡品之属皆从品。段注：人三为众，故从三口，会意。

册部

嗣，诸侯嗣国也。从册、口。司声。段注：引伸为凡继嗣之称。

扁，署也。从户、册。户册者，署门户之文也。

三、《说文解字注·三篇》常用字

《说文解字注·三篇上》

㗊(jí)部

㗊，众口也。从四、口。凡㗊之属皆从㗊。读若戢。

器，声也。气出头上。从㗊、页。页亦首也。段注：声出而气随之，故从㗊页会意。

器，皿也。象器之口，犬所以守之。是看家犬看守的容具。段注：皿部曰："皿，饭食之用器也。"然则皿专谓食器，器乃凡器统称。

舌部

舌，在口，所以言、别味者也。从干、口，干亦声。凡舌之属皆从舌。段注：干，犯也。言，犯口而出之；食，犯口而入之。

干部

干，犯也。从一，从反、入。凡干之属皆从干。

只部

只，语巳（已）词也。从口，象气下引之形。凡只之属皆从只。段注：巳，止也。矣、只，皆语止之词。

句部

句，曲也。从口，丩声。凡句之属皆从句。段注：凡曲折之物，侈为倨，敛为句。

拘，止也。从手句，句亦声。是"阻止"意。

古部

古，故也。从十、口。识前言者也。凡古之属皆从古。

十部

千，十百也。从十，人声。

协（lè），材十人也。从十、力，力亦声。段注：十人为协，千人为俊。

廿，二十并也。古文省多。

卅部

卅，三十并也。古文省。凡卅之属皆从卅。

世，三十年为一世。从卅而曳长之。亦取其声。段注：按父子相继曰世。其引伸之义也。

言部

言，直言曰言，论难曰语。从口，辛声。凡言之属皆从言。

誓，约束也。从言，折声。段注：《周礼》五戒，“一曰誓”，用之于军旅。按，凡自表不食言之辞，皆曰誓，亦约束之意也。

证（證），告也。从言，登声。

试，用也。从言，式声。

计，会也。筭（同“算”）也。从言、十。

话，合会善言也。从言，𠯑声。段注：毛曰：“话，善言也。”就是话要好好说。

讶，相迎也。《周礼》曰“诸侯有卿讶”也。从言，牙声。

讲（講），和解也。从言，冓声。段注：和，当作龢。不合者，调龢之。纷纠者，解释之。是曰讲。

诳，欺也。从言，狂声。

诞，词诞也。从言，延声。

谬，狂者之妄言也。从言，翏声。

音部

音，声生于心，有节于外，谓之音。宫、商、角、徵、羽，声也。丝、竹、金、石、匏、土、革、木，音也。从言含一。凡音之属皆从音。

章，乐竟为一章。从音、十。十，数之终也。段注：歌所止曰章。就是音乐一曲结束叫一章。

竟，乐曲尽为竟。从音、儿。段注：曲之所止也。引伸之，凡事之所止，土地之所止，皆曰竟。……俗别制境字。

共部

共，同也。从廿、廾。凡共之属皆从共。段注：二十人皆竦手，是为同也。古代有人说：共为恭、为供，仅供参考。

《说文解字注·三篇下》

革部

革，兽皮治去其毛曰革。革，更也。象古文革之形。凡革之属皆从革。

鞭，殴也。从革，便声。

爪部

爪，丮也。覆手曰爪。象形。凡爪之属皆从爪。段注：仰手曰掌，覆手曰爪。

孚，卵即孚也。从爪、子。一曰，信也。

为（爲），母猴也。其为禽好爪，下腹为母猴形。王育曰：爪象形也。段注：凡有所变化曰为。

鬥部

鬥，两士相对，兵杖在后，象鬥之形。凡鬥之属皆从鬥。甲骨文像披头散发的两个人徒手相搏的形象，大概古人争执，先用手，后用兵器。现简化为“斗”。

又部

又，手也。象形。三指者，手之列多略不过三也。凡又之属皆从又。

父，巨也。家长率教者。从又举杖。

尹，治也。从又、丿，握事者也。

及，逮也。从又、人。

秉，禾束也。从又，持禾。

反，覆也。从又、厂。

友，同志为友。从二又相交。段注：二又，二人也。善兄弟曰友，亦取二人而如左右手也。

度，法制也。从又，庶省声。

史部

史，记事者也。从又持中。中，正也。凡史之属皆从史。记录要客观公正。段注：《玉藻》："动则左史书之，言则右史书之。"

事，职也。从史，之省声。

支部

支，去竹之枝也。从手持半竹。凡支之属皆从支。就是竹节上叉生的细枝。

画部

画（畫），介也。象田四介，聿所以画之。凡画之属皆从画。指用笔画定边界线。

臤部

坚（堅），土刚也。从臤、土。段注：引伸为凡物之刚。

竖（豎），竖立也。从臤，豆声。

臣部

臣，牵也。事君者，象屈服之形。凡臣之属皆从臣。

殳部

殳，以杖殊人也。《周礼》：殳以积竹，八觚，长丈二尺，建于兵车，旅贲以先驱。从又，几声。凡殳之属皆从殳。段注：云杖者，殳用积竹无刃。

殴，捶击物也。从殳，区声。

段，椎物也。从殳，耑省声。

毅，妄怒也。一曰，毅，有决也。从殳，豙声。段注：凡气盛曰妄。……《左传》曰："杀敌为果，致果为毅。"

役，戍也。从殳、彳。

杀部

杀（殺），戮也。从殳，杀声。凡杀之属皆从杀。

弑，臣杀君也。《易》曰："臣弑其君。"从杀、省，式声。

寸部

寸，十分也。人手却一寸动脉谓之寸口。从又、一。凡寸之属皆从寸。段注：距手十分动脉之处，谓之寸口。故字从又一会意也。

寺，廷也。有法度者也。从寸，之声。段注：《汉书注》："凡府庭所在皆谓之寺。"

将，帅也。从寸，酱省声。

专，六寸簿也。从寸，叀声。一曰，专，纺专。段注：六寸簿，盖笏也。……"笏，忽也。君有命则书其上，备忽忘也。"……《小雅》："乃生女子，载弄之瓦。《毛》曰：瓦，纺专也。

导（導），引也。从寸，道声。段注：引之必以法度。

皮部

皮，剥取兽革者谓之皮。从又，为省声。凡皮之属皆从皮。段注：引伸凡物之表皆曰皮，凡去物之表亦皆曰皮。

攴部

攴，小击也。从又，卜声。凡攴之属皆从攴。

敏，疾也。从攴，每声。

故，使为之也。从攴，古声。段注：凡为之必有使之者，使之而为之则成故事矣。引伸之为故旧，故曰：“古，故也。”

改，更也。从攴，己声。

变（變），更也。从攴，䜌声。

更，改也。从攴，丙声。

收，捕也。从攴，丩声。

攻，击也。从攴，工声。

牧，养牛人也。从攴、牛。

卜部

卜，灼剥龟也，象灸龟之形。一曰，象龟兆之纵横也。凡卜之属皆从卜。

卦，所以筮也。从卜，圭声。

贞，卜问也。从卜、贝，贝，以为贽。一曰，鼎省声。京房所说。段注：大郑云：“贞，问也。国有大疑，问于蓍龟。”后郑云：“贞之为问，问于正者。必先正之。乃从问焉。”这里提出一个很重要的问题：占卜得问正事，如果事邪，卜师不参与。

占，视兆问也。从卜、口。段注：注曰：“占人亦占筮。”言掌占龟者，筮短龟长，主于长者。此云“视兆问”，亦专谓龟卜。

用部

用，可施行也。从卜、中。卫宏说。凡用之属皆从用。

甫，男子之美称也。从用、父，父亦声。

庸，用也。从用、庚。庚，更事也。

爻部

爻，交也。象《易》六爻头交也。凡爻之属皆从爻。

㸚(lǐ)部

㸚，二爻也。凡㸚之属皆从㸚。

尔（爾），丽尔，犹靡丽也。从冂、㸚。㸚，其孔㸚㸚，从尒声。此与爽同意。段注：丽尔，古语。靡丽，汉人语。以今语释古语，故云犹。就是“犹”，好像的意思。

爽，明也。从㸚、大。段注：爽本训明，明之至而差生焉，故引伸训差也。这个解释得好！明到极致就会出现“差错”，阳极生阴之意，所以“爽”有“错”意。

四、《说文解字注·四篇》常用字

《说文解字注·四篇上》

目部

目，人眼也。象形。重童子也。凡目之属皆从目。

盼，白黑分也。《诗》曰：“美目盼兮。”从目，分声。

眈，视近而志远。从目，冘声。《易》曰：“虎视眈眈。”近观而远虑。“虎视眈眈”，指虎视猎物，眼露凶光。

睽，目不相听也。从目，癸声。相互瞪眼之意。段注：二女志不同行。犹二目不同视也，故卦曰《睽》。

瞻，临视也。从目詹声。指居高临视。段注：今人谓仰视曰瞻，此古今义不同也。

眷，顾也。从目，𢍏声。段注：顾者，还视也，眷者，顾之深也。顾止于侧而巳（已），眷则至于反。

督，察视也。从目，叔声。一曰，目痛也。段注：督者，以中道察视之。人身督脉，在一身之中。衣之中缝，亦曰督缝。

看，晞也。从手下目。翰，看或从倝。段注：锴曰：“宋玉所谓扬袂障日而望所思也。此会意。”也就是用手遮蔽太阳而远望。

眉部

眉，目上毛也。从目，象眉之形。上象额理也。凡眉之属皆从眉。段注：人老则有长眉。

省，视也。从眉、省，从屮。

自部

自，鼻也。象鼻形。凡自之属皆从自。段注：王部曰："自读若鼻。今俗以作始生子为鼻子是。"过去头生子叫"鼻子"。

白部

白，此亦自字也。省自者，词言之气从鼻出，与口相助。凡白之属皆从白。

皆，俱词也。从比，从白。段注：其意为俱，其言为皆。

鲁，钝词也。从白，鱼声。《论语》曰："参也鲁。"《论语》说曾参这人拙于言辞。段注：《释名》曰："鲁，鲁钝也。国多山水，民性朴钝。"

者，别事词也。从白，炏声。炏，古文旅。表示事物判断的代词。段注：凡俗语云"者箇""者般""者回"，皆取别事之意。从段注看，者，是"这"。

百，十十也。从一、白。数，十十为一百。百，白也。十百为一贯。贯，章也。百，古文百。十个百为一贯。

《说文解字注·七篇下》还有一个"白部"，两个"白"的字形、读音及意义均不相同，但今都作"白"。

羽部

羽，鸟长毛也。象形。凡羽之属皆从羽。段注：引伸为五音之羽。《晋书·乐志》云："羽，舒也。阳气将复，万物孳育而舒生。"

翱，翱翔也。从羽，皋声。

翔，回飞也。从羽，羊声。段注：高注《淮南》曰："翼上下曰翱，直刺不动曰翔。”

隹部

隹，鸟之短尾总名也。象形。凡隹之属皆从隹。

雅，楚乌也。一名鸒，一名卑居。秦谓之雅。从隹，牙声。

雀，依人小鸟也。从小、隹。读与爵同。段注：今俗云麻雀者是也。其色褐，其鸣节节足足。礼器象之曰爵，爵与雀同音，后人因书小鸟之字为爵矣。

鸡（雞），知时畜也。从隹，奚声。

雁，雁鸟也。从隹，从人，厂声。雁，是知时鸟，古人大夫以为挚，婚礼用之，故从人。

雄，鸟父也。从隹，厷声。

雌，鸟母也。从隹，此声。

奞(xùn)部

奞，鸟张毛羽自奋奞也。从大、隹。凡奞之属皆从奞。段注：张毛羽，故从大。

夺（奪），手持隹失之也。从又、奞。就是手持的鸟雀被抢走。段注：引伸为凡失去物之称。凡手中遗落物，当作此字。

奋（奮），翬也。从奞在田上。《诗》曰：“不能奋飞。”段注：羽部曰：“翬，大飞也。”雉鸡羊绝有力，皆曰奋。

羊部

羊，祥也。从𦍌，象四足尾之形。孔子曰：“牛羊之字，以形举也。”凡羊之属皆从羊。孔子说：“牛羊等字，都是根据动物外形概括出来的。”

美，甘也。从羊、大。羊在六畜，主给膳也。美与善同意。段注：甘部曰：“美也。”甘者，五味之一。而五味之美皆曰甘。引伸之，凡好皆谓之美。

羌，西戎。羊种也。从羊、儿，羊亦声。南方蛮闽从虫，北方狄从犬，东方貉从豸，西方羌从羊，此六种也。西南僰人焦侥从人，盖在坤地，颇有顺理之性。唯东夷从大，大，人也。夷俗仁，仁者寿，有君子不死之国。孔子曰："道不行，欲之九夷，乘桴浮于海。"有以也。孔子说："我们所在的地方道义不被推行，所以有人想去往九夷之地，于是乘桴筏漂浮于东海。"大概有这事吧。

瞿部

瞿，鹰隼之视也。从隹、䀠，䀠亦声。凡瞿之属皆从瞿。指鹰隼的眼神。

鸟部

鸟，长尾禽总名也。象形。鸟之足似匕。从匕，凡鸟之属皆从鸟。段注：……"禽，走兽总名。"此不同者，此依《释鸟》"二足而羽谓之禽也"。短尾名隹，长尾名鸟，析言则然，浑言则不别也。

鸽，鸠属也。从鸟，合声。段注：鸠之可畜于家者。状全与勃姑同。

鸩，毒鸟也。从鸟，冘声。一名，运日。一种毒鸟，又名运日。段注：《左传正义》："鸩鸟食蝮，以羽翮擽酒水中，饮之则杀人。"按《左传》鸩毒字皆作"酖"。……《广雅》云："雄曰运日，雌曰阴谐。"《淮南书》云："晖日知晏，阴谐知雨。"

鸣，鸟声也。从鸟、口。段注：引伸之，凡出声皆曰鸣。

乌部

乌，孝鸟也。象形。孔子曰："乌，亏呼也。"取其助气，故以为乌呼。凡乌之属皆从乌。因乌这种孝鸟常在病患的弥留之际哀叫助气，所以人们称丧命为"乌呼"。段注：谓其反哺也。《小尔雅》曰："纯黑而反哺者，谓之乌。"象形。鸟字点睛，乌则不。以纯黑故，不见其睛也。……亏呼者，谓此鸟善舒气自叫，故谓之乌。

焉，焉鸟，黄色，出于江淮。象形。凡字，朋者羽虫之长；乌者日中之禽，舄（鹊）者知太岁之所在，燕者请子之候，作巢避戊己。所贵者，故皆象形。焉亦是也。段注：今未审何鸟也。自借为词助，而本义废矣。古多用焉为发声，训为于，亦训为于是。……《淮南书》曰："日中有踆乌。"《灵宪》曰："日阳精之宗积而成乌。乌有三趾，阳之类故数奇。"段注又解释了"所贵者，故皆象形"：鸟多矣，非所贵，皆为形声字。今字作凤、作雗、作鹊、作鳦、作鷇，则惟乌、焉不改焉。焉亦象形，必有可贵者也。按，乌、舄、焉皆可入鸟部，云"从鸟省"，不尔者，贵之也。贵燕，故既有燕部，又有乙部。

《说文解字注·四篇下》

華(bān)部

華，箕属。所以推粪之器也。象形。凡華之属皆从華。段注：此物有柄，中直象柄，上象其有所盛，持柄迫地推而前，可去秽纳于其中。箕则无柄，而受秽一也。故曰："箕属。"也就是同为簸箕，華，有柄；箕，无柄。

毕（畢），田网也。从田，从華，象形。或曰：田声。段注：谓田猎之网也。必云田者，以其字从田也。毕，就是田猎的网子。

粪（糞），弃除也。段注：《老子》曰："天下有道，却走马以粪。"谓用走马佗弃粪除之物也。……古谓除秽曰粪，今人直谓秽曰粪。此古义，今义之别也。

冓部

再，一举而二也。从一，冓省。段注：凡言二者，对偶之词。凡言再者，重复之词，一而又有加也。

幺部

幺，小也。象子初生之形。凡幺之属皆从幺。段注：俗谓一为幺，亦谓晚生子为幺，皆谓其小也。

幼，少也。从幺、力。段注：《释言》曰：“幼、鞠，稚也。”又曰：“冥，幼也。”

丝(yōu)部

丝，微也。从二幺。凡丝之属皆从丝。

幽，隐也。从山、丝。丝亦声。段注：毛曰：“幽，黑色也。”此谓幽为黝之假借。

几（幾），微也。殆也。从丝，从戍。戍，兵守也。丝而兵守者，危也。

予部

予，推予也。象相予之形。凡予之属皆从予。段注：予、与古今字。

幻，相诈惑也。从反、予。“幻”字是由两个三角相互交叠和上面一撇组成，所以正好是“予”字的倒写，予，是我给你东西的意思。段注：倒予字也。使彼予我，是为幻化。即，千方百计甚至采取欺骗手段，将别人的财物据为已有，对方受了骗，还迷惑不解，故许慎训为“诈惑”。也就是：口惠而实不至，轻诺寡信，骗人财物，为“幻”。

幻觉，就是通过诈惑产生的。其中，诈，从言，肯定跟语言有关。所以，防“诈”，先要做到不听其言。“诈”在《说文》曰“欺也”。在《尔雅·释诂》为“伪也”。《正韵》解释为“诡谲也”。而“惑”，《说文》解释为“乱也”。从心或声。此字从“心”，所以防“惑”，先要心有所定，别被迷惑。

放部

放，逐也。从攴，方声。凡放之属皆从放。就是驱逐之意。

受(biào)部

受，物落也。上下相付也。从爪、又。凡受之属皆从受。读若《诗》

“摽有梅”。

受，相付也。从𠬪，舟省声。就是相互交托之意。段注：𠬪者，自此言（𠬪，是我给你）。受者，自彼言（受，是你给我）。其为相付一也。

争（爭），引也。从𠬪、厂。段注：凡言争者，皆谓引之使归于己。就是对拉、争抢，想把东西归于自己。

死部

死，澌也。人所离也。从歺、人。凡死之属皆从死。段注：形体与魂魄相离，故其字从歺人。

肉部

胜，犬膏臭也。从肉，生声。一曰，不孰也。就是狗肉膏脂的味道。另一种说法是说肉不熟。段注：上文云：“生肉酱”，字当作胜。《论语》：“君赐腥，必孰而荐之。”字当作胜。

臊，豕膏臭也。从肉，喿声。就是猪肉油脂的味道。

刀部

刀，兵也。象形。凡刀之属皆从刀。指兵器。

利，铦也。刀和然后利，从刀，和省。《易》曰：“利者，义之和也。”本指金属农具。《易经》上说：利益，是道义相和的结果。

刚，强断也。从刀，冈声。段注：强者，弓有力也。有力而断之也，……引伸凡有力曰刚。

切，刌也。从刀，七声。就是“切断”。

刻，镂也。从刀，亥声。段注：金部曰：“镂，刚铁可以刻镂也。”《释器》曰：“金谓之镂，木谓之刻。”此析言之，统言则刻亦镂也。镂、刻有区别，在金属上雕刻叫“镂”；在木头上雕刻叫“刻”。

判，分也。从刀，半声。段注：《媒氏》：“掌万民之判。”注：“判，半也。得耦为合，主合其半成夫妇也。”

剥，裂也。从刀、录。录，刻也。录亦声。指古代割裂皮肤的极刑。

割，剥也。从刀，害声。段注：割谓残破之。《释言》曰：盖、割，裂也。

刷，刮也。从刀，㕞省声。《礼》有“刷巾”。段注：饰今拭字，拭用手、用巾，故从又、巾。刷者，掊杷也。掊杷必用除秽之器，如刀然，故字从刀。古代擦手用“巾”，刷东西得用像刀一样的用具。看来，刷，得用力。所以现今之“刷手机”，既耗时，又费力。

刮，掊杷也。从刀，𠯑声。将物体抓在手上使劲削、磨。

剽，砭刺也。从刀，票声。一曰，剽，劫也。关于这个字，一种说法是：用石针刺扎。另一种说法认为，“剽”是劫人掠财。现在的剽窃者就是劫人掠财，是要担因果的。

制，裁也。从刀、未。未，物成有滋味可裁断。一曰，止也。段注：衣部曰：“裁，制衣也。制，裁衣也。”此裁之本义。……裁之引伸之义。现如今有“制裁”一词。

刺，君杀大夫曰刺。刺，直伤也。从刀、朿，朿亦声。大夫杀君为“弑”，君杀大夫曰“刺”。

刃部

刃，刀鋻也。象刀有刃之形。凡刃之属皆从刃。指刀的坚锋。

五、《说文解字注·五篇》常用字

《说文解字注·五篇上》

竹部

竹，冬生草也。象形。下垂者箁箬也。凡竹之属皆从竹。段注：云“冬生”者，谓竹胎生于冬，且枝叶不凋也。

篇，书也。一曰，关西谓榜篇。从竹，扁声。段注：箸于简牍者也。

亦谓之篇。古曰篇，汉人亦曰卷，卷者，缣帛可卷也。古书，称简牍上的为“篇”，故从“竹”。汉人已在布帛上写书，可以卷起来收藏，因此称“卷”。

简，牒也。从竹，间声。写字的竹片和木片。“牒”字下段注：牒，札也。按，厚者为牍，薄者为牒。牒之言枼也，叶也。就是像树叶的小木片。

等，齐简也。从竹、寺。寺，官曹之等平也。段注：叠简册齐之，如今人整齐书籍也。引伸为凡齐之称，凡物齐之，则高下历历可见，故曰等级。就是整理书籍以使其整齐，整齐后高下分明，所以有“等级”一说。

符，信也。汉制以竹，长六寸，分而相合。从竹，付声。朝廷授权的信物。汉代的制式是以竹为材，长六寸，切分后可以准确相合。段注：《汉·孝文配》：“始与郡国守相为铜虎符、竹使符。”应劭云：“铜虎符，一至五，国家当发兵，遣使至都合符，符合乃听受之。竹使符皆以竹箭，五枚，长五寸，镌刻篆书第一至第五。”张晏曰：“符以代古之圭璋，从简易也。”最早是铜虎符，国家发兵时以此为指令。后用竹为“符”，是图简易。

箱，大车牝服也。从竹，相声。大车上罩母马的装饰。箱，大车之箱也。

笙，十三簧。象凤之身也。笙，正月之音，物生故谓之笙。大者谓之巢，小者谓之和。从竹、生。古者随作笙。段注有三点：

（1）按，《广雅》云：“笙十三管。”亦每管有簧也。

（2）“笙者，大蔟之气，象万物之生，故曰笙。”《释名》曰：“笙，生也。象物贯地而生也。”

（3）初生之物必细，故《方言》云：“笙，细也。”竽，大笙也。……《乡射记》曰：“三笙一和而成声。”三笙谓大者，一和谓小者也。

管，如篪，六孔。十二月之音，物开地牙，故谓之管。从竹，官声。琯，古者管以玉。舜之时，西王母来献其白琯。前零陵文学姓奚，于泠道舜祠下得笙玉琯。夫以玉作音，故神人以和，凤皇来仪也。从王，官声。管，像笛，六孔。代表十二月之音，当管吹乐起，物开地迓，世界欢欣，因此称之为“管”。

笛，七孔筩也。从竹，由声。羌笛三孔。即七孔管乐器。段注：大郑云：“……今人所吹五空竹笛。”……然则汉时长笛五孔甚明，云七孔者，《礼》家说古笛也。

第部

第，次也。从竹、弟。即次序、次第。

箕部

箕，所以簸者也。从竹、甘，象形，丌，其下也。凡箕之属皆从箕。

左部

差，貣（tè，通“忒”）也。左不相值也。从左、𠂹（垂）。就是价值不相当。段注：失当即所谓不相值也。《释言》曰：“爽，差也。爽，忒也。”

工部

工，巧饰也。象人有规矩。与巫同意。凡工之属皆从工。徐锴本注曰：为巧必遵规矩、法度，然后为工。否则，目巧也。巫事无形，失在于诡，亦当遵规矩。故曰与巫同意。段注：惟孰于规矩乃能如是。引伸之，凡善其事曰工。……巫事无形，亦有规矩。

式，法也。从工，弋声。段注：廌部法作“灋”。灋（法），㓝也。引伸之义为式用也。

巧，技也。从工，丂声。段注：手部曰：“技，巧也。”

巨，规巨也。从工，象手持之。榘，巨或从木、矢。矢者，其中正也。段注：《周髀算经》曰：“圜出于方，方出于矩，矩出于九九八十一，……用矩之道，平矩以正绳，偃矩以望高，覆矩以测深，卧矩以知远，环矩以为圆，合矩以为方。方属地，圆属天，天圆地方。方数为典，以方出圆。按，规矩二字，犹言法度，古不分别。

巫部

巫，巫祝也。女能事无形以舞降神者也。象人两褎（袖）舞形。与工同意。古者巫咸初作巫。凡巫之属皆从巫。“巫”字像一个人挥动两袖起舞的样子。“巫”和“工”字形相似，可以通用。段注：巫觋皆巫也，故觋篆下总言其义。示部曰：“祝，祭主赞辞者。”《周礼》祝与巫分职。二者虽相须为用，不得以祝释巫也。无、舞皆与巫叠韵。《周礼》：“女巫无数，旱暵则舞雩。”

觋，能斋肃事神明者。在男曰觋，在女曰巫。从巫、见。段注：其圣能光远宣朗，其明能光照之，其总能听彻之，如是则明神降之，在男曰觋，在女曰巫，……此析言之耳，统言则《周礼》男亦曰巫，女非不可曰觋也。

甘部

甘，美也。从口，含一。一，道也。凡甘之属皆从甘。段注：甘为五味之一，而五味之可口皆曰甘。……食物不一，而道则一，所谓味道之腴也。

甚，尤安乐也。从甘、匹，匹，耦也。字形采用“甘”和“匹耦”的“匹”会意。段注：说从匹之意。人情所尤安乐者，必在所溺爱也。

旨部

旨，美也。从甘，匕声。凡旨之属皆从旨。

尝（嘗），口味之也。从旨，尚声。段注：引伸凡经过者为尝，未经过为未尝。这解释令人莞尔。

曰部

曰，词也。从口、乚。象口气出也。凡曰之属皆从曰。段注：词者，意内而言外也。有是意而有是言，亦谓之“曰”，亦谓之“云”。云和曰，都是说话的意思。

曷，何也。从曰，匃声。段注：笺云：“曷，何也。”有言“害”者，……害者，曷之假借字，《诗》《书》多以害为曷。

可部

可，肯也。从口，𠃋，𠃋亦声。凡可之属皆从可。

奇，异也。一曰，不耦。从大，从可。“一曰，不耦”，指“奇”是数字不成偶数。段注：不群之谓。即卓尔不群就是“奇”。

哥，声也。从二、可。古文以为歌字。段注：今呼兄为哥。《汉书》多用哥为歌。

兮部

兮，语所稽也。从丂、八，象气越亏也。凡兮之属皆从兮。稽，是停留，指说话时作短暂停顿。上部的“八”，像气息亏缺的样子。段注：语于此少驻也。此与哉“言之间也”相似。

羲，气也。从兮，義声。段注：谓气之吹嘘也。

号部

号，痛声也。从口，在丂上。凡号之属皆从号。就是痛苦地嚎啕。段注：凡啼號字古作号。口部曰：“啼，号也。”今字则號行而号废矣。……号咷之象也。

亏部

亏（于），於（wū）也。象气之舒亏。从丂，从一。一者，其气平也。凡亏之属皆从亏。就是“呜呼”。段注：气出而平。则舒于矣。

亏（虧），气损也。从亏，雐声。段注：引伸凡损皆曰亏。看来，吃亏之所以让人难受，是气受损了。

粤，亏也。审慎之词也。从宷、亏。

平，语平舒也。从亏、八。八，分也。语调安静舒缓。段注：引伸为凡安舒之称。

喜部

喜，乐也。从壴，从口。凡喜之属皆从喜。歖，古文喜从欠，与欢同。段注：壴象陈乐立而上见，从口者，笑下曰：“喜也。”闻乐则笑。

壴部

彭，鼓声也。从壴，从彡。

嘉，美也。从壴，加声。击鼓奏乐以赞美。段注：郑曰："嘉，善也。所以因人心所善者而为之制。"

豆部

豆，古食肉器也。从口，象形。凡豆之属皆从豆。段注：《左传》曰："四升为豆。"《周礼·醢人》："掌四豆之食。"

豐部

豐，豆之豐满也。从豆，象形。一曰，乡饮酒有豐侯者。凡豐之属皆从豐。就是大豆（大容器）盛满东西。段注：谓豆之大者也。引伸之，凡大皆曰豐。《方言》曰："豐，大也。凡物之大貌曰豐。"

简化后，写作"丰"，但在古代二者不同。丰，在《说文解字注·六篇下·生部》：草盛丰丰也。从生，上下达也。段注：引伸为凡豐盛之称。……上盛者根必深。

艳（豔），好而长也。

虎部

虎，山兽之君。从虍，从儿，虎足象人足也。凡虎之属皆从虎。

彪，虎文也。从虎、彡。彡，象其文也。段注：彡，毛饰画文也。

皿部

皿，饭食之用器也。象形，与豆同意。凡皿之属皆从皿。段注：与豆略同而少异。

盂，饮器也。从皿，亏声。段注：《孙卿子》曰："槃（同'盘'）圆而水圆，杅方而水方。"

盛，黍稷在器中以祀者也。从皿，成声。放在器皿中用以祭祀的黍稷。

段注：引伸为凡丰满之称。

盆，盎也。从皿，分声。

去部

去，人相违也。从大，厶声。凡去之属皆从去。两人相背而行。段注：违，离也。人离故从大，大者人也。

血部

血，祭所荐牲血也。从皿，一象血形。凡血之属皆从血。祭祀时敬献给神灵的牲畜的鲜血。段注：此皆血祭之事。按，不言人血者，为其字从皿，人血不可入于皿，故言祭所荐牲血。然则人何以亦名血也？以物之名加之人。古者茹毛饮血，用血报神，因制血字，而用加之人。

丶(zhǔ)部

主，镫（同“灯”）中火主也。𨙨，象形。就是指灯盏。段注：今之镫盏是也。上为盌盛膏而燃火，是为主。其形甚微，而明照一室。引伸假借为臣主、宾主之主。

《说文解字注·五篇下》

丹部

丹，巴越之赤石也。象采丹井，丶象丹形。凡丹之属皆从丹。段注：丹者，石之精，故凡药物之精者曰丹。

彤，丹饰也。从丹、彡。彡，其画也。用朱丹颜料绘饰。段注：以丹拂拭而涂之，故从丹、彡。

青部

青，东方色也。木生火。从生丹。丹青之信言必然。凡青之属皆从青。

东方谓之青，木生火，所以字形采用“生、丹”二形会意。段注：俗言信若丹青，谓其相生之理有必然也。

静，审也。从青，争声。自审内省为“静”。本来指粉白、黛黑等色彩详审得其宜叫作“静”；哪怕绚烂至极，也疏密有章，叫作“静”；哪怕劳苦至极而心无纷乱也叫作“静”。段注：人心审度得宜，一言一事必求理义之必然。

青乃生丹，指木生火，是一种过渡的、变化当中的颜色。争，两手争执一个棍子的状态。所以“静”是指争持不下时的凝固状态，在这种状态下一定会生出一个新的结果。这个结果是由绚丽而导致的一种纯粹。

食部

食，亼米也。从皀，亼声。或说，亼皀也。凡食之属皆从食。段注：亼，集也，集众米而成食也。引伸之，人用供口腹亦谓之食。

养（養），供养也。从食，羊声。羧，古文养。原本指放牧。

饭（飯），食也。从食，反声。段注：此饭之本义也。引伸之，所食为饭。

饯（餞），送去食也。从食，戋声。段注：饮酒于其侧曰饯。

馆（館），客舍也。从食，官声。《周礼》：五十里有市，市有馆，馆有积，以待朝聘之客。《周礼》上说，每五十里有集市，集市上有旅馆，旅馆里有储积的粮草，以招待被朝廷聘用、远行进京的宾客。

亼部

合，亼口也。从亼、口。段注：三口相同是为合，十口相传是为古。

今，是时也。从亼、乀。乀，古文及。段注：今者，对古之称。古不一其时。今亦不一其时也。云是时者，如言目前。则目前为今，目前已上皆古。

舍，市居曰舍。从亼，屮囗，屮，象屋也。囗，象筑也。段注：食部曰：“馆，客舍也。”客舍者，何也，谓市居也。

仓部

仓（倉），谷藏也。仓黄取而臧之，故谓之仓。从食、省，口，象仓形。凡仓之属皆从仓。收藏稻谷的粮库。因此称粮库为“仓”。段注：藏当作“臧”，臧，善也。引伸之义，善而存之亦曰臧。臧之之府亦曰臧。俗皆作藏，……苍黄者，匆遽之意，刈获贵速也。

入部

内，入也。从冂、入。自外而入也。段注：今人谓所入之处为内，乃以其引伸之义为本义也。……又多假纳为之矣。

矢部

矢，弓弩矢也。从入，象镝栝羽之形。古者夷牟初作矢。凡矢之属皆从矢。古代叫夷牟的人最早发明箭矢。

短，有所长短，以矢为正。从矢，豆声。当物体有长短区别时，就用箭作标准进行测量。段注：矩字下曰：“矢者，其中正也。”正直为正，必正直如矢而刻识之，而后可裁其长短。

知，词也。从口、矢。表达意思的措词。

矣，语已词也。从矢，以声。表示话已说完的语气虚词。

高部

高，崇也。象台观高之形。从冂、口。与仓、舍同意。凡高之属皆从高。像台观建筑高耸的样子。

亭，民所安定也。亭有楼，从高省，丁声。段注：《百官公卿表》曰：县道大率十里一亭，亭有长，十亭一乡。后汉志曰：亭有长以禁盗贼。

冂(jiōng)部

市，买卖所之也。市有垣，从冂，从㇂，象物相及也。㇂，古文及字，之省声。买卖时前往的交易场所。集市有垣墙，“及”字，表示集市中物品比比相连。段注：《释诂》曰："之，往也。"《古史考》曰："神农作市。"……《世本》曰："祝融作市。"垣所以介也，故从冂。

央，中也。从大在冂之内。大，人也。央、旁同意。一曰，久也。中央。字形像"大"在"冂"之内。"大"，即站立的"人"。"央"与"旁"同一意思。一种说法认为，"央"是"久"的意思。

京部

京，人所为绝高丘也。从高、省，丨象高形。凡京之属皆从京。指人工筑成的绝高土台。段注：《释丘》曰："绝高为之京，非人为之丘。"……按，《释诂》云："京，大也。"其引伸之义也。凡高者必大。

就，高也。从京、尤，尤，异于凡也。就是往高处去。段注：《广韵》曰："就，成也。迎也。即也。"皆其引伸之义也。……京者，高也。高则异于凡。

来部

来（來），周所受瑞麦来麰也。二麦一夆（段注：夆即锋字之省），象其芒朿（cì，同"刺"）之形。天所来也，故为行来之来。《诗》曰："诒我来麰。"凡来之属皆从来。周代先人所接受的西域瑞麦。篆文字形的"来"有"锋"，像麦子的芒刺形状。它是上天送来的宝贵礼物，所以称这种庄稼为"行来"的"来"。来，本是"麦"，假借为来往的"来"后，人又造了"麦"字。

麦部

麦（麥），芒谷，秋种厚薶，故谓之麦。麦，金也。金王而生，火王而死。从来，有穗者也。从夊。凡麦之属皆从麦。段注：《素问》云："升明之纪，其类火，其藏心，其谷麦。"郑注《月令》云：麦实有孚甲，属木。许以时，郑以形，而《素问》以功性，故不同耳。许慎认为麦属金，《黄帝内经·素问》认为麦属火，《礼记·月令》认为麦属木。

舛部

舛，对卧也。从夊干相背。凡舛之属皆从舛。段注：谓人与人相对而休也。引伸之，足与足相抵而卧亦曰舛。就是脚与脚相抵而卧，叫作“舛”。

舞，乐也。用足相背。从舛，無声。䍿，古文舞，从羽、亡。指快乐地活动手足。“舛”用两足相背的形象，表示众人一起踢踏跳跃。古文写法的“舞”字，字形采用“羽、亡”会意，表示头戴羽饰，祭祀舞蹈，悼念亡灵。

弟部

弟，韦束之次弟也。从古字之象。凡弟之属皆从弟。牛皮缠绕的次序。段注：引伸之，为凡次弟之弟，为兄弟之弟。

夂部

夂，从后灸之也。象人两胫后有距也。《周礼》曰：“夂诸墙以观其桡。”凡夂之属皆从夂。从背后作针灸。字形像两腿之间保持距离。《周礼》上说：“将木柄顶在两墙之间用微火烤之，并观察它的弯曲程度。”段注：灸有迫箸之义，故以灸训夂。

六、《说文解字注・六篇》常用字

《说文解字注・六篇上》

木部

树，木生植之总名也。从木，尌声。

本，木下曰本。从木，从丅。𣎵，古文。

朱，赤心木，松柏属。从木，一在其中。

末，木上曰末。从木，从上。

格，木长貌。从木，各声。段注：木长言长之美也。木长貌者，格之本义。引伸之，长必有所至，故《释诂》曰："格，至也。"

枯，槁也。从木，古声。

柔，木曲直也。从木，矛声。糅扳木条，使之由曲变直。段注：《洪范》曰："木曰曲直。"凡木曲者可直，直者可曲，曰柔。《考工记》多言揉，……柔之引伸，为凡软弱之称，凡抚安之称。

材，木梃也。从木，才声。就是木棍。段注：梃，一枚也。材谓可用也。……材方三尺五寸为一橦。材引伸之义，凡可用之具皆曰材。

杲，明也。从日在木上。

杳，冥也。从日在木下。段注：莫（暮）为日且冥，杳则全冥矣。引伸为凡不见之称。

柱，楹也。从木，主声。厅堂前的大柱。段注：柱之言主也，屋之主也。

枢，户枢也。从木，区声。段注：户所以转动开闭之枢机也。

杠，床前横木也。从木，工声。

床（牀），安身之几坐也。从木，爿声。段注：床之制，略同几，而庳于几。可坐，故曰安身之几坐。床制同几，……汉管宁常坐一木榻，积五十余年，未尝箕股，其榻上当膝处皆穿。此皆古人坐于床，而又不似今人垂足而坐之证也。床亦可卧。古人之卧，隐几而已。床前有几。孟子"隐几而卧"是也。……然则古人之卧无横陈者乎？曰：有之。《弟子职》曰："先生将息，弟子皆起，敬奉枕席，问疋何止。"

枕，卧所荐首者。从木，冘声。古代枕头都是木制。

梳，所以理发也。从木，疏省声。段注：器曰梳，用之理发因亦曰梳。

核，蛮夷以木皮为匧（同"箧"），状如籢（同"奁"）尊之形也。从木，亥声。段注：今字果实中曰核，而本义废矣。

柯，斧柄也。从木，可声。段注：伐木之柯，柄长三尺。

采，捋取也。从木，从爪。段注：采，取也。又曰："捋，取也。"是采、捋同训也。

休，息止也。从人，依木。

东部

东，动也。从木。官溥说：从日在木中。凡东之属皆从东。

林部

林，平土有丛木曰林。从二木。凡林之属皆从林。段注：野外谓之林。引伸之义也。

楚，丛木。一名荆也。从林，疋声。

森，木多貌。从林从木，读若曾参之参。

才部

才，草木之初也。从丨上贯一，将生枝叶也。一，地也。凡才之属皆从才。段注：引伸为凡始之称。

《说文解字注·六篇下》

之部

之，出也。象草过屮，枝茎渐益，大有所之也。一者，地也。凡之之属皆从之。段注：引伸之义为往。……“频侧上出者曰之，下垂者曰而，须鬣”是也。

出部

出，进也。象草木益兹（同“滋”），上出达也。凡出之属皆从出。段注：引伸为凡生长之称。

生部

生，进也。象草木生出土上。凡生之属皆从生。

丰，草盛丰丰也。从丰，上下达也。段注：引伸为凡豐盛之称。（“丰”的“丰盛”之义来自“豐”，前文已经讲过，是器物盛满东西的形象。）

产（產），生也。从生，彦省声。段注：通用为兽犍字。

华部

华（華，古文作蕚），荣也。从艸、𠌶。凡华之属皆从华。段注：……“木谓之华，草谓之荣，荣而实者谓之秀，荣而不实者谓之英。”

囗(wéi)部

圜，天体也。从囗，瞏声。段注：《吕氏春秋》曰：“何以说天道之圜也，精气一上一下，圜周复杂。……无终无始，非谓其形浑圜也。下文云：“圆，圜全也。”斯为浑圜。许书圆、圜、圓三字不同。今字多作方圆，方员，方圜，而圓字废矣。

回，转也。从囗，中象回之形，囘，古文。段注：如天体在外，左旋；日月五星在内，右旋是也。

国（國），邦也。从囗，从或。段注：《周礼》注曰：“大曰邦，小曰国。邦之所居，亦曰国。”析言之也。

因，就也。从囗、大。段注：为高必因丘陵，为大必就基阯，故因从囗大，就其区域而扩充之也。

园（園），所以树果也。从囗，袁声。种植果木的地方。

圃，所以种菜曰圃。从囗，甫声。

囚，系也。从人在囗中。指捆绑拘押。

固，四塞也。从囗，古声。段注：……“固，国所依，阻者也。国曰固，野曰险。”按，凡坚牢曰固。

员部

员，物数也。从贝，囗声。凡员之属皆从员。指物的数量。段注：引伸为人数。俗称官员，……数木曰枚、曰梃，数竹曰箇，数丝曰紽、曰总，数物曰员。

贝部

贝（貝），海介虫也。居陆名猋，在水名蜬。象形。古者货贝而宝龟，周而有泉，至秦废贝行钱。凡贝之属皆从贝。古时人们以贝壳为通货，而将龟壳当作珍宝，到了周代才有作为通货的泉币，到了秦代则废止了贝壳的通货功能，而流行钱币。段注：笺云："古者货贝，五贝为朋。"《周易》亦言"十朋之龟"，故许以贝与龟类言之。《小雅》有：既见君子，锡（赐）我百朋。

财，人所宝也。从贝才声。

货，财也。从贝，化声。段注：货者，化也。变化反易之物，故字从化。

资，货也。从贝，次声。段注：货者，化也。资者，积也。旱则资舟，水则资车，夏则资皮，冬则资絺纷。皆居积之谓。资者，人之所藉也。……《老子》曰："善人不善人之师，不善人善人之资。"这句是说，善人可以作为恶人的老师；不善之人，可以作为善人的借鉴。

赈，富也。从贝，辰声。

贤，多财也。从贝，臤声。段注：贤本多财之称，引伸之凡多皆曰贤。人称贤能，因习其引伸之义而废其本义矣。

贺，以礼物相奉庆也。从贝，加声。

古代的庆（慶）字，在心部，行贺人也。从心、夂（段注：谓心所喜而行也，送礼送的是高兴）。吉礼以鹿皮为贽，故从鹿省。古代礼物用鹿皮包装，所以这个字从鹿字省。

贡，献功也。从贝，工声。段注：社，春分祭社也。事农桑之属也。冬祭曰烝，烝而献五谷布帛之属也。古代有三个重要的祭祀。社，叫春分祭。事，叫农桑祭。烝，叫冬祭。冬祭要献上五谷布帛之类。

贷，施也。从贝，代声。段注：谓我施人曰贷也。跟现在的说法不一样。

赠，玩好相送也。从贝，曾声。段注：今人以物赠人曰送，送亦古语也。

赏，赐有功也。从贝，尚声。

赐，予也。从贝，易声。

赢，贾有余利也。从贝，𣎆声。扣去买卖成本有盈余、有获利。段注：俗语谓赢者输之对。

赖，赢也。从贝，剌声。无赖，指无利润养家。段注：晋曰："……江淮之间谓小儿多诈狡狯为亡赖。"按，今人云无赖者，谓其无衣食致然耳。

宾（賓），所敬也。从贝，㝉声。段注：《大宗伯》："以宾礼亲邦国宾客。"浑言之也。析言之，则宾客异义。又宾谓所敬之人，因之敬其人亦曰宾。又君为主，臣为宾。

贸，易财也。从贝，卯声。

费，散财用也。从贝，弗声。

责，求也。从贝，朿声。原本是催债。

贾，贾市也。从贝，襾声。一曰，坐卖售也。就是"做买卖"。段注：市，买卖所之也，因之，凡买凡卖皆曰市。贾者，凡买卖之称也。通物曰商，居卖物曰贾。做买卖的地方叫"市"，贸易货物的叫作"商"，有铺面的叫作"贾（gǔ）"。

买（買），市也。从网、贝。《孟子》曰："登垄断而网市利。"买，就是"进购"。《孟子》上说："登上高地（看清市场整体行情），以图收获买卖的好处。"

贵，物不贱也。从贝，臾声。

赋，敛也。从贝，武声。指征收钱财。

贪，欲物也。从贝，今声。即想要得到钱财货物。

贫，财分少也。从贝、分，分亦声。段注：合则见多，分则见少。富，备也，厚也；则贫者，不备，不厚之谓。

邑部

邑，国也。从囗。先王之制，尊卑有大小，从卩。凡邑之属皆从邑。指小邦国。段注：《左传》凡称人曰"大国"，凡自称曰"敝邑"，古国、邑通称。

邦，国也。从邑，丰声。段注：大曰邦，小曰国。

邻（鄰），五家为邻。从邑，粦声。段注：按，引伸为凡亲密之称。

七、《说文解字注·七篇》常用字

《说文解字注·七篇上》

日部

日，实也。太阳之精不亏。从囗、一。象形。凡日之属皆从日。囗，古文象形。段注：《释名》曰："日，实也。光明盛实也。"囗，古文的这个"日"，就像里面有个三足乌。乙，鸟。

时，四时也。从日，寺声。旹，古文时。从日之作。段注：本春秋冬夏之称，引伸之为凡岁月日刻之用。

早，晨也。从日在甲上。段注：引伸为凡争先之称。

昭，日明也。从日，召声。段注：引伸为凡明之称。庙有昭、穆，昭取阳明，穆取阴幽，皆本无正字，假此二字为之。

晃，明也。段注：晃者，动之明也。凡光必动。会意兼形声字也。

旭，日旦出貌。从日，九声。读若好。一曰，明也。段注：明谓日之明。引伸为凡明之称。

晕，光也。从日，军声。军，在此指光圈。段注：《释名》曰："晕，卷也，气在外卷结之也。日月皆然。"孟康曰："晕，日旁气也。"篆体日在上，或移之在旁，此篆遂改为晖，改其训曰光。

昏，日冥也。从日，氐省。氐者，下也。一曰，民声。段注：冥者，窈也。窈者，深远也。……日入三商（星宿）为昏。

旱，不雨也。从日，干声。

昨，累日也。从日，乍声。指已逝的所有日子。段注：昨日，隔一宵也。

昌，美言也。从日，从曰。一曰，日光也。《诗》曰："东方昌矣。"段注：引伸之为凡光盛之称。就是赞美之词。

昆，同也。从日，从比。段注：昆小虫。……明虫者，得阳而生，得阴而藏。

普，日无色也。从日，竝（并）声。指白天日光灰淡，不显光影色彩。

旦部

旦，明也。从日见一上。一，地也。凡旦之属皆从旦。段注：传曰："信誓旦旦然，谓明明然也。"

晶部

晶，精光也。从三日。凡晶之属皆从晶。段注：凡言物之盛，皆三其文。日可三者，所谓累日也。

月部

月，阙也。太阴之精，象形。凡月之属皆从月。段注：《释名》曰："月，缺也。满则缺也。"

霸，月始生魄然也。承大月二日，承小月三日。从月，䨣声。段注：《乡饮酒义》曰："月者三日则成魄。"……后代魄行而霸废矣。俗用为王霸字，实伯之假借字也。

朗，明也。从月，良声。段注：《释言》曰："明，朗也。"

有部

有，不宜有也。《春秋传》曰："日月有食之。"从月，又声。凡有之属皆从有。指不合理地持有。段注：谓本是不当有而有之称，引伸遂为凡有之称。

明部

明（朙），照也。从月、囧。

夕部

夕，莫（暮）也。从月半见。凡夕之属皆从夕。段注：莫者，日且冥也。日且冥而月且生矣，故字从月半见。旦者，日全见地上。莫者，日在茻中。夕者，月半见。

夜，舍也。天下休舍。从夕，亦省声。段注：休舍犹休息也。舍，止也。

梦，不明也。从夕，瞢省声。指不明不白的意识。段注：许云“不明”者，由不明而乱也。以其字从夕，故释为不明也。梦之本义为不明。

外，远也。卜尚平旦，今若夕卜，于事外矣。指疏远。占卜平常在早晨进行，如果在夜晚占卜，这就是例外了。

多部

多，緟也。从緟、夕。夕者相绎也，故为多。緟夕为多，緟日为叠。凡多之属皆从多。段注：多者胜少者，故引伸为胜之称。……相绎者，相引于无穷也。

齐部

齐（齊），禾麦吐穗上平也。象形。凡齐之属皆从齐。段注：从二者，象地有高下也。禾麦随地之高下为高下，似不齐而实齐。

朿部

枣（棗），羊枣也。从重朿。段注：《尔雅》诸枣中之一，与常枣绝殊。……棘即枣（棗）也，析言则分枣、棘，统言则曰棘。

棘，小枣丛生者。从竝（并）朿。段注：此言小枣，则上文谓常枣可知。小枣树丛生，今亦随在有之，未成则为棘而不实，已（已）成则为枣。

克部

克，肩也。象屋下刻木之形。凡克之属皆从克。用肩扛。字形像人在屋下凿刻的样子。段注：肩谓任，任事以肩，故任谓之肩，亦谓之克。……《释言》曰："克，能也。"其引伸之义。

禾部

禾，嘉谷也。以二月始生，八月而孰，得之中和，故谓之禾。禾，木也。木王而生，金王而死。从木，象其穗。凡禾之属皆从禾。段注：《公羊》何注曰："未秀（抽穗）为苗。巳（已）秀为禾。"……高注云："禾穗垂而向根。君子不忘本也。"

稼，禾之秀实为稼。茎节为禾。从禾，家声。一曰，稼，家事也。一曰，在野曰稼。禾苗开花抽穗为稼，茎节为稻草。

私，禾也。从禾，厶声。北道名禾主人曰私主人。北方习惯上叫禾谷主人为"私主人"。段注：仓颉作字，自营为厶，背厶为公。然则古只作厶，不作私。

移，禾相倚移也。从禾，多声。一曰，禾名。指密集的禾苗进行移植。段注：《吕氏春秋》曰："苗其弱也欲孤，其长也欲相与俱，其熟也欲相扶。"

秒，禾芒也。从禾，少声。指稻禾的芒尖。

租，田赋也。从禾，且声。

秋，禾谷孰也。从禾，𪏰省声。段注：其时万物皆老，而莫贵于禾谷，故从禾。言禾复言谷者，晐百谷也。

秦，伯益之后所封国。地宜禾。从禾，舂省。一曰秦，禾名。伯益，是皋陶之子。秦姓、徐姓，都是伯益的后代。

科，程也。从禾、斗。斗者，量也。指程品等级。

程，程品也。十发为程，一程为分，十分为寸。从禾，呈声。十根毛发并列的宽度为一程，一程为一分，十分合并为一寸。段注：《荀卿》曰："程者，物之准也。"

黍部

黎，履黏也。从黍，㓹省声。㓹，古文利。作履黏以黍米也。用来粘布做鞋的黏性黍米。段注：《释诂》曰："黎，众也。"众之义行而履黏之义废矣。古亦以为黧黑字。

香部

香，芳也。从黍，从甘。《春秋传》曰："黍稷馨香。"凡香之属皆从香。段注：艸部曰："芳，草香也。"

馨，香之远闻者。从香，殸声。

米部

米，粟实也。象禾黍之形。凡米之属皆从米。段注：黍者，食之所贵。故皆曰嘉谷。其去秠存人（仁儿）曰米。

粱，禾米也。从米，梁省声。

粗，疏也。从米，且声。疏而不密。段注：稷与黍、稻、粱挍，则稷为粗。……《仪礼·昏礼》："妇馈舅姑，有黍无稷。特著其文，盖妇道成以孝养。不进疏食也。"按，引伸假借之，凡物不精者，皆谓之粗。也就是，古代儿媳不能让公婆吃粗粮。

糟，酒滓也。从米，曹声。段注：《内则》曰："重醴，稻醴，清糟；黍醴，清糟，粱醴，清糟。"……"粕，巳（已）漉粗糟也。"然则糟谓未漉者。也就是，糟为未经过滤的酒渣、浑酒。粕，为过滤后的酒渣。

粹，不杂也。从米，卒声。段注：刘逵引班固云："不变曰醇。不杂曰粹。"按，粹本是精米之称，引伸为凡纯美之称。

气（氣），馈客之刍米也。从米，气声。《春秋传》曰："齐人来氣诸侯。"

臼部

臼，舂臼也。古者掘地为臼。其后穿木石。象形。中象米也。凡臼之属皆从臼。段注：引伸凡凹者曰臼。

舂，捣粟也。从収持杵以临臼。杵省。古者雝（雍）父初作舂。据说古代叫雍父的人发明了舂捣技术。段注：雍父，黄帝臣也。

舀，抒臼也。从爪、臼。《诗》曰："或簸或舀。"段注：抒，挹也。既舂之，乃于臼中抭出之。今人凡酌彼注此皆曰舀，其引伸之语也。就是将臼中物用盛器装出来。

凶部

凶，恶也。象地穿交陷其中也。凡凶之属皆从凶。

《说文解字注·七篇下》

麻部

麻，枲也（也是一种“麻”）。从𣏟，从广。𣏟，人所治也，在屋下。凡麻之属皆从麻。段注：然则未治谓之枲，治之谓之麻。“枲”字下段注：夏至开花，所谓荣而不实谓之英者。花落即拔而沤之，剥取其皮，是为夏麻。

韭部

韭，韭菜也。一种而久生者也，故谓之韭。象形，在一之上。一，地也。此与耑同意。凡韭之属皆从韭。

瓜部

瓜，蓏也。象形。凡瓜之属皆从瓜。段注：艸部曰：“在木曰果，在地曰蓏。”瓜者，縢（藤）生布于地者也。

瓠部

瓢，蠡也。从瓠省，㶾声。段注：以一瓠劙为二，曰瓢，亦曰蠡，……不入瓜部者，瓠与瓜别也。

宀部

定，安也。从宀，正声。正，才能安定。

完，全也。从宀，元声。古文以为宽字。

富，备也。一曰，厚也。从宀，畐声。一说“所需皆备”。另一种说法认为，“富”是家底厚实。段注：富与福音义皆同。《释名》曰：“福，富也。”

宝（寶），珍也。从宀、玉、贝，缶声。寚，古文宝省贝。段注：玉部曰：“珍，宝也。”二字互训。

守，守官也。从宀，从寸。寺府之事也。从寸，法度也。段注：《左传》曰：“守道不如守官。”《孟子》曰：“有官守者。不得其职则去。”

宽（寬），屋宽大也。从宀，萈声。段注：《广韵》曰：“裕也。缓也。”其引伸之义也。

客，寄也。从宀，各声。段注：宾，所敬也。客，寄也。……诸侯谓之大宾，其孤卿谓之大客。

寄，托也。从宀，奇声。段注：字从奇，奇，异也。一曰，不耦也。

宋，居也。从宀、木。木者所以成室以居人也。

宗，尊祖庙也。从宀、示。段注：传曰：“宗，尊也。”凡尊者谓之宗，尊之则曰宗之。

宫部

宫，室也。从宀，躳省声。凡宫之属皆从宫。段注：《释宫》曰：“宫谓之室，室谓之宫。”郭云：“……明同实而两名。”按，宫言其外之围绕，室言其内。……五音宫、商、角、徵、羽，刘歆云：“宫，中也。居中央，唱四方。唱始施生，为四声纲也。”

穴部

穴，土室也。从宀，八声。凡穴之属皆从穴。段注：引伸之，凡空窍皆为穴。

穿，通也。从牙在穴中。

空，窍也。从穴，工声。段注：今俗语所谓孔也。天地之间亦一孔耳。古者司空主土，……是则司空以治水土为职。禹作司空，治水，而后晋百揆也。治水者，必通其渎，故曰司空犹司孔也。

突，犬从穴中暂出也。从犬在穴中。一曰，滑也。段注：引伸为凡猝乍之称。

究，穷也。从穴，九声。段注：……“究，深也。”……“究，谋也。”皆穷义之引伸也。

㝱部

寐，卧也。从㝱省，未声。段注：俗所谓睡着也。

寤，寐觉而有言曰寤。从㝱省，吾声。一曰，昼见而夜㝱也。就是人白天看到什么，有时夜里就会梦到什么。段注：……“觉而有言曰寤。”……“觉时道之而梦。”……古书多假寤为悟。

疒部

痿，痹也。从疒，委声。段注：病两足不能相过曰痿。……《素问》曰：“有渐于湿，肌肉濡溃，痹而不仁，发为肉痿。

痕，胝瘢也。从疒，艮声。瘢疤。

冖部

冠，絭也。所以絭发，弁冕之总名也。从冖、元，元亦声。冠有法制，故从寸。“卷束”，是戴帽子这一动作的泛称。段注：絭者，纕臂绳之名。……冠以约束发，……析言之，冕、弁、冠三者异制；浑言之，则冕弁亦冠也。

冃部

同，合会也。从冃、口。段注：口皆在所覆之下，是同之意也。

冃(mào)部

冃，小儿及蛮夷头衣也。从冂，二其饰也。凡冃之属皆从冃。指没有发明“冠”之前的帽子，靠一根绳子系在衣领上。段注：《淮南书》曰：古者有鍪而绻领以王天下者。”

冕，大夫以上冠也。邃延垂瑬紞纩。从冃，免声。古者黄帝初作冕。

絻，冕或从糸作。大夫以上的官员所佩戴的礼帽。冕的覆版很长，垂下玉瑬，两侧悬挂充塞两耳的瑱玉。

冒，冡而前也。从冃、目。蒙覆着眼睛前进。段注：引伸之，有所干犯而不顾亦曰冒。……冃目者，若无所见也。

㒳部

两，二十四铢为一两。从一㒳。㒳，平分也，㒳亦声。段注：禾部曰：“十二粟为一分，十二分为一铢。”《律历志》曰：“衡权本起于黄钟之重。一龠容千二百黍，重十二铢。两之为两，二十四铢为两。”

网部

网，庖牺所结绳，以田以渔也。从冂，下象网交文。凡网之属皆从网。

罩，捕鱼器也。从网，卓声。段注：罩，籗也。编竹笼鱼者也。

罪，捕鱼竹网。从网，非声。秦以为辠字。段注：始皇以辠字似皇，乃改为罪。

罗，以丝罟鸟也。从网，从维。古者芒氏初作罗。用丝网罩缚鸟雀。古代芒氏初创罗网。

署，部署也，各有所网属也。从网，者声。

置，赦也。从网、直。

骂（罵），詈也。从网，马声。

巾部

幅，布帛广也。从巾，畐声。段注：凡布帛广二尺二寸，其边曰幅。《左传》曰：“夫富如布帛之有幅焉，为之制度，使无迁也。”

常，下帬也。从巾，尚声。裳，常或从衣。段注：《释名》曰：“上曰衣，下曰裳。裳，障也。以自障蔽也。”今字裳行而常废矣。

幝（kūn），幒也。从巾，军声。段注：《释名》：“裈，贯也。贯两脚上系腰中也。按，今之套裤，古之袴也。今之满裆裤，古之褌也。自其浑合近身言曰幝。

幕，帷在上曰幕。从巾，莫声。段注：四合象宫室曰幄，王所居之帐也。

帚，所以粪也。从又持巾埽门内。古者少康初作箕帚、秫酒。少康，杜康也。葬长垣。表示一人手持布巾在门内擦扫。古代的少康发明了箕、帚、秫酒。少康，就是人们常说的杜康，葬在长垣。段注：古者仪狄作酒醪，杜康作秫酒。

席，藉也。《礼》：天子诸侯席有黼绣纯饰。从巾，庶省声。就是竹垫子。《周礼》上说："天子、诸侯的席子，有用黑白斧形图案绣边的装饰物。"

布，枲织也。从巾，父声。段注：其草曰枲（xǐ，麻），曰萉，析其皮曰林，曰木，屋下治之曰麻，缉而绩之曰线，曰缕，曰纑，织而成之曰布。……古者无今之木绵布，但有麻布及葛布而巳（已）。引伸之，凡散之曰布。取义于可卷舒也。

帛部

帛，缯也。从巾，白声。凡帛之属皆从帛。

锦，襄邑织文也。从帛，金声。段注：……襄邑，今河南归德府睢州治即故县地。《地理志》云："县有服官。"……郑注云："贝，锦名也。凡为织者，先染其丝，乃织之，则成文矣。"

白部

皎，月之白也。从白，交声。《诗》曰："月出皎兮。"

皙，人色白也。从白，析声。

八、《说文解字注·八篇》常用字

《说文解字注·八篇上》

人部

仕，学也。从人，士声。段注：训仕为入官，此今义也。

佳，善也。从人，圭声。圭是美观洁白的玉，本义为人样子美好。段注：《广韵》曰："佳，善也。"又曰："好也。"又曰："大也。"所以"佳"有和善、美好、大气三个意思。段玉裁又引《老子》说：佳兵者不祥。指再好的用兵都是不吉利的。又引《淮南子·说林训》曰：佳人不同体，美人不同面，而皆说（悦）于目。

这个"佳"和"嘉"有什么区别呢？《说文解字注·五篇上·壴部》：嘉，美也。从壴，加声。这个"壴"，指陈列乐器。看古文字，此字有禾谷丰收的吉庆、幸福、快乐的意思。所以"佳"指人的美好，"嘉"指生活的美好。段注：《释诂》又曰：嘉，善也。……羊部曰："美与善同意。"

伟，奇也。从人，韦声。段注：《庄子》曰："伟哉夫造物者。"

倩，人美字也。从人，青声。东齐壻（婿）谓之倩。东齐一带，女婿被叫作"倩"。段注：倩，士之美称也。现在一般女子用这个"倩"。

伊，殷圣人阿衡也。尹治天下者。从人、尹。就是指伊尹。

伴，大貌。从人，半声。段注：胖即伴之假借也。所以"伴"指胖大的样子。

俺，大也。从人，奄声。

佛，仿佛也。从人，弗声。指看到却看不清楚。

何，儋也。一曰，谁也。从人，可声。段注：儋之俗作担（擔）也。

位，列中庭之左右，谓之位。从人、立。段注：引伸之，凡人所处皆曰位。

伦，辈也。从人，仑声。一曰，道也。段注：军发车百两为辈，引伸之，同类之次曰辈。

依，倚也。从人，衣声。

付，予也。从寸持物以对人。

假，非真也。从人，叚声。一曰，至也。

侵，渐进也。从人又持帚，若埽之进。又，手也。人手持扫帚，边扫边前移。

像，似也。从人，象声。

便，安也。人有不便，更之。故从人、更。人有不安适的时候就改变一下。

侠，俜（pīng，轻财者）也。从人，夹声。段注：荀悦曰："立气齐，作威福，结私交，以立强于世者，谓之游侠。"如淳曰："相与信为任，同是非为侠。"所以，所谓"侠"，轻财、彪悍、是非鲜明。

任，保也。从人，壬声。应该就是信任、委任的意思。

优，饶也。从人，忧声。一曰，倡也。段注：食部"饶"下曰："饱也。"引伸之，凡有余皆曰饶。……引伸之，为优游，为优柔，为俳优。……倡者，乐也，谓作妓者，即所谓俳优也。

俗，习也。从人，谷声。段注：引伸之，凡相效谓之习。……"俗谓土地所生习也。"《曲礼》："入国而问俗。"

伸，屈伸。从人，申声。

仆，顿也。从人，卜声。段注：以首叩地谓之顿首，引伸为前覆之辞。

催，相捣也。从人，崔声。相敦促。

促，迫也。从人，足声。

仇，雠也。从人，九声。段注：《左传》曰："嘉偶曰妃，怨偶曰仇。"

倦，罢也。从人，卷声。疲倦。段注：罢者，遣有罪也。引伸为休息之称。

从部

从，相听也。从二人。凡从之属皆从从。段注：引伸为相许之称。

丘部

丘，土之高也，非人所为也。从北从一。一，地也，人居在丘南，故从北。中邦之居在昆仑东南。一曰，四方高中央下为丘。象形。凡丘之属皆从丘。段注：非人为之丘。谓非人力所为也。

虚，大丘也。昆仑丘谓之昆仑虚。古者九夫为井，四井为邑，四邑为丘，丘谓之虚。从丘，虍声。段注：虚本谓大丘，大则空旷，故引伸之为空虚。

重部

重，厚也。从壬，东声。凡重之重（应为“属”）皆从重。段注：厚斯重矣。引伸之为郑重、重叠。

量，称轻重也。从重省，向省声。段注：《汉志》曰：“量者，所以量多少也；衡权者，所以均物平轻重也。”

卧部

卧，伏也。从人、臣，取其伏也。凡卧之属皆从卧。段注：寝于床，……卧于几，孟子“隐几而卧”是也；卧于几，故曰伏，……引伸为凡休息之称。就是躺在床上，趴在案几上。

监（監），临下也。从卧，蜭省声。段注：许书：“监，视也；监，临下也。”

临（臨），监也。从卧，品声。

老部

老，考也。七十曰老。从人毛匕。言须发变白也。凡老之属皆从老。

寿（壽），久也。从老省，𠷎声。段注：久者，从后灸之也。引伸为长久，此用长久之义也。

考，老也。从老省，丂声。

孝，善事父母者。从老省，从子，子承老也。

毛部

毛，眉发之属及兽毛也。象形。凡毛之属皆从毛。段注：眉者，目上毛也。发者，首上毛也。而者，须也。须者，而也。

尸部

尸，陈也。象卧之形。凡尸之属皆从尸。段注：按，凡祭祀之尸，训主。……玉裁谓，祭祀之尸，本象神而陈之，而祭者因主之。

居，蹲也。从尸，古声。段注：《说文》有凥，有居。凥，处也，从尸得几而止，凡今人居处字，古只作凥处。居，蹲也。凡今人蹲踞字，古只作居。

展，转也。从尸，襄省声。段注：展者，未转而将转也。

屠，刳也。从尸，者声。就是解剖。

屋，居也。从尸。尸，所主也。一曰，尸象屋形。从至。至，所止也。室屋皆从至。段注：屋者，室之覆也，引申之凡覆于上者皆曰屋。……屋从尸者，人为屋主也。

屏，屏蔽也。从尸，并声。为屏风所遮挡。

《说文解字注·八篇下》

尺部

尺，十寸也。人手却十分动脉为寸口。十寸为尺。尺，所以指尺规矩事也。从尸，从乙。乙，所识也。周制，寸、尺、咫、寻、常、仞诸度量皆以人之体为法。凡尺之属皆从尺。段注：禾部曰："十发为程，一程为分，十分为寸。"又曰："律数十二，十二禾秒而当一分，十分而寸。"《汉志》曰：九十分黄钟之长，一为一分，十分为寸，十寸为尺，十尺为丈，十丈为引，而五度审矣。"

尾部

尾，微也。从到毛在尸后。古人或饰系尾，西南夷亦然。凡尾之属皆从尾。段注：《方言》曰："尾，尽也。尾，梢也。"引伸训为后。……"古者佃渔而食之，衣其皮，先知蔽前，后知蔽后，后王易之以布帛，而独存其蔽前者，不忘本也。"古人先知道遮蔽前面，后知道遮蔽后面，就有了尾部的装饰。

屈，无尾也。从尾，出声。段注：凡短尾曰屈。……引伸为凡短之称。

尿，人小便也。从尾、水。段注：古书多假"溺"为之。就是用"溺"代替"尿"。

舟部

舟，船也。古者共鼓、货狄刳木为舟，剡木为楫，以济不通。象形。凡舟之属皆从舟。古代，共鼓、货狄两位智者，刳木为舟，剡木为楫，以渡河。段注：古人言舟，汉人言船，……共鼓、货狄，黄帝尧舜间人，货狄疑即化益，化益即伯益也。

俞，空中木为舟也。从亼，从舟，从巜。巜，水也。段注：空中木者，舟之始。并板者，航之始。这是舟与船的不同，舟是独木舟。

船，舟也。从舟，台声。

般，辟也。象舟之旋。从舟，从殳。殳令舟旋者也。段注：谓退缩旋转之貌也。

服，用也。一曰，车右骈，所以舟旋。从舟，𠬝声。"服"是马车右边的骖马，以便马车可以向右周旋。段注：独言右骈者，谓将右旋，则必策冣（最）右之马先向右，左旋亦同，举右以晐左也。舟当作"周"。马之周旋如舟之旋，故其字从舟。

方部

方，并船也。象两舟省总头形。凡方之属皆从方。段注：并船者，并两船为一。……又引伸之，为方圆，为方正，为方向，又假借为旁。

先部

先，前进也。从儿、之。凡先之属皆从先。先，甲骨文字形从止（指脚）从人，人举足则前进，表示在前面的意思。段注：前当作歬。不行而进曰歬。凡言歬者，缓词；凡言先者，急词也。

秃部

秃，无发也。从儿，上象禾粟之形，取其声。凡秃之属皆从秃。

见部

见，视也。从目、儿。凡见之属皆从见。

观（觀），谛视也。从见，雚声。段注：《穀梁传》曰："常事曰视，非常曰观。"凡以我谛视物曰观。

觉，悟也。从见，学省声。一曰，发也。段注：心部曰："悟者，觉也。"

欠部

欠，张口气悟也。象气从儿（人）上出之形。凡欠之属皆从欠。段注：人倦解，所谓张口气悟也。谓之欠，亦谓之嚏。……今俗曰"呵欠"。又欠者，气不足也，故引伸为欠少字。

吹，出气也。从欠，从口。

欣，笑喜也。从欠，斤声。

欲，贪欲也。从欠，谷声。段注：古有欲字，无"慾"字，后人分别之制慾字，……一从心，一不从心，……欲从欠者，取慕液之意，从谷者，取虚受之意。

歇，息也。一曰，气越泄。从欠，曷声。段注：息者，鼻息也。息之义引伸为休息，故歇之义引伸为止歇。

次，不前不精也。从欠，二声。行旅停滞不前，品质粗劣不精。段注：前当作"歬"。不歬不精，皆居次之意也。临时驻扎就不会很精致。

欺，诈也。从欠，其声。

次部

羡，贪欲也。从次，羑省。羑呼之羑，文王所拘羑里。

盗，私利物也。从次、皿。次，欲也。欲皿为盗。指偷偷地将好东西窃为己有。段注：周公曰："窃贿为盗。盗器为奸。"

九、《说文解字注·九篇》常用字

《说文解字注·九篇上》

页部

顿，下首也。从页，屯声。段注：郑曰："稽首，拜头至地也；顿首，拜头叩地也，空手，拜头至手，所谓拜手也。吉拜，拜而后稽颡，……凶拜，稽颡而后拜，谓三年服者。"

颤，头不定也。从页，亶声。

烦，热头痛也。从页、火。一曰，焚省声。段注：陆机诗云："身热头且痛。"

彡部

形，象也。从彡，幵声。段注：象当作"像"，谓像似可见者也。人部曰："像，似也。似，像也。"形容谓之形。

修，饰也。从彡，攸声。段注：不去其尘垢不可谓之修。……不加以缛采不可谓之修，……修者，治也。引伸为凡治之称。

彰，彣彰也。从彡、章，章亦声。段注：古人作"彣彰"，今人作"文章"，非古也。……《广雅》皆曰："彰，明也。"通作"章。"

弱，桡也。上象桡曲，彡象毛氂桡弱也。弱物并，故从二弓。像毛发柔弱的样子。柔弱的事物往往相连相存，因此字形采用并立写两个以会意。段注：引伸为凡曲之称。直者多强。曲者多弱。

文部

文，错画也。象交文。凡文之属皆从文。段注：《考工记》曰："青与赤谓之文。"

斐，分别文也。从文，非声。《易》曰："君子豹变，其文斐也。"

髟部

发（髮），头上毛也。从髟，犮声。段注：毛部曰"毛者，眉发之属"，故眉下曰"目上毛"，须下曰"颐下毛"，则发下必当有"头上毛也"四字。

鬓，颊发也。从髟，宾声。

色部

色，颜气也。从人、卪。凡色之属皆从色。段注：颜者，两眉之间也。心达于气，气达于眉间，是之谓色。颜气与心，若合符卪，故其字从人、卪。《记》曰："孝子之有深爱者，必有和气；有和气者，必有愉色；有愉色者，必有婉容。"……《孟子》曰："仁义理智根于心，其生色也，睟然见于面。""孝子之有深爱者，必有和气，有和气者，必有愉色。"这句真好。

包部

包，妊也。象人裹（同"怀"）妊，巳在中，象子未成形也。元气起于子，子，人所生也。男左行三十，女右行二十，俱立于巳，为夫妇。裹妊于巳，巳为子，十月而生，男起巳至寅，女起巳至申，故男年始寅，女年始申也。凡包之属皆从包。男子从"子"位起，由右往左数三十位，女子由左往右数二十位，都立于"巳"位，结为夫妇。女子在"巳"位上怀孕，所以"巳"表示未成形的胎儿，怀胎十月后出生，男子从"巳"位起数到“寅”位，女子从“巳”位起数到“申”位。所以在传统命理学中，男子的小运从“寅”位开始，女子的小运从“申”位开始。段注：女部曰：“妊者，孕也。”子部曰：“孕者，裹子也。”引伸之为凡外裹之称，亦作“苞”，皆假借字。

胞，儿生裹也。从肉、包。段注：包谓母腹，胞谓胎衣。

苟部

敬，肃也。从攴、苟。段注：心部曰：“忠，敬也；憼，敬也；憝，敬也。”

《说文解字注·九篇下》

广部

厌，此字有好几个意思，比如压、厌恶、梦魇、厌胜。其中，厌胜之术是指古代的一种巫术。“厌胜”意即“厌而胜之”，系用法术诅咒或祈祷以达到压制人、物或魔怪的目的。其实，正月十五上灯、端午节插艾蒿、中秋节吃月饼、九月九重阳节喝雄黄酒等，都有厌胜的意思在里面。更甚的则是木偶、纸人等。

厌（厭），笮（zé，压）也。从厂猒声。一曰合也。段注：《礼经》：推手曰揖。引手曰厌。……两手薄其心。所以“厌”是丧礼上的动作，也有人认为是“跪而举头下手”，有下压的动作。为什么“厌”又有“讨厌”的意思呢？这是因为“厌”是因满足而憎恶，其音声“猒”是“饱”的意思，饱足则人意倦矣。故引申为厌倦，厌憎。段注：猒厌古今字。猒餍正俗字。段注：厌，眠内不祥也。㝱下云寐而厌也是也。俗字作魇。即睡梦中做噩梦为梦魇。

危部

危，在高而惧也。从产，人在厓上，自卪止之。凡危之属皆从危。段

注：引伸为凡可惧之称。

易部

易，蜥易，蝘蜓，守宫也。象形。祕书说曰："日月为易。"象阴阳也。一曰，从勿。凡易之属皆从易。段注：蝘下曰："在壁曰蝘蜓，在草曰蜥易。"……谓"上从日，象阳；下从月，象阴"。……然下体亦非月也。所以说段玉裁否定了像"日月"的说法。

象部

象，南越大兽，长鼻牙，三年一乳。象耳牙四足尾之形。凡象之属皆从象。段注：兽之冣（最）大者，而出南越。

豫，象之大者。贾侍中说，不害于物。从象，予声。段注：凡大皆称豫。……大必宽裕，故先事而备谓之豫，宽裕之意也。宽大则乐。……故宽大舒缓之义取此字。

十、《说文解字注·十篇》常用字

《说文解字注·十篇上》

马部

马，怒也，武也。象马头髦尾四足之形。凡马之属皆从马。指一种会昂首怒吼的动物。

驳，马色不纯。从马，爻声。段注：引伸之为凡色不纯之称。

驀，上马也。从马，莫声。段注：《吴都赋》曰："……上马必捷。"故引伸为猝乍之称。

驾，马在轭中也。从马，加声。

笃，马行顿迟也。从马，竹声。段注：顿，如顿首以头触地也，马行箸实而迟缓也。

骤，马疾步也。从马，聚声。

鹿部

鹿，鹿兽也。象头角四足之形。鸟鹿足相比，从比。凡鹿之属皆从鹿。

兔部

兔，兔兽也。象兔踞，后其尾形。兔头与龟头同。凡兔之属皆从兔。段注：其字象兔之蹲，后露其尾之形也。

逸，失也（逃脱）。从辵、兔。兔谩訑善逃也。段注：引伸之为逸游，为暇逸。

鼠部

鼠，穴虫之总名也。象形。凡鼠之属皆从鼠。

能部

能，熊属。足似鹿。从肉，㠯声。能兽坚中，故称贤能，而强壮，称能杰也。凡能之属皆从能。就是熊属，足形似鹿。能（熊）是兽的中坚，因此称贤者为“能”；而强壮者，则称为“杰”。

熊部

熊，熊兽，似豕。山居，冬蛰。从能，炎省声。凡熊之属皆从熊。

火部

炭，烧木未灰也。从火，岸声。

灰，死火余烬也。从火、又。又，手也。火既灭可以执持。

照，明也。从火，昭声。

熙，燥也。从火，配声。

《说文解字注・十篇下》

囱部

囱，在墙曰牖，在屋曰囱。象形。凡囱之属皆从囱。

大部

大，天大，地大，人亦大焉。象人形。……凡大之属皆从大。段注：按，天之文，从一大，则先造大字也。人儿之文，但象臂胫，大文则首手足皆具，而可以参天地，是为大。

夹（夾），持也。从大夹二人。段注：持者，握也。握者，搤也。搤者，捉也。捉物必以两手。故凡持曰夹。

在“亦部”也有这个字，只不过写法略有不同，亦部里的“夾”是二入，是挟持物的意思，而“夹（夾）”上面是二人，是挟持人的意思。段注：夾者，盗窃怀物也。从亦，有所持。

夸，奢也。从大，亏声。

契，大约也。从大，㓞声。《易》曰：“后代圣人易之以书契。”段注：按，今人但于买卖曰文契。

奕，大也。从大，亦声。《诗》曰：“奕奕梁山。”

奘，驵大也。从大、壮，壮亦声。段注：马部驵下曰：“壮马也。”士部壮下曰：“大也。”奘与壮音同。

亦部

亦，人之臂亦也。从大，象两亦（腋）之形。凡亦之属皆从亦。

夾，上文有解释。

夭部

夭，屈也。从大，象形。凡夭之属皆从夭。段注：夭夭，盛貌也。……少长曰夭。此皆谓物初长可观也。物初长者，尚屈而未申，假令不成，遂则终于夭而已矣。……故《左传》《国语》注曰："短折曰夭。"

奔，走也。从夭，卉声。与走同意，俱从夭。段注：引申之，凡赴急曰奔，凡出亡曰奔。

交部

交，交胫也。从大，象交形。凡交之属皆从交。就是交叉两腿。看来古人也跷二郎腿。段注：凡两者相合曰交，皆此义之引申假借耳。

绞，缢也。从交、糸。段注：两绳相交而紧谓之绞。《论语》："直而无礼则绞。""好直不好学，其蔽也绞。"……急则无不乖剌者也。

壶部

壶，昆吾圜器也。象形。从大，象其盖也。凡壶之属皆从壶。段注：壶，酒尊也。《公羊传》注曰："壶，礼器。腹方口圆曰壶，反之曰方壶。"

壹部

壹，嫥壹也。从壶、吉，吉亦声。凡壹之属皆从壹。

懿，嫥久而美也。从壹，从恣省声。段注：《周书·谥法》曰："柔克为懿。温柔圣善曰懿。"……其字从壹也。专壹而后可久。可久而后美。

夫部

夫，丈夫也。从大、一。一以象兂（簪）。周制八寸为尺，十尺为丈。人长八尺，故曰丈夫。凡夫之属皆从夫。段注：从一大，则为天。从大一，则为夫。于此见人与天同也。

规，规巨（矩）、有法度也。从夫、见。段注：规矩者，有法度之谓也。

十一、《说文解字注·十一篇》常用字

《说文解字注·十一篇上》

《十一篇上》分了一和二两部分，都是水部字。《十一篇上·一》基本是水流的名称；《十一篇上·二》基本是水流的样子或状态，咱们只解释《十一篇上·二》里面的一些字。

滔，水漫漫大貌。从水，舀声。

演，长流也。一曰，水名。从水，寅声。段注：水土气通为演。

涣，散流也。从水，奂声。段注：分散之流也。《毛诗》曰：涣涣，春水盛也。

活，流声也。从水，𠯑声。段注：引伸为凡不死之称。

汪，深广也。从水，𡉚声。一曰，浬，池也。段注：谓深而又广也。

浩，浇也。从水，告声。段注：按，浇，当作“沆”，字之误也。

沆（hàng），莽沆，大水也。从水，亢声。一曰，大泽貌。段注：言其平望莽莽，无涯际也。

泓，下深貌。从水，弘声。段注：下深，谓其上似浅陿（狭），其下深广也。

洞，疾流也。从水，同声。段注：引伸为洞达，为洞壑。

泽（澤），光润也。从水，睪声。段注：又水草交错曰泽。

浅，不深也。从水，戋声。段注：按，不深曰浅，不广亦曰浅。

滋，益也。从水，兹声。一曰，滋水出牛饮山白陉谷，东入呼沱。

沙，水散石也。从水、少。水少沙见。楚东有沙水。段注：石散碎谓之沙，引伸之，凡生澁皆为沙。

沟（溝），水渎也。广四尺，深四尺。从水，冓声。

渠，水所居也。从水，榘声。

津，水渡也。从水，聿声。

渡，济也。从水，度声。段注：《方言》曰：过度谓之涉，济。凡过其处皆曰渡，假借多作度。

泳，潜行水中也。从水，永声。

泛，浮也。从水，乏声。

瀑，疾雨也。从水，暴声。

沤，久渍也。从水，区声。

滞，凝也。从水，带声。

消，尽也。从水，肖声。段注：未尽而将尽也。

渴，尽也。从水，曷声。

溼，幽溼也。从一，覆也，覆土而有水，故溼也。从㬎，省声。段注：凡溼之所从生，多生于上，有覆而气不渫（泄）。

渫（xiè），除去也。从水，枼声。段注：按凡言泄漏者，即此义之引伸。变其字为泄耳。所以，这个字是“泄”。

润，水曰润下。从水，闰声。

准（準），平也。从水，隼声。段注：谓水之平也。天下莫平于水，水平谓之准。

汤（湯），热水也。从水，昜声。

潘，淅米汁也。从水，番声。一曰，潘水，在河南荥阳。

凉（涼），薄也。从水，京声。段注：凉以水和酒也。玄谓：“凉，今寒粥若糗饭杂水也。”……以水和酒，故为薄酒。

淡，薄味也。从水，炎声。

溢，器满也。从水，益声。

浴，洒身也。从水，谷声。冲洗身子。

澡，洒手也。从水，喿声。

洗，洒足也。从水，先声。

汲，引水也。从及、水，及亦声。段注：引伸之，凡擢引皆曰汲。《广雅》曰：汲，取也。

汗，身液也。从水，干声。段注：汗出而不反者也。

泣，无声出涕者曰泣。从水，立声。

涕，泣也。从水，弟声。段注：当作“目液也”三字。……毛传皆曰：“自目出曰涕。”

潸，涕流貌。从水，散省声。《诗》曰：“潸焉出涕。”

漏，以铜受水，刻节，昼夜百节（各本作“百刻”）。从水、屚。段注：按，昼夜百刻，每刻为六小刻，每小刻又十分之，故昼夜六千分，每大刻六十分也。其散于十二辰，每一辰八大刻二小刻，共得五百分也。此是古法。就是用铜壶盛水，在铜壶上刻上滴水进度标记，一个昼夜的时间长度（24小时），在铜壶上对应为一百个刻写标记（即每一个刻写标记对应14.4分钟），以此计时。

《说文解字注·十一篇下》

川部

川，毌（贯）穿通流水也。《虞书》曰：“濬く巜岠（距）川。”言深く巜之水会为川也。凡川之属皆从川。在千山万壑间贯穿流通的河。

侃，刚直也。从㐰。㐰，古文信也。从川，取其不舍昼夜。《论语》曰：“子路侃侃如也。”段注：孔曰：“侃侃，和乐貌也。”

州，水中可居者曰州。水匋绕其旁，从重川。昔尧遭洪水，民居水中高土，故曰九州。

泉部

泉，水原（同“原”，今作“源”）也。象水流出成川形。凡泉之属皆从泉。段注：引申之，古者谓钱曰泉布。

永部

永，水长也。象水巠理之长永也。《诗》曰：“江之永矣。”凡永之属皆从永。段注：引申之，凡长皆曰永。

谷部

谷，泉出通川为谷。从水半见出于口。凡谷之属皆从谷。

仌部

冰，水坚也。从水、仌。段注：至坚冰也。

冻，冰也。从仌，东声。段注：初凝曰冰，冰壮曰冻。

冷，寒也。从仌，令声。

雨部

雨，水从云下也。一象天，冂象云，水霝（零）其间也。凡雨之属皆从雨。段注：引申之，凡自上而下者称雨。

电（電），阴阳激燿也。从雨，从申。段注：阴阳相薄为雷，阴激阳为电，电是雷光。按，《易》震为雷，离为电。

震，劈历，振物者。从雨，辰声。段注：劈历，疾雷之名。……引申之，凡动谓之震。辰下曰："震也。"

零，徐雨也。从雨，令声。段注：谓徐徐而下之雨。……引申之义为零星，为凋零。

露，润泽也。从雨，路声。段注：《五经通义》曰："和气津凝为露。"……故凡陈列表见于外曰露。

霜，丧也。成物者。从雨，相声。段注：霜降而收缩万物。

需，䇓（须）也。遇雨不进止䇓也。从雨，而声。段注：䇓者，待也。……凡相待而成曰需。

云部

云（雲），山川气也。从雨，云象回转之形。凡云之属皆从云。

鱼部

鱼，水虫也。象形。鱼尾与燕尾相似。凡鱼之属皆从鱼。

鲜，鲜鱼也。出貉国。从鱼，羴省声。

燕部

燕，燕燕，玄鸟也。籋口，布翄，枝尾。象形。凡燕之属皆从燕。段注：玄鸟，乙也。

龙部

龙（龍），鳞虫之长，能幽能明，能细能巨，能短能长。春分而登天，秋分而潜渊。从肉，飞之形。童省声。凡龙之属皆从龙。

飞部

飞（飛），鸟翥也。象形。凡飞之属皆从飞。段注：像舒颈展翅之状。

非部

非，违也。从飞，下翅，取其相背也。凡非之属皆从非。段注：翅垂则有相背之象，故曰非韦也。

靠，相违也。从非，告声。段注：今俗谓相依曰靠，古人谓相背曰靠。其义一也。犹分之、合之皆曰离。

十二、《说文解字注·十二篇》常用字

《说文解字注·十二篇上》

乞部

乞，燕燕，玄鸟也。齐鲁谓之乞。取其鸣自諕（呼）。象形也。凡乞之属皆从乞。

孔，通也。嘉美之也。从乞子。乞，请子之候鸟也。乞至而得子，嘉

美之也。故古人名嘉字子孔。段注：注云："高辛氏之世，玄鸟遗卵。娀简（简狄）吞之而生契，后王以为媒官嘉祥，而立其祠焉。"

乳，人及鸟生子曰乳，兽曰产。从孚、乙。乙者，玄鸟也。《明堂月令》：玄鸟至之日，祠于高禖，以请子。故乳从乙。请子必以乙至之日者，乙，春分来，秋分去，开生之候鸟，帝少昊司分之官也。《明堂月令》上说："黑色的燕子到来时，不育者宜向高禖神祭祀，以祈祷得到子女。"所以"乳"字采用"乙（乚）"作偏旁。祈求一定要在燕子到来时生男育女。

不部

不，鸟飞上翔不下来也。从一，一犹天也。象形。凡不之属皆从不。段注：象鸟飞去而见其翅尾形。

否，不也。从口、不，不亦声。

至部

至，鸟飞从高下至地也。从一，一犹地也。象形。不上去而至下，来也。凡至之属皆从至。段注：不象上升之鸟，首乡（向）上；至象下集之鸟，首乡下。

到，至也。从至，刀声。

臻，至也。从至，秦声。

西部

西，鸟在巢上也。象形。日在西方而鸟西（栖），故因以为东西之西。凡西之属皆从西。栖（棲），西或从木妻。段注：下象巢，上象鸟，会意。上下皆非字也，故不曰会意，而曰象形。

卤部

卤（鹵），西方咸地也。从西省，口象盐形。安定有卤县。东方谓之㡿，西方谓之卤。凡卤之属皆从卤。

盐部

盐（鹽），卤也。天生曰卤，人生曰盐。从卤，监声。古者夙沙初作煮海盐。凡盐之属皆从盐。段注：《玄应书》三引《说文》“天生曰卤，人生曰盐”，当在此处。就是天生的叫作“卤”，经过熬制的叫作“盐”。

户部

户，护也。半门曰户。象形。凡户之属皆从户。床，古文户从木。

扉，户扇也。从户，非声。

肩，髆也。

房，室在旁也。从户，方声。段注：凡堂之内，中为正室，左右为房。所谓东房、西房也。……“房必有户，以达于堂；又必有户，以达于东夹、西夹；又必有户，以达于北堂。”

门部

门（門），闻也。从二户。象形。凡门之属皆从门。段注：闻者，谓外可闻于内，内可闻于外也。

闺，特立之户。上圜下方，有似圭。从门、圭。段注：《释宫》曰：“宫中门谓之闱，其小者谓之闺。”

开（開），张也。从门，开声。段注：张者，施弓弦也。门之开，如弓之张；门之闭，如弓之弛。

阁，所以止扉者。从门，各声。阻止门扇反弹关闭的木棍。

间（間），隙也。从门、月。閒，古文间。段注：引申之，凡有两边、有中者，皆谓之隙。隙谓之间，间者，门开则中为际，凡罅缝皆曰间，……病与瘳之间曰病间，语之小止曰言之间。……曰间隔，曰间谍。

闲（閑），阑也。从门中有木。段注：古多借为清闲（閒）字。“閒”字今已不用，其缝隙义用“间”表示，空闲义用“闲”表示。

闭，阖门也。从门，才，所以歫门也。就是将两扇门板拉合。

闪，闚头门中也。从人在门中。就是把头伸进门里偷看。

耳部

耳，主听者也。象形。凡耳之属皆从耳。

耽，耳大垂也。从耳，冘声。段注：耽耳，耳垂在肩上。

耿，耳箸颊也。从耳，烓省声。杜林说："耿，光也。从火，圣省声。"凡字皆左形右声。杜说非也。耳贴着脸颊。字形采用"耳"作偏旁，用省略了"圭"的"烓"作声旁。杜林说："耿，光也。从光，圣省声。"所有形声字都是左偏旁表形、右偏旁表声。所以，杜林的说法是错的。

联（聯），连也。从耳，从丝。从耳，耳连于颊；从丝，丝连不绝也。段注：周人用聯字。汉人用连字。古今字也。

圣（聖），通也。从耳，呈声。段注：《周礼》六德教万民："智、仁、圣、义、忠、和。"注云："圣通而先识。"《洪范》曰："睿作圣。"凡一事精通亦得谓之圣。圣从耳者，谓其耳顺。

聪（聽），察也。从耳，悤声。就是至察至明。

职（職），记散（微）也。从耳，戠声。段注：凡言职者，谓其善听也。

闻，知声也。从耳，门声。段注：往曰听，来曰闻。

聘，访也。从耳，甹声。段注：汎谋曰访。按，女部曰："娉，问也。"

聋，无闻也。从耳，龙声。

聂（聶），驸（附）耳私小语也。从三耳。

手部

手，拳也。象形。凡手之属皆从手。段注：今人舒之为手，卷之为拳。

掌，手中也。从手，尚声。段注：手有面有背，背在外则面在中，故曰手中。……玉裁按，凡《周礼》官名掌某者，皆捧持之义。

指，手指也。从手，旨声。段注：手非指不为用，大指曰巨指，曰巨擘，次曰食指，曰啑盐指，中曰将指，次曰无名指，次曰小指。

拳，手也。段注：合掌指而为手，……卷之为拳。

推，排也。从手，隹声。

排，挤也。从手，非声。

挤，排也。从手，齐声。

拉，摧也。从手，立声。

扶，左也。从手，夫声。段注：左下曰：手相助也。

持，握也。从手，寺声。

操，把持也。从手，喿声。

按，下也。从手，安声。段注：以手抑之使下也。

控，引也。从手，空声。《诗》曰："控于大邦。"匈奴引弓曰控弦。段注：引者，开弓也。引申之，为凡引远使近之称。

撮，四圭也。从手，最声。亦二指撮也。段注：六十四黍为一圭。十圭为一合。

授，予也。从手、受，受亦声。段注：予者，推予也。象相予之形。手付之，令其受也。故从手、受。

承，奉也，受也。从手，卪収。

招，手评（呼）也。从手、召。段注：不以口而以手。

掉，摇也。从手，卓声。《春秋传》曰："尾大不掉。"

失，纵也。从手，乙声。段注：在手而逸去为失。就是放手。

拔，擢也。从手，犮声。

探，远取之也。从手，罙声。段注：探之言深也。

技，巧也。从手，支声。

播，种也。从手，番声。一曰，布也。段注：播时百谷。

抗，扞也。从手，亢声。

挂，画也。从手，圭声。"画"应该是"悬挂"的"悬"。

捷，猎也。军获得也。从手，疌声。《春秋传》曰："齐人来献戎捷。"段注：谓如逐禽而得之也。……捷，胜也。

扣，牵马也。从手，口声。段注：使人扣而举之、抑之，皆止奔也。

《说文解字注·十二篇下》

女部

女，妇人也。象形，王育说。凡女之属皆从女。段注：男，丈夫也。女，妇人也。……浑言之，女亦妇人；析言之，适人乃言妇人也。……女道、妇道之有不同者矣。言女子者，对男子而言。子皆美称也。

妻，妇与己齐者也。从女、从屮、从又。又，持事妻职也。

母，牧也。从女，象褱（怀）子形。一曰，象乳子也。段注：引伸之，凡能生之以启后者，皆曰母。……其中有两点者，象人乳形。

婕，女字也。从女，疌声。

媚，说（悦）也。从女，眉声。段注：说今悦字也。

好，媄也。从女、子。段注：好本谓女子。引伸为凡美之称。凡物之好恶，引伸为人情之好恶。

婉，顺也。从女，宛声。段注：婉，好眉目也。

委，委，随也。从女，禾声。

如，从随也。从女，从口。段注：随从必以口，从女者，女子，从人者也。幼从父兄，嫁从夫，夫死从子。

娃，圜深目貌也。从女，圭声。或曰吴楚之间谓好娃。

民部

民，众萌也。从古文之象。凡民之属皆从民。段注：古谓民曰萌，……萌犹懵懵无知貌也。

氓，民也。从民亡声。段注：盖自他归往之民则谓之氓。即，流窜的百姓。

戈部

戈，平头戟也。从弋，一衡之，象形。凡戈之属皆从戈。段注：戈刃之横出无疑也。横出故谓之援。援，引也。凡言援者皆谓横引之。直上者不曰援也。且戈戟皆句兵，矛刺兵，殳击（毄）兵。殳嫥于击者也。矛嫥于刺者也，戟者兼刺与句者也，戈者兼句与击者也。用其横刃则为句兵，用横刃之喙以啄人则为击兵。

戎，兵也。从戈、甲。段注：五戎谓五兵：弓矢、殳、矛、戈、戟也。指五种兵器。

戍，守边也。从人，持戈。

战（戰），斗也。从戈，单声。

戏（戲），三军之偏也。一曰，兵也。从戈，䖒声。指部队中的特殊兵种，或许是专门管军旗的吧。一种说法认为“戏”是兵器。段注：以兵杖可玩弄也，可相斗也。故相狎亦曰戏谑。

或，邦也。从囗。戈以守其一。一，地也。

武，楚庄王曰：“夫武定功戢兵。”故“止戈为武”。指武力，可以确定战功，止息战争。

我部

我，施身自谓也。或说我，顷顿也。从戈、𢦏。𢦏，古文垂也。一曰，古文杀字。凡我之属皆从我。段注：口部曰：“吾，我自称也。”女部曰：“姎，女人自称。姎，我也。”《毛诗》传曰：“言，我也。卬，我也。”

义（義），己之威义也。从我，从羊。段注：己，中宫，象人腹，故谓身曰己。……古者威仪字作义，……“有威而可畏谓之威，有仪而可象谓之义。”

琴部

琴，禁也。神农所作。洞越。练朱五弦，周时加二弦。象形。凡珡之属皆从珡。段注：《白虎通》曰：“琴，禁也。以禁止淫邪，正人心也。”……五者，初制琴之弦数。文王，武王各加一弦。所以，琴是用来安顿心灵、禁止邪念的巧具。据传是神农氏发明的乐器。

瑟，庖牺所作弦乐也。从珡，必声。段注：凡弦乐以丝为之，象弓弦，故曰弦。……瑟之言肃也。《楚辞》言“秋气萧瑟”。

亾(亡)部

望，出亡在外，望其还也。从亡，朢省声。对外出流亡的亲人，期望他们返回家乡。

乚部

直，正见也。从十目乚。段注：《左传》曰：“正直为正，正曲为直。”其引申之义也。见之审则必能矫其枉，故曰正曲为直。

匸部

区（區），踦区，臧（藏）隐也。从品在匸中。品，众也。把好多东西藏起来的意思。段注：区之义，内臧多品，故引申为区域，为区别。

匿，亡也。从匸，若声。

医，臧（藏）弓弩矢器也。从匸、矢，矢亦声。段注：此器可隐藏兵器也。

匹，四丈也。从匸、八。八揲一匹，八亦声。

匚部

匠，木工也。从匚、斤。斤，所以作器也。段注：工者，巧饬也。百工皆称工，称匠。

匡，饭器，筥也。从匚，㞷声。段注：匡不专于盛饭。故《诗》采卷耳以顷匡，求桑以懿匡。匡之引申假借为匡正。……盖正其不正为匡。

匪，器，似竹匧。从匚，非声。段注：古盛币帛必以匪。匪、篚古今字。……有借为“非”者。如《诗》“我心匪鉴”“我心匪石”是也。

匣，匮也。从匚，甲声。段注：箱，匣也。

汇（匯），器也。从匚，淮声。

曲部

曲，象器曲受物之形也。凡曲之属皆从曲。或说曲，蚕薄也。段注：匚，象方器受物之形，侧视之；曲象圜其中受物之形，正视之。引申之为凡委曲之称，不直曰曲。……又乐章为曲，谓音宛曲而成章也。……有章曲曰歌，无章曲曰谣。

瓦部

瓦，土器巳（已）烧之总名。象形也。凡瓦之属皆从瓦。段注：凡土器未烧之素，皆谓之坏（胚）；已烧皆谓之瓦。

弓部

弓，窮（同“窮”，穷）也，以近窮远者。象形。古者挥作弓。《周礼》六弓：“王弓、弧弓，以鉃（射）甲革甚质；夹弓、庾弓，以鉃干侯鸟兽；唐弓、大弓，以授学鉃者。”凡弓之属皆从弓。古代名叫“挥”的人创制了弓。《周礼》上说的六弓是：王弓、弧弓用来射击铠甲或射击甲革；夹弓、庾弓用来射击胡地野狗或其他鸟兽；唐弓、大弓用来教练初学射箭的人。

引，开弓也。从弓、丨。段注：是门可曰张，弓可曰开，相为转注也。施弦于弓曰张，钩弦使满以竟矢之长亦曰张，是谓之引。凡延长之称，开道之称，皆引申于此。

弹，行丸也。从弓，单声。用弓子将弹丸射出去。

系部

系，县（悬）也。从糸，厂声。凡系之属皆从系。段注：引申为凡总持之称。

孙（孫），子之子曰孙。从系、子。系，续也。段注：子卑于父，孙更卑焉。

十三、《说文解字注·十三篇》常用字

《说文解字注·十三篇上》

糸部

糸，细丝也。象束丝之形。凡糸之属皆从糸。段注：丝者，蚕所吐也。细者，微也。细丝曰糸。

绪，丝耑（端）也。从糸，者声。段注：耑者，草木初生之题也。因为凡首之称。抽丝者得绪而可引。引申之，凡事皆有绪可缵。

细，散也。从糸，囟声。

缩，乱也。从糸，宿声。一曰，蹴也。段注：《通俗文》曰："物不申曰缩。"不申则乱，故曰乱也。……蹴者，蹑也。蹑者，蹈也。蹈者，踶也。踶者，躗也。凡足掌迫地不遽起曰踶。

结，缔也。从糸，吉声。丝线绞织难以分解。

终，絿丝也。从糸，冬声。把丝线缠紧。段注：《广韵》曰："终，极也，竆（穷）也。竟也。"其义皆当作冬。冬者，四时尽也，故其引申之义如此。

红，帛赤白色也。从糸，工声。段注：《春秋释例》曰："金畏于火，以白入于赤，故南方间色红也。"《论语》曰："红紫不以为亵服。"按，此今人所谓粉红、桃红也。

绳，索也。从糸，蝇省声。段注：索下云："绳也。草有茎叶，可作绳索也。"绳可以县（悬），可以束，可以为闲。绳子可以悬挂东西、可以约束东西，也可以围做成栅栏。

编，次简也。从糸，扁声。依次排列竹简。段注：以丝次弟竹简而排列之曰编。

彝，宗庙常器也。从糸。糸，綦也。収（廾）持之。来，器中宝也。从彑，象形。此与爵相似。《周礼》六彝：鸡彝、鸟彝、黄彝、虎彝、蜼彝、斝彝，以待裸将之礼。庙堂常备的祭器。字形采用“糸”作偏旁；“糸”，表示纺织的盛器。字形也采用“廾”作偏旁，表示双手持器盛米，盛器中装的是宝物。

素部

素，白致缯也。从糸、𠂹（垂），取其泽也。凡素之属皆从素。未染色的白色原丝织成的丝品。

丝部

丝，蚕所吐也。从二糸。凡丝之属皆从丝。

虫部

虫，一名蝮。博三寸，首大如擘指。象其卧形。物之散（微）细，或行或飞，或毛或蠃，或介或鳞，以虫为象。凡虫之属皆从虫。也叫“蝮”，宽三寸，头部大如拇指。字形像蝮蛇趴卧的样子。小动物的微细差别，体现于它们有的能走动，有的会飞，有的长毛，有的寄生，有的披甲，有的披鳞，都以虫的特征为形象基础。

蜀，葵中蚕也。从虫，上目象蜀头形，中象其身蜎蜎。《诗》曰：“蜎蜎者蜀。”段注：桑中蠹即蝤蛴。

《说文解字注·十三篇下》

䖵部

蚕（蠶），任丝虫也。从䖵，朁声。段注：言惟此物能任此事，美之也。丝下曰：蚕所吐也。

风部

风（風），八风也。东方曰明庶风，东南曰清明风，南方曰景风，西南曰凉风，西方曰阊阖风，西北曰不周风，北方曰广莫风，东北曰融风。从虫，凡声。风动虫生，故虫八日而匕（化）。凡风之属皆从风。段注：郑曰："八风从律，应节至也。"……故凡无形而致者皆曰风，……风主虫，故虫八日化也。

飙，扶摇风也。从风，猋声。段注：上行风谓之扶摇。

飘，回风也。从风，㶾声。段注：回者，般旋而起之风。《庄子》所谓"羊角"，……飘风，暴起之风。

它部

它，虫也。从虫而长，象冤曲巫（垂）尾形。上古草居患它，故相问"无它乎"？凡它之属皆从它。蛇，它或从虫。段注：诎尾谓之虫。垂尾谓之它。……上古者，谓神农以前也。相问"无它"，犹后人之"不恙""无恙"也。语言转移，则以无别故当之。而其字或假"佗"为之。又俗作"他"，经典多作它，犹言彼也。

二部

亘，求回也。从二，从㔽。㔽，古文回，象亘回之形。上下，所求物也。段注：回者，转也。凡舟之旋曰般，旌旗之指摩（麾）曰旋，车之运曰转，瓠柄曰斡，皆其意也。

凡，冣（最）括而言也。从二。二，耦也。指最大限度地囊括，全部，一切。段注：目（题目）者，偁辨其事也。凡者，独举其大也。

土部

土，地之吐生万物者也。二象地之上、地之中。丨，物出形也。凡土之属皆从土。

地，元气初分，轻清阳为天，重浊阴为地。万物所陈列也。从土，也声。

坤，地也。《易》之卦也。从土、申。土位在申也。

均，平徧也。从土、匀，匀亦声。段注：言无所不平也。

基，墙始也。从土，其声。段注：引申之为凡始之称。

垣，墙也。从土，亘声。

堵，垣也。五版（板）为堵。从土，者声。段注：八尺为板，五板为堵，五堵为雉，板广二尺，积高五板为一丈。五堵为雉，雉长二十丈。……都城过百雉，国之害也。

堂，殿也。从土，尚声。段注：堂之所以称殿者，正谓前有陛，四缘皆高起。

在，存也。从土，才声。

封，爵诸侯之土也。从之土，从寸。守其制度也。公侯百里，伯七十里，子男五十里。

墨，书墨也。从土、黑。

城，以盛民也。从土、成，成亦声。段注：《左传》曰："圣王先成民而后致力于神。"

塞，隔也。从土，穽声。筑在边区的隔障。

培，培敦。土田山川也。从土，音声。培筑土墩之意。

圭，瑞玉也。上圜下方。公执桓圭，九寸，侯执信圭，伯执躬圭，皆七寸，子执谷璧，男执蒲璧，皆五寸。以封诸侯。从重土。楚爵有执圭。段注：上圜下方，法天地也。

里部

《说文》中"里"与"裏"完全是两个字。里在《说文解字注·十三篇下·里部》：里，居也。从田，从土。段注：二十五家为里。……古者三百步为里。裏在"衣部"，裏，衣内也。从衣，里声。段注：引伸为凡在内之称。

野，郊外也。从里，予声。段注：邑外谓之郊，郊外谓之野，野外谓之林。

田部

田，陈也。树谷曰田。囗十，千（阡）百（陌）之制也。凡田之属皆从田。种谷子的地方叫“田”，阡陌纵横。段注：种菜曰圃，树果曰园。……谓口与十合之，所以象阡陌之一纵一横也。

甸，天子五百里内田。从勹、田。天子直属的方圆五百里土地。段注：九夫为井，四井为邑，四邑为丘，四丘为甸。

界，竟（境）也。段注：乐曲尽为竟。引申为凡边境之称。界之言介也。介者，画也。画者，介也。象田四界，聿（笔）所以画之。介、界古今字。

黄部

黄，地之色也。从田，炗声。炗，古文光。凡黄之属皆从黄。段注：玄者，幽远也，则为天之色可知。……天玄而地黄。

男部

男，丈夫也。从田、力，言男子力于田也。凡男之属皆从男。段注：夫下曰：“周制八寸为尺，十尺为丈，人长一丈，故曰丈夫。”

舅，母之兄弟为舅，妻之父为外舅。从男，臼声。段注：舅之言旧也，犹姑之言故也。……凡同姓可称父，凡异姓不可称父，故舅之也。

力部

力，筋也。象人筋之形。治功曰力，能御大灾。凡力之属皆从力。段注：筋者，其体。力者，其用也。非有二物。引申之，凡精神所胜任，皆曰力。

功，以劳定国也。从力，工声。段注：保全国家若伊尹。

助，左也。从力，且声。段注：左，今之佐字。左下曰：“手相左助也。”二篆为转注。右下曰：“手口相助也。”

勤，劳也。从力，堇声。段注：慰其勤亦曰勤。

加，语相谮加也。从力、口。段注：此云“语相谮加也”，知谮、诬、加三字同义矣。诬人曰谮，亦曰加，故加从力。……《论语》曰：“我不欲人之加诸我也，吾亦欲无加诸人。”说话夸张很令人烦。

勇，气也。从力，甬声。戫，勇或从戈用。恿，古文勇，从心。段注：引申为人充体之气之称。力者，筋也。勇者，气也。气之所至，力亦至焉。心之所至，气乃至焉。故古文勇从心。

勃，排也。从力，孛声。段注：排者，挤也。今俗语谓以力旋转曰勃。

劫，人欲去，以力胁止曰劫。或曰以力去曰劫。段注：胁，犹迫也。俗作愶。就是“胁迫”。

十四、《说文解字注·十四篇》常用字

《说文解字注·十四篇上》

金部

销，铄金也。从金，肖声。

镜，景也。从金，竟声。段注：景者，光也。金有光可照物，谓之镜。此以叠韵为训也。镜亦曰鉴。

错，金涂也。从金，昔声。本义是用金粉涂抹，所以以“金”为部首。段注：涂，俗作“塗”，……谓以金措其上也。或借为措字，措者，置也。或借为摩厝字。……东西曰迹（jiāo，会也，从辵，交声）。由此有交错的意思。过去，东西为交，邪行为错。这也是个有借无还的假借字。

钧，三十斤也。从金，匀声。銞，古文钧，从旬。段注：斤者，十六两也。三十斤为铢万一千五百二十，为累二十七万六千四百八十。《汉志》曰：“钧者，均也。阳施其气，阴化其物，皆得其成就平均也。”按，古多假钧为均。

铃，令丁也。从金，令声。段注：《广韵》曰：“铃似钟而小。”然则镯、铃一物也。

铺，箸门铺首也。从金，甫声。段注：手部曰：“捇，扪持也。”扪持者，古者箸门为蠃形，谓之椒图（椒图，门上的神兽。性好闭，最反感别人进入

它的巢穴，铺首衔环为其形象。有版本说椒图是古代中国神话传说中龙生九子之第九子。椒图形像螺蚌，遇到外敌侵犯总是将壳口闭紧。人们将它用在门上，除取“紧闭”之意，以求平安；还因其面目狰狞以负责看守门户，驱赶邪妖；另外因椒图“性好僻静”，忠于职守，故常被饰为大门上的铁环兽或挡门的石鼓，让其守护一家一户的安宁。它也被民间称作“性情温顺”的龙子)，是曰铺首。以金为之，则曰金铺。以青画琐文镂中，则曰青琐。

勺部

与，赐予也。一勺为与。此与予同意。段注：赐，予也。予，推予寿人也。……與，攩（俗作“党”）與也。从舁，义取共举，不同与也。今俗以與代与，與行而与废矣。即，古代“與”是朋党在一起。与“赐予”这个“予”不是一个意思。

几部

几，凥（居）几也。象形。《周礼》五几：玉几，雕几，彤几，髹几，素几。凡几之属皆从几。

凭，依几也。从任、几。《周书》曰：“凭玉几。”读若冯。段注：依者，倚也。凭几亦作冯几，假借字。卧则隐几。

凥，处（处）也。从尸、几，尸得几而止也。《孝经》曰：“仲尼凥。”凥，谓闲凥如此。段注：凡尸得几谓之凥，尸即人也。引申之为凡凥处之字，既又以蹲居之字代凥，别制踞为蹲居字，乃致居行而凥废矣。……“退朝而处曰燕居，退燕避人曰闲居。”闲居而与曾子论孝，犹闲居而与子夏说恺弟君子。故《孝经》之凥谓闲处，闲处即凥义之引申。但闲处之时，实凭几而坐，故直曰“仲尼凥”也。

処，止也。从夂、几。夂得几而止也。“處”，这是“処”的异体字，字形采用“虍”作偏旁，后简化为“处”。

且部

且，所以薦（荐）也。从几，足有二横，一，其下地也。凡且之属皆从且。段注：薦当作“荐”。今不改者，存其旧以示人推究也。……荐训薦席。薦席谓草席也。且，垫桌脚的草垫。字形采用“几”作偏旁，像桌脚之间有两道横杆，下面的一横，表示桌脚下的地面。段注：《乡饮酒礼》注：“同姓则以伯仲别之，又同，则以且字别之。”言同姓之中，有伯仲同者，则呼某甫也。《少牢馈食礼》注：“伯某之某，且字也。”

俎，《礼》俎也。从半肉在且上。摆放牲肉祭礼的木盘。段注：仌为半肉字，如酉谷有半水字。会意字也。

斤部

斤，斫木斧也。象形。凡斤之属皆从斤。段注：凡用斫物者，皆曰斧。斫木之斧则谓之斤。

斧，所以斫也。从斤，父声。段注：斧之为用广矣，斤则不见于他用也。

所，伐木声也。从斤，户声。斤为斧子，所所，是锯木声。后来被“居所”假借过来，就不还了，伐木声后来又造新字“丁丁”。

斯，析也。从斤，其声。劈折竹子。段注：斯，此也。

斗部

斗，十升也。象形，有柄。凡斗之属皆从斗。

斛，十斗也。从斗，角声。

料，量也。从米在斗中。段注：量者，称轻重也。称其轻重曰量，称其多少曰料。……引申之，凡所量度豫备之物曰料。

魁，羹斗也。从斗，鬼声。段注：枓，勺也。抒羹之勺也。……魁，头大而柄长。……引申之，凡物大皆曰魁。

斟，勺也。从斗，甚声。段注：勺之谓之斟，引申之，盛于勺者亦谓之斟。

斜，抒也。从斗，余声。段注：抒者，挹也。挹者，抒也。……凡以斗挹出之，谓之斜。故字从斗。

升，十合也。从斗，象形。段注：合龠为合，十合为升，十升为斗，十斗为斛。

矛部

矛，酋矛也。建于兵车，长二丈。象形。凡矛之属皆从矛。段注：兵车之法，左人持弓，右人持矛，中人御。

矜，矛柄也。从矛，令声。

车部

车（車），舆轮之总名也。夏后时奚仲所造。象形。凡车之属皆从车。

轼，车歬（前）也。

轮，有辐曰轮。无辐曰辁。从车，仑声。段注：从仑。仑，理也。三十辐两两相当而不迆，故曰轮。

辈，若军发车，百两（两，通“辆”）为辈。从车，非声。段注：车之称两者，谓一车两（两）轮。

自部

官，吏事君也。从宀、自。自犹众也。此与师同意。段注：以宀覆之，则治众之意也。

《说文解字注·十四篇下》

宁部

宁，辨积物也。象形。凡宁之属皆从宁。段注：宁与貯（贮）盖古今字。贮藏之意。

而安宁的“宁（寧）”，愿词也。从丂，寍声。

亚部

亚，丑也。象人局背之形。贾侍中说：以为次弟也。凡亚之属皆从亚。

丑貌。像人拱背的形状。段注：此亚之本义。亚与恶，音义皆同。……亚，次也。

内部

禽，走兽总名。从厹，象形。今声。禽、离、兕头相似。段注：《释鸟》曰："二足而羽谓之禽，四足而毛谓之兽。"……然则仓颉造字之本意，谓四足而走者明矣。以名毛属者名羽属，……厹以像其足迹，凶以像其首。"禽、离、兕头相似"，段注：此犹鱼尾同燕尾，能（熊）足同鹿足之意也。

离，山神也。兽形。从禽、头，从厹，从中。欧阳乔说：离，猛兽也。

万（萬），虫也。从厹，象形。段注：假借为十千数名。

禹，虫也。从厹，象形。段注：夏王以为名，学者昧其本义。即，因为夏禹叫这个名字，所以学者就不敢说这个字是"虫"。

兽部

嘼（畜），兽牲也。象耳头足厹地之形。古文嘼下从厹。凡嘼之属皆从嘼。段注：今俗语多云畜牲。……嘼是嘼（畜）养之名，兽是毛虫总号。故《释嘼（畜）》惟论马牛羊鸡犬。也就是说"畜"都是被驯养的动物，比如马、牛、羊、鸡、狗。而兽，指野生动物。

乙部

乾，上出也。从乙。乙，物之达也。倝声。段注：自有文字以后，乃用为卦名。而孔子释之曰"健也"。健之义，生于上出，上出为乾。

乱，不治也。从乙、𤔔，乙治之也。

尤，异也。从乙，又声。

巴部

巴，虫也。或曰食象它（蛇）。象形。凡巴之属皆从巴。段注：《山海经》曰："巴蛇食象，三岁而出其骨。"《山海经》说，这大蛇能吞象，三年才吐出其骨头。

子部

孕，裹（怀）子也。从子，乃声。

字，乳也。从子在宀下，子亦声。段注：人及鸟生子曰乳，兽曰犍。引申之为抚字，亦引申之为文字。

季，少称也。从子，稚省，稚亦声。段注：叔季皆谓少者，而季又少于叔。同辈中对年纪最轻者的称呼。

孟，长也。从子，皿声。

孤，无父也。从子，瓜声。段注：《孟子》曰："幼而无父曰孤。引申之，凡单独皆曰孤。孤则不相酬应，故背恩者曰孤负。孤则人轻贱之。

存，恤问也。从子，在省。体恤之意。

疑，惑也。从子止匕，矢声。

𠫓部

育，养子使作善也（养育孩子，使之从善）。从𠫓，肉声。《虞书》曰："教育子。"毓，育或从每。段注：不从子而从倒子者，正谓不善者可使作善也。

疏，通也。从㐬，从疋，疋亦声。

丑部

羞，进献也。从羊、丑，丑亦声。段注：引申之，凡进皆曰羞。

辰部

辱，耻也。从寸在辰下。失耕时，于封畺（疆）上戮之也。辰者，农之时也。故房星为辰，田候也。如果错过农耕时机，人们就在封土上羞辱他。"辰"代表农历三月，是农耕时令。也因此房星叫"辰星"，代表开春耕田的征候。

申部

臾，束缚捽抴为臾曳。从申，从乙。段注：束缚而牵引之，谓之臾曳。

曳，臾曳也。从申，丿声。段注：臾曳双声，犹牵引也。引之则长，故衣长曰曳地。